Makowicz

Globale Compliance Management Standards

D1723557

Globale Compliance Management Standards

Werteorientierte Umsetzung von DIN ISO 19600 und ISO 37001

von

Prof. Dr. Bartosz Makowicz

o. Professor und Leiter Viadrina Compliance Center
an der Europa-Universität Viadrina, Frankfurt (Oder)

2018

www.beck.de

ISBN 978 3 406 68096 0 (C.H.BECK)
ISBN 978 3 7007 7063 3 (LexisNexis)

© 2018 Verlag C.H. Beck oHG
Wilhelmstraße 9, 80801 München
Druck und Bindung: Nomos Verlagsgesellschaft mbH & Co. KG / Druckhaus Nomos
In den Lissen 12, 76547 Sinzheim

Satz: Konrad Triltsch Print und digitale Medien GmbH,
Ochsenfurt-Hohestadt
Umschlaggestaltung: Martina Busch, Grafikdesign, Homburg Saar

Gedruckt wird auf säurefreiem, alterungsbeständigem Papier
(hergestellt aus chlorfrei gebleichtem Zellstoff)

Einleitung

Menschen schließen sich seit jeher in Organisationen zusammen, um auf diese Weise effektiver an ihre Ziele zu gelangen. Während sie das tun, unterliegen sie aber einerseits selbst Grenzen und Regeln, an die sie sich halten müssen (Compliance). Andererseits spielen diverse Organisationen, wie etwa große und mittelständische Unternehmen, Verbände, Behörden, Stiftungen oder Vereine eine große wirtschaftliche und gesellschaftliche Rolle und sollten daher vor Gefahren und Risiken geschützt werden. Es ist daher eine originäre Pflicht aller Organisationen, die Risiken der Nichteinhaltung von Regeln zu erkennen und sie entsprechend zu steuern. Die Organisationen sollten sich daher darum bemühen, dass ihre Mitglieder die einzuhaltenden Regeln kennen und beachten (Kultur der Compliance). Zu diesen Zwecken werden Compliance-Management-Systeme (CMS) oder auf die Korruptionsprävention beschränkte Anti-Bribery Management-Systeme (AMS) eingerichtet.

Beachtet man ferner die hochgradige Verflechtung der nationalen Volkswirtschaften und die fortgeschrittene Globalisierung in allen anderen Bereichen, so liegt es auf der Hand, dass einheitliche CMS-/AMS-Strukturen zur mehr Effektivität und Effizienz auf der globalen Ebene beitragen können. Unter anderem aus diesem Grunde hat die International Organisation for Standardization (ISO) zwei Standards veröffentlicht und zwar die DIN ISO 19600 Compliance-Management-Systems und ISO 37001 Anti-Bribery Management-Systems.

Das vorliegende Werk verfolgt fünf wesentliche Zielsetzungen. Erstens soll anhand der erwähnten Standards ein einfacher Leitfaden zur Umsetzung von CMS/AMS den Anwendern an die Hand gegeben werden. Zweitens verfolgt das Werk einen modernen Ansatz, bei dem Menschen, ihre Kultur und Werte im Mittelpunkt solcher Managementsysteme stehen. Drittens können mit Empfehlungen dieses Buches CMS/AMS in allen Organisationsarten umgesetzt werden, im besonderen Maße wird dabei auf die Umsetzung im Mittelstand eingegangen. Viertens verfolgt das Buch eine überschaubare Methodik und erklärt die einzelnen Umsetzungsschritte in zahlreichen Übersichten und anhand von vielen Beispielen. Und nicht zuletzt fünftens, wird hier ein Spagat gemacht und die Umsetzung der Standards unter Beachtung der hierzulande einschlägigen Fachliteratur und Rechtsprechung erörtert.

Das Werk eignet sich somit für Experten und Einsteiger gleichermaßen. So enthält es in Kapitel 1 und 2 die allgemeine Einführung in die Compliance und die Lehre von CMS, gefolgt von detaillierten Hinweisen in Kapitel 3, in dem in acht wesentlichen Schritten anhand von vielen Beispielen und Übersichten dargestellt wird, wie effizient und effektiv ein CMS/AMS in einer Organisation umgesetzt werden kann, mit dem Ziel, eine nachhaltige Compliance-Kultur zu schaffen und zu erhalten.

Willkommen in der Welt der Compliance!

Frankfurt (Oder), im Oktober 2017 *Prof. Dr. Bartosz Makowicz*

Für Eliza

Inhaltsverzeichnis

1. Kapitel. Praktische Einführung

2. Kapitel. CMS-Modelle und Grundgestaltung

3. Kapitel. Vier Phasen der CMS-Implementierung

Abschnitt I: Einrichtung (PLAN)

Abschnitt II: Implementierung (DO)

Abschnitt III: Leistungsprüfung (CHECK)

Abschnitt IV: Verbesserung (ACT)

Literaturverzeichnis

Alebrand, Compliance spielerisch vermitteln, Comply 2/2015, 34 ff.

Bartels, Geschäftspartner – Management oder Mittelstand in der Falle?, Compliance Praxis 2014, 47 ff.

Behringer, Compliance für KMU – Praxisleitfaden für den Mittelstand, 2. Aufl., Berlin 2016

Benz/Klindt, Compliance 2020 – ein Blick in die Zukunft, BB 2010, 2977

Berndt/Hoppler, Whistleblowing – ein integraler Bestandteil effektiver Corporate Governance, BB 2005, 2623 ff.

Berstein/Klein, Auslagerung der Compliance-Funktion bei kleineren und mittleren Unternehmen am Beispiel eines Finanzdienstleistungsunternehmens, CCZ 2014, 284 ff.

Birnbaum, Wertpapier-Compliance aus Sicht der Aufsichtsbehörde, Compliance Praxis 2014, 44 ff.

Blind/Jungmittag/Mangelsdorf, Der gesamtwirtschaftliche Nutzen der Normung – Eine Aktualisierung der DIN-Studie aus dem Jahr 2000, Berlin 2011

Böhm, Non-Compliance und Arbeitsrecht, Baden-Baden 2011

Bürkle, Grenzen der strafrechtlichen Garantenstellung des Compliance-Officers, CCZ 2010, 4 ff.

Bürkle/Hauschka, Der Compliance Officer, München 2015

Campos Nave/Zeller, Corporate Compliance in mittelständischen Unternehmen, BB 2012, 131 ff.

Dietlmaier, Krisenkommunikation, Comply 4/2015, 18 ff.

Ehnert, Standardisierung mit Variablen – Compliance Standards ISO 19600 und ISO 37001, CCZ 2015, 6 ff.

Eisendle, Das Verbot ist der Motor der Lust, Salzburg und Wien 1980

Falk, Mitarbeiterschulung zur Korruptionsprävention, Comply 3/2015, 50 ff.

Feld/Frey, Tax Compliance as the Result of a Psychological Tax Contract: The Role of Incentives and Responsive Regulation, Law & Policy 1/2007, 102 ff.

Fissenewert, Unternehmenskultur ist ein Erfolgsfaktor für den Mittelstand, Comply 3/2015, 48 ff.

Fissenewert, Compliance-Outsourcing, Comply 1/2016, 56 ff.

Fissenewert, Compliance für den Mittelstand, München 2013

Frank (Hrsg.), Corporate Compliance und Arbeitsrecht, Baden-Baden 2009

Freiesleben, Compliance-Kommunikation in vier Schritten, Comply 3/2016, 44 ff.

Freiesleben, Community Compliance, Compliance Praxis 2014, 60 ff.

Fritz, Whistleblowing – Denunziation oder Wettbewerbsvorteil? Inhalt und Grenzen des Whistleblowings im Rahmen von Corporate Compliance, in: Maschmann, Frank (Hrsg.), Corporate Compliance und Arbeitsrecht, Baden-Baden 2009

Gertig, Update Hinweisgebersystem, Comply 1/2017, 36 ff.

Görling/Inderst/Bannenberg (Hrsg.), Compliance. Aufbau – Management – Risikobereiche, Heidelberg 2010

Groß, Chief Compliance Officer, Baden-Baden 2012

Grützner/Jakob, Compliance von A-Z, 2. Aufl., München 2015

Hauschka, Corporate Compliance – Handbuch der Haftungsvermeidung im Unternehmen, 3. Aufl., München 2016

Hauschka, Von Normen und Normen – zur ISO 19600, CCZ 1/2015, Editorial

Hedayati/Bruhn, Compliance-Systeme und ihre Auswirkungen auf die Verfolgung und Verhütung von Straftaten der Wirtschaftskriminalität und Korruption (Hauptstudie), Wiesbaden 2015

Herdmann, Der risikobasierte Ansatz der ISO 19600 und Risikomanagement nach ISO 31000, Comply 1/2016, 38 ff.

Herold, Whistleblower, Baden-Baden 2016

Heybrock, Praxisratgeber Compliance, Mering 2012

Hopt, Ein drittes Grünbuch: Europäischer Corporate Governance-Rahmen?, EuZW 2011, 609 ff.

Kark, Compliance Risiko-Management, München 2013

Keuper/Neumann, Governance, Risk Management und Compliance: Innovative Konzepte und Strategien, Wiesbaden 2010

Kiesel/Böhringer, Tax Compliance – Risikominimierung durch sanktionsbezogene Enthaftungsmaßnahmen, BB 2012, 1190 ff.

Kottek, Die Beschlagnahme von Unterlagen aus unternehmensinternen Compliance-Ermittlungen, CB 2016, 349 ff.

Köstner, Compliance-Richtlinien im Unternehmen. Arbeits- und datenschutzrechtliche Implementierungsaspekte, Frankfurt am Main 2012

KPMG (Hrsg.), Das wirksame Compliance-Management System, 2. Aufl., Herne 2016

Kromer/Pumpler/Henschel, Tax Compliance, BB 2013, 791 ff.

Krumbach, Kommunikation als Grundelement der Compliance-Arbeit, Comply 4/2015, 54 ff.

Krumbach, Plötzlich Compliance Officer, München 2017

Krüger, Chancenlose Compliance? Die Lust am Regelbruch aus psychologischer Sicht, Comply 1/2016, 64 ff.

Leipold/Beukelmann, Compliance im Strafrecht, NJW-Spezial 2009, 24 ff.

Loer, Compliance aus staatsanwaltschaftlicher Sicht, Compliance Praxis 2014, 20 ff.

Maciuca/Wedemeier, Compliance als ein Bestandteil von wirksamer Corporate Governance, Comply 4/2016, 58 ff.

Makowicz, Die Deutschen und deren Compliance, CB 2015, 45 ff.

Makowicz, Tax versus Compliance oder Tax & Compliance?, Comply 2/2016, 12 ff.

Makowicz, Integrierte Managementsysteme zur Steuerung der außenwirtschaftsrechtlichen Risiken: Warum macht die Integration des ICP in das CMS Sinn?, Zoll-Profi 3/2016, 2 ff.

Makowicz, The Global Compliance Management System: A practical approach to compliance across cultures, Business Compliance 6/2015, 35 ff.

Makowicz/Stadelmaier, Compliance im Mittelstand auf Basis des ISO 19600?, CB 2015, 89 ff.

Makowicz (Hrsg.), Praxishandbuch Compliance Management – Aufbau, Organisation und Steuerung von Integrität und regelkonformer Unternehmensführung, 10. EL, Köln 2017

Markfort, Geschäftspartner-Compliance, Comply 2/2017, 32 ff.

Marnitz, von, Compliance-Management für mittelständische Unternehmen – ein Modell für die Praxis, Hamburg 2011

Mengel, Compliance und Arbeitsrecht, München 2009

Meyer, Wie muss die Wirtschaft umgebaut werden? Perspektiven einer nachhaltigeren Entwicklung, Bonn 2008

Moosmayer, Compliance – Praxisleitfaden für Unternehmen, 3. Aufl., München 2015

Möller, Compliance-Krise und Compliance-Kultur, Comply 4/2015, 26 ff.

Muth, Messbare Compliance-Ziele, Comply 2/2016, 40 ff.

Neiger, Compliance 4.0 – Zertifizierung eines CMS als wirksames Führungsinstrument, Comply 2/2016, 36 ff.

Passarge/Graf, Das Hamburger Compliance-Zertifikat, CCZ 2014, 119 ff.

Pohlmann, Compliance über Grenzen. Integritätsmanagement in global operierenden Unternehmen, in: Talmon (Hrsg.), Über Grenzen, Berlin 2012

Querenet-Hahn/Karg, Neues Anti-Korruptionsgesetz in Frankreich, Comply 1/2017, 51 ff.

Rack, Die häufigsten Fehler der Unternehmensorganisation – Das Unterlassen organisatorischer Maßnahmen, CB 2014, 104 ff.

Remberg, Wie viel Compliance braucht der Mittelstand?, DB 3/2012, I

Richter, Sprache und zwischenmenschliche Kommunikation in der Krise, Comply 4/2015, 22 ff.

Rodewald, Informationsmanagement im Unternehmen als Instrument zur Vermeidung von Organhaftung, GmbHR 2014, 639 ff.

Rodewald/Unger, Corporate Compliance – Organisatorische Vorkehrungen zur Vermeidung von Haftungsfällen der Geschäftsleitung, BB 2006, 113 ff.

Rotsch, Criminal Compliance, Baden-Baden 2015

Rudkowski, Aufklärung von Compliance-Verstößen, Wiesbaden 2015

Sabrautzky, Rechtskonformes Delegieren im Vertrieb, Comply 4/2015, 38 ff.

Sarhan, Corporate Compliance aus der Sicht der Strafgerichtsbarkeit, Compliance Praxis 2014, 17 ff.

Sartor/Freiler-Waldburger (Hrsg.), Praxisleitfaden Compliance, Wien 2015

Schein, Organizational Culture and Leadership, 5. Aufl., New Jersey 2017

Schettgen-Sarcher/Bachmann/Schettgen (Hrsg.), Compliance Officer, Wiesbaden 2014

Schmidt/Wermelt/Eibelshäuser, ISO 19600 aus der Sicht der Wirtschaftsprüfung, CCZ 2015, 18 ff.

Schneider, Investigative Maßnahmen und Informationsweitergabe im konzernfreien Unternehmen und im Konzern, NZG 2010, 1201 ff.

Schneider, Compliance als Aufgabe der Unternehmensleitung, ZIP 2003, 645 ff.

Schulz/Renz, Der erfolgreiche Compliance-Beauftragte – Leitlinien eines branchenübergreifenden Berufsbildes, BB 2012, 2511 ff.

Schürrle/Olbers, Compliance-Verantwortung in der AG – Praktische Empfehlungen zur Haftungsbegrenzung an Vorstände und Aufsichtsräte, CCZ 2010, 102 ff.

Stober/Ohrtmann, Compliance – Handbuch für die öffentliche Verwaltung, Stuttgart 2015

Streck/Binnewies, Tax Compliance, DStr 2009, 229 ff.

Sünner, Von der Sorge für gesetzeskonformes Verhalten – Zugleich eine Besprechung des ISO-Entwurfs 19600, CCZ 2015, 2 ff.

Tauschwitz/Torneo, Die Kodifiezierung von Compliance in Spanien, Comply 4/2015, 72 ff.

Thüsing (Hrsg.), Beschäftigtendatenschutz und Compliance, München 2014

Tüllner/Wermelt, Integration von Compliance in die Unternehmenssteuerung – Theorie und Praxis, BB 2012, 2551 ff.

Umnuß/Hauschka, Corporate Compliance Checklisten – Rechtliche Risiken im Unternehmen erkennen und vermeiden, 3. Aufl., München 2017

Wecker/van Laak, Compliance in der Unternehmerpraxis, 2. Aufl., Wiesbaden 2009

Wieland/Steinmeyer/Grüninger (Hrsg.), Handbuch Compliance-Management, Berlin 2014

Withus/Kunz, Auswirkungen des neuen ISO 19600:2014 zu Compliance-Management-Systemen auf die Prüfung nach IDW PS 980, BB 2015, 685 ff.

Wolffgang, Offenlegungsprivileg im Außenwirtschaftsrecht belohnt Complianceprogramme, DB 12/2013, I

Wolffgang/Bünnigmann, Compliance im Außenwirtschaftrecht, Comply 4/2015, 42 ff.

Zentes, Das Sieben-Säulen-Modell der Korruptionsprävention – Leitfaden zum Aufbau eines unternehmensinternen Anti-Korruptionsprogramms, Wiesbaden 2017

1. Kapitel. Praktische Einführung

1. Grundlagen der Compliance

Die Wissenschaft und Praxis in Bezug auf Compliance hat in den letzten Jahren in **1** Deutschland und weltweit eine rasante Entwicklung genommen. Dass es sich um keinen Modebegriff mehr handelt, stellen nicht nur die inzwischen unzähligen Publikationen, Tagungen, Projekte, Erhebungen und mehrere Verbände, sondern auch die Existenz von vielen internationalen Standards zur Einführung von Compliance-Management-Systemen (CMS), darunter der DIN ISO 19600 CMS und ISO 37001 Anti-Bribery Management-Systems, unter Beweis. Die Standardisierung iRd Compliance-Managements stellt eine erhebliche Herausforderung dar. Einerseits ist sie zu begrüßen, denn der betriebs- und volkswirtschaftliche Nutzen der Normung wird allein in Deutschland auf 16,77 Mrd. Euro jährlich geschätzt.[1] Andererseits sollten CMS stets an den konkreten Bedarf der Organisation angepasst werden, sodass die Standards einen gebotenen Spielraum und Flexibilität sicherstellen müssen. Diese Herausforderungen scheinen sowohl der DIN ISO 19600, der inzwischen als DIN-Norm übernommen wurde, als auch die ISO 37001 gemeistert zu haben.

Die erwähnte allgemeine Compliance-Entwicklung sei auch begrüßt. CMS stabilisieren **2** Organisationen und schützen sie und damit die zivile Bevölkerung vor Wirtschaftskriminalität und deren Folgen. Sie fördern die Integrität, Transparenz und Verlässlichkeit der Organisationen, darunter etwa Unternehmen, und beeinflussen somit nicht nur die Unternehmen selbst, sondern die gesamten Volkswirtschaften. Denn eines steht fest: Die Wirtschaftskriminalität und sonstige Regelverstöße, die Jahr für Jahr einen immensen Schaden verursachen, sollten effektiver verhindert und bekämpft werden.

Es gibt immer noch viel zu viele negative Beispiele, darunter in großen Unternehmen, **3** Verbänden oder Vereinen, in denen erhebliche Compliance-Schwierigkeiten eingetreten sind. Diese Beispiele liefern drei wesentliche Überlegungen, die die Compliance-Entwicklung der kommenden Jahre und zugleich den Ansatz und Aufbau dieses Buches prägen werden. Zum einen stellen die Beispiele unter Beweis, dass Compliance nicht nur für Unternehmen der Privatwirtschaft Nutzen bringen kann, sondern für alle Organisationen, die mit Compliance-Risiken konfrontiert sind. Die Beispiele insbes. von den Organisationen, in denen es zu Compliance-Schwierigkeiten trotz vorhandener Compliance-Strukturen gekommen ist, zeigen darüber hinaus, dass die Compliance-Entwicklung inzwischen auf eine höhere Ebene gebracht werden muss. Es reicht nicht aus, dass Compliance-Strukturen in Organisationen formal installiert werden. Vielmehr muss Compliance vor Ort verankert und gelebt werden, damit eine nachhaltige Compliance-Kultur entsteht und als allgemeines Gut gepflegt wird. Schließlich zeigen die vielen Beispiele, dass in Zeiten, in denen die nationalen Volkswirtschaften hochgradig miteinander verflochten sind, auch global angerkannte Lösungen gesucht und umgesetzt werden müssen.

Diesen drei Entwicklungstendenzen trägt der Ansatz dieses Buches im vollen Umfange **4** Rechnung: Es enthält eine Reihe von praxisrelevanten aber zugleich auf fundierte Theorie gestützten Hinweisen zur schrittweisen Implementierung von CMS. Die Empfehlungen basieren auf den beiden ISO-Standards, bei denen der Mensch, seine Kultur und Werte im Mittelpunkt stehen und bezwecken, nicht nur formale CMS einzuführen, sondern diese mit konkreten Inhalten und Maßnahmen so zu gestalten, dass eine nachhaltige Compliance-Kultur in einer Organisation entsteht. Schließlich richten sich die Hinweise, und damit sind die potenziellen Anwender dieses Buches gemeint, nicht nur an privatwirtschaftliche Unternehmen, sondern an alle Organisationsarten, die mit Compliance-Risiken konfrontiert sind.

---

[1] *Blind/Jungmittag/Mangelsdorf* S. 16.

1.1. Bezugspunkt der Compliance

5 Das Phänomen der Compliance und der ihr zugrundeliegenden Funktionen, Aufgaben sowie konkreten Ausgestaltungselemente kann erst dann zielführend vermittelt werden, wenn klar festgestellt wird, dass im Mittelpunkt der Compliance der Mensch und seine Verhaltensweisen stehen. Es war, ist und bleibt das menschliche Verhalten, welches zum Compliance-Verstoß führt und dieses wiederum wird von menschlichen Werten und Kultur motiviert.

6 Zwar in einem völlig anderem Zusammenhang, doch auf die Compliance-Idee im besten Maß übertragbar, wurde in der Psychologie darauf hingewiesen, dass ein Hauptbedürfnis der Menschen die Identifikation der eigenen Person mit den gesellschaftlichen Normen ist, verbunden mit deren Erfolgsrückmeldung.[2] Der Mensch muss sich mit den Werten identifizieren können, welche dem gesellschaftlichen Zusammenleben zugrunde liegen. Ein Teil dieser Werte ist von höchster Bedeutung und wurde daher entsprechend in Rechtsvorschriften kodifiziert.

Abbildung 1: Mensch als Bindeglied zwischen Organisation und Gesellschaft

7 Die obige Abbildung zeigt die Verflechtung zwischen Mensch einerseits und Organisation und Gesellschaft andererseits recht deutlich. Es sind Menschen, die zugleich einer Gesellschaft zugehören und es sind dieselben Menschen, die Teil der Organisation, also etwa eines Unternehmens, werden. Diese Überlegung ist nicht nur die Grundlage von Corporate Social Responsibility, also der gesellschaftlichen Verantwortung von Unternehmen, sondern spielt im Compliance-Bereich entscheidende Rolle. Die Gesellschaften, denen Menschen gehören, prägen ihre Werte und Kultur und kreieren ihre Bedürfnisse. Werden diese nicht beachtet, oder gar missachten, also ein CMS ohne Beachtung von Werten und Kultur implementiert, so ist das Misslingen des Vorhabens einprogrammiert. Aus diesen Gründen wird hier, aber auch durchgehend in den hier einschlägigen ISO-Normen, ein werte- und kulturorientiertes CMS-Konzept verfolgt.

8 Doch die Übersicht verdeutlicht noch eine weitere Folge, die sich jede Person vor Augen führen sollte, die sich mit einem CMS befasst. Da im Mittelpunkt eines CMS dieselben Menschen stehen, die auch Teil unserer Gesellschaft sind, die nicht iSd Regeleinhaltung vollkommen ist, so muss auch klar betont werden, dass kein CMS in der Lage ist, in einer Organisation eine hundertprozentige Regeleinhaltung zu gewährleisten. Menschen sind nicht ideal.[3] Es entstehen immer wieder Chancen, die Risiken mit sich tragen und die sich unter Umständen realisieren. Auch das mit bestem Willen und nach besten

---

[2] *Eisendle* S. 15.
[3] Zur menschlichen Lust am Regelbruch siehe *Krüger* COMPLY 1/2016, 64 ff.

Grundsätzen aufgebaute CMS kann somit einen Compliance-Verstoß nicht vollständig ausschließen. Doch sollte dies als Chance zur Verbesserung des Systems an sich begriffen und es sollten entsprechende, wiederum systematisch durchdachte Folgemaßnahmen getroffen werden.

Zugleich liegt nun der zweite wesentliche Ansatz eines CMS auf der Hand: Es soll sich **9** um ein solches System handeln, das stets zum Ziel hat, bestehende und potenzielle Compliance-Risiken zu ermitteln und sie mit entsprechenden Maßnahmen zu adressieren. Diese Maßnahmen werden wiederum nur dann zielführend sein, wenn sie den Werten und der Kultur der Menschen entsprechend Rechnung tragen, dh sie bezwecken werden, den Menschen, also die mit einem Unternehmen verbundene Person, von der Begehung von Unregelmäßigkeiten abzuhalten und diesen Gedanken zu verbreiten, um so eine nachhaltige Compliance-Kultur zu schaffen.

1.2. Compliance als Wertschöpfung und Mehrwert

Bevor es konkreter wird, sei noch ein weiterer wesentlicher Aspekt der Compliance be- **10** leuchtet. Die bisherigen Ausführungen führen dahin, dass kein CMS ohne starke Bezugnahme auf die Gesellschaft und die dort herrschenden Wert- und Moralvorstellungen auf Dauer, also nachhaltig, erfolgreich eingerichtet werden kann. Da, wie erwähnt, der Mensch das Fundamentobjekt jedes CMS bildet und er einen Teil der Gesellschaft, in der er lebt, ausmacht, müssen auch ebendiese Gesellschaft und ihre Werte bei der Einrichtung der Compliance-Kultur durch ein CMS in einer Organisation berücksichtigt werden. Zu Recht wird inzwischen auch auf einen Teilaspekt dieser Überlegung hingewiesen, wonach Compliance eine moralische Dimension gewinnt und zu einer Bedingung nachhaltiger Wertschöpfung wird.[4] So wird betont, dass die oberste Leitung des Unternehmens, für das Verständnis dieses Buches also jeder Organisation, den Umgang mit Compliance-Risiken als Bestandteil werteorientierter Unternehmensführung verankern und im Leitbild manifestieren soll.[5]

Die Berücksichtigung der Werte bei der Einrichtung des CMS ist von erheblicher Be- **11** deutung und hat mehrere praktische Auswirkungen, auf die nur im Allgemeinen eingegangen wird.

Zunächst setzt ein CMS die Akzeptanz durch die Mitglieder der Organisation voraus. **12** Nur dann, wenn das aufgesetzte System durch die Mitglieder der Organisation innerlich akzeptiert und nicht als unnötige Bürokratie oder auferlegter Zwang wahrgenommen wird, kann von einem erfolgreichen Compliance-Konzept gesprochen werden, das fähig ist, eine nachhaltige Compliance-Kultur zu schaffen. Eine solche Akzeptanz wird aber nur dann erzeugt werden können, wenn die Wertvorstellungen der in einer bestimmten Gesellschaft lebenden Menschen berücksichtigt werden. Wird dagegen versucht, fremde Werte durchzusetzen, kann dies auf Widerstand der Organisationsmitglieder stoßen und in der Praxis darauf hinauslaufen, dass Umgehungsversuche unternommen werden.

Ferner sei zur Erläuterung erwähnt, dass hier unter Werten nicht nur die ungeschriebe- **13** nen Moralvorstellungen und Ethikgrundsätze der Gesellschaft verstanden werden. Die wichtigsten und daher am meisten schutzwürdigen Werte sind kodifiziert worden (im geschriebenen Recht verankerte Werte) und sollen iRd bereits ursprünglich konzipierten Compliance-Begriffs (als Einhaltung der Gesetze) ebenfalls von den Werten umfasst werden.

---

[4] *Pohlmann* S. 18.
[5] *Schulz/Renz* BB 2012, 2517.

1.3. Entwicklung

14 Es sei nun ein kurzer Blick der Entstehungsgeschichte der Compliance gewidmet. Die Entwicklung von Compliance im engen Verständnis, also als Einhaltung der Gesetze verstanden, wird auf die Zeiten des Kalten Krieges datiert, als die US-Unternehmen für den Bereich der Exportkontrolle im Handel mit den Ostblockstaaten sog. Compliance-Programme einführten.[6] Damals hätte wohl niemand erwartet, dass diese eine solch steile Karriere und zwar bis hin zu der Gestalt hinlegen wird, unter der Compliance heute verstanden wird.

15 Nicht nur die Entwicklung der letzten zwanzig Jahre und die allherrschende Wirtschaftskrise haben dazu geführt, dass die Regulierungsdichte und damit die Anforderungen an die Unternehmen gestiegen sind, mit immer mehr Vorschriften konform sein zu müssen. Insbes. in Deutschland führten diverse Skandale von großen und traditionsreichen Unternehmen dazu, dass die Konzepte der unternehmensinternen Organisation neu durchdacht werden mussten. Diese Ereignisse führten zunächst dazu, dass Unternehmen idR reaktiv, dh erst im Falle eines Verstoßes, beschlossen haben, in ausdifferenzierte CMS zu investieren. Damit wurde ein Beispiel gesetzt und den weiteren Wirtschaftsbeteiligten wurde bewusst, dass es sich wohl besser lohnt, eine Compliance-Investition vorzunehmen, als auf einen Compliance-Verstoß zu warten, um im Nachhinein erheblich höhere Beiträge als Sanktionen und Investitionen in Rettungsmaßnahmen aufwenden zu müssen.

16 Diverse weitere Entwicklungen führten dazu, dass nicht nur große Unternehmen, sondern immer mehr mittelständische Unternehmen und weitere Organisationen CMS einführten. Eine nicht unerhebliche Rolle haben bei dieser Entwicklung, wenn auch vermutlich indirekt und unbewusst, wiederum große Konzerne gespielt. Zum einen deswegen, weil sie bemüht waren, Compliance-Standards in der gesamten, also globalen, Konzernstruktur zu etablieren und damit Compliance-Entwicklung globalisiert haben. Auch auf dem nationalen Markt verlangten immer mehr Großunternehmen, aus Angst vor den Compliance-Schwierigkeiten ihrer Geschäftspartner, von den kleinen und mittelgroßen Unternehmen die Einhaltung von Compliance-Standards. Dies erfolgte idR dadurch, dass wirtschaftlich überlegene Vertragspartner die Aufnahme von sog. Compliance-Klauseln[7] verlangten, mit denen sich die wirtschaftlich unterlegenen Geschäftspartner auf die Compliance-Richtlinien, die sog. Verhaltenskodizes[8] der größeren Vertragspartner verpflichten mussten. Um dies zu vermeiden, entwickelte auch der Mittelstand nach und nach eigene CMS und lieferte somit gegenüber den großen Geschäftspartnern den Beweis, Compliance-sicher zu sein.

1.4. Motivation für die Einführung

1.4.1. Allgemein

17 Doch waren der erwähnte Druck und die Konstellationen nicht ausschließlich ausschlaggebend für die schnelle Compliance-Entwicklung. Eine ganze Reihe von weiteren Vorteilen und Überlegungen war für den Entschluss der meisten Organisationen zur CMS-Einführung nicht weniger bedeutend. Während die nachfolgende Übersicht diese im Allgemeinen verdeutlicht, seien sie weiter unter im Einzelnen erörtert:

---

[6] *Pohlmann* S. 17.
[7] Ausf. zu der Problematik bei *Bartels* Compliance Praxis 7/2014, 47 ff.
[8] Ausf. dazu unter Pkt. 15.7.

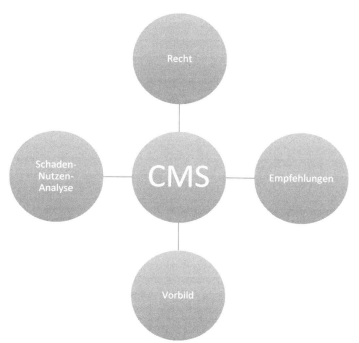

Abbildung 2: Beweggründe für eine CMS-Implementierung

1.4.1.1. Rechtliche Vorteile. Es besteht derzeit zumindest in Deutschland keine eindeu- 18
tige und direkte rechtlich verbindliche Pflicht an alle Unternehmen und sonstige Organisationsformen oder an die oberste Leitung dieser Organisationen, CMS einzuführen. Die
erwähnte Entwicklung hat jedoch die Frage danach, ob eine solche gesetzliche Pflicht
etwa im Wege der Analogie oder aus anderen geltenden Vorschriften abgeleitet werden
kann, überholt. Zwar wird diese Frage weiterhin im Schrifttum diskutiert und bringt
sowohl Anhänger[9] als auch Gegner[10] hervor, sie sollte aber in einer praxisbezogenen Abwandlung wie diesem Buch nicht weiter diskutiert werden. Tatsache ist, dass CMS eingeführt werden und die eindeutige Mehrheit der Unternehmensverantwortlichen von der
Richtigkeit dieser Vorgehensweise überzeugt ist. Die hier gemachten Ausführungen begründen auch diese Überzeugung.

Auch wenn keine eindeutige gesetzliche Pflicht zur Einführung eines CMS vorhanden 19
ist, so nimmt zur Compliance inzwischen die Rechtsprechung eine eindeutige Stellung.
So hat sich das Landgericht München mit einer Frage auseinander gesetzt, inwiefern sich
das Vorhandensein eines CMS auf die persönliche Haftung eines Vorstandsmitglieds auswirken kann.[11] Das Gericht hat diese Frage nicht nur bejaht, sondern auch ausführlich
erörtert, welche Elemente ein CMS enthalten könnte, damit sich diese auf die Haftungs-
milderung des Betroffenen auswirken könnten.[12] Darüber hinaus hat der BGH in einem
bedeutenden Urteil festgestellt, dass effiziente CMS zur Minderung einer Sanktion führen
kann.[13] Zwar handelte es sich um zwei unterschiedliche Verfahren, in beiden Fällen wurde aber die CMS-Bedeutung bestätigt.

---

[9] Etwa *Schneider* ZIP 2003, 645; Wecker/van Laak/*Wecker/Galla* S. 65.
[10] Etwa Hauschka Corporate Compliance/*Hauschka* § 1 Rn. 23.
[11] Vgl. LG München I NZWiSt 2014, 183.
[12] Die einzelnen im Urteil beschriebenen Elemente werden an den einschlägigen Stellen des 3. Kapitels des
Buches erwähnt.
[13] BGH, 9.5.2017 – 1 StR 265/16, BeckRS 2017, 114578.

20 Die gesetzgeberische Tendenz zeigt zwar in Deutschland keine eindeutigen Entwicklungen zur allgemeinen Compliance-Pflicht. Es liegen jedoch mehrere Gesetzgebungsentwürfe vor, die entweder im Wege der Reform des Ordnungswidrigkeitenrechts oder durch die Einführung der Strafbarkeit von juristischen Personen (sog. Verbandsstrafe) vorschlagen, dass CMS künftig bei der Sanktionenzumessung berücksichtigt werden sollten.[14]

21 Eine gewisse Tendenz zeichnet sich ferner im Bereich des öffentlichen Finanzrechts ab. Zum einen ist vor einigen Jahren eine neue Regelung in das Außenwirtschaftsgesetz aufgenommen worden, wonach eine Selbstanzeige in dem Bereich nur dann sanktionsmildernd wirken kann, wenn der angezeigte Verstoß durch interne Kontrollverfahren aufgedeckt worden ist, wobei es sich um Compliance-Maßnahmen handelt.[15] Immer bedeutender wird CMS auch im steuerrechtlichen Bereich, wo inzwischen von den sog. Tax-CMS gesprochen wird.[16] Nach dem Anwendungserlass des BMF kann sogar ein innerbetriebliches der Erfüllung der steuerlichen Pflichten dienendes Kontrollsystem als ein Indiz gegen Vorsatz oder Fahrlässigkeit sprechen.[17]

22 Viel interessanter als die Ausführungen zur rechtlichen Pflicht, welche durch die Realität überholt wurden, ist die Frage, warum tatsächlich immer mehr Unternehmen sich dazu entscheiden, CMS einzurichten. Die **Anreize** hierfür lassen sich in einige Gruppen systematisieren.

23 **1.4.1.2. Empfehlungen.** Zum einen tun sie es, um den Empfehlungen zu folgen. Eine solche unverbindliche Empfehlung ist etwa im Deutschen Corporate Governance Kodex (DCGK) zu finden. Nach Ziff. 4.1.3 hat der Vorstand für die Einhaltung der gesetzlichen Bestimmungen und der unternehmensinternen Richtlinien zu sorgen und auf deren Beachtung durch die Konzernunternehmen hinzuwirken. In die hier vertretene Richtung gehen auch die Grundsätze der Kodexänderung im Jahre 2017, wonach gute Unternehmensführung sich durch legales und ethisch fundiertes eigenverantwortliches Verhalten auszeichnet, weswegen der Grundsatz des ehrbaren Kaufmanns in den Mittelpunkt des Kodexes gestellt werden soll.[18] Mit der Kodexänderung 2017 sind die Empfehlungen an ein CMS weiter konkretisiert worden. So gehen diese von einem risikobasierten Ansatz[19] aus, sehen Offenlegungspflichten und Errichtung von Hinweisgebersystemen nebst Schutz der Hinweisgeber[20] vor und verlangen, dass CMS angemessen gestaltet werden.[21] Alle erwähnten Empfehlungen des DCGK 2017 werden von den in diesem Buch enthaltenen Hinweisen abgedeckt.

24 Ähnliche Wirkung, wenn auch rechtlich anders gelagert, weisen ausländische Gesetze auf, welche grenzüberschreitend angewendet werden. So sieht etwa das britische Antikorruptionsgesetz (UK Bribery Act, UKBA) Enthaftungsmöglichkeiten für den Fall vor, dass angemessene CMS nachgewiesen werden. Ähnliche Regelungen finden sich etwa im französischen Kartellrecht oder im Falle der Haftung von juristischen Personen nach dem italienischen Recht. In den letzten zwei Jahren sind schließlich bedeutende Regelungen im spanischen[22] und französischen[23] Anti-Korruptionsrecht umgesetzt worden. In beiden Fällen kann das Vorhandensein von nachgewiesenen und angemessenen CMS zur Milderung oder zum Ausschluss der Haftung bei einem Korruptionsfall führen.

---

[14] Ausführliche Übersicht zu den Reformvorschlägen bei *Makowicz* CB 2015, 45 ff.

[15] Mehr dazu bei *Wolffgang/Bünnigmann* COMPLY 4/2015, 42 ff.

[16] Ausf. bei *Makowicz* COMPLY 2/2016, 12 ff.

[17] BMF, 23. 5. 2016 – IV A3 – S 0324/15/10001/IV A 4 – S 0324/14/10001, DStr 2016, 1218 ff.

[18] Vgl. Pressemitteilung und Dokumente vom 14. 2. 2017, Link: http://www.dcgk.de/de/kommission/die-kommission-im-dialog/deteilansicht/kodexaenderungen-2017-beschlossen-vorsitzwechsel-zum-1-maerz.html (letzter Abruf: 21. 2. 2017).

[19] Mehr dazu siehe Pkt. 8.1.2 und 10.4.

[20] Mehr dazu siehe Pkt. 15.2.5.

[21] Mehr dazu siehe Pkt. 7.2.

[22] *Tauschwitz/Tornero* COMPLY 4/2015, 72 ff.

[23] *Querenet-Hahn/Karg* COMPLY 1/2017, 51 ff.

Während die Wirkung der DCGK-Empfehlung auf den Entschluss, ein CMS einzuführen, 25
als eher moderat einzustufen sein wird, so werden die erwähnten Bestimmungen der ausländischen Gesetze für die global tätigen Unternehmen mehr als Grund genug dafür gewesen sein, um entsprechend nach den dortigen Vorgaben strukturierte CMS einzuführen.

1.4.1.3. Vorbild der Kreditinstitute. Ferner hat eine indirekte Wirkung bei allen ande- 26
ren Unternehmen mit Sicherheit die Vorbildfunktion der Unternehmen aus der Wertpa-
pier- und Versicherungsbranche erwiesen. Es handelt sich hier um Unternehmen, die einer besonderen Regulierungsdichte unterliegen und in denen CMS bereits seit vielen
Jahren eingeführt und gepflegt werden. Viele der dort entwickelten Lösungsansätze wurden in andere Unternehmensarten übernommen. Die zum Tage gekommene Effektivität
der CMS in dem Sektor wies sicherlich eine belehrende Vorbildfunktion für übrige Unternehmen auf und trug zum Entschluss bei, sich auch dort für gute Compliance zu bemühen.

1.4.1.4 Schaden-Nutzen-Analyse. Mit Sicherheit den entscheidenden Beitrag zum 27
Entschluss, ein CMS einzuführen, leistet ferner bei jeder noch so unentschlossenen Organisation die Schaden-Nutzen-Analyse. CMS können mit einer kostspieligen Investition
verbunden sein. Unternehmen müssen unter Umständen daher reorganisiert, zusätzliches
Fachpersonal eingestellt und Verfahren entwickelt werden. Ferner erfordert es nicht nur
die Umsetzung eines einmaligen Maßnahmenpakets, auch die sich an die Einrichtung des
Systems anschließende Pflege, Umsetzung und Durchführung von konkreten Compliance-Maßnahmen können mit weiteren Aufwendungen verbunden sein.

Diese Beträge werden jedoch schnell nicht abschrecken und in ökonomischer Hinsicht 28
als gerechtfertigt gelten, wenn ihnen die Vorteile gegenübergesetzt werden, die mit einem
CMS erreicht werden. Im Allgemeinen erheblich ist zunächst der Umstand, dass es sich
bei einem CMS um eine nachhaltige Investition handelt, welche zur dauerhaften Steigerung des Unternehmenswertes führen kann. Noch nicht erwähnt wurden auch die
direkten Vorteile, welche in der Absicherung der Organisation gegen mögliche Unregelmäßigkeiten bestehen. Schon ein einzelner Compliance-Verstoß, etwa eine öffentlich ge-
wordene Bestechung, kann zu Reputationsverlusten führen, die in erheblichen Umsatzeinbußen resultieren könnten. In diesem Falle werden die verhängten Sanktionen nebst
den Rettungsmaßnahmen bei weitem die Investition übersteigen, welche zur Einrichtung
eines CMS getätigt worden wären mit der Folge, dass der Verstoß ausgeblieben wäre.

Diese einfache Schaden-Nutzen-Analyse bringt die meisten Unternehmen dazu, in 29
durchdachte und ausgereifte CMS bereits vorsorglich zu investieren, bevor es zu einem
Compliance-Verstoß kommt.

1.4.2. Originäre Organisationspflicht

Abgesehen von den vier wesentlichen Beweggründen sei nun auf einen anderen Aspekt 30
eingegangen, der zwar keine rechtliche aber moralische Verpflichtung zur Einführung eines CMS durchaus begründet.

Gruppen von Menschen haben von jeher eine besondere Bedeutung, sowohl für die 31
Gesellschaft als auch für das Individuum. Gemeinschaften, die sich über einen längeren
Zeitraum zusammenfinden und organisieren, um gemeinsam Ziele zu verfolgen, bieten
Werte, stiften Sinn und die Empfindung von Zugehörigkeit. Heutzutage gibt es Gruppen
in jeder Größenordnung, von kleinen Vereinen bis hin zu global aufgestellten Konzernen
oder mächtigen NGOs. Sie verfolgen programmatisch Ziele, weisen Strukturen, Verfahren und Prozesse auf. Dabei wird jedoch eins deutlich und dies, umso größer und ein-
flussreicher die Organisation ist: Während die Organisationsmitglieder und andere Stakeholder von der Existenz der Gruppe profitieren, schaffen sie zugleich Risiken, die nicht
nur sie selbst, sondern auch Außenstehende betreffen können. Es ist daher eine – und

wenn auch derzeit noch keine gesetzliche, denn moralische – Pflicht jeder Organisation, darunter insbes. der dort verantwortlichen Führungskräfte, die durch ihre Tätigkeit geschaffenen Risiken zunächst überhaupt zu erkennen, um sie anschließend angemessen zu adressieren. Hier kommt auch das CMS ins Spiel und zwar unabhängig von der Größe, Struktur und Natur einer Organisation.

1.4.3. Im Mittelstand

32 Schließlich ist in den letzten Jahren, in denen inzwischen die große Mehrheit der Unternehmen CMS eingeführt hat, auch der Marktdruck gegenüber den sonstigen Unternehmen gestiegen. Bekanntlich können Compliance-Probleme der Geschäftspartner zu eigenen Problemen werden. Daher legen auch Compliance-bewusste Unternehmen einen hohen Wert darauf, ob und welche Compliance-Maßnahmen ihre künftigen Geschäftspartner implementiert haben. So entsteht der allgemeine Druck auf die noch Unentschlossenen, ebenfalls ein CMS zu implementieren. Dieser Druck kommt insbes. im Verhältnis von Großunternehmen gegenüber ihren Zulieferern zum Ausdruck (Zulieferer-Compliance). Dabei geht es nicht nur um die bereits erwähnte Compliance-Klausel.[24] Kleine und mittelgroße Unternehmen führen CMS nicht nur zu eigenen Zwecken ein. Sie bewirken damit auch, dass sie in Augen ihrer größeren Geschäftspartner als sicherer eingestuft werden, wodurch diese auf sog. Geschäftspartnerprüfungen verzichten. Hierdurch werden wiederum kostbare Zeit und Geld gespart.

2. Entwicklung globaler Compliance-Standards

33 Aus der bisher dargestellten Entwicklung ergibt sich ein Spannungsfeld. Zum einen generieren CMS erhebliche und diverse Vorteile für Unternehmen und Gesellschaft. Zum anderen aber handeln viele Organisationen auf dem globalen Markt, was wiederum solche Lösungen erfordert, die nicht nur in fremden Kulturkreisen funktionsfähig, sondern allgemein anerkannt sind. Da neben den vielen Leitfäden und Standards für globale Anti-Korruptionsprogramme[25] kein ganzheitlicher Standard für CMS vorhanden war, wurde bei der Internationalen Organization for Standardization (kurz ISO) ein entsprechendes Verfahren zur Erarbeitung einer ISO-Norm für CMS durchgeführt. Parallel dazu wurde eine weitere Norm zur Korruptionsprävention entwickelt. Derzeit, im Jahre 2017 zeichnen sich weiterführende Entwicklungen im Bereich der ISO-Compliance-Standards ab. In diesem Abschnitt wird auf die erwähnten Entwicklungen entsprechend eingegangen, um das Verständnis der ISO-Normen im Compliance-Bereich und deren konkrete Anwendungspraxis zu fördern.

2.1. ISO-Managementnormen im Allgemeinen

34 Die Normungsgeschichte der ISO hat nicht im Bereich der Managementstandardisierung begonnen. Vielmehr ging es ursprünglich um die sog. technische Normung, dh konkrete Vorgabe an zB die Sicherheit und Beschaffung von verschiedenen Produkten und weitere Merkmale, wodurch der voranschreitenden Globalisierung Rechnung getragen werden sollte.

35 Doch vor bereits einigen Jahrzenten begann die ISO auch mit der Normung im Managementbereich. Der in dem Bereich bisher sicherlich bekannteste ISO-Standard ist ISO 9001 betreffend das Qualitätsmanagement. Inzwischen hat sich iRd ISO-Managementnormen eine Struktur an verschiedenen Norm-Typen und Varianten entwickelt.

---

[24] Siehe Pkt. 1.3.

[25] Ausführlich dazu bei *Zentes* Das Sieben-Säulen-Modell der Korruptionsprävention, Wiesbaden 2017.

Der hier grundlegende Compliance-Standard, die DIN ISO 19600, gehört zu der Gruppe **36** der sog. generischen Empfehlungen (guidance), zu denen etwa auch Risk Management (ISO 31000) oder Corporate Social Responsibility (ISO 26000) gehören. Zwar basieren sie auf derselben übergeordneten Struktur der sog. High Level Structure (HLS), doch bilden sie eine andere Gruppe der generischen Standards als etwa Qualitätsmanagement (ISO 9001), Umweltmanagement (ISO 14001) oder Anti-Korruptionsmanagement (ISO 37001), die im Gegensatz zu DIN ISO 19600 prüfbare Standards darstellen. Eine noch weitere Gruppe bilden ferner die sog. sektoralen Standards, wie etwa Food Safety Management (ISO 22000) oder Qualitätsmanagement für Öl- und Gasunternehmen (ISO 29001). Schließlich kommen noch die spezifischen Empfehlungen wie etwa der Leitfaden zur Auditierung von Managementsystemen (ISO 19011) oder der Leitfaden für die Dokumentation des Qualitätsmanagementsystems (ISO/TR 10013) hinzu. Die nachfolgende Übersicht verdeutlicht die Einordnung des DIN ISO 19600:

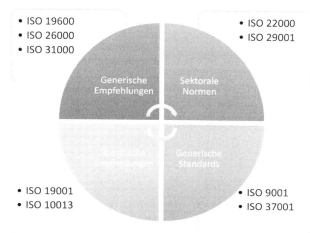

- ISO 19600
- ISO 26000
- ISO 31000

- ISO 22000
- ISO 29001

Generische Empfehlungen

Sektorale Normen

Spezifische Empfehlungen

Generische Standards

- ISO 19001
- ISO 10013

- ISO 9001
- ISO 37001

Abbildung 3: Verhältnis des DIN ISO 19600 zu anderen Normen[26]

Das Verständnis für diese Struktur ist für potenzielle Anwender von erheblicher Bedeu- **37** tung. Zum einen ist es wichtig, um die hier einschlägigen Normen DIN ISO 19600 und ISO 37001 systematisch einordnen zu können. Zum anderen aber ist diese Kenntnis vor dem Hintergrund wichtig, dass ISO-Normen keine verpflichtenden, sondern freiwillige Normen darstellen, sodass jede Organisation selbst entscheiden kann, ob und welche Systeme sie nach einem oder mehreren ISO-Standards implementieren möchte. Sollte die grundsätzliche Entscheidung aber in Richtung ISO-Normen fallen – und in vielen Organisationen ist der erste Schritt mit der Einführung des weit verbreiteten Qualitätsstandards nach ISO 9001 gemacht – so scheint es sehr konsequent und effizient zu sein, auch die übrigen Managementsysteme nach ISO-Normen zu gestalten.

Die oben beschriebene Vorgehensweise hat mehrere konkrete Vorteile für die Organi- **38** sation. Zum einen kann sich jede Organisation dann je nach dem konkreten Bedarf aus einem recht breiten Spektrum an ISO-Normen für diverse Bereiche, Sektoren und Angelegenheiten bedienen. Zum anderen ergreift die Organisation damit die naheliegende Chance, ihre Systeme nach den global anerkannten Standards zu gestalten. Schließlich aber, und dieser Vorteil dürfte erheblich wiegen, bewegen sich Organisationen mit jeder Norm und damit jedem weiteren implementierten Standard, auf dem bereits vertrauten Umfeld. Die Möglichkeit der Integration gewährleistet die High Level Structure, also eine einheitliche Struktur, die für diverse Managementnormen auf der ISO-Ebene gilt.

---

[26] Angelehnt an der Struktur der ISO-Normen.

Da diese einheitliche Struktur erst vor einigen Jahren, dh nach der Veröffentlichung von einigen ISO-Managementnormen veröffentlicht wurde, werden derzeit diese entsprechend angepasst. So ist etwa vor kurzem der Qualitätsstandard an die neue Struktur angepasst worden. Auf das konkrete Verhältnis zwischen den beiden Normen DIN ISO 19600 und ISO 37001 wird im weiteren Verlauf eingegangen.[27]

2.2. DIN ISO 19600 Compliance Management-Systems

2.2.1. Initiative

39 Auf die Idee, Compliance-Materie global über eine ISO-Norm zu vereinheitlichen, kamen 2012 die Australier, indem sie einen Vorschlag für einen Normentwurf unterbreitet haben. Seitdem arbeiteten 22 Länder an dem Entwurf teils als aktive Teilnehmer und teils als Beobachter. Ursprünglich trug die Norm die Nummer ISO 18386; wegen der zu erwartenden Bedeutung der Norm ist diese Nummer zugunsten einer einfacheren Bezifferung in DIN ISO 19600 geändert worden.

40 **2.2.1.1. Begründung für die Norm.** Gleich in der Begründung des Entwurfs fanden sich fortschrittliche Ideen und Ansätze für Compliance wieder. Diese fanden auch in der Einleitung der finalen Fassung der Norm ihren Ausdruck. Da diese für das Verständnis der Norm als solcher von wesentlicher Bedeutung sind, seien sie kurz erwähnt.

41   Zum einen wird – zu Recht auch, wenn man die vielfältigen Vorteile eines CMS betrachtet – Compliance und Integrität als Basis und Chance für erfolgreiche Organisationen begriffen. Zweitens knüpfen die Überlegungen an gute und sorgfältige Unternehmensführung an und bezeichnen Compliance als deren Kernelement. Schließlich wird ausgeführt, dass die Compliance vom Verhalten der Führungsebene unter Beachtung der ethischen und sozialen Standards geprägt werden sollte.[28]

42 **2.2.1.2. Tatsächlicher Bedarf.** Doch könnte hinter diesen eher ideellen Ansätzen auch ein konkreter Bedarf in der globalen, aber auch der nationalen Compliance-Entwicklung bestehen. Zum einen stehen derzeit global handelnde Unternehmen immer wieder vor der Herausforderung, ihre ausländischen Geschäftspartner zu prüfen, um das sog. Compliance-Infektionsrisiko, als das Risiko eines Compliance-Verstoßes beim Geschäftspartner, zu erfassen und entsprechend zu steuern. Dabei stoßen sie nicht nur schon auf der nationalen Ebene auf erhebliche Herausforderungen, denn so viele Unternehmen, so viele Compliance-Lösungen gibt es auch. Hebt man dies auf die globale Ebene, so liegt es auf der Hand, dass sich die prüfenden Unternehmen oft in einem kaum übersehbaren Gewirr von fremden Compliance-Lösungen wieder finden. Hier könnte eine einheitliche CMS-Norm für mehr Übersichtlichkeit sorgen und damit zur Vereinfachung der Prozesse sowie zur Effizienzsteigerung beitragen.

43   Ein konkreter Bedarf nach einem einheitlichen Referenzrahmen besteht aber auch in anderer Hinsicht. Die Compliance-Entwicklung hat längst auch andere Organisationsarten jenseits der privaten Wirtschaft erreicht. Ob Stiftungen, Verbände, Kirchen oder Vereine und Behörden. Immer mehr Organisationen führen nach und nach CMS ein, wofür ein einheitlicher Leitfaden, der für alle Organisationsarten geeignet ist, sinnvoll ist.
   Schließlich geht der in vielen Ländern, insbesondere aber in Spanien, Brasilien, Frankreich oder Großbritannien, zu beobachtende Trend in der Gesetzgebung dahingehend, Compliance-Bemühungen der Organisationen etwa durch Berücksichtigung bei der Sanktionenzumessung, zu belohnen. Da der Gesetzgeber in der Regel jedoch keine Vorgaben an die CMS-Ausgestaltung machen, können auch in der Hinsicht Compliance-Standards deutlich an praktischer Bedeutung gewinnen. In dem Zusammenhang sei auch

---

[27] Siehe Pkt. 2.3.3.
[28] Vgl. Einleitung zu DIN ISO 19600.

das Urteil des BGH erwähnt, in dem eine sanktionsmindernde Wirkung eines effizienten CMS bestätigt wurde, ohne jedoch weiter auszuführen, wie ein CMS auszusehen hat.[29]

2.2.2. Arbeit am Standard

Zunächst sei eins angemerkt: Bei der Compliance handelt es sich um eine durch und **44** durch dynamische und facettenreiche Materie. Allein nationale Begegnungen unter Experten führen oft zu kaum einheitlichen Lösungen, kurz: Oft scheiden sich an Compliance die Geister. Nicht viel anders konnte es auch in einem internationalen Gremium zugehen. Die DIN ISO 19600 hat daher in ihrer finalen Fassung vermutlich die Gestalt, die sich keine der beteiligten Parteien ursprünglich so gewünscht hätte. Andererseits enthält sie aber für alle erwähnten Parteien gut vertretbare Lösungen und Mindestvorstellungen, auf die sich die Gremiummitarbeiter im Kompromisswege einigen konnten. Dabei sei der erhebliche Vorteil der ISO-Normen gegenüber von Gesetzen betont: Die Standards werden von einer privaten Organisation entwickelt, deren Mitglieder aus der Wirtschaft, Wissenschaft, Verbänden und sonstigen interessierten Kreisen stammen, wodurch die konkreten praxiorientierten Ansätze in einem überschaubaren Kreis an Experten effizienter erarbeitet werden können, als in einem formalen Gesetzgebungsprozess. Auf diese Art und Weise zeichnen sich die ISO-Standards auch durch eine große Flexibilität aus und können in bestimmten zeitlichen Abschnitten im Wege ihrer Revision entsprechend angepasst werden.[30]

2.2.2.1. Anfangsphase. Nachdem Australien den Vorschlag im Juni 2012 unterbreitet **45** hatte, konnte dieser im Oktober desselben Jahres durch ISO-Mitglieder mehrheitlich angenommen werden mit der Folge, dass unter australischer Leitung das Projektkomitee Nr. 271 (kurz: ISO/PC 271) eingerichtet wurde. Im April 2013 fand die erste Sitzung, noch ohne Beteiligung Deutschlands, in Sydney statt. Während der Sitzung ist der Komitee-Entwurf (sog. ISO/CD 19600, ursprünglich ISO/CD 18386) erarbeitet worden.

2.2.2.2. Ursprüngliche Kritik. Die ursprüngliche Haltung des deutschen Spiegelgremi- **46** ums gegenüber dem Entwurf war ablehnend. Zu den wesentlichen Kritikpunkten gehörte ua, dass:
— die Norm den Interessen des Mittelstandes nicht entspricht,
— in Anbetracht existierender Normen[31] eine Daseinsberechtigung fehlt,
— die Norm an sich schlecht strukturiert ist und
— kaum ein kohärentes Compliance-Modell ergibt.
Dementsprechend reichte das deutsche Spiegelgremium für die weitere globale Sitzung, **47** die für den Oktober 2013 in Paris angesetzt war, rund 100 Kommentare unter Ablehnung der Norm ein. Und auf eben der erwähnten globalen Sitzung erfolgte auch die Kehrtwende. Nachdem nahezu alle deutschen und einige Hundert weitere Kommentare in den Entwurf eingearbeitet werden konnten, hat sich zum Schluss der Sitzung auch Deutschland für die Norm ausgesprochen. So konnte eine weitere Stufe im Normungsprozess der sog. internationale Normungsentwurf erreicht werden (sog. ISO/DIS 19600). Die wesentlichen Kritikpunkte seitens Deutschlands konnten durch die Einarbeitung entsprechender Passagen in die Norm deutlich entschärft werden.

---

[29] BGH, 9.5.2017 – 1 StR 265/16, BeckRS 2017, 114578.
[30] DIN ISO 19600 wird derzeit einem Revisionsprozess unterzogen, der voraussichtlich 2020 abgeschlossen wird.
[31] Gemeint waren insbes. der nationale Prüfstandard IDW PS 980 sowie die globalen Regelwerke der OECD Good Practice Guidance on Internal Controls, Ethics and Compliance und ICC Rules on Combating Corruption sowie das ICC Competition Compliance Tool.

48 2.2.2.3. Schlussphase. Dem erwähnten Stadium schloss sich eine Umfragestufe an, die nach einer weiteren Kommentarrunde in die letzte globale Sitzung im Juli 2014 in Wien mündete. Zwar gingen noch einige Kommentare – kaum jedoch von deutscher Seite – ein, doch waren sie entweder von unwesentlicher Bedeutung oder es handelte sich um Wiederholungen, sodass der Entwurf in Wien kaum geändert wurde. Da sich auch alle anwesenden Mitglieder dafür ausgesprochen haben und die Norm zwar unwesentlich technisch, aber kaum inhaltlich geändert wurde, konnte das weitere Verfahren abgekürzt werden. So wurde damals schon die finale Stufe (sog. *Final Draft International Standard:* FDIS) übersprungen und die Norm per einstimmigem Beschluss zur Veröffentlichung weitergereicht. Die Norm DIN ISO 19600 ist anschließend Ende 2014 veröffentlicht worden.

49 2.2.2.4. Übernahme als DIN ISO 19600. Die einschlägigen Verfahren am Deutschen Institut für Normung e.V. (kurz DIN) sehen vor, dass ISO-Normen nach ihrer Übersetzung in die deutsche Sprache als nationale DIN-Normen übernommen werden können. Ein entsprechender Übernahmebeschluss wurde am DIN mit der Folge gefasst, dass in den Jahren 2015–2016 eine für die Länder Deutschland, Österreich und die Schweiz gemeinsame deutsche Sprachfassung der Norm vorbereitet wurde. Im Anschluss daran ist die Norm als eine deutsche Norm DIN ISO 19600 Ende 2016 veröffentlicht worden.

50 Daraus ergibt sich, dass das vorliegende Buch nicht nur einer globalen, sondern der deutschen DIN-Norm zu gleicher Zeit folgt.

2.2.3. Allgemeine Merkmale

51 Die DIN ISO 19600 besteht aus ca. 50 Klauseln auf ca. 30 Seiten und stellt damit einen recht übersichtlichen und gut strukturierten Leitfaden dar. Es handelt sich dabei um eine Norm des Typ B, was bedeutet, dass sie keine verbindlichen Anforderungen, sondern Empfehlungen enthält. Alles andere wäre auch in Bezug auf ein CMS wenig zielführend, denn dieses muss an die konkreten Bedürfnisse des Unternehmens angepasst werden und damit flexibel bleiben. Allerdings zeichnet sich seit der Veröffentlichung der DIN ISO 19600 ein starkes Interesse in der Wirtschaft verschiedener Staaten ab, die nach der Norm implementierten Systeme von unabhängigen Prüfern zertifizieren zu lassen. Es ist daher nicht ausgeschlossen, dass die Norm bei der kommenden Revisionsrunde, die 2018 beginnen soll, in eine Norm des Typ A überführt wird, ohne dass sich dies auf die inhaltlichen Bestimmungen der Norm auswirken würde.

52 Dass es sich zumindest derzeit noch um keine prüfbaren Anforderungen handelt, wird bereits in der Einleitung zur Norm ausgeführt, wonach die Norm Empfehlungen dafür enthält, wie CMS gestaltet werden können. In den einzelnen Empfehlungen wird der Charakter der Norm durch die durchgehende Anwendung des Verbes *„should"* deutlich betont. Insofern, so auch in der Einleitung, handelt es sich auch um ein an die konkreten Bedürfnisse einer Organisation anpassungsfähiges System, bei dem der Kontext, Art und Komplexität der Organisation entscheidend sind.[32]

53 Während in Bezug auf die Einstufung als Typ-B-Norm noch weitgehende Einigkeit bestand, bereitete dem internationalen Normungsgremium, wegen ausdifferenzierter Compliance-Vorstellungen internationaler Experten, die inhaltliche Arbeit an dem Entwurf zum Teil Schwierigkeiten. Umso erfreulicher war es am Ende, durch Kompromisse erkaufte und für alle Gremienmitglieder vertretbare Lösungen gefunden zu haben.

---

[32] Vgl. Einleitung zu DIN ISO 19600 Abs. 7.

2.3. ISO 37001 Anti-Bribery Management-Systems

Kurz vor der Veröffentlichung der Norm DIN ISO 19600 ist ein weiteres Normungsver- **54** fahren mit Compliance-Relevanz gestartet und inzwischen mit der Veröffentlichung der Norm ISO 37001 Anti-Bribery Management-Systems Ende 2016 abgeschlossen worden.

2.3.1. Entstehung und Hintergründe

Das Normungsverfahren ist 2013 von Großbritannien eingeleitet worden. Bis zur Veröf- **55** fentlichung der Norm im Oktober 2016 arbeiteten rund 50 Mitgliedsstaaten und fast 10 weitere internationale Organisationen, darunter die OECD, an der Entstehung der Anti-Korruptionsnorm. Unter den Beweggründen, die das britische Normungsinstitut BSI (British Standards Institution) zur Initiierung des Verfahrens veranlasst haben, dürften die Entwicklungen im eigenen Lande vorhanden gewesen sein. Das im Jahre 2010 erlassene britische Anti-Korruptionsgesetz (sog. UK Bribery Act) hat eine exterritoriale Anwendung, es gilt also auch für deutsche Unternehmen und Organisationen, die in Großbritannien geschäftliche Beziehungen unterhalten. In seiner Konstruktion sieht das Gesetz wiederum die Möglichkeit der Sanktionsminderung oder Sanktionsausschlusses vor, wenn adäquate Compliance-Lösungen nachgewiesen werden. Was darunter zu verstehen ist, hat das britische Justizministerium in einem Leitfaden festgelegt.[33] Ob diese Entwicklungen tatsächlich für die Initiierung des Verfahrens durch Großbritannien maßgeblich waren, mag dahinstehen. Setzt eine Organisation das Anti-Korruptionsprogamm nach ISO 37001 um, so dürften jedenfalls auch die erwähnten Empfehlungen eingehalten worden sein. Dies kreiert einerseits eine bequeme Ausgangslage für britische Unternehmen. Andererseits ist an der Vorgehensweise formal nichts auszusetzen, denn jedes ISO-Standardisierungsverfahren beginnt mit einer Initiative eines der ISO-Mitgliedsstaaten.

Es ist damit zu rechnen, dass auch ISO 37001 als eine deutsche DIN-Norm nach entsprechender Übersetzung übernommen wird.

2.3.2. Allgemeine Merkmale

Die allgemeinen Merkmale der ISO 37001 decken sich bis auf wenige Ausnahmen mit **56** denen der DIN ISO 19600. Auch der Standard ist mit seinen 26 Seiten recht schlank gehalten. Im Gegensatz zur DIN ISO 19600 enthält der Anti-Korruptionsstandard jedoch einen Anhang unter der Überschrift „Leitfaden zur Nutzung des Standards",[34] in dem auf weiteren ca. 20 Seiten ausführende und erklärende Informationen zur Anwendung des Standards enthalten sind.

2.3.2.1. Anforderungen anstelle von Empfehlungen. Bei der ISO 37001 handelt es **57** sich um eine generische und prüfbare Norm (anders als bei der DIN ISO 19600 handelt es sich hier um die Norm des Typen A), die detaillierte Anforderungen enthält, wie ein effektives Korruptionspräventionsprogramm in einer Organisation, insbes. in Unternehmen, implementiert werden kann. Die Norm wurde im Herbst 2016 veröffentlicht. Es handelt sich dabei ähnlich wie bei der DIN ISO 19600 um kein Gesetz, an das sich Unternehmen halten müssen. Sie können es aber tun. In dem Falle kann die Richtigkeit der Umsetzung der Norm von einem unabhängigen Prüfer untersucht und zertifiziert werden.

2.3.2.2. Anwenderkreis. Der Standard kann durch alle Organisationsformen implemen- **58** tiert werden. Insofern ist also auch der Anwenderbereich der Norm identisch mit dem aus der DIN ISO 19600. Es ist nicht nur für privatwirtschaftlich organisierte Unterneh-

---

[33] The Bribery Act 2010 – Guidance, abrufbar unter: https://www.justice.gov.uk/downloads/legislation/bribery-act-2010-guidance.pdf (letzter Abruf: 21.3.2017).
[34] Im Weiteren als „ISO 37001 Annex A".

men vorgesehen, sondern kann auch von Verbänden, Gewerkschaften, Behörden und sonstigen Institutionen umgesetzt werden. Der Standard trägt auch dem Mittelstand Rechnung, indem viele Bestimmungen vor dem Hintergrund der Grundsätze der Flexibilität und Verhältnismäßigkeit umzusetzen sind.

59 **2.3.2.3. Anwendungsbereich.** Die Norm hat ausschließlich die Bestechung und Bestechlichkeit zum Gegenstand und ist auf andere Formen der Wirtschaftskriminalität oder andere Compliance-Risiken nicht anwendbar. Da Bestechung in verschiedenen Ländern unterschiedlich per Gesetz definiert ist, verzichtet die Norm auf eine allgemeine Definition und enthält lediglich eine Umschreibung des Begriffs.

60 Nach der Norm kann die Bestechung entweder durch die Organisation oder ihre Mitglieder oder ihre Geschäftspartner erfolgen, die im Namen der Organisation oder zu ihrem Nutzen handeln. Oder es kann sich um die Bestechung der Organisation, ihrer Mitglieder oder Geschäftspartner im Zusammenhang zu den Tätigkeiten der Organisation handeln.[35] Die Konstellationen gehen somit sehr weit, um einen bestmöglichen Schutz gegen Bestechungen zu gewährleisten.

61 Ausgerechnet im Hinblick auf den Anwendungsbereich besteht der – neben der Zertifizierbarkeit – zweite wesentliche Unterschied zu der DIN ISO 19600. Während die letztgenannte Norm einen komplexen und vollumfänglichen Ansatz hinsichtlich der Compliance-Risiken verfolgt, konzentriert sich die ISO 37001 ausschließlich auf das Korruptionsrisiko.

2.3.3. Verhältnis zwischen ISO 37001 und DIN ISO 19600

62 Beide Normen sind generische Standards, es sind also keine Gesetze, sondern freiwillige Leitfäden, die von Organisationen implementiert werden können (aber nicht müssen). Beide Normen verfolgen auch eine einheitliche Struktur als ISO-Managementnormen, die sog. High Level Structure (HLS). Bei der DIN ISO 19600 handelt es sich um eine Grundnorm für Compliance Management, während ISO 37001 als eine Compliance-Sondernorm bezeichnet werden kann, weil sie auf die Steuerung von nur einem bestimmten Compliance-Risiko, nämlich dem Korruptionsrisiko, abzielt. Das Verhältnis der ISO 37001 zur DIN ISO 19600 ist also komplementär. Während DIN ISO 19600 eine allgemeine Norm zur Steuerung aller Compliance-Risiken enthält, beinhaltet ISO 37001 darüber hinaus besondere Bestimmungen, die sich nur mit dem Korruptionsrisiko befassen.

2.3.4. Anwendung beider Normen in der Praxis

63 Beide Normen, ISO 37001 und DIN ISO 19600 gehen von dem Integrationsansatz aus, es empfiehlt sich daher, die Normen gemeinsam einzuführen, um somit gegen sämtliche Compliance-Risiken bestens ausgestattet zu sein, was durch ein anschließendes Zertifikat bescheinigt werden kann. Hat eine Organisation das CMS nach DIN ISO 19600 bereits umgesetzt, so dürfte sich der weitere Aufwand im Zusammenhang mit der Umsetzung der ISO 37001 sehr in Grenzen halten. Die wesentlichen Systemelemente sind dieselben, es müssten nur noch wenige weitere Maßnahmen umgesetzt werden, die der Norm ISO 37001 zu entnehmen sind und auf die im weiteren Verlauf dieses Buches gesondert eingegangen wird.

64 Alternativ, und für diesen Weg werden sich sicherlich die Organisationen entscheiden, die keine Zertifizierung anstreben, kann auch ausschließlich die Norm DIN ISO 19600 umgesetzt werden. Die Konzeption der Norm ist ähnlich wie bei der ISO 37001 risikobasiert und zielt darauf ab, sämtliche Compliance-Risiken einer Organisation zu ermitteln und entsprechend zu steuern. Da ein Korruptions-Risiko auch ein Compliance-Risiko

---

[35] Vgl. Ziff. 3.1 ISO 37001.

ist, können naturgemäß auch diese Risiken im Rahmen eines nach DIN ISO 19600 umgesetzten CMS gesteuert werden.

Für welchen Weg sich Organisationen entscheiden, hängt von diversen Faktoren ab. **65**
Für die Umsetzung beider Standards und eine Zertifizierung nach ISO 37001 spricht jedenfalls die Lage dann, wenn Unternehmen auf der globalen Ebene tätig sind und insbes.
dann, wenn sie in Ländern geschäftliche Beziehungen unterhalten, in denen Korruption
immer noch ein erhebliches Problem darstellt. In diesen Ländern könnten solche Organisationen ebenfalls den Nachweis der internen Bemühungen gegen Korruption in Form
einer ISO-Zertifizierung von ihren Geschäftspartnern verlangen und dabei auf das eigene
Beispiel hinweisen. Nicht zuletzt ist die Entscheidung zugunsten der zusätzlichen formellen Implementierung der ISO 37001 auch bei den Unternehmen empfehlenswert, die geschäftliche Beziehungen mit Unternehmen mit Sitz in Großbritannien unterhalten und
damit in den Anwendungsbereich des erwähnten UK Bribery Act fallen könnten.

2.4. Weitere Normungsaktivitäten – der Ausblick

Seit Ende 2016 ergaben sich viele weitere nennenswerte Aktivitäten auf der ISO-Ebene, **66**
die einen direkten Bezug zur Compliance aufweisen. Zum einen ist Ende 2016 wieder
auf die Initiative von Großbritannien ein neues technisches Komitee unter der Bezeichnung ISO/TC 309 bei der ISO gegründet worden. In dem Zusammenhang ist klärungs-
würdig, was der Unterschied zwischen einem TC und einem Projektkomitee (PC) ist, die
zur Erarbeitung der beiden hier gegenständlichen Normen eingerichtet wurden. Während
ein PC nur für die Dauer eines Normungsverfahrens eingerichtet und danach direkt auf-
gelöst wird, handelt es sich bei einem TC um ein ständiges Gremium, dem bestimmte
Themen zugewiesen werden.

Alleine schon die Gründung eines TC 309 auf der ISO-Ebene stellt unter Beweis, dass **67**
ISO die hohe Bedeutung und Aktualität der Compliance-Themen damit entsprechend
würdigen wollte. Dem Komitee sind zum einen die bestehenden Compliance-Standards,
dh die DIN ISO 19600 und ISO 37001 zugewiesen worden. Die wesentliche Aufgabe
des TC 309 besteht jedoch in der Prüfung und, beim positiven Ausgang, der Erarbeitung
einer neuen Managementnorm zum Thema „Governance of Organizations". Ein entsprechender Entwurf ist inzwischen vorgelegt worden. Ende 2017 soll hierzu entsprechend
abgestimmt werden. Ferner sollen dem TC 309 auch künftige Initiativen zugewiesen
werden, die sich im Bereich der Compliance auf der ISO-Ebene ergeben könnten. Derzeit wird bereits über eine mögliche weitere ISO-Norm zum Whistleblowing gesprochen.

Zum jetzigen Zeitpunkt verfügt ISO bereits über ein beträchtliches Portfolio an Mana- **68**
gementnormen in verschiedenen Bereichen. Eine ISO-Norm zum Governance-Bereich
könnte dafür eine Bündelungs- und Systematisierungsfunktion aufweisen, ein gewisses
Fundament für die bestehenden Normen binden. Ob und inwiefern diese Initiativen jedoch verfolgt werden, steht derzeit noch offen. Allen Anzeichen und den bisherigen Er-
fahrungswerten nach wird ISO eine Governance-Norm veröffentlichen und in dem
Compliance-Bereich künftig weiterhin tätig werden.

Den potenziellen Normanwendern sei daher gut geraten, sich bereits jetzt bei der Im- **69**
plementierung oder Anpassung ihrer eigenen CMS an der DIN ISO 19600 und ggf., sollte hierfür entsprechender Bedarf bestehen, zusätzlich an der ISO 37001 zu orientieren.
Von der Implementierung einer übergreifenden Governance-Norm oder weiterer Managementnormen aus dem ISO-Bereich werden sie dann dank der einheitlichen HLS-
Struktur für alle Normen einen kleinen Schritt entfernt sein.

3. Grundbegriffe und Anwendbarkeit

3.1. Grundbegriffe

3.1.1. Compliance

70 **3.1.1.1. Gängige Definitionen.** Einen Einstieg in die Compliance-Definition bietet zunächst der Deutsche Corporate Governance Kodex (DCGK). Nach Ziff. 4.1.3 DCGK wird als Compliance die Pflicht des Vorstandes verstanden, für die Einhaltung der gesetzlichen Bestimmungen und der unternehmensinternen Richtlinien Sorge zu tragen und auf deren Beachtung durch die Konzernunternehmen hinzuwirken.[36] Es wird insofern auch von der Überwachungssorgfalt der Leitungsorgane gesprochen.[37] Compliance wird auch als Einhaltung von Regeln verstanden, zu denen Gesetze, vertragliche Verpflichtungen sowie unternehmensinterne Verhaltensregelungen und Richtlinien gehören.[38] Andererseits wird ein haftungsbezogener Ansatz angenommen und Compliance als die Einhaltung der straf- und bußgeldbewehrten Gesetze sowie deren innerbetrieblichen Ausführungsregelungen im Unternehmen verstanden.[39]

71 Die erwähnten Definitionen sind allesamt richtig und bieten einen effektiven Einstieg in das Verständnis von Compliance an, ihnen ist jedoch gemeinsam, dass sie in persönlicher (soweit vorhanden) und sachlicher Hinsicht zu eng gefasst sind und der Compliance-Realität und Praxis heutzutage nicht mehr Rechnung tragen. Da die Compliance-Materie inzwischen insbes. in der Praxis ein sehr weites Verständnis erfahren hat, ist eine etwas weitere Definition vorzugswürdig, wonach Compliance als ein Gesamtkonzept organisatorischer Maßnahmen verstanden wird, mit denen die Rechtmäßigkeit der unternehmerischen Aktivitäten gewährleistet werden soll.[40] Sie enthält den weiten und näher nicht bestimmten Begriff des Gesamtkonzeptes, welches je nach Bedarf des konkreten Unternehmens weiter oder enger ausgelegt werden könnte. Auch diese Definition vermag jedoch nicht, dem erwähnten weiten Verständnis der Compliance-Materie Rechnung zu tragen.

72 Es sei daher geboten, Compliance sehr weit zu verstehen und einen entsprechend weiten Compliance-Begriff zu definieren. Dabei sei betont, dass die Compliance an sich begriffsnotwendig im Begriff des CMS enthalten ist. Wird zwischen den persönlichen und sachlichen Merkmalen des Begriffs unterschieden, so kann ein CMS verstanden werden als die Gesamtheit von flexiblen, optimalen und verhältnismäßigen organisatorischen und prozessorientierten Maßnahmen, die durch Einwirkung auf Menschen dazu führen, Unregelmäßigkeiten zu verhindern, aufzudecken und aufzuarbeiten sowie eine nachhaltige und wertebasierte Compliance-Kultur zu schaffen, zu erhalten und stetig zu verbessern. Dem weiten Verständnis des Compliance-Begriffs folgt auch der im Februar 2017 modernisierte DCGK, in dessen Präambel zu lesen ist, dass gute Governance nicht nur ein legales, sondern auch ethisch fundiertes und eigenverantwortliches Verhalten nach dem Leitbild des ehrbaren Kaufmanns verlangt.[41]

73 **3.1.1.2. Definition nach DIN ISO 19600.** Bei der Definition der Compliance scheiden sich schon auf der nationalen Ebene die Geister, was durch die erwähnten verschiedenen Ansätze belegt ist. Nicht anders ist die Lage etwa in Frankreich, den Niederlanden, Kanada oder anderen Ländern. Im Zuge der Erarbeitung der Norm DIN ISO 19600 musste aber eine einheitliche Definition in einem globalen Konsens gefunden werden. Die Auf-

---

[36] Vgl. Deutscher Corporate Governance Kodex idF v. 7.2.2017, abrufbar unter http://www.dcgk.de/de/Kodex.html (letzter Abruf: 20.7.2017).
[37] *Umnuß* Compliance-Checklisten/*Hauschka* Einführung.
[38] *Grützner/Jakob* Compliance A–Z Buchst. C.
[39] *Moosmayer* Compliance Praxisleitfaden S. 1.
[40] *Wecker/van Laak* S. 7.
[41] Vgl. Ziff. 1 Abs. 2 S. 23 DCGK.

gabe war nicht einfach, hier das Ergebnis: Compliance bedeutet die Einhaltung aller bindenden Verpflichtungen einer Organisation.[42] Die auf den ersten Blick recht überschaubare Definition ist sehr flexibel gestaltet und knüpft an zwei wesentliche Elemente an: Compliance-Verpflichtungen und eine Organisation.[43]

Bevor auf die Einzelheiten der beiden Elemente eingegangen wird, sei auf eine wichtige Unterscheidung hingewiesen. Zurecht geht auch der Standard von zwei unterschiedlichen Begriffen aus, die in der Praxis oft durcheinandergebracht werden. Compliance bedeutet „nur" die Einhaltung von Verpflichtungen und ist nicht mit einem CMS zu verwechseln.[44] Um den Unterschied kurz vorab zu klären: Während Compliance die Einhaltung von Verpflichtungen bedeutet, möchte ein CMS Antworten auf die Frage liefern, wie Risiken ihrer Nichteinhaltung zu ermitteln und entsprechend so zu adressieren sind, damit die Verpflichtungen auch tatsächlich eingehalten werden. Und wenn die Rede von Einhaltung und Nichteinhaltung ist, dann sind wir wieder bei den Menschen, die entweder regelkonform handeln oder auch nicht. So ist der Bezugspunkt der Compliance und des CMS identisch, es ist der Mensch.[45] **74**

Zu erörtern ist des Weiteren der an sich verwirrende Unterschied, den der Standard zwischen den Begriffen Compliance und Konformität macht. Während Compliance die Einhaltung bindender Verpflichtungen bedeutet, meint Konformität die Einhaltung der Anforderungen des Managementsystems.[46] Der Unterschied wird noch deutlicher, wenn festgestellt wird, dass Nichtkonformität nicht unbedingt in einem Compliance-Verstoß resultieren muss.[47] **75**

So können etwa als Compliance-Verpflichtungen jene Obliegenheiten definiert werden, die sich aus einem Gesetz zum Schutze der Umwelt ergeben. Wird dagegen verstoßen, so liegt ein Compliance-Verstoß vor. Sind dagegen in der Organisation im Wege der Compliance-Kommunikation zur Steigerung des Umweltbewusstseins entsprechende Compliance-Schulungen organisiert, an denen alle Mitglieder der Organisation teilnehmen sollten, so wird kein Compliance-Verstoß, jedoch ein nicht konformes Verhalten vorliegen, wenn ein Mitglied der Organisation unentschuldigt von der Schulung fernbleibt. **76**

3.1.2. Bindende Verpflichtungen

Den wesentlichen Bestandteil des Compliance-Begriffs machen somit bindende Verpflichtungen aus. In die Definitionen der finalen Fassung des Begriffs der Verpflichtungen sind auch die Anmerkungen des ISO-Sekretariats während der letzten globalen Sitzung in Paris von Juli 2014 eingeflossen. Hieraus ergab sich ein zweigliedriger Begriff, wonach unter Compliance-Verpflichtung die Anforderungen verstanden werden, die eine Organisation erfüllen muss und solche, bei denen eine Organisation im Wege einer freiwilligen Entscheidung beschlossen hat, dass sie sie erfüllen möchte.[48] **77**

---

[42] Vgl. Ziff. 3.17 DIN ISO 19600.
[43] Da der Begriff der Organisation zugleich die Anwendbarkeit der Norm festlegt, sei auf diesen unter Pkt. 3.3 ausführlich eingegangen.
[44] Zu der Definition siehe Pkt. 3.1.3.
[45] Siehe Pkt. 1.1.
[46] Vgl. Ziff. 3.32 DIN ISO 19600.
[47] Vgl. Ziff. 3.33 Anm. 1 DIN ISO 19600. Diese Anmerkung ist nur in englischer Sprachfassung des Standards vorhanden.
[48] Vgl. Ziff. 3.14–3.16 DIN ISO 19600.

Abbildung 4: Elemente des Compliance-Begriffs

78   Bei der Auslegung dieses weiten Begriffs hilft ein Blick auf die Entstehung der einschlägigen Empfehlungen weiter. Während zu den Anforderungen, die eine Organisation erfüllen muss, unstreitig alle verbindlichen Rechtsvorschriften zählen – und hier kein Spielraum besteht – eröffnet der zweite Teil der Definition mit der Compliance-Verpflichtung, der sich eine Organisation freiwillig unterwirft, den sog. weiten Compliance-Begriff. Im Zuge der Normungsarbeit sind aus der Norm die in ihrer früheren Fassung bestehenden Beispielsfälle herausgefallen. Während diese Änderung vom ISO-Sekretariat empfohlen und umgesetzt wurde und eher einen formellen Charakter hatte, bestand im Normungskomitee Einigkeit darüber, dass der Begriff weiterhin weit zu verstehen ist und die gestrichenen Beispiele umfasst. So war in der Norm ursprünglich vorgesehen, dass sich Compliance-Verpflichtungen auch aus freiwilligen Verpflichtungen wie etwa Industrie- oder Organisationsstandards und Kodizes, Grundsätzen *guter Governance* sowie aus den anerkannten gesellschaftlichen und ethischen Standards ergeben können.[49]

79   Der flexible und zugleich weite Begriff trägt der Compliance-Materie Rechnung: So können nun die Organisationen nach Erfassung der verbindlichen Anforderungen selbst für sich die darüber hinaus gehenden Compliance-Ziele definieren und diese in der Compliance-Politik über die freiwilligen Compliance-Verpflichtungen definieren. Bereits im Begriff der Compliance kommt somit der Grundsatz der Flexibilität zum Ausdruck.

3.1.3. Compliance-Management-System

80   Bekanntlich wird aber kein Compliance-Ziel mit nur der Compliance-Definition erreicht. Vielmehr müssen die Compliance-Risiken entsprechend in einem Management-System verwaltet werden, was nun zu der weiteren Definition von „CMS" führt. Hierbei sei angemerkt, dass DIN ISO 19600 eine Managementnorm ist und als solche der von der ISO vorgegebenen sog. *High Level Structure* (kurz HLS) unterliegt, die auch aus anderen ISO-Managementnormen bekannt ist. Diese Vorgehensweise prägt direkt den Compliance-Management-Begriff.

81   Der Begriff eines CMS wird in der Norm zwar nicht direkt definiert, die Definition ergibt sich aber aus der systematischen Auslegung der Norm, und zwar aus dem Zusammenhang zwischen der Definition der Compliance[50] und der eines Management-Systems.

---

[49] Vgl. Ex-Ziff. 3.32 ISO/CD 19600 idF v. 14.5.2013.
[50] Siehe Ptk. 3.1.1.2.

Als ein Management-System bezeichnet die Norm einen Satz zusammenhängender und sich gegenseitig beeinflussender Elemente einer Organisation, die Politiken, Ziele und Prozesse umfassen.[51] Fügt man die Definition von Compliance hinzu, um auf den Begriff von CMS zu kommen, so ergibt sich, dass das so definierte Management-System zum Ziel hat, auf die Erfüllung der bindenden Verpflichtungen der Organisation hinzuwirken.

Die Zusammenführung und das Verständnis eines CMS werden über die Anmerkungen **82** zur erwähnten Definition noch weiter erleichtert. Spezifisch in Bezug auf das CMS bedeutet dies, dass einerseits bei einem CMS die Struktur, die Rollen und Verantwortungen sowie Planung und Betrieb von Maßnahmen berücksichtigt werden sollten.[52] Zum anderen macht die Norm aber deutlich, dass ein CMS nicht die gesamte Organisation umfassen muss, sondern an ihre konkreten Bedürfnisse anzupassen ist. So wird nämlich weiter ausgeführt, dass Management-Systeme auch bestimmte und festgelegte Bereiche, Funktionen oder Prozesse der Organisation umfassen können.[53] Auch an dieser Stelle kommt der Grundsatz der Flexibilität zum Ausdruck.

Diese Anmerkung kann eine grundlegende Bedeutung für die Anwendungspraxis der **83** Norm haben. Bei den Organisationen besteht jetzt schon Interesse daran, die Norm DIN ISO 19600 für bestimmte Bereich anzuwenden. So wird etwa die Anwendbarkeit der Norm im Bereich der Außenwirtschaft diskutiert.[54] Damit könnte ein vom Bundesamt für Wirtschaft und Ausfuhrkontrolle (BAFA) empfohlenes Internes Kontrollprogramm nach den Grundsätzen der DIN ISO 19600 aufgebaut und unterhalten werden. Es liegt im Ermessen der Organisation, darüber zu entscheiden, welche organisatorischen Bereiche von der Anwendung der Norm umfasst werden. Auch wenn die Norm diesbezüglich flexibel ist, so liegt allerdings ihr Ansatz darin, sämtliche Compliance-Risiken im Rahmen eines integrierten und zentralen CMS zu steuern.

3.1.4. Compliance-Funktion (Compliance-Officer)[55]

Einen der im Zuge des Normungsverfahrens umstrittenen Punkte bildete die Frage nach **84** der Ausgestaltung der Compliance-Funktion in einer Organisation, also die Beschaffenheit und Funktionalitäten der Person oder Personengruppe, die in einer Organisation für Compliance-Management zuständig ist.[56] Dies auch deswegen, weil die Compliance-Funktion eines der Kernelemente eines jeden CMS darstellt und es maßgeblich prägt. Andere für die Stelle in der Literatur und Praxis verwendete Begriffe sind Compliance-Officer, Compliance Manager, Compliance-Beauftragter oder Compliance-Verantwortlicher.

3.1.4.1. Compliance-Funktion nach DIN ISO 19600.[57] Auch an dieser Stelle bleibt **85** die Norm flexibel und trägt damit unter anderem dem Mittelstand Rechnung, wenn empfohlen wird, dass nicht alle Organisationen eine getrennte Compliance-Funktion einrichten sollten, sondern diese vielmehr einer bestehenden Stelle zusätzlich zuweisen können.[58] Dies entspricht auch dem insbes. in mittelständischen Unternehmen praktizierten Modell, wo oft die Compliance-Funktion zB dem Leiter der Personalabteilung zugewie-

---

[51] Vereinfacht nach Ziff. 3.7 DIN ISO 19600.
[52] Vgl. Ziff. 3.7 Anm. 2 DIN ISO 19600.
[53] Vgl. Ziff. 3.7 Anm. 1 und 3 DIN ISO 19600.
[54] Ausf. bei *Makowicz* Zoll-Profi 3/2016, 2 ff.
[55] Ausf. zur Ausgestaltung ab Pkt. 13.3.
[56] Die Zuständigkeit für das CMS ist nicht mit der Zuständigkeit für Compliance zu verwechseln. Während für die Compliance, also Erfüllung der bindenden Verpflichtungen, verschiedene Pflichtadressaten in einer Organisation zuständig/verantwortlich sind, ist die Compliance-Funktion idR für die Steuerung des Systems, also das CMS zuständig.
[57] Einzelheiten zur Ausgestaltung der Compliance-Funktion, ihrer Zuständigkeiten und Aufgaben werden unter Pkt. 13.3 erörtert.
[58] Vgl. Ziff. 5.3.4 DIN ISO 19600.

sen wird.[59] Im Weiteren sieht die Norm einen offenen Katalog an Zuständigkeiten vor, die der Compliance-Funktion zugewiesen werden können. Auch hier handelt es sich jedoch um einen flexiblen Katalog, aus dem sich Organisationen je nach dem konkreten Bedarf bedienen können.

86   In dem Zusammenhang spricht die Norm aber noch einen weiteren Aspekt an, und zwar werden einige Eigenschaften erwähnt, die eine für Compliance-Management verantwortliche Person als solche erfüllen sollte. Solche Personen sollten insbes. nicht von Interessenkonflikten geprägt sein, sie sollten Integrität und Bekenntnis zur Compliance demonstrieren, ferner sollten solche Personen gute kommunikative Fertigkeiten besitzen wie auch Methoden beherrschen, die etwa bei der Sensibilisierung der Organisationsmitglieder zum Einsatz kommen können. Nicht zuletzt sollten sie natürlich die entsprechenden Fachkompetenzen mitbringen.[60]

87   **3.1.4.2. Anti-Bribery Compliance-Funktion nach ISO 37001.** Auch ISO 37001 geht von der Zuweisung der Zuständigkeit für Korruptionsbekämpfung einer Person durch oberste Organisationsleitung aus.[61] Ähnlich wie bei DIN ISO 19600 wird, hier allerdings nicht empfohlen, sondern vorgegeben, dass die Person mit angemessen Ressourcen ausgestattet werden und einen direkten und prompten Zugang zur obersten Leitung der Organisation haben sollte, wobei betont wird, dass eine solche Person von entsprechenden Fähigkeiten, Status, Autorität und Unabhängigkeit geprägt sein muss.[62]

88   Die ähnlichen Empfehlungen (DIN ISO 19600) bzw. Anforderungen (ISO 37001), die an die Compliance-Funktion gestellt werden, legen es nahe, auch diesbezüglich ein einheitliches Lösungskonzept zu verfolgen und keine zwei verschiedenen Personen je für Compliance und Korruption zu berufen, sondern diese Funktionen in einer Person oder aber Personengruppe zusammenzuführen. Damit können nicht nur Ressourcen gespart werden, sondern kann das System dadurch auch deutlich effektiver ausgestaltet werden.

3.1.5. Weitere wesentliche Begriffe nach ISO 37001

89   An der Stelle seien auch die über die DIN ISO 19600 hinausgehenden, wesentlichen Begriffe nach ISO 37001 definiert, um eine einheitliche Vorgehensweise zu gewährleisten.

90   **3.1.5.1. Bestechung.** Der Begriff der Bestechung ist in dem jeweils nationalen Recht der verschiedenen Staaten der Welt unterschiedlich geregelt. Dies war der wesentliche Grund dafür, dass der Standard keine konkrete Definition vorgibt, sondern diese von der jeweils nationalen Rechtslage abhängig macht. Es enthält allerdings eine Umschreibung von Bestechungshandlungen als direktes oder indirektes Anbieten, Versprechen, Geben, Annehmen oder Erbitten eines Vorteils (finanziell oder nicht-finanziell), unabhängig von seinem Wert und Ort der Handlung, unter Verstoß gegen das geltende Recht, als Anreiz oder Belohnung für eine Handlung oder ein Unterlassen einer Person im Zusammenhang mit der Erfüllung ihrer Pflichten.[63]

91   Die erwähnte Beschreibung ist mit Absicht weit gefasst, um möglichst viele Tatbestände zu erfassen. Durch die zwingende Voraussetzung der Unvereinbarkeit mit dem geltenden Recht wird dagegen sichergestellt, dass der Standard jeweils in Konformität mit der geltenden Rechtsordnung angewendet wird.

---

[59] Dies stellt auch einen zu begrüßenden Ansatz dar, denn idR haben Personalleiter die umfangreichsten Informationen über die Organisationsmitglieder, was bei der Risikobewertung durchaus förderlich sein kann.
[60] Vgl. Katalog in Ziff. 5.3.4 Abs. 3 DIN ISO 19600.
[61] Vgl. Ziff. 5.3.2 Abs. 1 ISO 37001.
[62] Vgl. Ziff. 5.3.2 Abs. 2 und 3 ISO 37001.
[63] Vgl. Ziff. 3.1 ISO 37001.

3.1.5.2. Geschäftspartner. Ähnlich wie viele exterritorial geltende Gesetze, wie etwa **92** das US-amerikanische FCPA oder der bereits erwähnte britische UK Bribery Act sieht auch die ISO 37001 eine ganze Reihe von Maßnahmen zur Überprüfung von Geschäftspartnern im Hinblick auf das Korruptionsrisiko. An der Stelle sei daher der Begriff der Geschäftspartner näher erläutert. Als Geschäftspartner umfasst sind alle externen Personen, mit denen die Organisation eine Art der geschäftlichen Beziehung hat oder plant.[64]

In den Anmerkungen zu dieser Definition finden wir einige Beispiele. So fallen unter **93** den Begriff der Geschäftspartner unter anderem: Kunden, Konsortialpartner, Outsourcing-Partner, Vertragspartner, Subunternehmen, Berater, Auftragnehmer, Zulieferer, Verkäufer, Agenten, Vertreter, Vermittler oder Investoren.[65]

ISO 37001 verwendet darüber hinaus den Begriff der Drittpartei als Person oder Ein- **94** heit, die von der Organisation, in der ein Anti-Bribery Management-System (AMS) eingeführt wird, unabhängig ist.[66] Zur Abgrenzung gegenüber den Geschäftspartnern wird ausgeführt, dass alle Geschäftspartner zugleich Drittparteien sind, eine Drittpartei muss aber nicht zwingend zugleich Geschäftspartner sein.[67]

3.1.5.3. Personal. Anders als DIN ISO 19600, bei der stets von Mitgliedern der Organi- **95** sation die Rede ist, verwendet ISO 37001 den Begriff des Personals. Als Personal werden sowohl Direktoren, Officer, Beschäftigte oder vorläufige Mitarbeiter oder Teammitglieder als auch für die Organisation ehrenamtlich tätige Personen bezeichnet.[68] Im Zusammenhang mit der Definition wird der Risikoansatz der Norm deutlich, wenn klargestellt wird, dass diverse Gruppen des Personals diverse Korruptions-Risiken aufweisen und daher iRd AMS auch unterschiedlich behandelt werden können.[69]

3.1.6. Mittelstand

Da in dem Buch im besonderen Maße auf die konkrete Umsetzung in kleinen und mit- **96** telgroßen Unternehmen eingegangen wird, sei auch hierzu eine Definition nötig. Es gibt verschiedene Ansätze und Empfehlungen, die sich hierbei idR an drei Kriterien orientieren: Zahl der Mitarbeiter, Umsatz oder Bilanzsumme. Neutral und vorzugswürdig scheinen dabei die Kriterien der Europäischen Kommission, die in einer Empfehlung zusammengefasst wurden. Danach handelt es sich um ein mittelgroßes Unternehmen dann, wenn es unter 250 Mitarbeiter beschäftigt und einen Umsatz von höchstens 50 Mio. € oder eine Bilanzsumme von 43 Mio. € erwirtschaftet. Bei kleinen Unternehmen gestalten sich die Zahlen bei entsprechend 50, 10 Mio. €/10 Mio. € und bei sog. Mikrounternehmen oder Kleinstunternehmen: 10, 2 Mio. €/2 Mio. €.[70]

3.1.7. Begriffliche Abgrenzung

Bei den Grundlagen der Compliance sei schließlich auf ihr Verhältnis zu den anderen **97** Unternehmensmaterien eingegangen, die als verwandt erscheinen (oder auch in der Tat verwandt sind). Insofern ist insbes. zu erläutern, in welchem Verhältnis Compliance zu Corporate Governance sowie zur Corporate Social Responsibility steht und wie sich dies auf den werteorientierten Compliance-Ansatz auswirkt.

---

[64] Vgl. Ziff. 3.26 ISO 37001.
[65] Vgl. Ziff. 3.26 Anm. 1 ISO 37001.
[66] Vgl. Ziff. 3.28 ISO 37001.
[67] Vgl. Ziff. 3.28 Anm. 1 ISO 37001.
[68] Vgl. Ziff. 3.25 ISO 37001.
[69] Vgl. Ziff. 3.25 Anm. 1 ISO 37001.
[70] Empfehlung der Kommission vom 6.5.2003 betreffend die Definition der Kleinstunternehmen sowie der kleinen und mittleren Unternehmen (Bekannt gegeben unter Aktenzeichen K(2003) 1422), ABl. Nr. L 124, 36.

98 **3.1.7.1. Corporate Governance (CG).**[71] Zunächst sei Governance vom Management, also auch vom CMS, generell abgegrenzt. Während bei Governance die Strategie, Politik und Werte im Vordergrund stehen („doing the right thing"), sind es bei Management die Umsetzung, Prozesse und Strukturen („doing the things right"). Eine zugängliche Definition von CG hat kein Jurist, sondern der bekannte Ökonom Bernd Meyer entwickelt. Er definiert Corporate Governance als die Gesamtheit aller Werte, die eine verantwortungsbewusste Unternehmensführung ausmachen und daher namhafte Vertreter der Unternehmerschaft nahezu verpflichten, sich nicht nur für diesen Gedanken öffentlich einzusetzen, sondern auch beispielgebend zu wirken.[72] Die Tragweite der CG ist nicht zu verkennen. Es ist bekannt, dass eine gute CG, die mit entsprechenden rechtlichen Vorgaben einhergeht, im globalen Wettbewerb der Unternehmen und im Standortwettbewerb der Finanzplätze und Aktienrechtsordnungen eine nicht zu unterschätzende Rolle spielt.[73]

99 Zwar wird zu Recht zur Erläuterung des Verhältnisses zwischen Compliance und CG auf die jeweilige Perspektive abgestellt und ausgeführt, dass, während die letztgenannte die Sichtweise der „Regulierer" prägt, Compliance den Blickwinkel der „Regulierten" umschreibt.[74] Dies macht jedoch nicht die Feststellung unmöglich, dass die Grenzen zwischen CG und Compliance eher fließend sind und – die werteorientierte Meyer'sche Definition zugrunde gelegt – auf den gemeinsamen Nenner eines werteorientierten Systems gebracht werden können. Formal wurde bereits 2007 mit der Aufnahme der Compliance-Klausel in den DCGK anerkannt und durch Erweiterung der Klausel 2017 bestätigt, dass CMS von der Governance-Struktur nicht mehr wegzudenken ist.

100 Compliance ist daher einerseits als der unerlässliche Teil der CG anzusehen. Andererseits liefert Compliance eine ganze Reihe von effektiven Maßnahmen, die bei der Implementierung von sonstigen Vorgaben iSv CG zur Anwendung herangezogen werden könnten. Auf die zwei Teile dieser These sei nun ein wenig näher eingegangen. Zum einen umfasst, idR zusammengefasst in einem Kodex, CG viel mehr Bereiche als nur die Steuerung von Compliance-Risiken. Es umfasst die Grundsätze guter Organisationsführung, die Ausgestaltung der Strukturen, Konkretisierung der gesetzlichen Pflichten der verschiedenen Organisationsmitglieder und viel mehr. Da zu diesen Pflichten auch die Erfassung und entsprechende Steuerung von Rechtspflichten gehört, liegt es auf der Hand, dass Compliance einen Unterfall der CG bildet. Zum anderen, und das war der zweite Teil der These, besteht CG selbst aus einer ganzen Reihe von Pflichten, Empfehlungen und Anordnungen, die es einzuhalten gilt. Wie auf Mitglieder einer Organisation wiederum aber hinzuwirken ist, damit sie sich iSd Regel verhalten, ist der Gegenstand eines CMS.

Governance   Compliance

Abbildung 5: Wechselwirkungen zwischen Compliance und Governance

[71] Aus praktischer Sicht bei *Maciva/Wedemeier* COMPLY 4/2016, 58 ff.
[72] *Meyer* S. 170.
[73] *Hopt* EvZW 2011, 609.
[74] Hauschka Corporate Compliance/*Hauschka* § 1 Rn. 2.

Zwischen CMS und CG liegen daher offensichtlich erhebliche Schnittstellen vor, was **101** wiederum den einheitlichen und vollumfänglichen Ansatz rechtfertigt, die verschiedenen Systeme und Konzeptionen innerhalb einer Organisation funktional und zweckbezogen zusammenzuführen, um damit die beste Effektivität und Effizienz und insbes. keine widersprüchlichen Ergebnisse und Verhaltensweisen zu erzeugen.

3.1.7.2. Corporate Social Responsibility (CSR). Ferner gilt zu klären, in welchem **102** Verhältnis Compliance zu Corporate Social Responsibility (CSR) steht. Zunächst sei erwähnt, dass der Begriff für den Standort und die Verantwortung des Unternehmens im gesellschaftlichen Umfeld steht, wobei insbes. ökologische und soziale Aspekte im Mittelpunkt stehen.[75]

Die Frage nach der Abgrenzung zur Compliance scheint nicht einheitlich behandelt zu **103** werden. Es wird teilweise darauf hingewiesen, dass Compliance von der CSR, die den freiwilligen, über die gesetzlichen Forderungen hinaus gehenden Beitrag von Unternehmen zu einer nachhaltigen Entwicklung beschreibt, abzugrenzen ist.[76] Dem ist nur bedingt zuzustimmen. Zu befürworten ist eher der andere Ansatz, nach dem ausgeführt wird, dass Compliance heute in den Kontext der CSR gehört, von dem eine erweiterte Verantwortung und Profilierung der Unternehmen in einer Gesellschaft erwartet wird, die zunehmend einfordert, dass wirtschaftliche Wertschöpfung, soziale Gerechtigkeit und Erhalt der ökologischen Lebensbedingungen global in Einklang gebracht werden.[77]

Die zuletzt erwähnte Ansicht entspricht auch dem hier verfolgten Ansatz,[78] wonach im **104** Mittelpunkt der Compliance eben die Werte und der Mensch stehen. Da die Mitglieder einer Organisation das Bindeglied zwischen einerseits der Organisation, da sie diese ausmachen, und andererseits der Gesellschaft, da sie dieser zugehören, darstellen, muss Compliance als untrennbares Element der CSR angesehen werden.

Und auch hier, ähnlich wie in der Beziehung zwischen CMS und CG bestehen ver- **105** schiedene Wechselwirkungen. Nicht nur bietet ein CMS eine ganze Reihe von konkreten und praktischen Maßnahmen, welche die Postulate von CSR implementieren könnten. Auch die CSR mit ihren Postulaten beeinflusst die Inhalte und Ziele von CMS, indem sie voraussetzt, dass bestimmte Werte umgesetzt werden. Die beiden Elemente stehen somit in einem sich ergänzenden (komplementären) Verhältnis zueinander. Gerechtfertigt ist daher der Vergleich, dass Organisationen und ihre Mitglieder Teil der Gesellschaft sind und so, wie in der Gesellschaft nicht normtreue Verhaltensweisen immer vorkommen werden, diese auch in der Organisation, zB im Unternehmen auftreten.[79] Diese zu verhindern, sie aufzudecken und aufzuarbeiten, wird eine der wesentlichen Aufgaben des CMS sein, bei der zugleich die Postulate der CSR erfüllt werden.

In dem Zusammenhang ist eine weitere Entwicklung auf der Ebene der Europäischen **106** Union (EU) von erheblicher Bedeutung, welche sich auf das Verhältnis zwischen CSR und Compliance auswirken kann. Es geht dabei um die sog. CSR-Richtlinie[80] des Europäischen Parlaments und des Rates vom 22.10.2014. In der Richtlinie sind Verpflichtungen zur Offenlegung von nichtfinanziellen und die Diversität betreffenden Informationen für bestimmte Unternehmenstypen vorgesehen. Trotz abgelaufener Umsetzungsfrist hat Deutschland die Richtlinie noch nicht[81] in das nationale Recht umgesetzt. Das Bundesministerium der Justiz und für Verbraucherschutz hat allerdings einen Referentenentwurf

---

[75] *Wecker/van Laak/Wecker/Galla* S. 52.
[76] Hauschka Corporate Compliance/*Hauschka* § 1 Rn. 24.
[77] *Pohlmann* S. 18.
[78] Siehe hierzu Pkt. 1.1.
[79] *Moosmayer* Compliance Praxisleitfaden S. 3.
[80] Richtlinie 2014/95/EU des Europäischen Parlaments und des Rates vom 22. Oktober 2014 zur Änderung der Richtlinie 2013/34/EU im Hinblick auf die Angabe nichtfinanzieller und die Diversität betreffender Informationen durch bestimmte große Unternehmen und Gruppen, Text von Bedeutung für den EWR, ABl. Nr. L 330/1.
[81] Stand v. 23.2.2017.

eines Gesetzes zur Stärkung der nichtfinanziellen Berichterstattung der Unternehmen in ihren Lage- und Konzernlageberichten vorgelegt. Durch den Entwurf sollen einschlägige Gesetze, darunter insbes. das Handelsgesetzbuch und das Aktiengesetz nach Bestimmungen der CSR-Richtlinie angepasst werden. Die nichtfinanziellen Berichterstattungspflichten werden künftig unter anderem einige Bereiche umfassen, die naturgemäß der Compliance zuzurechnen sind. So werden bestimmte Unternehmen künftig im Rahmen ihrer Berichte auch über die erfolgten Bemühungen zur Korruptionsprävention öffentlich informieren müssen. In dem Entwurf ist ausdrücklich vorgesehen, dass sich Unternehmen bei der Erstellung der Berichte – und somit auch bei der Gestaltung ihrer Programme – an den bestehenden und anerkannten Standards orientieren können.

107   Diese Änderungen können verschiedene für die Compliance-Entwicklung positive Folgen entfalten. Zum einen wird mit Sicherheit das allgemeine Bewusstsein für Compliance steigen. Denn Unternehmen werden unter öffentlichen Druck gestellt, sich den allgemeinen Standards entsprechend für Korruptionsprävention und damit für Compliance einzusetzen. Zum anderen kann die ausdrückliche Erwähnung und Verweisung nach Umsetzung der CSR-Richtlinie auf die vorhandenen Standards die Bedeutung und Anwendungsrelevanz der globalen ISO-Standards im Compliance-Bereich, also insbes. der DIN ISO 19600 und ISO 37001 deutlich steigern.

108   **3.1.7.3. Tax Compliance und Tax Management-System.** Zu klären ist des Weiteren das Verhältnis zu den Begriffen von einerseits Tax Compliance und andererseits Tax Management-System.

109   Hinsichtlich des Begriffs Tax Compliance herrscht Uneinigkeit. Wird der og Compliance-Begriff zugrunde gelegt, so bedeutet zunächst Tax Compliance nichts mehr als die Einhaltung steuerrechtlicher Pflichten einer Organisation. Die hier vertretene Definition deckt sich mit diesem konventionellen Verständnis von Tax Compliance.[82] Ein ähnlicher Ansatz wird von der wohl herrschenden Meinung verfolgt, wenn Tax Compliance als Unterfall der Corporate Compliance und Steuerunterworfenheit des Unternehmens begriffen wird, wobei nicht nur Steuern, sondern auch Zölle erfasst werden sollen.[83] Teilweise wird der Begriff aber auch weiter verstanden; hiernach wird Tax Compliance als Summe der organisatorischen Maßnahmen eines Unternehmens aufgefasst, mit denen gewährleistet werden soll, dass sich die Geschäftsleitung wie auch die Mitarbeiter des Unternehmens und Konzerns rechtmäßig verhalten.[84] Nach einer anderen Auffassung soll die Tax Compliance drei wesentliche Elemente enthalten: die betriebswirtschaftliche Struktur, IT-Compliance und sanktionsbezogene Enthaftungsmaßnahmen.[85]

110   Teilweise wird auch zwischen formellen und materiellen Inhalten von Tax Compliance unterschieden: Während materiell die Wertentscheidung zur Einhaltung der Regel erwähnt wird, ist in formeller Hinsicht die Einführung einer entsprechenden Organisationsstruktur gemeint.[86]

111   Diese Ansätze gehen jedoch über den Begriff der hier vertretenen Definition von Tax Compliance hinaus und werden unter dem weiteren funktionalen Begriff des Tax Management-Systems (TMS) zusammengefasst. Als Management-System, wie bereits oben ausgeführt, wird ein Satz von zusammenhängenden und interagierenden Elementen einer Organisation zur Etablierung von Programmen und Prozessen verstanden, um die Ziele der Organisation zu erreichen.[87] Fügt man die Definition von Compliance hinzu, um zunächst auf den Begriff von CMS zu kommen, so hat das so definierte Management-System zum Ziel, die Erfüllung der Compliance-Pflichten der Organisation und ihrer Mit-

---

[82] Grundlegend dazu bei *L. Feld/B. Frey* Law and Policy, 1/2007, S. 102–120.
[83] *Streck/Binnewies* DStr 2009, 229.
[84] *Kromer/Pumpler/Henschel* BB 2013, 791 (803) mwN.
[85] So *Kiesel/Böhringer* BB 2012, 1190.
[86] *Kromer/Pumpler/Henschel* BB 2013, 791.
[87] Vereinfacht nach Ziff. 3.7 DIN ISO 19600.

glieder zu erreichen. Wird Compliance dabei als Tax Compliance, also Einhaltung von steuerlichen Pflichten ersetzt, so entsteht daraus der Begriff eines Tax Management-System (kurz TMS). Ein TMS lässt sich somit kurz als Prozesse und Strukturen zur Einhaltung steuerlichen Pflichten beschreiben. Das Verhältnis verdeutlicht die Abbildung. Diese Definition entspricht in etwa auch dem og formellen Verständnis von Tax Compliance oder aber dem sonst vertretenen weiten Verständnis von Tax Compliance, das auch auf die entsprechende Organisation und Prozesse abzielt. Ein TMS kann jetzt schon insofern eine rechtlich erhebliche Rolle spielen, als das BMF bestätigt hat, dass ein innerbetriebliches Kontrollsystem als ein Indiz gegen Vorsatz oder Fahrlässigkeit gelten kann.[88]

3.2. Nachhaltige Compliance-Kultur (Wertebasiertes CMS)

Bisher wurde iRd Darstellung der Entwicklung und Zielsetzung der Compliance, aber auch im Bereich der Begriffserklärung ausgeführt, dass ein CMS ein werteorientiertes Managementsystem, also ein solches darstellen sollte, in dem die Werte und Kultur der Mitglieder der Organisation Berücksichtigung finden sollten. Dieses Ergebnis ist auch mit dem Hauptziel eines jeden CMS kohärent, dh auf die Einhaltung von Regeln durch die Mitglieder der Organisation ist hinzuwirken. Werden sie dies tun, so kann von einer Compliance-Kultur, um die vereinfachte Definition gleich vorwegzunehmen, gesprochen werden. 112

Eine ähnliche Konzeption verfolgt auch DIN ISO 19600. Gleich in der erwähnten Definition der Compliance fügt die Norm einen Hinweis zur operativen Compliance hinzu, die Vorstellung also darüber, wie Compliance-Ziele in einer Organisation vor Ort erreicht werden könnten. So wird in der Norm empfohlen, dass eine nachhaltige Compliance durch Einbettung in die Organisationskultur sowie durch Verankerung in Einstellung und Verhalten der Organisationsmitglieder erreicht werden kann.[89] 113

3.2.1. Begriff der Compliance-Kultur

Daraus wird deutlich, dass die Compliance und ihre Ziele mit der Compliance-Kultur eng verbunden sind. Jedoch rechtfertigt nicht nur der kulturgeprägte Ansatz in DIN ISO 19600 die höhere Befassung mit der Compliance-Kultur. Einen wesentlichen Bestandteil der Kultur machen Werte aus, die wiederum bei der Entscheidung für oder gegen einen Regelverstoß maßgebliche Rolle spielen. Es sei daher erläutert, was Werte und Kultur sind und in welchem Verhältnis eine Organisationskultur zu einer Compliance-Kultur steht. 114

3.2.1.1. Kultur, Werte und Verhalten. Bevor die hier vertretene Definition der Compliance-Kultur erläutert wird, sei generell auf die wesentlichen Begrifflichkeiten von Kultur, Werten und Verhalten eingegangen und das Verhältnis zwischen diesen Werten erläutert. Aufgrund der beachtlichen Menge an Definitionsansätzen und Konzeptionen in der Kulturforschung, beschränken sich die nachfolgenden Ausführungen auf das wesentliche Minimum. 115

Alleine innerhalb der englischsprachigen Literatur bestehen mehrere Hundert Definitionsansätze für den Kulturbegriff. Einige Definitionen knüpfen an die Elemente der Kultur, die anderen an ihre Funktionen in Ordnung, Motivierung und Koordinierung. Den meisten Definitionen ist aber gemeinsam, dass die Elemente der Kultur dafür sorgen, dass sie entsprechende Verhaltensweisen beeinflussen. Die wesentlichen Elemente darunter sind wiederum Werte, die aus Erziehung, Beziehung des Menschen zur Umwelt, Erfahrungen und Überzeugungen entstehen. Darunter sind insbes. die sog. intrinsischen Werte 116

---

[88] Vgl. Pkt. 1.4.1.1.
[89] Vgl. Ziff. 3.17 Anm. 1 DIN ISO 19600.

diejenigen, die für die Entstehung von Verhaltensmustern verantwortlich sind. Die Beziehungen zwischen Werten, Kultur und Verhalten verdeutlicht die nachfolgende Übersicht.

Abbildung 6: Beziehungen zwischen Werten, Kultur und Verhalten

117 **3.2.1.2. Unternehmenskultur und Compliance.** Die Kultur wird noch weiter definiert, wenn Menschen in bestimmten Organisationen vereinigt sind. Handelt es sich um ein Unternehmen, so ergibt sich der Begriff der sog. Unternehmenskultur. Einen für die Praxis zugänglichen Ansatz der Unternehmenskultur ist das sog. Drei-Ebenen-Modell.[90]

Abbildung 7: Unternehmenskultur[91]

118   Die unterste Ebene der Unternehmenskultur bilden danach die Grundannahmen der Organisationsmitglieder, die so tief verwurzelt sind, dass sie nicht bewusst wahrgenommen werden. Die mittlere Ebene besteht dagegen aus den verhaltensprägenden Werten und Normen der Organisationsmitglieder. Schließlich bilden die oberste Ebene sog. Artefakte, dh sichtbare Verhaltensmuster und künstlich geschaffene Objekte. In dem Zusammenhang wird bei der Kulturstärke von dem Ausmaß ausgegangen, in dem die durch Organisation vorgegebenen Werte und Normen durch die Mitglieder der Organisation akzeptiert werden. Je stärker dabei die Akzeptanz, umso stärker die Kultur.

119   Aus diesen Überlegungen ergeben sich für die Compliance-Methodik, auf die im weiteren Verlauf noch grundlegend eingegangen wird, mehrere Rückschlüsse. Erstens sind Werte der Menschen dafür verantwortlich, wie sie sich verhalten, dh ob sie in einer Risikosituation zu einem Compliance-Verstoß neigen werden oder gar selbst Risikosituationen schaffen oder fördern werden, kurzum entscheiden Werte über regelrechtes oder regelwidriges Verhalten. Hieraus ergibt sich zweitens, dass ohne Befassung und zumindest Berücksichtigung der Werte der Mitglieder der Organisation ein CMS nicht funktionieren kann, denn Werte, Kultur und Compliance sind wie ausgeführt eng miteinander verbunden. Schließlich, was insbes. an dem Drei-Ebenen-Modell deutlich wird, können Werte und Normen, die in einer Organisation die Kultur bilden, beeinflusst und vorgegeben werden, dh die Inhalte der Werte können durch entsprechende Maßnahmen in die gewünschte Richtung beeinflusst werden. Insofern kann man durch Instrumentalisierung der Werte zu Zwecken des Compliance-Erfolgs diese zur Schaffung und Erhaltung einer nachhaltigen Compliance-Kultur einsetzen.[92]

---

[90] Ausf. zu der Konzeption bei *Schein,* Organizational Culture and Leadership, New Jersey 2017.
[91] Abbildung nach der Konzeption von *Schein.*
[92] Ausf. dazu bei *Makowicz* Business Compliance 6/2015, 35.

3.2.1.3. Compliance-Kultur. Es stellt sich damit die Frage, wie der auf inzwischen je- 120
der Compliance-Tagung präsente, aber bisher wenig erläuterte Begriff der Compliance-
Kultur zu definieren und welche Bedeutung dies im Rahmen eines CMS hat. Einen
brauchbaren Ansatz hierfür bietet wiederum der DIN ISO 19600, dem die Schaffung und
Erreichung der Compliance-Kultur als Hauptziel zugrunde liegt. Unter Compliance-Kultur werden nach der DIN ISO 19600 ethische Werte und Überzeugungen definiert, die
in einer Organisation durchgehend bestehen und im Zusammenspiel mit ihren Strukturen
und Kontrollmechanismen einen Verhaltensstandard schaffen, der die Compliance fördert.[93]

Verhaltensstandard

Abbildung 8: Compliance-Kultur

Die vorangehende Darstellung der Definitionen von Kultur und Werten diente nicht 121
nur dem dort belegten Ergebnis, dass diese Themen untrennbar mit einem CMS verbunden sind. Sie stellen zugleich die Basis für einen Vergleich der Ansätze aus der allgemeinen Kulturforschung mit dem Begriff der Compliance-Kultur in der Anwendungspraxis
dar. Ähnlich wie die erwähnten Ansätze verfolgt auch die Definition der Compliance-
Kultur zunächst das Verhaltenskonzept. Kultur und Werte generieren Verhaltensstandards,
die im Compliance-Sinne von erheblicher Bedeutung sind, denn sie beeinflussen letztendlich die Entscheidung zum regelwidrigen oder regelrechten Verhalten. Auch ähnlich
wie in den allgemeinen Konzepten, geht der Begriff der Compliance-Kultur davon aus,
dass die Kultur von ethischen Werten und Überzeugungen geprägt ist. Schließlich, was an
dem Drei-Ebenen-Modell deutlich geworden ist, empfiehlt auch DIN ISO 19600 das
Verständnis der Compliance-Kultur im Zusammenhang mit der Organisation und hier
speziell mit ihren Strukturen und Kontrollmechanismen zu definieren. Die Norm geht
somit zurecht davon aus, dass durch entsprechende Compliance-Maßnahmen die Werte
der Menschen, welche für die Generierung der Verhaltensmuster verantwortlich sind, entsprechend vorgegeben und gesteuert werden sollten. Ähnlich wie DIN ISO 19600 geht
auch die ISO 37001 davon aus, dass die Organisationskultur über Erfolg oder Misserfolg
eines AMS entscheiden wird.[94]

Auch in der deutschen Fachliteratur wird die wesentliche Bedeutung der Compliance- 122
Kultur betont. So wird etwa ausgeführt, dass die unternehmensweite Akzeptanz von

---

[93] Vgl. Ziff. 3.19 DIN ISO 19600.
[94] Vgl. Einleitung zur ISO 37001 Abs. 4 S. 3.

Compliance-Maßnahmen entscheidend von der Unternehmenskultur abhängt[95] oder dass die Compliance-Kultur das Basiselement jedes CMS darstellt.[96]

123 3.2.1.4. Beispiele für Bedeutung Compliance-Kultur im Rahmen eines CMS.[97] Es sei nun an einigen Beispielen konkreter erläutert, welche Bedeutung Compliance-Kultur im Rahmen eines CMS erlangen kann.

124   Zunächst sei angemerkt, was an vielen Stellen der DIN ISO 19600 entnommen werden kann, dass das übergeordnete Ziel des CMS darin liegt, in der Organisation die nachhaltige Compliance-Kultur zu verankern. So wird diese etwa beim *tone from the top* berücksichtigt,[98] als Ziel der Compliance-Schulung[99] und der Sensibilisierung der obersten Leitung[100] erwähnt oder aber auch als Gegenstand der Compliance-Überwachung aufgezählt.[101]

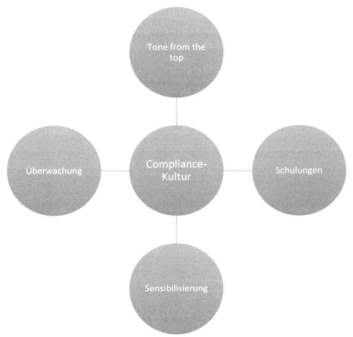

Abbildung 9: Beispiele für Berücksichtigung der Compliance-Kultur

125   Bei dem **tone from the top** geht es nicht nur darum, dass die vorhandene Kultur der Mitglieder der Organisation berücksichtigt wird, da dies sonst zu Gegenreaktionen führen kann. Durch das Vorbild von oben können Werte und Kultur in der Organisation vorgegeben und vorgelebt werden. Compliance-Schulungen und sonstige Sensibilisierungsmaßnahmen ergänzen das Vorleben der Führungskräfte und Vermitteln im Einzelnen im Idealfall in Präsenzschulungen, was unter den vorgegebenen und vorgelebten Werten und Normen der Organisation verstanden wird. Damit erfolgt eine sensibilisierende Bewusstseinssteigerung bei den Mitgliedern der Organisation. Schließlich stellt die Überwachung

---

[95] Behringer/*M. Wendt* 209.
[96] *Remberg* BB 3/2012, I.
[97] Auf die Methoden der Compliance-Förderung im operativen Geschäft wird weiter unter Pkt. 15 eingegangen.
[98] Vgl. Ziff. 5.1 Abs. 1 DIN ISO 19600.
[99] Vgl. Ziff. 7.2.2 Abs. 2 DIN ISO 19600.
[100] Vgl. Ziff. 7.3.2.2 f) DIN ISO 19600.
[101] Vgl. Ziff. 9.1.2 Abs. 4 4. Fall DIN ISO 19600.

ein Instrument dar, um herauszufinden, ob die vorgegebenen Werte und Normen tatsächlich vor Ort gelebt werden. Das entsprechende Feedback an der Stelle kann wertvolle Hinweise zur Verbesserung des gesamten CMS oder AMS liefern.

Zum gleichen Ergebnis kommt man mit der These von sog. Social Compliance,[102] in **126** der es darum geht, dass das Unternehmensumfeld und damit auch das CMS so gestaltet werden sollte, dass die Bedürfnisse der Mitglieder dieser Organisation eingehalten werden, was wiederum die Basis für die Systemakzeptanz und Systembefolgung darstellt. In dem Prozess dürfen also die Bedürfnisse der Menschen nicht unbeachtet bleiben, die Mitglieder der Organisation müssen vielmehr entsprechend „abgeholt" werden, damit sie sich mit dem künftigen System auch identifizieren können. Compliance darf sich somit nicht mit nur einer einseitigen Perspektive befassen, nämlich dem Verlangen regelkonformen Verhaltens von den Mitgliedern. Ein CMS muss den Mitgliedern ebenso etwas geben, womit sie auch zufrieden werden. Und es kann ihnen viel geben, insbes. das Gefühl, dass sie an einem sicheren Ort arbeiten, an dem eine nachhaltige Compliance-Kultur von oberster Bedeutung für die Organisationsziele ist.

3.2.2. Herausforderungen in multikulturellen Organisationen

Die bisherigen Ausführungen zur Bedeutung von Werten und Kultur stellen unter Be- **127** weis, dass nur sog. werteorientierte CMS von Erfolg gekrönt werden können. Bekanntlich sind Werte und damit Kultur aber von diversen äußeren Faktoren und diese wiederum davon geprägt, auf welchem Kontinent, in welchem Staat und in welcher Stadt sich die Mitglieder der Organisation befinden. In Anbetracht der weit fortgeschrittenen Globalisierung und dem Bestreben der global tätigen Unternehmen nach Einhaltung einheitlicher Standards stellt sich daher die Frage, wie dieses Ziel also die Schaffung von einheitlichen Compliance-Standards in einer globalen Organisation in diversen Kulturkreisen erreicht werden kann.

3.2.2.1. Herausforderungen. Organisationen, hier insbes. global tätige Unternehmen, **128** stehen vor diversen Herausforderungen, wenn sie einheitliche CMS-Standards in allen ihren Filialen/Tochterunternehmen weltweit einführen möchten. An der Stelle sei angemerkt, dass es sich dabei nicht nur um das faktische Ziel der erwähnten Unternehmen handelt, sondern auch der DCGK wie ausgeführt verlangt, dass Compliance in der gesamten Konzernstruktur eingeführt wird. Es gibt compliance-technisch mehrere Beweggründe für diese Vorgehensweise, das Offensichtliche ist aber, dass auch unwesentliche Compliance-Schwierigkeiten in einem Tochterunternehmen weit weg im Ausland auf das Mutterunternehmen zurückschlagen und einen erheblichen Reputationsverlust für den gesamten Konzern verursachen können.

Diese praktische Herausforderung spiegelt sich ebenfalls in der Theorie wieder. Es gibt **129** bisher kaum eine wissenschaftliche Auseinandersetzung mit der Frage, welche Konzepte bei der globalen Implementierung von CMS unter Beachtung der verschiedenen Kulturen eingesetzt werden könnten. Einige brauchbare Ansätze liefern jedoch die Fachdisziplinen des interkulturellen Managements (schließlich handelt es sich beim CMS um ein Managementsystem) und der interkulturellen Kommunikationsforschung.

Im Allgemeinen kann zunächst, wenn Grenzen im Management überschritten werden, **130** zwischen den sog. Universalisten und den Kulturisten unterschieden werden. Die erste Gruppe der Forscher verfolgt den Ansatz, dass Managementkonzeptionen unabhängig von kulturellen Einflussfaktoren übertragen werden können, während die letzteren von der Notwendigkeit der Anpassung dieser Konzeptionen an kulturelle Einflussfaktoren ausgehen.

---

[102] Ausf. zu Social Compliance bei *Freiesleben* Compliance Praxis 2014, 60 ff.

131 **3.2.2.2. Konzeption von Cross Cultural Compliance (CCC).** Wird die entscheidende Bedeutung von Werten und Kultur im Rahmen eines CMS berücksichtigt, so liegt es auf der Hand, dass ein CMS als Managementsystem ohne Berücksichtigung der kulturellen Faktoren nicht in fremde Länder übertragen werden sollte. Beispiele für diese These müssen nicht lange und auch nicht weit gesucht werden. Es häufen sich auch hierzulande Fälle, in denen ausländische Muttergesellschaften den in Deutschland ansässigen Tochtergesellschaften etwa die konzernweiten Verhaltenskodizes auferlegen, ohne dass die deutsche Tochter einen Einfluss auf die Inhalte solcher Kodizes ausüben kann. Beachtet man die Funktion und Konzeption von Verhaltenskodizes,[103] die sich von der Risikolage der Organisation ableiten und die Werte der Mitglieder berücksichtigen sollten, so liegt es auf der Hand, dass fremde Kodizes oft nicht nur gegen die Werte verstoßen, sondern sogar, was in der Praxis oft vorgekommen ist, solche Verhaltensweisen verlangen, die mit dem nationalen Recht im Widerspruch stehen.

132 Am Viadrina Compliance Center wird derzeit in einem dreijährigen Projekt ein Konzept von „Cross Cultural Compliance" erarbeitet. Das Projekt soll 2018 abgeschlossen werden. Ohne die Ergebnisse des Projekts vorwegzunehmen, sei nur im Allgemeinen auf die mögliche Lösung eingegangen. Zum einen soll dabei eindeutig von dem kulturistischen Konzept ausgegangen werden, dh die jeweiligen CMS-Lösungen sollten an die soziokulturellen Faktoren in den jeweiligen Ländern angepasst werden. Ein solcher Prozess kann mit einer Werteermittlung beginnen, die im Zuge der Ausführung der lokalen Compliance-Risikoanalyse erfolgen kann. Im Weiteren sollen die ermittelten Werte bei der Implementierung der von der Mutterstruktur vorgegebenen Elemente und Strukturen berücksichtig werden. So ist etwa bei einem vom Mutterunternehmen vorgegebenen Verhaltenskodex zu prüfen, inwiefern die dort vorgegebenen Werte- und Moralvorstellungen mit denen übereinstimmen, die im Tochterunternehmen vorhanden sind. Solche Werke sind also mit anderen Worten nicht nur auf die Rechtmäßigkeiten ihrer Umsetzung im Zielland, sondern auch auf ihre Wertwiderspruchsfreiheit zu untersuchen.

133 Bedeutende Erkenntnisse bei der Konzipierung des CCC-Modells liefert dabei eine Studie des holländischen Wissenschaftlers Hofstede, der die Bedeutung von vier Management-Faktoren in mehreren Ländern untersucht hat. Dabei ging es um die Machtdistanz, Individualismus, Maskulinität iSd Leistungs- und Wettbewerbsorientierung und um Vermeidung von Unsicherheiten. Dabei zeigten die Ergebnisse, dass von Land zu Land durchaus erhebliche Diskrepanzen in etwa bei der Frage bestehen, ob Mitglieder einer Organisation nach klaren Vorgaben und einem autokratischen Führungsstil verlangen oder eher mitbestimmen und teilhaben möchten, ob sie eher allein oder lieber im Team arbeiten, ob sie Unsicherheiten und damit Risikolagen vermeiden oder eingehen und nicht zuletzt ob sie mehr oder weniger leistungsorientiert sind oder ihnen viel mehr die Lebensqualität wichtig ist. All diese Faktoren sollten auch bei der Umsetzung von diversen Compliance-Maßnahmen berücksichtigt werden. Es wird von eben diesen Faktoren abhängen, ob ein Verhaltenskodex beachtet wird, ob Schulungen in Gruppen und wie erfolgen, ob Vorleben der Compliance durch die Führungskräfte überhaupt als eine Sensibilisierungsmaßnahme funktionieren oder welche Rolle eine klare Kommunikation und Pflichtendelegierung haben kann.

134 Zusammenfassend lässt sich somit konstatieren, dass insbes. die Chief Compliance-Officer, die für die konzernweiten CMS verantwortlich sind, sich zumindest auf die Seite der Kulturisten stellen und, falls Ressourcen für tiefere Auseinandersetzung mit der Materie fehlt, den Regional Compliance-Officer zumindest ausreichende Kompetenzen und Ressourcen zur Verfügung gestellt werden, damit diese für eine entsprechende Anpassung der von der Muttergesellschaft vorgegebenen CMS vor Ort sorgen können.[104]

---

[103] Ausf. dazu weiter unter Pkt. 15.7.
[104] Zur Umsetzung des CCC-Ansatzes siehe Pkt. 10.5.3.2.

3.2.2.3. Bedeutung der ISO-Standarisierung. Die hier gegenständlichen ISO-Stan- 135
dards können für die Vereinfachung im Bereich des Cross Cultural Compliance-Aufsatzes
sorgen. Durch ihre einmalige Stellung und Mitgliedschaft von über 150 Staaten genießt
die ISO eine hohe Anerkennungskraft innerhalb der Mitgliedsstaaten. Die ISO-Standards
verstehen sich idR als ein Kompromiss und Mindestmaß an Empfehlungen und Anforderungen, die an bestimmte Managementsysteme gestellt werden. Das oberste Ziel ist damit
die Vereinfachung der Prozesse und Strukturen und damit ihre Vereinheitlichung. Dies
führt wiederum dazu, dass in verschiedenen Ländern nach DIN ISO 19600 oder ISO
37001 implementierte Managementsysteme erkennbar und bekannt sind und damit eine
einheitliche Plattform für die Erreichung von ähnlichen Compliance-Standards bieten.
Beide Normen unterliegen zugleich dem Prinzip der Flexibilität, wodurch nicht nur den
Unterschieden in den Rechtsordnungen in den einzelnen Ländern, sondern auch den soziokulturellen Unterschieden entsprechend Rechnung getragen werden kann.

Im globalen Verkehr können die ISO-Standards jedoch nicht nur auf der Mikro-Ebene 136
der Unternehmen von Vorteil sein. Auch für die globale Wirtschaft können sie durch
Standardisierung und Vereinheitlichung zu mehr Transparenz und Vertrauenswürdigkeit
in partnerschaftlichen Beziehungen beitragen. Konkret können sie im Bereich des Compliance **Due Diligence,** also der Geschäftspartnerprüfung, erhebliche Bedeutung erweisen.
So könnten künftig Unternehmen, die bereits ISO-Standards umgesetzt haben als verläss-
lichere Partner gelten, da sie dafür Gewähr bieten, dass sie sich bei der internen Organisation und bei den Bemühungen um Compliance an den globalen, einheitlichen und anerkannten Standards orientiert haben.

3.2.3. Compliance-Kultur und Mittelstand[105]

Zur Abrundung sei nun auf die Bedeutung der Compliance-Kultur in mittelständischen 137
Unternehmen eingegangen. Zunächst wird zurecht betont, dass in den eigentümergeführ-
ten Unternehmen die einen Anteil am Mittelstand ausmachen der von den Werten des
Eigentümers geprägten Unternehmenskultur eine besondere Bedeutung zukommt.[106] So
wird in dem Bereich als Eigenart insbes. die Identität von Eigentum und Unternehmensführung, mit denen jeweils Kontrolle und Leitung verbunden werden, betont.[107]

Doch nicht nur eigentümergeführte Unternehmen, sondern idR alle mittelständische 138
Unternehmen zeichnen sich dadurch ab, dass sie als Organisationen weniger Mitglieder
aufweisen, wodurch meist besserer Kontakt unter den Beschäftigten einerseits und den
Beschäftigten und der Unternehmensführung andererseits herrscht oder hergestellt werden kann. Die engen Beziehungen können das Vorleben der Werte und damit die Förderung der Organisationskultur in eine bestimmte Richtung deutlich fördern. Es kann daher
ohne Zweifel zusammenfassend betont werden, dass die Compliance-Kultur in mittelständischen Unternehmen von erheblicher Bedeutung für das Funktionieren eines CMS ist.

3.3. Anwendbarkeit der Standards

Zwar hat sich Compliance im privatwirtschaftlichen Bereich entwickelt, doch ist der An- 139
wendungsbereich der DIN ISO 19600 und ISO 37001 nicht nur für privatwirtschaftliche
und auf Gewinn ausgerichtete Unternehmen vorgesehen. Bewusst wurde die Anwendbarkeit der Norm weit gefasst, was durch den Kernbegriff einer *Organisation* auch erreicht
werden konnte. Dies entspricht auch der Realität und dem praktischen Bedarf. Es sind
inzwischen nicht nur Unternehmen, die CMS einführen. Immer mehr Verbände, Behörden, Ministerien oder Nichtregierungsorganisationen implementieren entsprechende Lösungen. Es sei daher kurz ausgeführt und begründet, weswegen die flexiblen und anwen-

---

[105] Zur Bedeutung der Kultur im Mittelstand bei *Fissenewert* COMPLY 3/2015, 48 ff.
[106] Behringer/*M. Wendt* 203.
[107] Behringer/*M. Wendt* 204.

dungsorientierten ISO-Compliance-Normen in verschiedenen Organisationstypen zum Einsatz kommen können.

140   Zugleich sei jedoch betont, dass es in diesem Abschnitt um die Anwendbarkeit der Standards auf Organisationen geht, dh um die Frage, welche Organisationsarten DIN ISO 19600 und IS 37001 implementieren können. Davon zu unterscheiden ist die Frage, auf welche Bereiche in der Organisation diese Standards Anwendung finden sollten, worauf im weiteren Verlauf detailliert eingegangen wird.[108]

3.3.1. Universeller Geltungsanspruch

141 Mit dem erwähnten Begriff einer Organisation wird der persönliche Anwendungsbereich der Norm sehr weit gefasst. Definiert wird eine Organisation als Person oder Personengruppe, die eigene Funktionen mit Verantwortlichkeiten, Befugnissen und Beziehungen hat, um ihre Ziele zu erreichen.[109] Es war das Ziel des Normungskomitees, nicht nur private Unternehmen zu erfassen, sondern alle Organisationen, die eine gewisse Festigkeit aufweisen und konkrete Ziele verfolgen. Dies wird durch einen offenen Katalog auch unter Beweis gestellt, in dem die Norm als mögliche Organisationen etwa:
— Gesellschaften,
— Konzerne,
— Unternehmen,
— Institutionen,
— Wohltätigkeitsorganisationen,
— Behörden und sogar
— Einzelunternehmer

erwähnt – dies unabhängig davon, ob sie eingetragen sind und ob es sich um private oder öffentliche Subjekte handelt.[110] An gleicher Stelle wird betont, dass es sich auch einerseits um nur Teile dieser Organisationen handeln kann, andererseits aber auch ihre Kombinationen in Betracht kommen. Da die Definition an die Vorgaben der High Level Structure angelehnt ist, deckt sie sich mit der aus der ISO 37001,[111] sodass insofern vom gleichen Anwendungsbereich der beiden Normen ausgegangen werden kann.

142   Die Empfehlungen und Anforderungen der Normen tragen dem universellen Anwendungsanspruch der Normen auch Rechnung. So enthält die Norm DIN ISO 19600 den Grundsatz, dass der Umfang und Anwendung des Standards von der Größe, Struktur, Art und Komplexität der Organisation abhängen sollte.[112] Zwar ist die Norm ISO 37001 wegen ihres Anforderungscharakters keinen so ausdrücklichen Flexibilitätsgrundsatz verpflichtet, doch wird aus der Anordnung bereits hinsichtlich der Konzeption eines AMS ersichtlich, dass auch hier die individuellen Faktoren der Organisation entsprechend zu berücksichtigen sind. So sollen bei der Ermittlung der für die Konzipierung des AMS erforderlichen Grundinformationen ua solche Faktoren wie die Größe, Natur und Komplexität der Organisation berücksichtigt werden.[113]

143   Es sind nur einige Beispiele erwähnt worden, aus denen deutlich wird, dass keine der beiden Normen starre Anforderungen, bzw. Empfehlungen enthält, die in der dort vorgesehenen Form stets umgesetzt werden müssen. Es ist für die korrekte Anwendung der Norm in der Praxis wichtig, diese Konzeption der ISO-Managementnormen zu verstehen. Dies deckt sich auch mit der Zielsetzung der Normung im Allgemeinen, die darin besteht, die bestehenden Prozesse und Strukturen nach möglichst einheitlichen, transparenten und effektiven Mustern zu optimieren und nicht das Gegenteil zu erzielen – Emp-

---

[108] Dazu ausf. ab Pkt. 10.5.
[109] Hier nur vereinfachte Form, mehr in Ziff. 3.1 DIN ISO 19600.
[110] Vgl. Ziff. 3.1 Anm. 1 DIN ISO 19600.
[111] Vgl. Ziff. 3.2 ISO 37001.
[112] Vgl. Ziff. 1 Abs. 2 S. 2 DIN ISO 19600, ausf. zu den Grundsätzen unter Pkt. 7.
[113] Vgl. Ziff. 4.1 a–h ISO 37001.

fehlungen und Anforderungen zu erzwingen, die in einer Organisation nicht passend eingesetzt werden könnten.

Diese Überlegungen und konkreten Beispiele belegen, dass die beiden Normen durchaus von verschiedenen Organisationstypen entsprechend ihrer Bedürfnisse eingesetzt werden können. Hierzu zählen schließlich auch kleine und mittelgroße Unternehmen, worauf begründend im weiteren Verlauf eingegangen wird.[114] **144**

3.3.2. Referenzrahmen für Justiz und sonstige Anwender

Zwar handelt es sich sowohl bei der DIN ISO 19600, also auch bei der ISO 37001 um **145** generische Normen, dh sie richten sich direkt an die Anwender, die diese in Organisationen umsetzen können, worin der wesentliche Unterschied etwa zu dem in Deutschland verbreiteten Prüfungsstandard besteht, der lediglich eine von Wirtschaftsprüfern für ihre Zwecke (Prüfung von CMS) entwickelte Norm darstellt. Aufgrund ihrer allgemeinen Anerkennung könnte die Norm aber in den Bereichen an Bedeutung gewinnen, in denen den konkreten Sachstand, also ein CMS bewertende Instanzen sich an einem einheitlichen Referenzrahmen orientieren möchten. Im dem Zusammenhang könnten die ISO-Standards für die Justiz und weitere Institutionen, die bei der Sanktionenzumessung CMS-Bemühungen berücksichtigen sollten, an Bedeutung gewinnen. Zwar sind solche Belohnungssysteme in der deutschen Gesetzgebung noch nicht explizit vorgesehen. Da hierfür aber bereits der BGH den Weg eröffnet hat,[115] einige Gesetzesvorschläge vorliegen[116], solche Lösungen von der B20-Gruppe gefordert werden[117] und in vielen Ländern, wie etwa in Spanien[118] oder Frankreich[119], bereits vorliegen, sollten sie im Weiteren kurz erörtert werden.

3.3.2.1. Belohnungssysteme. Die hier als „Belohnungssysteme" bezeichneten Mecha- **146** nismen sind bereits in einigen Gesetzen im Ausland verankert. Sie verfolgen eine an sich einfache Logik und sind zu begrüßen, da sie Anreize für die Befassung mit Compliance schaffen. Im Ergebnis läuft ein Belohnungssystem vereinfacht dargestellt darauf hinaus, dass das Unternehmen „A mit CMS" im Vergleich zum Unternehmen „B ohne CMS" im Hinblick auf denselben bei A und B vorgekommenen Compliance-Verstoß insofern privilegiert wird, als gegenüber A deutlich niedrigere oder gar keine Sanktionen verhängt werden. Diese Logik entspricht den allgemein anerkannten und in einem Rechtsstaat praktizierten Grundlehren der Strafzumessung, bei der die Schuld, also persönliche Vorwerfbarkeit des begangenen Unrechts sowie weitere Umstände des Einzelfalles berücksichtigt werden sollte. Es würde im Ergebnis auf eine Ungleichbehandlung hinauslaufen, ein Unternehmen, welches sämtliche verfügbare Maßnahmen getroffen hat, um für eine nachhaltige Compliance-Kultur zu sorgen und damit ein effektives CMS eingeführt hat mit gleichen Sanktionen zu belegen wie ein anderes Unternehmen, in dem das Thema vollständig vernachlässigt wird. Die Grundkonzeption eines Belohnungssystems ist daher richtig. Sie hat auch eine zu begrüßende indirekte Wirkung: Sie fördert generell und indirekt die Compliance-Entwicklung, da Unternehmen, um künftig in den Genuss der Sanktionsmilderung oder Enthaftung zu kommen, entsprechende CMS-Lösungen einführen. Damit muss der Gesetzgeber nicht zu viel härteren gesetzgeberischen Maßnahmen greifen, die in der, nicht zu begrüßenden, Einführung einer branchenübergreifenden CMS-Pflicht bestehen könnte. Angemerkt sei an der Stelle auch, dass das Belohnungssystem keine Benachteiligung für kleine und mittelgroße Unternehmen bewirkt. So lassen

---

[114] Siehe ausf. unter Pkt. 5.1.3 und 6.2.4.
[115] Siehe dazu Pkt. 1.4.1.1.
[116] Ausf. bei *Makowicz* CB 2015, 45 ff.
[117] Key Recommendations, Link: https://www.b20germany.org/fileadmin/user_upload/documents/B20/b20-ctg-rbac-fs.pdf (letzter Abruf: 20.7.2017).
[118] *Tauschwitz/Tornero* COMPLY 4/2015, 72 ff.
[119] *Querenet-Hahn/Karg* COMPLY 1/2017, 51 ff.

sich CMS auch in diesen Unternehmenstypen ohne erheblichen finanziellen und sonstigen Aufwand einführen, was die weiteren Ausführungen belegen werden.[120]

147 3.3.2.2. Bedarf an Referenzrahmen. Werden Belohnungssysteme aber eingeführt, so muss sich der Gesetzgeber auch dazu äußern, was konkret belohnt werden kann, dh welche CMS zur Sanktionsminderung oder Enthaftung führen können. Tut er dies nicht, so braucht die Justiz einen Referenzrahmen, an dem sie sich bei der Bewertung der CMS-Bemühungen, also auf der Ebene der Sachstandsermittlung, im Einzelfalle orientieren könnte. Hier könnten künftig die ISO-Standards Abhilfe schaffen.

148 Die Ansicht dürfte mit folgender Argumentation jedenfalls nicht offensichtlich ausgeschlossen sein: Zum einen wäre dies wegen der global anerkannten Geltungskraft der ISO-Normen gerechtfertigt (selbstverständlich gemeint als freiwillige Standards einer privaten Normungsorganisation). Viel wichtiger könnte aber der Umstand sein, dass der Gesetzgeber in rechtstaatlich organisierten Systemen an das Gebot der Rechtssicherheit gebunden ist. Wenn daher gesetzlich vorgegeben wird, dass CMS-Bemühungen belohnt werden, dann müssen die Adressaten des Gesetzes auch wissen, welche konkreten Bemühungen darunter gemeint sind. Aufgrund der Notwendigkeit von flexiblen Compliance-Lösungen, die durch die konkrete Risikolage jeder Organisation bedingt sind, wird es aber unmöglich sein, universell geltende starre CMS-Vorgaben gesetzlich zu regeln. Dies würde auch zu weit in die grundrechtlich geschützte Vereinigungs- und Unternehmensfreiheit eingreifen. Es bleiben daher die Wege unterhalb der formellen Gesetzgebung offen und hierzu dürfte insbes. die freiwillige Normungsarbeit zählen. Nicht zuletzt sei auf die Rspr. des BVerwG hingewiesen, wonach DIN-Vorschriften als geeignete Quellen für die anerkannten „Regeln der Technik" in Betracht kommen.[121]

149 3.3.2.3. Tendenzen im Ausland. Während die Entwicklung in Deutschland noch nicht in dem Maße erkennbar ist, berücksichtigen Gerichte und sonstige staatliche Institutionen in anderen Ländern bereits jetzt effektive Compliance-Lösungen zugunsten der Verantwortlichen bei der Sanktionenzumessung. Solche Möglichkeiten sind nicht nur in Großbritannien bekannt,[122] neulich wurden auch in Frankreich[123] und in Spanien[124] die Anti-Korruptionsgesetze so angepasst, dass künftig CMS-Bemühungen belohnt werden sollten.

150 Auch diese Entwicklung hat das Normungskomitee der DIN ISO 19600 aufgegriffen und in der Einleitung der Norm ausgeführt, dass sich der Gesetzgeber und Vertreter der Justiz in deren Tätigkeit der Norm als einem allgemeinen Richtwert (Benchmark) bedienen können.[125] Ob und inwiefern in solchen Ländern, in denen CMS-Bemühungen belohnt werden, auf die ISO-Normen als ein Referenzrahmen zurückgegriffen wird, bleibt abzuwarten. Wegen der Tatsache, dass es sich zum Zeitpunkt der Erstellung dieses Manuskripts um eine relativ aktuelle Entwicklung handelt, fehlen derzeit noch entsprechende Erfahrungswerte.

151 Diese Überlegungen lassen den Rückschluss jedenfalls nicht ganz fernliegen, dass die hier beschriebenen Standards in den erwähnten Ländern künftig im Bereich der Referenzanwendung an Bedeutung gewinnen könnten.

152 3.3.2.4. Aktuelle Entwicklungen in Deutschland. Zwar sind die neulich in Frankreich oder Spanien eingeführten Möglichkeiten in Deutschland noch nicht gesetzlich verankert, doch weichen sie nicht sehr von der Praxis ab. So hieß es bereits in der Begründung zur 8. GWB-Novelle, dass das Vorhandensein eines effektiven CMS als unternehmensbezoge-

---

[120] Vgl. ab Pkt. 5.1.
[121] BVerwG, 30.9.1996 – 4 B 175/96, NVwZ-RR 1997, 213, 214 f.
[122] So etwa die ausdrückliche Möglichkeit nach dem UK Bribery Act 2010.
[123] Ausf. dazu bei *Querenet-Hahn/Karg* COMPLY 1/2017, 51 ff.
[124] Ausf. dazu bei *Tauschwitz/Tornero* COMPLY 4/2015, 72 ff.
[125] Vgl. Einleitung zu DIN ISO 19600 Abs. 6.

ner Umstand bei der Bußgeldbemessung zu berücksichtigen ist, auch wenn dessen Beurteilung im Einzelfalle den Behörden oder Gerichten überlassen wurde.[126] Eine relativ klare Lage diesbezüglich hat der Gesetzgeber inzwischen im Bereich des Außenwirtschaftsrechts geschaffen. Nach § 22 Abs. 4 AWG n.F.[127] kann infolge einer Selbstanzeige einer fahrlässig begangenen Ordnungswidrigkeit die Verfolgung ausgesetzt werden, wenn die Verfehlung durch Eigenkontrolle aufgedeckt wurde und angemessene Maßnahmen zur Verhinderung der Wiederholung getroffen werden. Diese Regelungen wie auch die erwähnte Rspr. des BGH, sollen Unternehmen stärker als bisher motivieren, ihre interne Überwachung zu verbessern.[128] Mit der Neuregelung im AWG hat der Gesetzgeber eine deutliche Entscheidung pro Compliance getroffen.[129]

Die Tendenz zur Belohnung von Compliance-Bemühungen setzt sich in der o.g. Rspr. **153** des BGH und in der geplanten Gesetzgebung fort und könnte dazu führen, dass künftig auch in Deutschland ISO-Standards als Referenzrahmen bei Ermittlung des Sachstands zur Anwendung kommen könnten. Derzeit liegen drei Gesetzgebungsvorschläge vor, in denen es zum einen um die Einführung einer Verbandsstrafe geht (also Einführung von strafrechtlichen Sanktionen für juristische Personen) und zum anderen jeweils um die Reform des Ordnungswidrigkeitengesetzes. Der Vorschlag zur Einführung einer Verbandsstrafe unter der Bezeichnung „Entwurf eines Gesetzes zur Einführung der strafrechtlichen Verantwortlichkeit von Unternehmen und sonstigen Verbänden" wurde am 18.9.2013 durch das nordrhein-westfälische Justizministerium vorgelegt.[130] Ferner haben am 29.4.2014 die Fachgruppe Compliance im Bundesverband der Unternehmensjuristen e.V. (BUJ) einen Gesetzgebungsvorschlag für eine Änderung der §§ 30, 130 des Ordnungswidrigkeitengesetzes[131] und am 21.07.2014 das Deutsche Institut für Compliance e.V. den Entwurf eines Gesetzes zur Schaffung von Anreizen für Compliance-Maßnahmen in Betrieben und Unternehmen vorgelegt.[132] Die drei Entwürfe verfolgen zwar verschiedene Ansätze, sie enthalten jedoch auf der anderen Seite die gleiche Konzeption, welche darin besteht, dass bei der künftigen Straf- oder Sanktionenzumessung vorhandene CMS-Bemühungen belohnend berücksichtigt werden sollten. Bemerkenswert ist dabei, dass nur nach dem BUJ-Vorschlag künftig konkrete Empfehlungen hinsichtlich der Ausgestaltung von CMS auch gesetzlich geregelt werden sollten. Die beiden übrigen Vorschläge sehen zwar das Belohnungsinstrument vor, nehmen jedoch davon Abstand, konkrete Elemente nahezulegen (immerhin enthält sie der DICO-Vorschlag in der Entwurfs-Begründung), welche Unternehmen umsetzen müssten, damit sie in den Genuss einer Sanktionsmilderung kommen. In allen drei Fällen könnten künftig, falls einer der drei Vorschläge von dem Gesetzgeber aufgenommen wird, die ISO-Standards als ein Referenzrahmen herangezogen werden.

Insofern zeichnet sich nicht nur in anderen Ländern, sondern auch auf der nationalen **154** Ebene in Deutschland eine Tendenz ab, die die Referenzwirkung der hier behandelten ISO-Standards deutlich begünstigen könnte.

3.3.2.5. Referenzrahmen für nichtfinanzielle Berichterstattung. Schließlich könnten **155** ISO-Normen als Referenzrahmen auch im Bereich der nichtfinanziellen Berichterstattung künftig heranzuziehen sein. So sieht das Gesetz zur Umsetzung der europäischen CSR-Richtlinie ausdrücklich vor,[133] dass sich Unternehmen bei der Erstellung von nichtfinan-

---

[126] BT-Drs. 17/11053, 21.
[127] Die Regelung wurde mit der Reform des Außenwirtschaftsrechts am 1.9.2013 neu eingeführt.
[128] BT-Drs17/12101, 11.
[129] *Wolffgang* DB 12/2013, I.
[130] Abrufbar unter: www.strafrecht.de/media/files/docs/Gesetzentwurf.pdf (letzter Abruf: 20.7.2017).
[131] Abrufbar unter: http://www.buj.net/resources/Server/BUJ-Stellungnahmen/BUJ_Gesetzgebungsvorschlag_OWiG.pdf (letzter Abruf: 20.7.2017).
[132] Abrufbar unter: http://www.dico-ev.de/wp-content/uploads/2016/10/CompAG_21_07_2014.pdf (letzter Abruf: 20.7.2017).
[133] Vgl. Gesetz zur Stärkung der nichtfinanziellen Berichterstattung der Unternehmen in ihren Lage- und Konzernlageberichten v. 11.4.2017, BGBl. 2017, 802ff.

ziellen Berichten auch an bestehenden Standards orientieren können.[134] Zu solchen Standards, betreffend insbes. den Teil der Berichterstattung über die Anti-Korruptionsbemühungen eines Unternehmens, könnte durchaus der ISO 37001 zählen. Auch insofern wird der ISO 37001 als ein Referenzrahmen herangezogen werden können.

156 **3.3.2.6. Anwendbarkeit im Mittelstand.** Schließlich ist der Standard DIN ISO 19600 ohne Einschränkungen auch in mittelständischen Unternehmen anwendbar. Da in dem Zusammenhang die Besonderheiten des Mittelstandes sowie der Unterschied zu ISO 37001 zu beachten sind, wird auf die Anwendbarkeit der Standards im Mittelstand im weiteren Verlauf ausführlich eingegangen.[135]

4. Funktionen und Ziele eines CMS

4.1. Zielsetzung

157 Bei der Frage nach der Zielsetzung von CMS ist zwischen zwei Perspektiven zu unterscheiden: Zum einen werden generell mit der Einführung eines CMS bestimmte Ziele verfolgt, zum anderen verfolgen darüber hinaus auch die ISO-Normen bestimmte Ziele.

4.1.1. Ziele eines CMS[136]

158 Die Ziele, welche mit der Einführung eines CMS in der Praxis verfolgt werden, sind in den Einleitungen zu den Normen DIN ISO 19600 und ISO 37001 zutreffend beschrieben. Zunächst wird ausgeführt, dass Integrität und Regelkonformität nicht nur Grundlage, sondern auch Gelegenheit für eine nachhaltige erfolgreiche Organisation sind, was wiederum durch Pflege einer nachhaltigen Compliance-Kultur zu erzielen ist.[137] Das grundlegende Ziel eines CMS ist daher die Schaffung und Pflege der Compliance-Kultur durch ihre Integration in alle Organisationsbereiche und Verankerung im Verhalten aller Mitglieder der Organisation.[138] Da sich die Norm ISO 37001 mit dem speziellen Compliance-Bereich in Form des Korruptions-Risikos befasst und um Wiederholungen mit der allgemeinen Compliance-Norm in Form der DIN ISO 19600 zu vermeiden, finden sich in der erstgenannten Norm nicht so viele ausdrückliche Hinweise auf die Compliance-Kultur als Hauptziel. Dass diese aber auch zur Grundkonzeption der ISO 37001 gehört stellen bereits die Ausführungen in ihrer Einleitung klar, wonach die Organisationskultur von maßgeblicher Bedeutung für den Erfolg eines Anti-Bribery Management-Systems ist.[139]

4.1.2. Ziele der ISO-Managementnormen

159 Die Ziele der DIN ISO 19600 und ISO 37001 sind indirekt mit denen der Einführung eines CMS identisch. So bezweckt die Norm DIN ISO 19600, einen Katalog von Empfehlungen und bewährter Praxis zur Einführung und Gestaltung von CMS unter Beachtung der Flexibilität, der Größe, Struktur und Natur der Organisation so bereitzustellen,[140] dass diese zur Etablierung und Pflege einer nachhaltigen Compliance-Kultur eingesetzt werden können. Eine ähnliche Zielsetzung verfolgt ISO 37001, die Organisa-

---

[134] Vgl. § 289d HGB nF.
[135] Vgl. unter Pkt. 5.1.3.
[136] Zu CMS-Zielen auch bei *Muth* COMPLY 2/2016, 40 ff.
[137] Vgl. Einleitung DIN ISO 19600 Abs. 1.
[138] Vgl. Einleitung DIN ISO 19600 Abs. 2–4.
[139] Vgl. Einleitung ISO 37001 Abs. 4 S. 3.
[140] Vgl. Einleitung DIN ISO 19600 Abs. 7.

tionen dabei unterstützen möchte, Bestechungen aller Art zu verhindern, aufzudecken und entsprechend zu behandeln.[141]

Zusammenfassend lässt sich somit festlegen, dass DIN ISO 19600 und ISO 37001 mit ihren dort enthaltenen Empfehlungen und Anforderungen Organisationen dabei unterstützen sollen, ihre mit der Implementierung eines CMS verfolgten Ziele zu erreichen. **160**

Abbildung 10: Ziele eines CMS und der DIN ISO 19600/37001

4.2. Funktionen

Wird ein CMS korrekt implementiert und gepflegt, was die hier behandelnden Normen maßgeblich unterstützen sollten, so sollen die Ziele über die verschiedenen Funktionalitäten des Managementsystems erreicht werden. **161**

4.2.1. Allgemeine Anmerkungen

Funktionen stehen daher im direkten Zusammenhang mit der Zielsetzung eines CMS und sollen im weiteren Schritt näher erläutert werden. An dieser Stelle sei jedoch betont, dass es sich lediglich um Beispiele handelt, denn auch hier kommt der wichtige Flexibilitätsgrundsatz zum Tragen, der zu unterschiedlichen Funktionalitäten eines CMS und der Schwerpunktsetzung innerhalb der Funktionen führen kann, was wiederum vom konkreten Bedarf der Organisation geprägt wird. **162**

Dabei ist zu beachten, dass ein CMS im Allgemeinen sowohl präventive als auch repressive Funktionen aufweist und somit darauf abzielt, Non-Compliance vorzubeugen, sie zu ermitteln und entsprechend aufzuarbeiten. **163**

Abbildung 11: Präventive und Repressive Wirkung von CMS

Da die obige Abbildung als Zäsur, also den Punkt an dem die Prävention in die Repression umschlägt, Non-Compliance vorsieht, sei dieser Begriff kurz definiert. In der DIN ISO 19600 knüpft der Begriff der Non-Compliance an den der Compliance und besagt, dass dieser im Nichteinhalten von bindenden Verpflichtungen zu sehen ist,[142] wozu wie bereits erwähnt sowohl solche Anforderungen zählen, die eine Organisation erfüllen muss, als auch solche, denen sie sich freiwillig unterworfen hat.[143] **164**

4.2.2. Prävention

Eine der Kernaufgaben eines CMS ist die Vorbeugung (Prävention) von Non-Compliance in der Organisation. Es geht somit darum, das potenzielle Risiko eines solchen Falles zu erkennen und im Rahmen eines CMS auf die Schaffung und Pflege einer nachhaltigen **165**

---

[141] Vgl. Einleitung ISO 37001 Abs. 7 S. 2.
[142] Vgl. Ziff. 3.18 DIN ISO 19600, ausf. zur Behandlung von Non-Compliance ab Pkt. 17.2.
[143] Zu den Definitionen von Compliance Pkt. 3.1.

Compliance-Kultur einzuwirken, sodass Mitglieder der Organisation von regelwidrigem Verhalten Abstand nehmen werden.

166 Eine Reihe von konkreten Compliance-Maßnahmen, auf die im weiteren Verlauf dieses Buchs eingegangen wird, erfüllen die Präventionsfunktion des CMS. Einige Beispiele verdeutlicht die nachfolgende Übersicht:

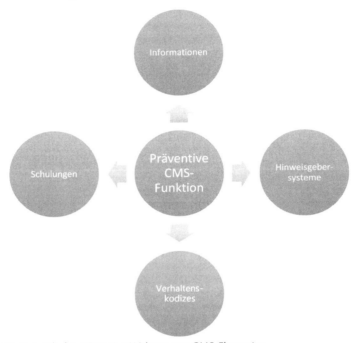

Abbildung 12: Beispiele für präventive Wirkung von CMS-Elementen

167 Die Abbildung verdeutlicht anhand von einigen CMS-Elementen, die als Beispiele dienen, die präventive Wirkung eines CMS. So trägt die Erfassung von Informationen, insbes. im Rahmen eines Compliance-Risk-Management,[144] dazu bei, bestehende Risiken präventiv und angemessen zu adressieren, indem ihnen mit entsprechenden Maßnahmen begegnet wird. Hinweisgebersysteme[145] ermöglichen, dass Verdachtsfälle schnell und effektiv gemeldet werden können. In den Verhaltenskodizes[146] können die Pflichten der Mitglieder der Organisation auf eine einfache Art und Weise zusammengefasst und konkretisiert werden, wodurch dem Vorkommen von Non-Compliance präventiv begegnet wird. Schließlich dient eine weitere Reihe von diversen Sensibilisierungsmaßnahmen, darunter insbes. die Compliance-Schulungen,[147] dem präventiven Ziel, die Mitglieder einer Organisation über die bestehenden Verpflichtungen und bestehenden Compliance-Risiken zu unterrichten und damit das Compliance-Bewusstsein und die nachhaltige Compliance-Kultur zu fördern.

4.2.3. Repression

168 Wird bedacht, dass das Hauptziel eines CMS in der Schaffung und Pflege einer nachhaltigen Compliance-Kultur besteht, so sollte mit Sicherheit die präventive Funktion den

---

[144] Hierzu ausf. Pkt. 10.4.
[145] Hierzu ausf. Pkt. 15.2.5.
[146] Hierzu ausf. Pkt. 15.7.
[147] Hierzu ausf. Pkt. 15.4.2.

Schwerpunkt eines CMS bilden, damit es zu Non-Compliance erst einmal gar nicht kommt. Da jedoch, wie bereits erwiesen, kein CMS in der Lage ist, jegliches Risiko von Non-Compliance auszuschließen,[148] sollte das System sinngemäß auch eine repressive Funktion aufweisen. Auch diese Funktion wird, ähnlich wie bei der präventiven Funktion, über diverse CMS-Elemente umgesetzt, von denen nur einige als Beispiele erwähnt werden.

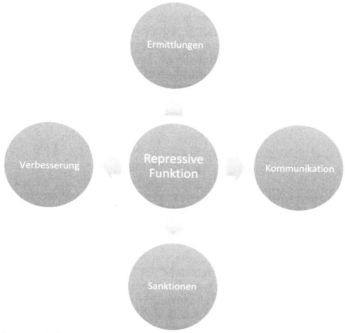

Abbildung 13: Beispiele für repressive Wirkung von CMS-Elementen

Der Bereich der Compliance-Aufarbeitung zeigt, wie verschiedene CMS-Elemente die repressive Funktion des Systems unterstützen.[149] Wird im Rahmen eines CMS auch den Verdachtsfällen nachgegangen, so sollten sich idR an einen solchen Fall interne Ermittlungen[150] anschließen. In dem Rahmen werden die Verdachtsfälle aufgeklärt. Parallel hierzu sollte eine durchdachte Krisenkommunikation[151] erfolgen, die sowohl im Innen-, als auch im Außenverhältnis verläuft. Schließlich sollten Non-Compliance-Fälle[152] entsprechend sanktioniert und hieraus Konsequenzen gezogen werden. Jeder Compliance-Vorfall sollte schließlich als Chance für die Verbesserung[153] des bestehenden CMS verstanden und für die Zukunft berücksichtigt werden.[154] In dieser Vorgehensweise spiegelt sich bereits der allgemeine Grundsatz der ständigen Verbesserung des CMS, auf den noch ausführlich eingegangen wird.[155]

169

---

[148] Begründung hierzu Pkt. 1.1.
[149] Ausführlich dazu ab Pkt. 17.2.
[150] Hierzu ausf. Pkt. 17.2.2.
[151] Hierzu ausf. Pkt. 17.2.4.
[152] Hierzu ausf. Pkt. 17.2.1.
[153] Hierzu ausf. Pkt. 17.3.
[154] So auch BGH, 9.5.2017 – 1 StR 265/16, BeckRS 2017, 114578: Danach kann die entsprechende Anpassung des CMS nach dem Verstoß bei der Zumessung der Sanktion berücksichtigt werden.
[155] Siehe Pkt. 17.3.

4.2.4. Gemischte Funktionen

170 Ein CMS erfüllt schließlich eine ganze Reihe von weiteren Funktionen, die idR sowohl präventiv als auch repressiv wirken können. Dies kann von der Zielrichtung des jeweiligen CMS-Elementes oder von der bestehenden Lage und Konstellation abhängen. Dabei sollte beachtet werden, dass die nachfolgende Aufzählung nicht abschließend ist und nur auf die wesentlichen Funktionen eingegangen wird. Ferner sei bemerkt, dass sie teilweise repressive, teilweise präventive, zum Teil aber auch gemischte Wirkung aufweisen. Nur einige wesentliche seien erwähnt.

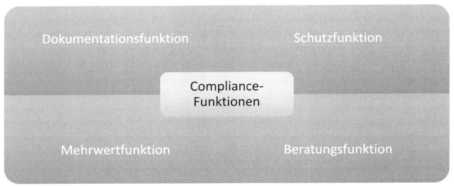

Abbildung 14: Ausgewählte CMS-Funktionen

171 **4.2.4.1. Schutzfunktion.** Die Schutzfunktion eines CMS verläuft in verschiedene Richtungen, vereinfachend lässt sich aber diese auf natürliche und juristische Personen sowie die Volkswirtschaft ausweiten.

Abbildung 15: Schutzrichtungen eines CMS

172 Eine der originären Funktionen des CMS ist der Schutz der Mitglieder der Organisation. Auch wenn sich dieser Schutz ursprünglich auf die Organisationsführung konzentrierte, wollten etwa die Vorstandsmitglieder eines Unternehmens vor persönlicher Haftung wegen Non-Compliance abgesichert werden, so sollte dieses enge Verständnis ausdrücklich abgelehnt werden. Durch ein CMS geschützt werden sollten vielmehr alle Mitglieder einer Organisation. Das Bindeglied für die Schutzwirkung in Bezug auf die natürlichen

Personen ist letzten Endes die nachhaltige Compliance-Kultur, die von allen Mitgliedern der Organisation gelebt werden sollte und – im Falle der Umsetzung dieses Ziels – auch alle Mitglieder der Organisation vor Non-Compliance beschützen sollte.

Neben den natürlichen Personen als Mitgliedern der Organisation soll auch die Orga- **173** nisation an sich geschützt werden. Der Schutz sollte dabei nicht nur gegenüber Außenstehenden bestehen, sondern auch gegenüber den eigenen Mitgliedern, die nicht selten im Falle von Non-Compliance der Organisation einen erheblichen Schaden zufügen können. Zu Recht wird in dem Zusammenhang auf den Umstand hingewiesen, dass Unternehmen im Falle von Non-Compliance zugleich einen Reputationsverlust erleiden, der zu einem Wertverlust des Unternehmens am Kapitalmarkt führen kann.[156]

Eine weitere Schutzrichtung des CMS geht über die Organisation und ihre Mitglieder, **174** also über die sog. Mikro-Ebene, hinaus und bezweckt den Schutz der Volkswirtschaft und damit verbunden der Bevölkerung. Diese ist auf eine möglichst einwandfrei funktionierende Volkswirtschaft unter Beachtung der Regeln des ungestörten Wettbewerbs angewiesen. Auch der Staat, welcher sich aus den durch Steuern generierten Einnahmen finanziert, ist auf dasselbe angewiesen. Werden somit die in den Unternehmen stattfindenden wirtschaftlichen Prozesse – und damit der Unternehmenserfolg – durch Non-Compliance gestört, so wirkt sich das auch direkt auf die Gesellschaft sowie die staatlichen Einnahmen aus. Ist ein Unternehmen gefährdet, so geht damit die Gefährdung der Arbeitsplätze, aber auch die Gewährleistung von entsprechenden Umsätzen einher. Die Schutzfunktion des CMS gegenüber der Gesellschaft sowie gegenüber dem Staat, und damit die volkswirtschaftliche Funktion des CMS, ist somit nicht zu verkennen. In dem Zusammenhang offenbart sich wieder die erhebliche Schnittstelle zum Corporate Social Responsibility (CSR), auf die bereits an einer anderen Stelle eingegangen worden ist.[157]

4.2.4.2. Beratung und Information.

4.2.4.2. Beratung und Information. Eine weitere bedeutende Funktion von CMS, die **175** auch präventiv und/oder repressiv wirken kann, ist die Beratung und Information über compliance-relevante Sachverhalte, wie zB Verpflichtungen, Risiken, etc. IdS gehört zu den Hauptaufgaben der Compliance-Funktion die Erfassung von bindenden Verpflichtungen und Risiken und ihre „Übersetzung" in eine solche Sprache, die von allen Mitgliedern der Organisation verstanden und deren Botschaften in den jeweiligen Tätigkeitsbereichen umgesetzt und gelebt werden können. Dies verdeutlicht, dass die Beratungsfunktion eine entscheidende Rolle bei der Sensibilisierung der Organisationsmitglieder spielt und sich damit unmittelbar auf die Förderung einer nachhaltigen Compliance-Kultur positiv auswirkt.

Die Beratungsfunktion kann nicht weit und dahingehend verstanden werden, dass die **176** Compliance-Funktion in jedem Falle befragt wird, bevor ein Geschäft getätigt wird. Eine solche Vorgehensweise könnte dazu führen, dass das Compliance-Ziel, nämlich ein risikofreies Umfeld für das operative Geschäft zu schaffen, verfehlt wird und das CMS im Ergebnis zur Behinderung des operativen Geschäfts führt. Auf der anderen Seite ist die Compliance-Funktion in ihren Kompetenzen, Kenntnisse und Fähigkeiten kein Alleswisser. Auch die Compliance-Funktion ist in vielen Details- und Spezialfragen auf die Zuarbeit und Beratung durch die Fachexperten angewiesen und sollte dies auch entsprechend in Anspruch nehmen.

4.2.4.3. Mehrwert und Wettbewerb.

4.2.4.3. Mehrwert und Wettbewerb. Organisationen, in denen CMS funktionieren, **177** müssen keine Unregelmäßigkeit erfahren, um von den Vorteilen des Systems zu profitieren. Inzwischen werden solche Organisationen, in denen diese Systeme funktionieren, als gut und transparent organisierte Wirtschaftsbeteiligte betrachtet, in denen es der obersten

---

[156] *Pohlmann* S. 25.
[157] Siehe dazu ausführlich Pkt. 3.1.7.

Leitung und den Mitgliedern am Herzen liegt, Geschäfte im Einklang mit Regeln, also dem geltenden Recht und den ethischen Werten zu gestalten.

178   Es ist keine neue Erkenntnis, dass transparente Unternehmen und solche, die Legalität und Fairness ihrer wirtschaftlichen Tätigkeit zugrunde legen, ein größeres Vertrauen nicht nur gegenüber den Verbrauchern, sondern auch gegenüber den Geschäftspartnern, Investoren und anderen Personen genießen. Ein gutes CMS kann nicht nur einen Beitrag zum Unternehmenserfolg leisten, es kann auch als Aushängeschild benutzt werden, um der Außenwelt zu beweisen, dass es sich um ein seriöses Unternehmen handelt, in dem keine Unregelmäßigkeiten hingenommen werden.

179   Diese Überlegungen sind ohne Einschränkungen jenseits der privaten Wirtschaft auf Organisationen jeder Art übertragbar. Ein CMS wird heutzutage daher zurecht von vielen Organisationen als ein Wettbewerbsvorteil ausgespielt. Nicht selten enthalten bereits die Homepages der Unternehmen auf der ersten Seite Hinweise auf die bestehenden CMS-Lösungen, um gleich beim ersten Kontakt darauf hinzuweisen, dass diese Themen in der jeweiligen Organisation ernsthaft behandelt und im Wege von entsprechenden CMS in der Praxis umgesetzt werden.

180   **4.2.4.4. Dokumentation.** Sämtliche Schritte und Maßnahmen, die im Bereich eines CMS vorgenommen werden, sollten entsprechend dokumentiert werden.[158] Die so entstandenen Unterlagen könnten unter Umständen als Beweisstücke verwendet werden, um etwa zu Zwecken der Sanktionsmilderung oder gar Enthaftung nachweisen zu können, dass die Non-Compliance trotz Einhaltung höchster Sorgfalt im Bereich der Implementierung und Pflege des CMS zustande gekommen ist. Die Dokumentationsfunktion des CMS ist insbes. in den Ländern von besonderer Bedeutung, in denen beim Nachweis entsprechender CMS **Sanktionsmilderungen** vorgesehen sind. Dies könnte etwa nach dem 2010 in Kraft getretenen und grenzüberschreitend anwendbaren UK Bribery Act oder im Bereich der Kartellhaftung nach den Richtlinien des französischen Kartellamtes der Fall sein.[159] Auch in der Rspr. des BGH zeichnet sich eine ähnliche Tendenz ab, wonach eine sanktionsmindernde Wirkung eines effizienten CMS bestätigt wurde.[160]

4.2.5. Funktionale Ansätze in der Praxis

181   In der Organisationspraxis werden diverse Schwerpunkte hinsichtlich der Funktionen eines CMS gelegt. Insbes. solche Organisationen, darunter Unternehmen, die ein CMS reaktiv eingeführt haben, dh nach einem Compliance-Vorfall, setzen zunächst darauf, die bestehenden Missstände aufzuklären, damit die Organisation schnellstmöglich wieder zur (Compliance-)Normalität zurückkehren kann. Hier liegen die Schwerpunkte im Bereich der Repression. Oft ist aber das Gegenteil der Fall, wenn Organisationen aus freien Stücken und ohne oder unabhängig von einem Compliance-Vorfall ein CMS einführen. In diesen Fällen spielt idR die präventive Funktion die maßgebliche Rolle. Dann schließlich gibt es Organisationen, in denen dem CMS ausschließlich die präventive Compliance-Funktion zugewiesen wird, während andere Abteilungen den Fall übernehmen, falls es zu Non-Compliance gekommen ist. Idealerweise sollten jedoch beide Funktionen im Rahmen eines integrierten CMS zusammengeführt und gesteuert werden. Hierfür sprechen alleine schon Effizienz- und Effektivitätsgründe.

182   Eine solche ausdifferenzierte Vorgehensweise, die in divergierender funktionaler Schwerpunktesetzung resultiert, erlaubt und empfiehlt sogar auch die Norm DIN ISO

---

[158] Siehe dazu ausführlich ab Pkt. 15.8.
[159] Vgl. The Bribery Act 2010 – Guidance, abrufbar unter: http://www.justice.gov.uk/downloads/legislati on/bribery-act-2010-guidance.pdf (letzter Abruf: 13.2.2018).
[160] Vgl. BGH, 9.5.2017 – 1 StR 265/16, BeckRS 2017, 114578.

19600, wonach Organisationen den Anwendungsbereich eines CMS gemessen an eigenen Zwecken und Bedarf selbst definieren sollten.[161]

4.2.6. Funktionen mittelständischer Compliance

In der mittelständischen Unternehmenspraxis werden sich keine Abweichungen hinsicht- **183** lich der diversen Funktionen eines CMS ergeben. An erster Stelle stehen präventive Funktionen, darunter Schutz der Organisation und ihrer Mitglieder, mit Sicherheit gefolgt von Beratungsfunktion und Mehrwert für die Organisation selbst. Insbes. dieser Bereich spielt aber bei Mittelständlern im Zuliefererbereich eine große Rolle. So wird durch den entsprechenden Nachweis über die bestehenden CMS das Unternehmen als Zulieferer eines großen Unternehmens idR als sicherer gegenüber demjenigen eingestuft, der über solche Systeme nicht verfügt. Dies führt nicht nur dazu, dass das CMS in den Fällen eine deutliche Wettbewerbsfunktion aufweist, sondern dem Mittelständler idR auch die unangenehme Situation erspart, in der eine sog. Compliance-Klausel unterzeichnet werden müsste. In solchen Klauseln müssen sich mittelgroße Zulieferer ohne CMS auf einen Verhaltenskodex seiner Geschäftspartner rechtlich verpflichten, was sie oft durch den faktischen Druck auch dann tun, wenn sie die einzelnen Regelungen eines solchen Kodexes nicht nur nicht kennen, sondern sie diese in der Praxis auch nicht erfüllen könnten.[162]

5. CMS in besonderen Organisationsarten

5.1. Mittelständische Compliance

5.1.1. Allgemeine Anmerkungen

Sowohl mit der DIN ISO 19600 und ISO 37001, als auch mit diesem Buch, wird der **184** Ansatz verfolgt, die Konzipierung und Umsetzung von CMS in allen Organisationsarten auf eine möglichst einfache Art und Weise anhand von vielen Übersichten zu erläutern. Das Buch wäre somit nicht vollständig, wenn den Besonderheiten einer dominanten Gruppe von auf Gewinnerzielung ausgerichteten und privatwirtschaftlich verfassten Organisationen, nämlich dem Mittelstand keine besondere Aufmerksamkeit geschenkt werden würde. Der Mittelstand macht in Deutschland und in der EU nicht nur 99% aller Unternehmen aus, sondern stellt das Rückgrat der gesamten Volkswirtschaft dar. Es wird daher zurecht darauf hingewiesen, dass der Mittelstand in erheblichem Umfang zur Stabilisierung der gesamtwirtschaftlichen Entwicklung beiträgt.[163] Während CMS-Lösungen ursprünglich von großen Unternehmen entwickelt und implementiert worden sind, entscheiden sich inzwischen immer mehr mittelständische Unternehmen, ein CMS möglichst früh einzuführen, damit dieses präventiv und ggf. auch repressiv wirken kann. In dem Zusammenhang muss vorab betont werden, dass auch Mittelständler kostenbewusste und zugleich an den hier behandelten Normen orientierte CMS-Lösungen ohne erheblichen Aufwand implementieren und damit viele diverse Vorteile erzeugen können. Auf diese vier wesentlichen Aspekte der sog. mittelständischen Compliance sei in diesem Abschnitt eingegangen. An vielen Stellen des Buches findet sich ergänzend eine Reihe von besonderen Anmerkungen, die dem konkreten Bedarf und der Spezifikation der mittelständischen Compliance in besonderer Art und Weise Rechnung tragen.

---

[161] Ausführlich zur Definierung des Anwendungsbereichs ab Pkt. 10.5.
[162] Ausführlich zu der Problematik Pkt. 1.4.3.
[163] *Fissenewert* S. 1.

5.1.2. Ausgangslage: Spannungsfeld und Herausforderungen

185 Vertreter mittelständischer Unternehmen können sich vor eine besondere Herausforderung gestellt sehen, wenn sie darüber nachdenken, ein CMS zu implementieren. Hierzu gehört zum einen ein gewisses Spannungsfeld zwischen Herausforderungen und Ressourcen und zum anderen weitere Herausforderungen, die durch die organisatorische Spezifikation eines mittelgroßen Unternehmens bedingt sind. Dieses Spannungsfeld und weitere Herausforderungen gilt es daher bereits in der Konzeptionsphase eines CMS zu überwinden.

186 **5.1.2.1. Spannungsfeld zwischen Herausforderungen und Ressourcen.** Zunächst sei auf das in Gedanken insbes. der Vorstandsmitglieder und weiterer Führungskräfte in mittelständischen Unternehmen verankerte Bild von einem Spannungsfeld zwischen Risiken und Ressourcen einzugehen, welches die nachfolgende Abbildung zunächst graphisch verdeutlicht:

Abbildung 16: Spannungsfeld bei mittelständischer Compliance

187 Ursprünglich sind CMS-Lösungen von und für Zwecke von großen Unternehmen entwickelt worden, womit gewisse Investitionen verbunden waren. Auf der einen Seite wird daher die Implementierung eines CMS mit einer Investition in Verbindung gebracht. Auf der anderen Seite steht aber fest, dass die Compliance-Risiken, mit denen Mittelständler zu tun haben, genau dieselben sein können, wie diejenigen, die auch große Unternehmen zu meistern haben, denke man etwa an Korruption, Preisabsprachen, Insidergeschäfte, Steuerrisiken oder Datenschutz. Durch Unregelmäßigkeiten verursachte Sanktionen und weitere Schäden können dabei zu solch einem Liquiditätsabfluss führen, dass ein existenzielles Risiko entstehen kann.[164] Wird nun bedacht, dass mittelgroße Unternehmen idR nicht über solche personellen und finanziellen Ressourcen verfügen, wie die großen Unternehmen, so liegt das Spannungsfeld zwischen Risiken und Ressourcen auf der Hand. Teilweise wird sogar von einem Dilemma gesprochen, vor dem Mittelständler stehen, wenn sie einerseits ein CMS einführen möchten, andererseits aber vor den damit entstehenden Kosten abschrecken.[165]

188 Doch muss an der Stelle betont werden, dass dieses Spannungsfeld gar nicht so groß ausfallen muss, wenn kostenorientierte Methoden der CMS-Implementierung eingesetzt werden. Es ist daher eine der Zielsetzungen dieses Buches, bei den jeweiligen CMS-Elementen im Hinblick auf die mittelständische Compliance darauf hinzuweisen, wie sie jeweils kostenbewusst in einer mittelständischen Struktur eingeführt werden können. Es wird auch in der Fachliteratur darauf hingewiesen, dass die knappen Ressourcen in der mittelständischen Compliance bei der Umsetzung berücksichtigt werden müssen.[166] So kann das Spannungsfeld als Eingangshürde für die CMS-Einführung schnell und effektiv überwunden werden.

189 **5.1.2.2. Weitere mittelstandsspezifische Herausforderungen.** In der inzwischen recht umfangreichen Literatur zur mittelständischen Compliance[167] wird zurecht auf eini-

[164] Behringer/*Passarge* S. 29.
[165] So auch iErg bei *Leipold/Beukelmann* NJW-Spezial 2009, 24.
[166] Behringer/*Uhlig* S. 29.
[167] Umfassend etwa *Fissenewert,* Compliance für den Mittelstand, München 2013.

ge weitere Herausforderungen der mittelständischen Compliance hingewiesen. Diese bestehen sowohl in der spezifischen Struktur, als auch in der abweichenden Schwerpunktsetzung und in weiteren, in der nachfolgenden Abbildung zusammengefassten Faktoren. Dabei können einige von diesen Herausforderungen durchaus als Chance und in gewissen Fällen sogar als Vereinfachung der CMS-Implementierung im Vergleich zu den Gegebenheiten in Großunternehmen wahrgenommen und genutzt werden.

Abbildung 17: Herausforderungen der mittelständischen Compliance

Mittelständische Unternehmen, darunter im besonderen Maße sog. Start-ups, zeichnen **190** sich dadurch aus, dass die absolute Schwerpunktsetzung im Bereich des operativen Geschäfts verankert ist. Hinzu treten Marketing und weitere Gesichtspunkte, die sich rund um das operative Geschäft bewegen. Solche kleinen Unternehmen wachsen oft sehr schnell, ohne dass ein interner Plan für die Entwicklung, Qualität und HR-Politik entwickelt und verfolgt wird, ganz zu schweigen von solchen Themen wie Compliance, CSR oder Integrität. Doch sollte diese Herausforderung als Chance für mittelständische Unternehmen begriffen werden. So kann die Erstimplementierung eines CMS im Zuge einer grundlegenden Reform der inneren Struktur vorgenommen werden. Auf diese Weise entsteht auch zugleich die einmalige Chance, das CMS in den operativen Prozessen und der Struktur vor Ort entsprechend zu verankern, was in den großen Unternehmen idR durch aufwendige Umstrukturierungen erst möglich gemacht werden muss.

Eine weitere Herausforderung wird in Bezug auf die strukturellen Besonderheiten eines **191** mittelständischen Unternehmens gesehen. So wird vor dem Hintergrund ausgeführt, dass der Mittelstand durch schlanke Hierarchien sowie gewachsene Traditionen und Entscheidungsprozesse geprägt ist[168] und im Unterschied zu Großunternehmen idR schwach ausgeprägte formalisierte Organisations- und Kontrollstrukturen aufweist.[169] Auch das mag stimmen, doch muss es nicht unbedingt als Herausforderung, sondern ebenfalls als Chance

---

[168] *Leipold/Beukelmann* NJW-Spezial 2009, 24.
[169] Behringer/*Wendt* S. 213.

und Vereinfachung im Hinblick auf die Etablierung eines CMS wahrgenommen werden. Schlanke Hierarchien ermöglichen schnelle und effiziente Entscheidungsfindungen, die auch auf die entsprechenden noch einzurichtenden Compliance-Strukturen übertragen werden können. Werden Kontrollstrukturen als für das zu implementierende CMS notwendig angesehen, so können diese eingeführt werden, wodurch auch die möglicherweise risikoträchtigen Traditionen oder Strukturen durchbrochen werden. Auch in der Hinsicht kann somit ein CMS eine positive Reformwirkung für die gesamte Unternehmensstruktur aufweisen.

192 Als Herausforderung der mittelständischen Compliance wird ferner das fehlende Knowhow erwähnt. So wird ausgeführt, dass in den kleinen und mittelgroßen Unternehmen oft der Wille zur Veränderung besteht, es jedoch an sachgerechtem Knowhow bzgl. der konkreten Umsetzung fehlt.[170] Dies wird auch im Vergleich zu großen Unternehmen gestellt, in dem Mittelständler in Bezug auf Personalressourcen und das spezifische Knowhow schwächer ausfallen.[171] Auch diese Überlegungen sind durchaus zutreffend. Diese Herausforderungen können aber ebenfalls überwunden werden. Heutzutage besteht auf dem Markt ein breites Angebot an Fortbildungsmöglichkeiten und Compliance-Schulungen, an denen eine in einem mittelgroßen Unternehmen mit der Compliance-Funktion betreute Person teilnehmen und sich das entsprechende Knowhow schnell aneignen kann. Optional können Mittelständler auch darüber nachdenken, die Compliance-Funktion nach Außen in Auftrag geben (Compliance-Outsourcing).[172]

193 Das letzte Beispiel aus der Abbildung über Herausforderungen der mittelständischen Compliance, die aber wie hier belegt wird, durchaus bewältigt werden können, stellt die andere Risiko-Wahrnehmung durch mittelständische Unternehmen dar. So wird in diesem Zusammenhang darauf hingewiesen, dass kleine und mittlere Unternehmen zwar genauso wie Großunternehmen von Wirtschaftskriminalität betroffen sind, jedoch besteht bei den letzteren ein höheres öffentliches Interesse.[173] Dieser Umstand wirkt sich sicherlich auf die auch andere Einstellung der Mittelständler aus, die möglichweise damit rechnen, dass im Falle von Non-Compliance kein so großes öffentliches Interesse an dem Fall bestehen wird und damit die Reputationsschäden für das Unternehmen geringer ausfallen könnten. Doch muss in dem Zusammenhang eins deutlich betont werden: Wer dieser Logik folgt, irrt. Jede, selbst die geringste Non-Compliance, kann gerade ein kleines oder mittelgroßes Unternehmen vernichten, während sich große Unternehmen, ausgerechnet wegen deren Größe, Potenzial und Handlungsmöglichkeiten, hiervon schnell erholen könnten. Auch vor diesem Hintergrund sollten Mittelständler das Compliance-Thema ernst nehmen und ihm den gleichen Stellenwert wie den operativen Zielen zuweisen. Denn falls Non-Compliance-Fälle einmal im Hause sind, werden unter Umständen auch die besten operativen Ziele nicht umgesetzt werden können.

5.1.3. Tauglichkeit und Nutzung der ISO-Standards

194 Bei der Überwindung der beschriebenen Herausforderungen können die ISO-Standards als komplexe und leicht verständliche Leitfäden nicht nur eine wertvolle Hilfe leisten. Dank der Orientierung an den erwähnten Standards setzen Mittelständler zugleich das nachweisbare Zeichen, dass sie sich von den global anerkannten Standards haben leiten lassen.[174] Dabei muss allerdings zwischen DIN ISO 19600 und ISO 37001 unterschieden werden.

---

[170] *Campos Nave/Zeller* BB 2012, 135.
[171] So iErg bei *Berstein/Klein* CCZ 2014, 284.
[172] Pro und Contra von Compliance-Outsourcing bei *Fissenewert* COMPLY 1/2016, 56 ff.
[173] *Behringer/Behringer* S. 28.
[174] Ausf. zu umfangreichen Vorteilen von der Nutzung des DIN ISO 19600 im Mittelstand bei *Makowicz/Stadelmaier* CB 2015, 89 ff.

5.1.3.1. Anwendbarkeit des DIN ISO 19600. Der im DIN ISO 19600 enthaltene Leit- 195
faden ist, entgegen der unbegründeten Sorge einiger Verbände,[175] gerade für den Mittelstand weniger als eine Herausforderung, sondern vielmehr als eine Chance zu betrachten:
Die Empfehlungen tragen dem Mittelstand in einem bisher unbekannten Maße Rechnung,
indem nicht nur Verhältnismäßigkeit als wesentlicher CMS-Grundsatz im Vordergrund
steht, sondern an vielen Stellen die Beachtung von Größe, Struktur, Natur und Komplexität der Organisation bei der CMS-Implementierung ausdrücklich empfohlen wird.

In diesem Zusammenhang sei auch auf die Rolle der mittelständischen Interessenträger 196
im Zuge der Entstehung der Norm hingewiesen. So konnte eine Mehrzahl von ursprünglich durch Australien, den Initiator des Normungsverfahrens,[176] vorgeschlagenen
Regelungen im Hinblick auf die deutliche Verbesserung der „Mittelstandsfreundlichkeit"
auf Empfehlung der deutschen Delegation optimiert werden. Neben den erwähnten
Grundsätzen der Verhältnismäßigkeit und der Flexibilität, die in jedem Stadium der CMS-
Implementierung und seiner Pflege zu beachten sind, sind an einigen weiteren Stellen in
der Norm ausdrücklich Hinweise auf die Beachtung von Größe, Struktur, Natur und
Komplexität der Organisation aufgenommen worden.

Abbildung 18: Beachtung von Flexibilität bei ausgewählten CMS-Elementen

Die Abbildung verdeutlicht anhand von vier Beispielen die Mittelstandsfreundlichkeit 197
des Standards, indem die Berücksichtigung der Größe, Natur, Struktur und Komplexität
der Organisationen in vier wesentlichen CMS-Elementen empfohlen wird. Zum einen
sollten diese Faktoren bei der Durchführung des Compliance-Risk-Managements beachtet werden. So empfiehlt zwar DIN ISO 19600 CMS ein risikoorientiertes CMS, doch
stellt die Norm klar, dass nicht jede Organisation, um dieser Empfehlung nachzukom-
men, ein umfangreiches Risk-Management-System aufsetzen muss, sondern auch alternative, aber effektive Wege der Informationserfassung zur Anwendung kommen können.[177]
Die Beachtung derselben Faktoren wird bei der Festlegung der Compliance-Politik empfohlen,[178] die sich an den Zielen der Organisation aber auch an den Ergebnissen der Risikoanalyse orientieren sollte. Ferner sollten sie beachtet werden, wenn die Compliance-
Rollen und Ressourcen verteilt werden.[179] Hierdurch soll insbes. den idR geringeren finanziellen und personellen Ressourcen, die mittelständische Unternehmen für ein CMS
zur Verfügung stellen, Rechnung getragen werden. Auch bei dem operationellen Element
des CMS – der Compliance-Dokumentation – soll auf die erwähnten Aspekte geachtet
werden,[180] damit keine übertriebene, sondern der Organisationsstruktur, ihren Pflichten
und Risiken adäquate Dokumentationsstrategie verfolgt wird.

---

[175] S. Stellungnahme der Verbände zu ISO Normen im Bereich Compliance CCZ 2015, 21.
[176] Zum Normungsverfahren vgl. ausf. Pkt. 2.
[177] Vgl. Ziff. 9.1.4 DIN ISO 19600.
[178] Vgl. Ziff. 5.2.1 DIN ISO 19600.
[179] Vgl. Ziff. 5.3.2 und 7.1 DIN ISO 19600.
[180] Vgl. Ziff. 7.5.1 Anm. 2 DIN ISO 19600.

198 Zusammenfassend soll daher betont werden, dass der Standard DIN ISO 19600 der bisher beste existierende Leitfaden für die Implementierung und Pflege eines CMS ist, an dem sich nicht nur große Organisationen, sondern ausgerechnet auch mittelständische Unternehmen orientieren können.

199 **5.1.3.2. Anwendbarkeit des ISO 37001.** Zwar enthält ISO 37001 nicht so viele Hinweise auf den Grundsatz der Flexibilität wie bei DIN ISO 19600. Dies heißt aber zunächst nicht, dass ISO 37001 für mittelständische Unternehmen nicht geeignet ist. Ganz im Gegenteil, auch Mittelständler können ohne Weiteres ein AMS unter Beachtung der Anforderungen des ISO 37001 implementieren.

200 Der Unterschied besteht im Wesen der beiden Standards. Wie bereits ausgeführt,[181] handelt es sich bei DIN ISO 19600 um einen Leitfaden mit Empfehlungen, während ISO 37001 einen Standard mit Anforderungen darstellt. Dies bedeutet, dass Bestimmungen des ISO 37001 umgesetzt werden müssen, möchte sich eine Organisation künftig nach dem Standard zertifizieren lassen und ein entsprechendes ISO-Zertifikat vorweisen. Dabei sind zwei wesentliche Aspekte zu beachten, welche auch die Mittelstandseignung des ISO 37001 nachweisen.

201 Zum einen sind Organisationen, die ihre Anti-Korruptionsprogramme nach ISO 37001 umsetzen nicht zu einer Zertifizierung verpflichtet. Organisationen können demnach frei entscheiden, ob sie die für sie sinnvollen Regelungen aus dem ISO 37001, entsprechend angepasst an ihre Bedürfnisse, umsetzen, oder dass sie sämtliche Anforderungen des Standards umsetzen werden. Sollte sich eine Organisation für die erste Variante entscheiden, so wird sie sicherlich ein effizientes Anti-Korruptionssystem umgesetzt haben, jedoch nach Außen, da eine Zertifizierung nicht möglich wird, die Erfüllung des ISO-Standards nicht nachweisen können.

202 Der weitere Aspekt ist noch gewichtiger. Zu betonen ist nämlich, dass auch ISO 37001, selbst wenn der Grundsatz der Flexibilität an keiner Stelle ausdrücklich erwähnt wird, diesem Grundsatz folgt. So ist gleich in Ziff. 1 Abs. 4 S. 2 ISO 37001 explizit festgestellt, dass der Standard nur in dem Maße Anwendung findet, in dem die dort per Verweis auf weitere Normen bestimmten Faktoren berücksichtigt werden. Wird den Verweisen gefolgt, so wird deutlich, dass bei der Implementierung des ISO 37001 solche Gegebenheiten wie (ausgewählte Faktoren) Größe, Struktur, Natur und Komplexität der Organisation,[182] Interessen der Stakeholder[183] oder das Ergebnis der Risikoanalyse[184] zwingend zu berücksichtigen sind. Aus dieser Konstruktion ergibt sich die an sich etwas versteckte aber hinreichend deutliche Flexibilität des ISO 37001, welche die Mittelstandsfreundlichkeit der Norm belegt.

5.1.4. Kostenorientierte Implementierung

203 Für die Überwindung der Herausforderungen der mittelständischen Compliance ist es schließlich wichtig, zu betonen, dass die Einführung und Pflege eines CMS nicht mit erheblichen finanziellen Investitionen einhergehen muss. So enthält DIN ISO 19600 eine ganze Reihe an verschiedenen Empfehlungen und konkreten Beispielen, wie die typischen von einem CMS nicht wegzudenkenden Elemente, Prozesse und Strukturen kostenbewusst implementiert werden können. Diese Empfehlungen werden jeweils im Zusammenhang mit den konkreten Maßnahmen im weiteren Verlauf des Buches gesondert erörtert.

---

[181] Hierzu ausf. unter Pkt. 2.3.3.
[182] Vgl. Ziff. 4.1 a) und c) ISO 37001.
[183] Vgl. Ziff. 4.2 ISO 37001.
[184] Vgl. Ziff. 4.5 ISO 37001.

5.1.5. Besondere Vorteile

Ein CMS generiert auch im Mittelstand einen deutlichen Mehrwert. Die auf diesem Ge- **204** biet umfangreiche Fachliteratur bietet einen guten Überblick über die verschiedenen Vorteile, die dank Einführung eines CMS insbes. in einem mittelständischen Unternehmen erzielt werden können. Diese werden zum Teil in quantitative und qualitative Vorteile kategorisiert.[185] Die verschiedenen Vorteile verdeutlicht die nachfolgende Übersicht (zum Teil decken sich die Vorteile mit den allgemeinen, die auch bei großen Unternehmen aus der Implementierung eines CMS resultieren).

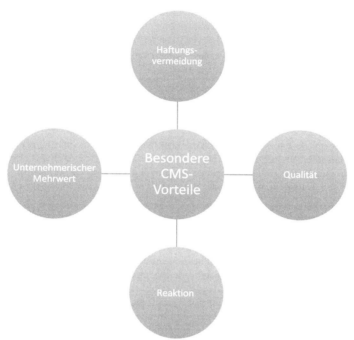

Abbildung 19: Besondere CMS-Vorteile im Mittelstand

Aus der obigen Übersicht ergeben sich vier Beispiele als Vorteilgruppen. Dabei ist zu **205** beachten, dass die Übersicht mit Absicht so konstruiert ist, dass die Überschneidungen zwischen den verschiedenen Vorteilen deutlich sind. An der vordersten Stelle steht das, wovor sich Menschen am meisten fürchten. So ergibt sich aus einer Umfrage über die mittelständische Compliance, dass die wichtigsten Motive für Einführung von CMS im Mittelstand primär Haftungsvermeidung und Korruptionsprävention sind, gefolgt von Prävention von Wettbewerbs- und Vermögensdelikten, aber auch der Reputationssicherung und -steigerung an weiteren Stellen.[186] Ohne Zweifel richtig ist ferner, dass sich ein CMS auch auf die Qualität der Prozesse eines Mittelständlers positiv auswirkt. So werden als weitere Vorteile der Compliance im Mittelstand Transparenz, Vermeidung von Schäden, Organhaftung und Reputationsverlusten, Prägung des Führungsverhaltens, Förderung gegenseitigen Vertrauens oder Kontrollen und Sicherheit erwähnt.[187] Dank eines CMS wird auch ein kleines oder mittelgroßes Unternehmen auf Missstände schnell reagieren können, die Geschäftsleitung wird ihre Werte vorleben und die Beschäftigten ihr

---

[185] Grundlegend dazu bei *v. Marnitz* S. 71–76.
[186] Compliance im Mittelstand, Studie des Center for Business Compliance & Integrity, 2014, 18.
[187] Compliance im Mittelstand, Deloitte-Studie, 2011, 12.

Verhalten danach ausrichten können.[188] Schließlich sollte auch in einem Mittelstandsunternehmen ein CMS zur Wertsteigerung des Unternehmens führen. Teilweise wird sogar vertreten, dass Compliance als Chance zur Verbesserung des Unternehmenserfolgs dienen sollte.[189] Zu erwähnen ist schließlich im Hinblick auf den Unternehmenswert die Auswirkung eines CMS auf die Beziehungen zu Geschäftspartnern und in dem Zusammenhang die sog. Compliance-Klausel.[190] So werden mittelgroße Unternehmen von ihren wirtschaftlich überlegenen Abnehmern oft dazu aufgefordert, sich auf deren Verhaltenskodizes zu verpflichten.[191] Insbes. aber in den Fällen, in denen die Gleichwertigkeit der vorhandenen Standards belegt werden kann, wird sich die Problematik nicht ergeben.[192]

5.2. Öffentliche Verwaltung[193]

206 Heutzutage führen nicht nur privatwirtschaftlich verfasste Organisationen, sondern auch Verbände und Vereine CMS ein. Ein besonderer Fall ergibt sich dann, wenn eine staatliche Behörde ein CMS einführen wird. Zumindest in rechtsstaatlich organisierten Ländern ist es offensichtlich, dass sich die Beamten an das Recht und Gesetz zu halten haben,[194] sodass in der Praxis oft die Frage als Einwand erhoben wird, worin der Mehrwert eines CMS in solcher Organisationsart bestehen könnte.[195] Bemerkenswert ist, dass sich das Argument mit dem der ursprünglichen Kritiker an der Compliance generell deckt. So wurde in der Praxis oft betont, dass in Deutschland in Anbetracht des handelsrechtlichen Grundsatzes des ehrbaren Kaufmanns kaum noch Bedarf für Compliance besteht. Dass diese Argumentation – und zwar in beiden Fällen – falsch ist, ist inzwischen für die private Wirtschaft belegt und wird sich schnell auch in der öffentlichen Verwaltung als falsch erweisen. Dieser Argumentation liegt offensichtlich ein falsches Verständnis zum CMS zugrunde. Die erwähnten Grundsätze der Rechtsstaatlichkeit und des ehrbaren Kaufmanns besagen stark vereinfacht, dass sich Beamten oder Angestellte in der öffentlichen Verwaltung an das Recht und Gesetz oder die Handelspartner iSd ehrbaren Kaufmanns verantwortungsbewusst und ehrlich verhalten sollten. Doch hat die Geschichte bewiesen, dass einige das nicht tun. Und ausgerechnet hier kommt CMS ins Spiel. Es geht also weit über die Compliance hinaus, die tatsächlich iSd Einhaltung von Regeln nicht neu ist. Neu ist aber, was und wie im Rahmen eines durchdachten, genau dieses Ziel verfolgenden Systems unternommen werden kann, damit gerade Recht und Gesetze und sonstige Verpflichtungen in der Praxis eingehalten werden.

207 Warum der Bedarf an CMS nicht nur in der Privatwirtschaft, sondern gleichermaßen in der öffentlichen Verwaltung gerechtfertigt ist, stellen nicht nur die angestellten Überlegungen unter Beweis. Auch der risiko- und menschenorientierte Ansatz eines CMS belegt dies eindeutig. So sind ähnlich wie Unternehmen auch Behörden und sonstige Einheiten der öffentlichen Verwaltung Organisationen, die aus ihren Mitgliedern, also Menschen bestehen, Strukturen aufweisen, Aufgaben erfüllen und Ziele verfolgen. Auch sie sind als solche also mit Compliance-Risiken konfrontiert und sollten daher diese entsprechend erfassen und steuern. Diese Pflicht dürfte im Falle der öffentlichen Verwaltung sogar noch schwerer als im Falle eines Unternehmens wiegen. Denn während bei einer

---

[188] *Remberg* BB 3/2012, I.
[189] *Heybrock* S. 8.
[190] Dazu bereits oben unter Pkt. 1.4.3.
[191] *Bartels,* Compliance Praxis, 2014, 47.
[192] *Bartels,* Compliance Praxis, Service-Guide 2014, 48, abrufbar unter http://www.bundesanzeiger-verlag.de/fi leadmin/Betrifft-Unternehmen/Dokumente/PDF/Service-Guide-Compliance-Praxis-2014.pdf (letzter Abruf: 15.3.2017).
[193] Einen aktuellen Überblick über den Stand der Einführung von CMS in Verbänden, Stiftungen, Behörden in der COMPLY 4/2016.
[194] Vgl. Art. 20 Abs. 3 GG iVm Art. 28 Abs. 1 S. 1 GG.
[195] Zu der Problematik der Compliance in öffentlichen Einrichtungen ausf. bei *Stober/Ohrtmann,* Compliance-Handbuch für die öffentliche Verwaltung, 2015.

Non-Compliance bei dem letzteren Sanktionen und Imageverluste, im schlimmsten Falle die Insolvenz des Unternehmens drohen, verspielt eine Behörde und damit der Staat bei einer Non-Compliance ein wertvolles und zu schützendes Gut – das Vertrauen der Bürger. Zum anderen ist der Faktor Mensch der entscheidende, der die Einführung von CMS auch in der öffentlichen Verwaltung rechtfertigt. So sehr sich die meisten Beamten und Angestellten iSd Rechtsstaatsprinzips an Recht und Gesetze halten mögen, so wird es unter ihnen auch solche Personen geben, die es nicht tun werden. Damit wird sich das Compliance-Risiko realisieren – mit all seinen Folgen. Dabei dürfte dies verschiedene Ursachen gehabt haben, ob Unkenntnis der Regel, bewusstes Handeln, Zeitdruck, fehlende Beratungsmöglichkeiten oder weitere. Bei all diesen Ursachen handelt es sich wiederum um diverse Compliance-Risiken, die in systematischer Art und Weise im Rahmen eines CMS erfasst und adressiert werden sollten.

Die beiden ISO-Standards richten sich ausdrücklich nicht nur an Unternehmen, sondern an diverse Organisationstypen,[196] sodass sie auch durchaus in der öffentlichen Verwaltung zum Einsatz kommen können. **208**

6. Unbegründete Kritik am DIN ISO 19600

Bisher wurden die ISO-Standards im Compliance-Bereich als besonders attraktiv und für **209** Compliance-Zwecke in verschiedenen Organisationen nützlich beschrieben. Zur Vollständigkeit des Buches sei nun auf die Kritik eingegangen, die im Hinblick auf den DIN ISO 19600 geübt worden ist. Es sei dabei betont, dass die Kritik den ISO 37001 nicht umfasst, der erst einige Zeit nach dem DIN ISO 19600 erschienen ist.

6.1. Pauschale Kritikpunkte

Die in der Fachliteratur in Deutschland geäußerte Kritik lässt sich der Menge nach als **210** spärlich und der Sache nach als recht defizitär bezeichnen. Die ersten Reaktionen auf den DIN ISO 19600 fielen jedenfalls nicht nur positiv aus. So wurde etwa die fehlende Transparenz und Repräsentativität des Standardsetzungsverfahrens sowie die mangelnde Rechtsnormqualität des DIN ISO 19600 kritisiert, aus der auf einen geringen juristischen Nutzen der Norm geschlossen wurde.[197]Auf der anderen Seite wird der DIN ISO 19600 grds. als ein „überaus hilfreiches Hilfsmittel" angesehen, da er aber auch Grenzen aufweist, die unter anderem in dem Kompromisscharakter des Standards sowie der Einschränkung der internationalen Vergleichbarkeit durch national unterschiedliche rechtliche Anforderungen bestehen, die eine länderspezifische Anpassung des CMS notwendig machen.[198] Ferner wird die parallele Entwicklung eines eigenen ISO-Standards zur Korruptionsbekämpfung kritisiert, die den umfassenden Geltungsanspruch des DIN ISO 19600 in Frage stelle, sowie die fehlende Zertifizierbarkeit der Norm.[199] Die Verbände Deutsches Institut für Compliance (DICO), die Fachgruppe Compliance am Bundesverband der Unternehmensjuristen (BUJ) und der Bundesverband Deutscher Compliance-Officer (BDCO) sehen ISO-Standards im Bereich Compliance „als nicht zielführend" an, weil sie unter anderem aufgrund der behaupteten Komplexität der Regelwerke „eine große Belastung insbes. für KMUs darstellen, mit verschiedenen Regelungen des deutschen Rechts und auch bereits bestehenden Compliance-Standards kollidieren, und dadurch letztendlich die Entwicklung effektiver Compliance-Programme behindern".[200] Zu betonen ist in dem Zusammenhang ferner, dass sich dieser Stellungnahme der in Deutschland personen-

---

[196] Ausf. dazu unter Anwendbarkeit Pkt. 3.3.
[197] Vgl. *Hauschka* CCZ 1/2015, Editorial.
[198] Vgl. *Sünner* CCZ 2015, 2.
[199] Vgl. *Ehnert* CCZ 2015, 6.
[200] Vgl. Stellungnahme der Verbände zu ISO Normen im Bereich Compliance CCZ 2015, 21.

stärkste Berufsverband der Compliance Manager (BCM) nicht angeschlossen hat, sondern neulich durch den Aufbau seines eigenen Zertifizierungslehrgangs nach DIN ISO 19600 diesen sogar ausdrücklich anerkannt hat.

6.2. Kritikpunkte im Einzelnen

211   Im Weiteren wird kurz erörtert, weswegen die erwähnten Kritikpunkte betreffend den DIN ISO 19600 größtenteils nicht gerechtfertigt sind.

6.2.1. Entstehungsverfahren

212   Zunächst zum Vorwurf hinsichtlich des Standardsetzungsverfahrens sowie hinsichtlich der mangelnden Rechtsnormqualität. Diese Kritikpunkte ermangeln einer sachlichen Begründung. ISO ist eine internationale private Organisation. Sie erarbeitet keine Gesetze, sodass die ISO-Normen gar nicht den Anspruch erheben können, die Normqualität vergleichbar mit einer Rechtsnorm zu haben. Da ISO-Normen keine Gesetze sind, müssen sie auch nicht befolgt werden. Der Sinn der privaten Standardisierung besteht darin, die global bestehende Lücke, die wegen Fehlens eines globalen Gesetzgebers entsteht, zu schließen, damit weltweit einheitliche Standards veröffentlicht werden können, die zur Vereinfachung, Beschleunigung und Effizienzsteigerung hinsichtlich des globalen Handelns führen können.

213   Auch der Einwand bzgl. des intransparenten Normungsverfahrens ist fernliegend. Die ISO-Normungsverfahren sind sehr formalistisch geprägt und genau geregelt. Ähnlich wie in anderen Verfahren auf der globalen Ebene herrschen auch hier Mehrheitsprinzipien. Jedes der über 150 ISO-Mitgliedsstaaten hat das Recht, eine neue Norm vorzuschlagen. Wird dies von der Mehrheit befürwortet, so startet ein Verfahren auf der globalen Ebene, an dem die ISO-Mitgliedsstaaten über ihre nationalen Gremien mitarbeiten. Die entsprechenden Gremien werden in Deutschland am Deutschen Institut für Normung e.V. gebildet und mit Vertretern aller interessierten Kreise besetzt. So waren an dem Gremium zur Spiegelung der Normen DIN ISO 19600 und ISO 37001 sowohl Vertreter aus der Wirtschaft, darunter dem Mittelstand, Verbänden, Berater, Wissenschaft, aus dem DIN selbst und sonstigen Institutionen und Organisationen beteiligt. Die Gremienzuteilung und Vertretung aller interessierten Kreise wird zu jeder Sitzung am DIN verpflichtend geprüft.

214   Ebenso wenig darf schließlich der angebliche Nachteil überzeugen, die ISO-Normen würden im Kompromisswege entstehen. Darin unterscheidet sich das ISO-Normungsverfahren nämlich positiv von der Beschlussfassung bei internationalen Organisationen oder der nationalen Gesetzgebung, dass an ISO-Normen solche Experten arbeiten, die künftig die Normen selbst anwenden werden. Es ist offensichtlich, dass globale Gremien nur auf Basis von Mehrheitsprinzipien arbeiten können und damit Mindeststandards erarbeiten. Dies verlangt wiederum die Anwendung des Kompromissgrundsatzes, sonst könnte keine globale Normung stattfinden.

6.2.2. Vergleichbarkeit trotz landesspezifischer Abweichungen

215   Bei der Compliance handelt es sich um eine durchaus rechtlich geprägte Materie, sodass sich im Detail mit Sicherheit landesspezifische Änderungen ergeben. Insofern ist das Argument überzeugend. Dies wird aber nicht dazu führen, wie in dem Zusammenhang behauptet wird, dass die internationale Vergleichbarkeit durch national unterschiedliche rechtliche Anforderungen eingeschränkt sein wird. Ganz im Gegenteil, beide Normen enthalten Empfehlungen/Anforderungen, wie mit Compliance-Verpflichtungen und Compliance-Risiken umzugehen ist. Die Kernelemente eines CMS sollten daher gleich bleiben und die Norm bezweckt es sogar, dass ein hoher Grad internationaler Vergleichbarkeit sichergestellt wird. Durch die Flexibilitäts- und Angemessenheitsgrundsätze kann

aber durchaus den nationalen Gegebenheiten Rechnung getragen werden. So sollten auch CMS funktionieren. Es ist aber hiervon unabhängig, ob sich der Anwender der Norm in Deutschland, Frankreich, China, Indien, den USA oder in Kanada befindet: Überall müssen sich Organisationen, die ernsthaft ein CMS einführen möchten, mit ihren Compliance-Risiken befassen, sie entsprechend adressieren, kommunizieren, Rollen für Compliance verteilen, Mitglieder der Organisation sensibilisieren, ihre Geschäftspartner prüfen und wissen, wie sie etwa mit Geschenken oder Einladungen umgehen sollten. All dies muss entsprechend der nationalen Rechtslage angepasst werden und dabei handelt es sich um den absoluten Anwendungsgrundsatz der ISO-Normen, sie dürfen nicht zum Verstoß gegen das nationale Recht führen. Die Kernelemente bleiben aber gleich, wodurch die erwünschte globale Vergleichbarkeit sichergestellt ist.

6.2.3. Verhältnis zwischen DIN ISO 19600 und ISO 37001

Zum Verhältnis zwischen DIN ISO 19600 und ISO 37001 muss zunächst betont werden, **216** dass hier eine durchaus verwirrende Gemengelage besteht: Bei den Korruptions-Risiken handelt es sich um Compliance-Risiken, die wiederum als solche iRd DIN ISO 19600 gesteuert werden können. Korruption verlangt jedoch auf der anderen Seite eine ganze Reihe von weiteren spezifischen CMS-Elementen, die einerseits nicht iRd DIN ISO 19600 hätten geregelt werden können, da es sich dabei um die grundlegende CMS-Norm handelt. Andererseits aber kann die ISO 37001 als ergänzende Norm zu DIN ISO 19600 angesehen werden. So enthält sie nur wenige Anforderungen, die über die Empfehlungen des DIN ISO 19600 hinausgehen. Den Anwendern ist es damit möglich, im Zuge der Erstimplementierung/Anpassung des bestehenden CMS gleich beide Normen parallel umzusetzen.

Ob die Tatsache, dass es sich bei der ISO 37001 im Gegensatz zu DIN ISO 19600 um **217** einen zertifizierbaren Standard handelt, womöglich die DIN ISO 19600 als grundlegende Norm unterminieren wird, muss abgewartet werden. Die allgemeine Tendenz zeichnet eher eine gegenteilige Entwicklung. So sind zum einen bei der ISO weitere ISO-Detailnormen initiiert worden, die auf der DIN ISO 19600 aufbauend weitere CMS-Elemente regeln werden. Zum anderen werden die Stimmen immer lauter, die Empfehlungen der DIN ISO 19600 bei der kommenden Revisionsrunde, die 2018 ansteht, in Anforderungen umzugestalten und damit auch die letztgenannte Norm zu einem zertifizierbaren Standard zu machen.

6.2.4. Belastung für den Mittelstand

Dass die Norm für den Mittelstand keine Belastung, sondern als Arbeitswerkzeug und **218** damit Erleichterung und Unterstützung zu betrachten ist, wurde bereits erwiesen.[201] In dem Zusammenhang insbes. verwunderlich ist die dahingehende Kritik, wonach die Norm auch einen Zertifizierungsdruck für den Mittelstand erzeugen sollte. Zum einen kann ein solcher Druck alleine schon aufgrund der Konzeption der Norm als ein nicht prüfbarer Standard gar nicht entstehen, zum anderen liegen nach fast drei Jahren seit der Veröffentlichung der Norm konkrete Erfahrungswerte vor, die einen solchen Druck vermissen lassen. Vielmehr liegen dahingehende Erfahrungswerte vor, dass mittelständische Unternehmen, aber auch große DAX-Unternehmen und andere Organisationstypen DIN ISO 19600 als einen Leitfaden oder eine Checkbox-Liste verwenden, wenn sie neue CMS implementieren oder prüfen möchten, ob sie ihre CMS gem. den globalen Standards aufgebaut haben oder nicht Optimierungsbedarf besteht. Diese Funktion sollte die DIN ISO 19600 als ein generischer Standard mit Empfehlungscharakter auch erfüllen.

---

[201] Siehe Pkt. 5.1.3 und 6.2.4.

6.2.5. Vereinbarkeit mit anderen Normen, insbes. IDW PS 980

219 Schließlich ist sowohl die DIN ISO 19600, als auch ISO 37001 mit anderen nationalen und internationalen Normen vereinbar. Selbstverständlich sehen ISO-Normungsverfahren für den Fall, dass in dem zu normierenden Bereich bereits andere Leitfäden oder Standards vorhanden sind, entsprechende Verfahren vor. In solchen Fällen werden mit Organisationen, die solche Normen veröffentlicht haben, sog. Liasons gegründet mit der Folge, dass Vertreter dieser Organisation zu dem Normungsverfahren eingeladen werden, um die Kohärenz zwischen den verschiedenen Normen herzustellen. So wurde etwa an dem Normungsverfahren zur ISO 37001 die OECD stark beteiligt, um die Kohärenz mit dem von der OECD veröffentlichten Leitfaden[202] sicherzustellen.

220 Das Verhältnis zwischen den ISO-Normen und dem Prüfungsstandard des Instituts der Wirtschaftsprüfer in Deutschland e.V. PS 980 wird oft falsch eingeschätzt. Zunächst muss betont werden, dass es sich bei PS 980 um einen Prüfungsstandard handelt, während DIN ISO 19600 und ISO 37001 generische Standards sind. Anders ist damit bereits der Adressatenkreis: Während sich der Prüfungsstandard an die Wirtschaftsprüfer richtet, sind die erwähnten ISO-Normen für Anwender direkt, also zB Compliance-Officer oder andere für Compliance Management zuständige Personen vorgesehen. Grundlegend anders ist auch das Entstehungsverfahren der Normen gewesen. Während der Prüfungsstandard des IDW von Wirtschaftsprüfern selbst entwickelt worden ist, haben an der Entstehung der ISO-Normen Vertreter diverser interessierter Kreise mitgewirkt, darunter Vertreter aus der Wirtschaft, Wissenschaft, Verbänden, uvm.

221 Diese Gemengelage bedeutet jedoch nicht, dass sich Organisationen für eine der beiden Normen entscheiden müssen. Denn auch wenn der PS 980 keine generische Norm, sondern ein Prüfungsstandard ist, so hat er eine indirekte generische Wirkung insofern, als Organisationen die dort erwähnten Elemente umsetzen müssen, wenn sie nach der Norm künftig mit Erfolg geprüft werden möchten. Kürzlich nach der Veröffentlichung der DIN ISO 19600 hat der IDW selbst zu der Frage Stellung genommen und ein komplementäres Verhältnis zwischen den Normen festgestellt.[203]

Abbildung 20: Verhältnis zwischen ISO-Normen und PS 980

222 Die obige Abbildung verdeutlicht das Verhältnis zwischen den Normen. Zum einen müssen Organisationen die Verbindlichkeiten und die daraus resultierenden Risiken ermitteln und steuern, die von der nationalen Rechtslage bedingt werden. Auf der Basis kann abschließend nach der generischen Norm iSd DIN ISO 19600 ein CMS implementiert werden. Die Angemessenheit und Wirksamkeit der Implementierung kann wiederum nach dem IDW PS 980 entsprechend geprüft und zertifiziert werden. Die DIN ISO 19600 kann daher als eine Soll-Norm für die Prüfung nach PS 980 verwendet werden.

---

[202] OECD Good Practice Guidance on Internal Controls, Ethics and, Compliance, Link: http://www.oecd.org/daf/anti-bribery/44884389.pdf (letzter Abruf: 20.7.2017).

[203] Siehe Stellungnahme v. 20.1.2015, Link: https://www.idw.de/idw-aktuell/wie-stehen-iso-19600-und-PS-980_zueinander-/27114 (letzter Abruf: 20.7.2017).

Dabei sei betont, dass bei der korrekten Umsetzung des DIN ISO 19600 auch alle in PS 980 vorgesehenen CMS-Elemente[204] implementiert sein werden, sodass solche Unternehmen für eine Prüfung nach PS 980 gut vorbereitet sein dürften.

Andererseits wird das Verhältnis zwischen DIN ISO 19600 und IDW PS 980 dahingehend beschrieben, dass DIN ISO 19600 eine mögliche konzeptionelle Konkretisierung der im IDW PS 980 formulierten Grundelemente eines CMS enthält.[205]   **223**

---

[204] Zur Vergleichbarkeit der Modelle vgl. unter Pkt. 8.2.2.
[205] *Schmidt/Wernelt/Eibelshäuser* CCZ 2015, 18 (19); vgl. auch *Withus/Kunz* BB 2015, 687.

2. Kapitel. CMS-Modelle und Grundgestaltung

7. CMS-Gestaltungsgrundsätze

Ein CMS ist ein Managementsystem und sollte daher mit Rücksicht auf viele verschiede- 1
ne Faktoren implementiert werden. Damit das übergeordnete Ziel in Form von Schaffung
und Pflege einer nachhaltigen Compliance-Kultur gefördert und erreicht werden kann,
muss ein CMS insbes. dem konkreten Bedarf der Organisation im besten Maße entsprechen. In jedem Stadium eines CMS, ob bei der Erstimplementierung, Betrieb oder Verbesserung müssen daher Grundsätze der CMS-Gestaltung beachtet werden. Von dieser
Grundwirkung der CMS-Grundsätze gehen auch die ISO-Normen aus. Auch deswegen
sind die wesentlichen davon gleich am Anfang der Norm geregelt worden. Hierdurch
ergibt sich bereits aus der Systematik der Norm, dass die Grundsätze für alle Stadien des
CMS, also für den Aufbau, die Entwicklung, die Umsetzung, die Bewertung, die Aufrechterhaltung und die Verbesserung des CMS gelten sollten.

Abbildung 21: Geltung der CMS-Grundsätze

Einige der Prinzipien sind ausdrücklich in den ISO-Normen geregelt. So basiert die 2
Norm DIN ISO 19600 auf den Grundsätzen der Good Governance, der Verhältnismäßigkeit, der Transparenz und der Nachhaltigkeit.[206] Indirekt aus dem Postulat, dass die Anwendung der Leitlinien von der Größe, Struktur, Art und Komplexität der Organisation
abhängt, ergibt sich wiederum der Grundsatz der Flexibilität.[207] Zwar erwähnt ISO 37001
die obige Grundsatzgruppe nicht, doch ergibt sich ausdrücklich aus den Bestimmungen
zum Anwendungsbereich, dass ein Anti-Korruptionssystem nach ISO 37001 in ein CMS
integriert werden kann, das nach DIN ISO 19600 aufgebaut worden ist.[208] Aus dem Verweis kann sich die Geltung der allgemeinen Grundsätze ergeben.

---

[206] Vgl. Ziff. 1 Abs. 2 S. 3 DIN ISO 19600.
[207] Vgl. Ziff. 1 Abs. 2 S. 2 DIN ISO 19600 und Ziff. 1 Abs. 4 S. 2 iVm Ziff. 4.1, 4.2, 4.5 ISO 37001.
[208] Vgl. Ziff. A.2.1 Annex A ISO 37001.

Abbildung 22: Wesentliche CMS-Gestaltungsgrundsätze

3   Die obige Abbildung verdeutlicht die wesentlichen CMS-Gestaltungsgrundsätze, auf die im weiteren Verlauf etwas näher eingegangen wird.

7.1. Prinzip von Good Governance

4   Den Katalog der Grundsätze eröffnet das Prinzip von Good Governance.[209] Die Norm verfolgt ein compliance-spezifisches Verständnis des erwähnten Prinzips, welches insbes. die Compliance-Funktion betrifft. Unter Governance-Grundsätzen werden drei wesentliche Postulate im Hinblick auf die Compliance-Funktion verstanden.[210] Danach sollte diese einen direkten Zugang zum obersten Organ haben, Unabhängigkeit und erforderliche Autorität genießen sowie mit entsprechenden Befugnissen und Ressourcen ausgestattet sein. Zum Governance-Grundsatz gehört ferner nach Verständnis der Norm, dass ein CMS die Werte, Ziele, Strategie und Compliance-Risiken der Organisation wiederspiegeln sollte.[211] Da das Prinzip im Wesentlichen die Ausgestaltung der Compliance-Funktion anbetrifft, wird es an der geeigneten Stelle ausführlich erörtert.[212]

7.2. Verhältnismäßigkeit

7.2.1. Bedeutung

5   Einer der Grundsätze bei der Einrichtung und insbes. später während der Unterstützung des CMS ist die Beachtung der einschlägigen Grenzen der Systemgestaltung. Sowohl DIN ISO 19600 in Ziff. 1 als auch ISO 37001 in Ziff. 4.4. legen ausdrücklich fest, dass ein CMS bzw. ein AMS auf Basis des Verhältnismäßigkeitsgrundsatzes auszurichten sind. Dies bedeutet zum einen, dass ein CMS passgenau implementiert werden sollte. Zum an-

---

[209] Vgl. Ziff. 1 Abs. 2 DIN ISO 19600.
[210] Vgl. Ziff. 4.4 DIN ISO 19600.
[211] Zum Ansatz eines werteorientierten CMS vgl. oben Ptk. 1.1., 3.2.
[212] Ausführlich dazu unter Pkt. 13.3.

deren sollten aber auch die Grenzen der Compliance beachtet werden (sog. Compliance-Compliance).

Die jüngste Vergangenheit hat leider zu oft unter Beweis gestellt, dass der Teufelskreis **6** nicht verhindert werden konnte und die Compliance-Verantwortlichen es mit den Compliance-Maßnahmen zu gut gemeint haben: Ein Compliance-Verstoß ist durch Compliance-Maßnahmen verursacht worden. Der Grundsatz der Verhältnismäßigkeit könnte daher als der Compliance-Compliance Grundsatz bezeichnet werden, in dem es darum geht, dass bei den im Rahmen eines CMS ergriffenen Maßnahmen ihre jeweiligen Grenzen zu beachten sind.

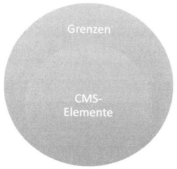

Abbildung 23: Compliance-Compliance

Der wesentliche Grundsatz der Compliance muss somit besagen, dass bei jeder Comp- **7** liance-Maßnahme sowohl die damit verfolgten Ziele, als auch Grenzen beachtet werden. Diese müssen sich nicht zwingend aus dem geltenden Recht ergeben. Ist eine Compli-ance-Maßnahme zwar rechtlich zulässig, hält sich aber nicht iRd für bestimmte Personen Zumutbaren, so wird sie keine positive Wirkung entfalten können. Sie wird vielmehr dazu führen, dass die Effektivität des CMS durch die Beschäftigten in Frage gestellt wird, sich diese von dem System noch weiter distanzieren und die bei jedem CMS erforderli-che Akzeptanz erheblich gestört wird.

Ein CMS wird nämlich nur dann die gewünschten Ziele erreichen, wenn die einzel- **8** nen Maßnahmen selbst die zulässigen Grenzen nicht überschreiten. So wird etwa zu Recht betont, dass das Ziel einer internen Untersuchung dann verfehlt werden und sogar Non-Compliance herbeiführen kann, wenn die Grenzen zulässiger Nachforschungen überschritten werden[213] Insbes. im Bereich des Datenschutzrechts sind jegliche Verstöße mit gewichtigen Sanktionen und weiteren Folgen gegen das Unternehmen verbunden. Weitere Grenzen werden sich sicherlich aus dem Bereich des Arbeitsrechts, aber auch den sonstigen Rechtsvorschriften im Zusammenhang mit dem allgemeinen Persönlichkeits-recht ergeben, denke man etwa an die Videoüberwachung des Arbeitsplatzes, das Abhö-ren privater Gespräche oder die Kontrolle des E-Mail-Verkehrs.

Der Grundsatz der Verhältnismäßigkeit erweist im Hinblick auf das CMS aber auch eine andere Wirkung. Zum einen wirkt er als ein Korrektiv für die einzelnen Elemente. Dabei handelt es sich um die erwähnte Compliance-Compliance. Zum anderen sollte das gesamte System aber auch auf den konkreten Bedarf der Organisation angepasst werden. Diese Wirkung sollte den unerwünschten Effekt verhindern, dass ein CMS zu einen übertriebenen und das operative Geschäft sogar verhindernden Bürokratismus wachsen wird.[214]

---

[213] *Schneider* NZG 2010, 1201.
[214] Auch die Rspr. fordert effiziente CMS, vgl. BGH, 9.5.2017 – 1 StR/16, BeckRS 2017, 114578.

7.2.2. Funktionsweise

9 Die Grundstruktur und Funktionsweise des Verhältnismäßigkeitsgrundsatzes ist relativ überschaubar. Bemerkenswert ist es, dass der Grundsatz uralt ist und bereits im römischen Recht sowie davor vorhanden war. Der heutzutage insbes. im öffentlichen Recht, darunter insbes. im Verfassungs- und Verwaltungsrecht entwickelte Funktionsweise des Grundsatzes kann durchaus in die Organisationsstrukturen übertragen werden und dieselben Ziele fördern: Sicherstellen, dass keine übermäßigen Maßnahmen im Rahmen eines CMS ergriffen werden. So wird nicht nur Verhältnismäßigkeit der Maßnahmen erreicht, sondern auch die Akzeptanz der Mitglieder der Organisation gefördert, wenn diese sehen, dass nur solche Maßnahmen erfolgen, die für die Erreichung der Ziele tatsächlich gebraucht werden. Wie funktioniert ein solcher Grundsatz nun im Einzelnen? Zunächst sei auf die abstrakte Struktur eingegangen, die die nachfolgende Abbildung bildlich veranschaulicht.

Abbildung 24: Funktionsweise des Verhältnismäßigkeitsgrundsatzes im Allgemeinen

10 Die Funktionsweise des Grundsatzes ist recht vereinfacht dargestellt worden, um das Verständnis zu fördern. Zunächst sei betont, dass der Gegenstand der Verhältnismäßigkeitsprüfung – wie die Bezeichnung es nahelegt – ein Verhältnis ist. Dabei geht es um das Verhältnis zwischen den Vorteilen, die zugleich Ziele einer Maßnahme sind, und Nachteilen, die mit einer Maßnahme erzeugt werden. So muss die zu ergreifende Maßnahme vor dem Hintergrund des Verhältnisses untersucht werden. Dies erfolgt im Verwaltungsrecht, was auch sinngemäß in die CMS-Lehre übertragen werden kann, in drei Schritten: Eignung, Erforderlichkeit und Angemessenheit. Zum einen wird also untersucht, ob mit der Maßnahme das mit ihr verfolgte Ziel überhaupt gefördert wird, dh ob sich die Maßnahme eignet. Ein Compliance-Officer sollte daher von solchen Maßnahmen Abstand nehmen, die nicht einmal zweckdienlich oder gar sachwidrig sind. Dies erfordert eine klare vorherige Definition der Ziele in der Compliance-Politik sowie das Vorliegen der Ergebnisse der Compliance-Risikoanalyse. Zweitens wird geprüft, ob die Maßnahme auch tatsächlich erforderlich ist. Ein Compliance-Officer sollte daher von einer geplanten Maßnahme dann Abstand nehmen, wenn er das gleiche Ziel mit einer anderen (Alternativ-)Maßnahme gleich effektiv oder sogar effektiver fördern kann, die aber mit weniger Nachteilen einhergeht als die geplante Maßnahme. Es sollte daher eine ernsthafte Auseinandersetzung mit Alternativen stattfinden. Schließlich erfordert die Angemessenheitsprüfung die Abwägung der Vor- und Nachteile. Bei der Abwägung sind alle Umstände des Einzelfalls und die kollidierenden Interessenlager zu berücksichtigen. Dabei sind natürlich insbesondere die Rechtsvorschriften zu beachten. Bestimmte Maßnahmen können allein schon deswegen unverhältnismäßig sein, weil sie rechtswidrig sind (sog. Compliance-Compliance), wenn etwa bei internen Ermittlungen unzulässiger Weise der persönliche Emailverkehr der Mitglieder der Organisation durchsucht wird. Scheitert die Prüfung an Eignung, Erforderlichkeit oder Angemessenheit der Maßnahme, so sollte dies für die Compliance-Verantwortlichen ein Signal sein, diese noch einmal zu überprüfen.

Die Anwendungsweite des Grundsatzes geht auch recht weit. So sollten nicht nur die **11** konkreten im Rahmen eines CMS geplanten oder durchgeführten Maßnahmen verhältnismäßig sein. Auch hinsichtlich der Investitionshöhe in Bezug auf ein CMS, der Ausstattung der Compliance-Funktion, der zahlenmäßigen Besetzung der Compliance-Abteilung und auch hinsichtlich weiterer mit dem CMS im Zusammenhang stehenden Faktoren sollte der Grundsatz der Verhältnismäßigkeit beachtet werden, um adäquate Lösungen und damit gerechte Ergebnisse zu erzielen.

7.2.3. Mittelstand

Eine besondere Bedeutung erlangt der Grundsatz der Verhältnismäßigkeit, wenn es um **12** die mittelständische Compliance geht. Dies wurde auch inzwischen in der Fachliteratur moniert, wenn darauf hingewiesen wird, dass überdimensionierte CMS in einem kleinen oder mittelgroßen Unternehmen dazu führen können, dass die Verantwortlichen mit der Überwachung einer Einhaltung der eigenen Regeln überfordert sein werden.[215] Die Funktionsweise des Grundsatzes wird auch durch die Feststellung zutreffend auf den Punkt gebracht, dass es eine Herausforderung ist, so wenig wie möglich und so viel wie nötig zu tun, um unter Beachtung eines Kostenrahmens eine wirksame Aufgabenerfüllung zu ermöglichen.[216]

Mittelständler sollten den Grundsatz der Verhältnismäßigkeit nicht nur deswegen be- **13** achten, um das bereits erwähnte Spannungsfeld[217] möglichst effektiv zu überwinden und mit der Investition für ein CMS nicht zu übertreiben. Auch in dem oben beschriebenen Sinne, dh in jedem Stadium eines CMS sollte an die Eignung, Erforderlichkeit und Angemessenheit der gewählten Maßnahmen gedacht werden.

7.3. Transparenz

Der weitere wesentliche Grundsatz für alle Managementsystem ist der von Transparenz. **14** Transparente Strukturen sorgen zum einen im organisationsinternen Bereich für Übersichtlichkeit und Klarheit. Insbes. iRd Umsetzung des CMS sollte die Compliance-Funktion daher darauf achten, dass die jeweiligen CMS-Elemente und -Strukturen überschaubar gestaltet werden. Die Organisationsmitglieder müssen das System und seine Funktionsweise verstehen, um sich entsprechend verhalten und damit systemkonform bleiben zu können.[218] Transparenz weist aber eine ganze Reihe von weiteren Funktionen auf, auf die nun kurz eingegangen wird.[219]

---

[215] *Leipold/Beukelmann* NJW-Spezial 2009, 24.
[216] *Berstein/Klein* CCZ 2014, 284.
[217] Ausf. dazu Pkt. 5.1.2.
[218] Zum Unterschied zwischen Konformität und Compliance Pkt. 17.2.1.
[219] Aus diesen Gründen sieht der 2017 novellierte Deutsche Corporate Governance Kodex auch hins. des CMS Offenlegungspflichten vor.

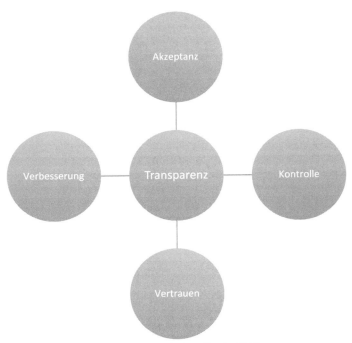

Abbildung 25: Funktionen des Transparenzgrundsatzes für ein CMS

15   Zum einen fördert Transparenz die Akzeptanz und Vertrauen gegenüber dem CMS und der Organisation selbst (Innen- und Außenwirkung). Die Transparenz könnte etwa durch entsprechende Mitteilungen der Compliance-Abteilung, durch Treffen, durch auf dem elektronischen Wege versandte Erklärungen und Stellungnahmen der Compliance-Funktion erfolgen. Hierdurch wird ferner der Eindruck gestärkt, dass das CMS keine geheime Macht im Unternehmen ist, sondern dass sich alle Mitglieder der Organisation auf der kollegialen Ebene – quasi auf gleicher Augenhöhe – befinden und ihnen gegenüber das Recht auf Auskunft und ausführliche Information umgesetzt wird. Nicht nur bei konkreten Compliance-Maßnahmen ist die Transparenz von erheblicher Bedeutung. Da ein CMS eben ein System darstellt und dieses oft kompliziert werden kann, bietet sich an, zu einem solchen System jeweils ein Merkblatt zu veröffentlichen, welcher alle Personen entnehmen könnten, wie das System funktioniert, welche Maßnahmen zu welchem Zwecke verabschiedet worden sind und wie, wann sowie warum konkrete Maßnahmen ergriffen werden könnten. Eine solche Anleitung kann in Form der internen Richtlinien oder eines Verhaltenskodexes erlassen werden. So wird das Vertrauen gefördert und zwar nicht nur im Verhältnis zwischen den Mitgliedern und der Organisation. Für die Transparenz kann auch in zulässigem Maße nach Außen gesorgt werden, wodurch auch das Vertrauen gegenüber den Geschäftspartnern oder den anderen Dritten gestärkt wird.

16   Zum anderen ermöglicht die Beachtung des Transparenzgrundsatzes eine höhere Kontrolle. Wenn Prozesse und Strukturen überschaubar sind, können sie auch besser verstanden werden. Nur wenn etwas verstanden wird, kann es wiederum kontrolliert werden. Dies führt wiederum dazu, dass damit eher ein Feedback hinsichtlich des CMS kommen kann, das wiederum bei seiner Verbesserung berücksichtigt werden kann.

7.4. Nachhaltigkeit

Ein CMS sollte nachhaltig, also über den Zeitpunkt seiner Einführung oder der in seinem **17** Rahmen durchgeführten Maßnahmen hinauswirken. Die Einführung des Grundsatzes der Nachhaltigkeit stieß bei den Mitgliedsländern zunächst auf einen gewissen Widerstand, in denen dieser Grundsatz bisher überwiegend mit den Umweltthemen in Zusammenhang gebracht wird. Doch konnten die Zweifel auch diesbezüglich ausgeräumt werden, sodass der Grundsatz seinen Eingang in die Ziff. 1 DIN ISO 19600 gefunden hat.

Die Nachhaltigkeit wird in der Norm insbes. dahingehend verstanden, dass CMS und **18** in seinem Rahmen implementierte Compliance-Maßnahmen kein punktueller und einmaliger Eingriff sind, sondern auf Dauer angelegt sein sollten. Angesprochen wird damit auch das übergeordnete Ziel der Compliance, in der Organisation eine nachhaltige Compliance-Kultur zu schaffen und zu erhalten. Näher ausgeführt wird dies in der Norm dahingehend, dass Compliance dadurch nachhaltig gestaltet wird, dass sie in die Organisationskultur[220] eingebettet und in dem Verhalten und der Grundhaltung der der für sie arbeitenden Personen verankert wird.[221]

7.5. Flexibilität

7.5.1. Bedeutung

Ein CMS kann mit einem maßgeschneiderten Anzug verglichen werden. So wie der An- **19** zug an den Körper des Menschen, muss auch ein CMS an den konkreten Bedarf der Organisation angepasst werden. Der Anzug muss so geschnitten werden, dass er sämtlichen Bedürfnissen seines Besitzers Rechnung trägt und passgenau ist. So muss auch ein CMS an die Ziele der Organisation, ihre Struktur, ihre Risikolage und viele weitere Faktoren angepasst werden.

Diesem konkreten Bedarf trägt der Grundsatz der Flexibilität Rechnung, der als **20** Grundstein eines jeden CMS zu bezeichnen ist und bereits im frühen Stadium seiner Konzipierung beachtet werden sollte. So muss bei Vorliegen der Ergebnisse der ersten Compliance-Risikoanalyse entschieden werden, welche der gängigen CMS-Elemente für das konkrete Risikoprofil der Organisation implementiert werden. Eine solche frühe Analyse kann zum Ergebnis führen, dass die Besonderheit der Organisation es erfordert, dass die gängigen CMS-Elemente nicht zur Anwendung kommen und neue innovative Lösungen erarbeitet werden müssen.

Der Grundsatz der Flexibilität spielt aber auch im Falle eines bereits etablierten CMS **21** eine erhebliche Rolle. So muss dieses ständig überwacht und auf Effektivität geprüft werden.[222] Stellt sich bei einer solchen Prüfung heraus, dass bestimmte Elemente versagen oder keine Vorteile für das Gesamtsystem erzeugen, so sollten sie durch andere ersetzt oder völlig abgeschafft werden. Dieselbe Evaluation des CMS kann jedoch auch zum Ergebnis führen, dass neue bisher nicht implementierte Maßnahmen eingeführt werden müssen.

Zwar ist die namentliche Erwähnung des Grundsatzes der Flexibilität wegen der Be- **22** fürchtungen eines der Mitgliedsstaaten aus dem Katalog der Grundsätze gestrichen worden,[223] doch findet er einen eindeutigen Ausdruck darin, dass die Anwendungstiefe und -weite der Norm von der Größe, Struktur, Art und Komplexität der konkreten Organisation abhängen sollten. Da diese Bestimmung in dem Satz gleich vor dem Katalog der

---

[220] Ausführlich dazu siehe Pkt. 3.2.
[221] Vgl. Ziff. 3.17 Anm. 1 DIN ISO 19600.
[222] Siehe Pkt. 16.
[223] Es wurde das Argument erhoben, dass die grammatikalische Auslegung des Begriffs „Flexibilität" in dem betroffenen Land zur Aushöhlung der Norm insgesamt führen könnte, indem Organisationen nur die wenigen ausgesuchten Empfehlungen der Norm umsetzen würden, siehe oben Pkt. 7.5.2 in Bezug auf den Mittelstand.

Grundsätze in Ziff. 1 zu finden ist, ergibt die systematische Auslegung, dass es dem Normungskomitee von großer Bedeutung war und daher auch der Grundsatz „vor die Klammer" gezogen wurde.[224]

7.5.2. Mittelstand

23   Es liegt auf der Hand, dass ähnlich wie der Grundsatz der Verhältnismäßigkeit auch die Flexibilität eine besondere Rolle bei der mittelständischen Compliance spielt. Zurecht wird in dem Zusammenhang generell darauf hingewiesen, dass ein CMS der Wesensverschiedenheit von kleinen und mittelgroßen Unternehmen im Vergleich zu Großunternehmen Rechnung tragen muss.[225] Dies wird auch mit der Beachtung der Flexibilität erreicht. Abgesehen von den erwähnten Faktoren wie Größe, Struktur, Natur und Komplexität der Organisation ergab eine Umfrage, dass bei der mittelständischen Compliance auch weitere Faktoren wie Absatzmärkte, Kundenstruktur, einschlägige Vorschriften, Organisation, Prozesse, Größe und Branche des Unternehmens[226] in der Praxis berücksichtigt werden.

7.6. Weitere Grundsätze

24   Es gibt eine ganze Reihe von weiteren Grundsätzen, die je nach Schwerpunktsetzung und Anwendungsbereich des CMS sowie dem konkreten Bedarf der Organisation von unterschiedlicher Bedeutung für diese sein können. Der Vollständigkeit halber sei auf einige von ihnen eingegangen.

7.6.1. Wirtschaftlichkeitsgrundsatz (Effizienz)

Die Grundsätze der Flexibilität und Verhältnismäßigkeit[227] stehen in einem komplementären Verhältnis zum weiteren bedeutenden Grundsatz der CMS-Gestaltung, nämlich zum Grundsatz der Wirtschaftlichkeit. Inzwischen werden einige CMS skeptisch angesehen, weil sie zu kostspielig sind, was mitunter dazu führt, dass andere Unternehmen sich davor fürchten, überhaupt in diese zu investieren. Dabei kann eine solche Investition moderat bleiben und sich jedenfalls im Verhältnis zu der Situation um ein Mehrfaches auszahlen, in der es wegen eines Mangels an CMS zu Non-Compliance gekommen ist. Weder DIN ISO 19600, noch ISO 37001 enthält eine ausdrückliche Bestimmung zu dem Grundsatz, doch legt alleine die Grundkonzeption der Norm, die das sog. PDCA-Modell[228] prägt, fest, dass die ständige Verbesserung nicht nur zum Ziel hat, das System an sich ständig zu verbessern. Das Modell legt die fortlaufende Evaluation auch deswegen nahe, um zu prüfen, ob dieselben Ziele auch kostensparender umgesetzt werden können.[229]

7.6.2. Integrationsgrundsatz

26   Zwar überlassen die DIN ISO 19600 und ISO 37001 die Einzelentscheidung darüber, ob ein CMS oder AMS integriert oder als sog. stand alone Systeme also getrennt von den anderen implementiert werden, dem Anwender, doch finden sich an einigen Stellen in den beiden Normen klare Hinweise darauf, dass der Integrationsgrundsatz, also die Ein-

---

[224] Vgl. Ziff. 1 Abs. 2 DIN ISO 19600.
[225] *Behringer* S. 28.
[226] Compliance im Mittelstand, Deloitte-Studie 2011, 21.
[227] Zu beiden Grundsätze Pkt. 7.5 und 7.2.
[228] Ausführlich dazu unter Pkt. 17.
[229] Damit kann auch die in der Rspr. geforderte Effizienz eines CMS umgesetzt werden, bei der das Verhältnis zwischen dem verfolgten Ziel und den dafür eingesetzten Ressourcen im Mittelpunkt steht. Zum Effizienzgebot vgl. BGH, 9. 5. 2017 – 1 StR 265/16, BeckRS 2017, 114578.

bettung des CMS in das bestehende Organisationsumfeld und eine integrierte Systemeinführung vorzugswürdig sind.[230]

7.6.2.1. Gründe für Integration. Die Integration des CMS in das Unternehmensumfeld 27 und in andere bestehende Systeme ist in vielerlei Hinsicht sinnvoll. Das Nebeneinanderbestehen oder die Doppelung von diversen System-Elementen kann kontraproduktiv sein. Gleich mehrere CMS-Gestaltungsgrundsätze fordern auch die Bemühungen, wenn nicht schon die gesamten Systeme, dann zumindest die einzelnen gemeinsamen Elemente, soweit dies sinnvoll ist, zu integrieren:

- Zum einen spricht dafür der Transparenzgrundsatz, denn je mehr Systeme nebeneinander bestehen, desto unüberschaubarer werden die Unternehmensprozesse sein;
- ferner wird die Zusammenführung zu Einsparungen führen, sodass auch der Effizienzgrundsatz einschlägig ist;
- darüber hinaus gebietet auch der Grundsatz der Verhältnismäßigkeit die Einführung und Aufrechterhaltung von solchen Elementen, die erforderlich sind. Ist die Erreichung der Ziele auch mithilfe der vorhandenen System-Elemente gleich erfolgversprechend, so ist die Implementierung weiterer Maßnahmen nicht erforderlich und wäre damit unverhältnismäßig;
- Wichtig in dem Zusammenhang ist ferner die Akzeptanzfunktion eines CMS. Wird das CMS in die Organisationsstruktur eingebettet, indem es mit den bestehenden Systemen zusammengeführt wird, so wird die unnötige Vermengung von Systemen vermieden und damit die Akzeptanzbereitschaft durch die Mitglieder der Organisation gefördert;
- Schließlich legt auch der Flexibilitätsgrundsatz nahe, dass ein CMS in das bestehende Unternehmensumfeld eingebettet werden soll.

7.6.2.2. Mögliche Integrationsstufen. Eine ähnliche Tendenz Richtung System-Inte- 28 gration zeichnet sich in der Praxis ab. Die Ansätze sind durch unterschiedliche Stärke des Integrationsgrades geprägt:

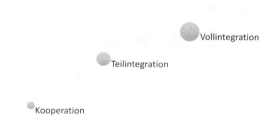

Abbildung 26: CMS-Integrationsgrade

Weniger von einer Integration, etwa von der Notwendigkeit der Kooperation zwi- 29 schen CMS einerseits und Rechtsabteilung, Risikomanagement und Interner Revision andererseits wird teilweise ausgegangen.[231] Dies kann als erste Stufe einer CMS-Integration bezeichnet werden. Dieses Modell kann durch die Einrichtung von Beratungsgremien (Komitees) umgesetzt werden, in denen sich die Vertreter der einzelnen Abteilungen regelmäßig treffen und austauschen. Eine Teilintegration liegt dann vor, wenn Maßnahmen

---

[230] Vgl. Einleitung zu DIN ISO 19600 und ISO 37001.
[231] *Schulz/Renz* BB 2012, 2511 (2517).

und Mittel des internen Kontrollsystems (IKS) zu Zwecken des CMS verwendet werden, um so das Ziel zu erreichen, Compliance in die Geschäftsprozesse zu integrieren.[232] Eine Teilintegration kann aber auch darin bestehen, dass etwa die Mechanismen der Risikoverwaltung zu Zwecken der Steuerung und Erfassung von Compliance-Risiken eingesetzt werden. Die dritte mögliche Stufe der Integration könnte dagegen den hier als Vollintegration bezeichneten und auch in der Praxis inzwischen praktizierten Ansatz bedeuten. Besprochen wird in dem Zusammenhang zB der sog. GRC-Ansatz, also die Integration von Corporate Governance, Risikomanagement und Compliance. Insbes. im Verhältnis des CMS zum Risikomanagementsystem wird dabei auf den Integrationsvorteil hingewiesen, Compliance als eine Risikoart im Gesamt-Risikoportfolio des Unternehmens zu verankern, was etwa durch eine Verzahnung des integrierten Risikomanagements mit der Unternehmensplanung und durch eine Optimierung der Schnittstellen erreicht werden könnte.[233] Eine solche Integration kann die Akzeptanz und Effizienz im Unternehmen dadurch erhöhen, dass überlappende Verantwortlichkeiten und Tätigkeiten reduziert werden.[234]

30 **7.6.2.3. Mittelstand.** Der Integrationsgrundsatz erlangt in der mittelständischen Compliance eine besondere Bedeutung. Es ist nämlich ausgerechnet diesen Unternehmen sehr daran gelegen, im Zuge der CMS-Implementierung den Effizienzgrundsatz möglichst sorgfältig umzusetzen. Einsparungen werden aber insbes. dann ermöglicht, wenn keine Doppelungen stattfinden, sondern bereits vorhandene Strukturen und Prozesse zu Zwecken des CMS verwendet werden. Die Integration kann somit das im Mittelstand erwünschte Einsparungspotenzial generieren.

7.6.3. Einbeziehungsgrundsatz (Akzeptanz)

31 Ein CMS ist auf die Akzeptanz durch die Mitglieder der Organisation angewiesen. Wie bereits erörtert,[235] muss ein CMS ein werteorientiertes System darstellen. Wird es als solches nicht akzeptiert, so werden seine Elemente und Maßnahmen die gewünschten Ziele nicht fördern. Es liegt auf der anderen Seite in der Natur des Menschen, etwas erst dann akzeptieren zu möchten, wenn man es besser kennt. Noch stärker ist die Akzeptanzbereitschaft aber dann, wenn man selbst an der Entstehung einer Sache beteiligt gewesen ist.

32 Diese Tendenz ist im Bereich der Produktentwicklung belegt. Nach dem sog. Co-Creation-Ansatz sind Verbraucher eher dazu bereit, ein Produkt zu erwerben, wenn sie an seiner Entwicklung beteiligt waren. Die Einbeziehung fördert also auf jeden Fall das Ergebnis. Es beeinflusst auch das Produkt selbst und seine Eigenschaften, auf die die einbezogenen Verbraucher gestaltend Einfluss nehmen können.

33 Gewichtige Gründe sprechen dafür, dieses Gedankenmuster auf ein CMS zu übertragen. Werden Mitglieder der Organisation in die Phase der Entwicklung eines CMS eingebunden, so werden sie nicht nur gestaltend tätig, sondern können das System besser verstehen und damit insgesamt akzeptieren und nutzen. Die Einbeziehung kann aber auch weitere positive Nebenfolgen erzeugen. Durch das Feedback der Mitglieder der Organisation können weitere Risikofelder berücksichtigt werden, die möglicherweise in dem formellen Risikoassessment nicht berücksichtigt worden wären. Darüber hinaus können weitere wertvolle Informationen zur Einstellung der Mitglieder zu bestimmten geplanten CMS-Elementen gesammelt und so ihre Erfolgsaussichten prognostiziert werden.

34 Dabei muss eine solche Einbeziehung nicht zwingend mit einem erheblichen Aufwand verbunden sein. Die Einbeziehung kann etwa über entsprechende Fragebögen erfolgen, in denen konkrete compliance- und risikobezogene Fragen gestellt werden. Es könnten

---

[232] *Pohlmann* S. 30.
[233] Mehr zu dem Ansatz bei *Tüllner/Wermelt* BB 2012, 2551 (2552).
[234] *Tüllner/Wermelt* BB 2012, 2551 (2553).
[235] Ausführlich dazu Pkt. 3.2.

Treffen in verschiedenen Abteilungen oder Schulungen organisiert werden, in denen es nicht nur darum geht, Inhalte zu vermitteln, sondern von den Mitgliedern der Organisation auch Feedback einzuholen. Diese Aufgabe – die Einbeziehung – kann auch vom anderen Teamleiter übernommen werden.[236]

7.6.4. Vorrang des Rechts

Eines der wesentlichen Prinzipien, insbes. wenn es um die Implementierung eines CMS **35** nach einer ISO-Norm geht ist schließlich der Vorrang des Rechts. Zum einen liegt es auf der Hand, dass das Recht und die sich daraus ergebenden Compliance-Verpflichtungen der Organisationen die Risiken generieren, die Grundlage eines CMS bilden. Auch muss beachtet werden, dass jedenfalls DIN ISO 19600, aber auch ISO 37001 durch seine Flexibilität weite Spielräume eröffnet, die zugleich das Risiko generieren können, dass eine Empfehlung des Standards nicht im Einklang mit dem geltenden Recht eingeführt wird. Der Vorrang des Rechts deckt sich daher insofern auch mit dem Grundsatz von „Compliance-Compliance" oder dessen Zielsetzung. Es sei erneut betont, dass alle ISO-Normen keine Gesetze sind und sie in der praktischen Anwendung dem geltenden Recht unterliegen. Sollte daher eine Empfehlung des Standards mit dem geltenden Recht in Kollision stehen, so soll eine solche entweder entsprechend angepasst oder gar nicht implementiert werden.

8. CMS-Grundmodelle

Als ein Managementsystem unterliegt ein CMS grds. der Modellierung. Um eine einheit- **36** liche und in sich geschlossene Konzeption zu schaffen werden für die Behandlung von Compliance-Risiken diverse Modelle entwickelt. In diesem Abschnitt geht es darum, zunächst das der DIN ISO 19600 und der ISO 37001 zugrundeliegende Modelle darzustellen und sie mit den sonst existierenden CMS-Modellen zu vergleichen. Diese Ausführungen verfolgen zwei wesentliche Zielsetzungen: Zum einen soll dadurch das Verständnis für die ISO-Normen und ihre Anwendung gefördert und zum anderen nachgewiesen werden, dass die in den hier behandelten ISO-Normen verkörperten Modelle von den sonst hierzulande bestehenden CMS-Konzepten nicht abweichen, sondern ganz im Gegenteil diese mit umfassen. Aus der Zusammenstellung der verschiedenen Modelle ergibt sich eindeutig, dass das der DIN ISO 19600 und der ISO 37001 zugrundeliegende CMS-Konzept kein Novum darstellt, sondern auf den bereits bekannten und bewährten Elementen und Prinzipien basiert.

8.1. CMS-Modell in den ISO-Normen

Um das der DIN ISO 19600 und ISO 37001 zugrunde liegende CMS-Modell, das auch **37** in der Norm selbst abgebildet ist, zielführender erläutern zu können, sei auf die drei Kernmodelle eingegangen. Das CMS-Modell besteht nämlich aus der Zusammenführung dieser drei Kernkonzeptionen: der High Level Structure, dem Risk-Management-System und dem PDCA-Zyklus.

8.1.1. High Level Structure (HLS)

Vor einigen Jahren erließ ISO ein Muster, die sog. High Level Structure (HLS), also eine **38** übergeordnete Struktur, welcher bei Erarbeitung von neuen Managementnormen zu folgen ist. So werden nicht nur neue Managementsystem-Normen nach der HLS erarbeitet. Auch vor der Veröffentlichung der HLS bestehende Managementnormen werden an die

---

[236] Zu den übrigen Aufgaben siehe Pkt. 13.4.

67

HLS angepasst. Dies hat viele Vorteile, weil die Managementnormen einheitlich strukturiert sind, es bringt jedoch auch Nachteile mit sich, denn nicht alle Managementsysteme werden in ein bestimmtes Muster passen.

39 **8.1.1.1. Grundelemente.** Bevor jedoch auf die ausgewählten Auswirkungen der HLS für eine Compliance-Norm eingegangen wird, sei ihre Struktur kurz anhand der Abbildung erläutert.

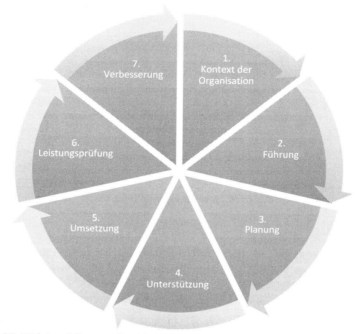

Abbildung 27: High Level Structure für ISO-Managementnormen

40 Die HLS hatte einen recht großen Einfluss auf das in DIN ISO 19600 und ISO 37001 verankerte CMS-Modell. Dies verdeutlichen auch die einzelnen durch HLS vorgegebenen Schritte, die sich wie folgt kurz gestalten:[237]

- Kontext der Organisation: Zunächst soll eine umfassende Analyse des Organisationsumfeldes erfolgen, Festlegung von Anwendungsbereich, Festlegung der Interessen der Stakeholder, Ermittlung der bindenden Verpflichtungen und Analyse der sich daraus ergebenden Compliance-Risiken.
- Führung: Eine wichtige Rolle kommt in jedem Managementsystem dem Führungsgremium zu. Dieses sollte an der Erstellung der Compliance-Politik mitwirken, sich zur Compliance bekennen, Compliance-Funktion einrichten und sie entsprechend ausstatten sowie Befugnisse und Rollen für Compliance zuweisen.
- Planung: Es sollten die Compliance-Maßnahmen, orientiert an den festgelegten Compliance-Zielen geplant werden.
- Unterstützung: Das Managementsystem sollte durch Begleitmaßnahmen unterstützt werden, wie etwa durch Schulungen, sonstige Kommunikation und Dokumentation.

---

[237] Die einzelnen Schritte sind nicht in einer der Ziffern der DIN ISO 19600 definiert, sondern ergeben sich aus ihrer Struktur.

- Umsetzung: Maßnahmen des CMS werden implementiert.
- Leistungsprüfung: Zur Festlegung der Effektivität und Funktionalität des CMS sollte dieses durch diverse Maßnahmen geprüft werden, so etwa durch Monitoring, Erarbeitung von Prüfungsindikatoren, Analyse der Informationen und/oder interne Audits.
- Verbesserung: Diese Phase umfasst einerseits die Reaktionen in der Compliance-Krise und andererseits Durchführung von Verbesserungs- und Korrekturmaßnahmen.

8.1.1.2. Vor- und Nachteile. Die Grundstruktur der DIN ISO 19600 und der ISO **41** 37001 war also weniger eine Erfindung des zuständigen Normungskomitees, als von der ISO vorgegeben. Dies hatte gleichzeitig Vor- und Nachteile. Vorteilhaft ist mit Sicherheit, dass der HLS auch andere bereits existierende ISO-Managementnormen folgen, so dass DIN ISO 19600 und ISO 37001 für die vertrauten Anwender direkt anwenderfreundlicher sein werden. Dies führt auch zu besserem Verständnis und Funktionsweise der Systeme, die einheitlich gestaltbar sind, sodass auch gemeinsame Systemelemente zu verschiedenen Zwecken genutzt werden können.

Wenn aber ein CMS als solches betrachtet wird, dass wegen der diversen Organisati- **42** onsbedürfnisse kaum in eine vorgegebene Struktur gezwungen werden kann, liegen die Nachteile auf der Hand. Vielfach hat die HLS zum Ablauf oder den einzelnen Elementen eines CMS schlichtweg nicht gepasst. In diesen Fällen hat das Normungskomitee jedoch konsequent Abweichungen vorgenommen, die entsprechend inhaltlich begründet wurden. Auf der anderen Seite sind die einzelnen HLS-Elemente bei Bedarf auch deutlich ausgebaut worden, so enthält etwa die Norm ISO 37001 in dem Bereich des Systembetriebs eine Reihe von Spezialanforderungen zur Korruptionsprävention. Auch in dieser Hinsicht konnten somit durch Kompromisse gut vertretbare Lösungen gefunden werden. Die HLS wird zwar vorgegeben und sollte umgesetzt werden; dort, wo sich dies aber mit dem zu entwerfenden Managementsystem nicht verträgt, können begründete Abweichungen vorgesehen werden.

8.1.2. Risk-Management-System (RMS)

Sowohl DIN ISO 19600 als auch ISO 37001 gehen ferner von einem risikobasierten An- **43** satz aus und so bildet das Risk-Management-System (RMS) das zweite von drei Kernelementen des CMS-Modells. Bevor jedoch die compliance-spezifische Funktionsweise des RMS kurz dargestellt wird, seien die Grundbegriffe und Grundelemente eines solchen Systems erläutert.

8.1.2.1. Grundelemente und Begriffe. Die Definition des Compliance-Risikos ist an **44** die Compliance-Ziele geknüpft. Zum einen wird „Compliance-Risiko" als Auswirkung von Ungewissheit auf die Compliance-Ziele definiert.[238] Zum anderen wird dieses als Eintrittswahrscheinlichkeit und die Folgen eines Verstoßes gegen bindende Verpflichtungen der Organisation beschrieben.[239] Das RMS hat einige Grundelemente, die sich wesentlich mit denen der HLS decken (insbes. die allgemeine Vorgehensweise), zum Teil aber enthält sie risiko-spezifische Elemente.

---

[238] Vgl. Ziff. 3.12 DIN ISO 19600.
[239] Vgl. Ziff. 3.12 Anm. 1 DIN ISO 19600.

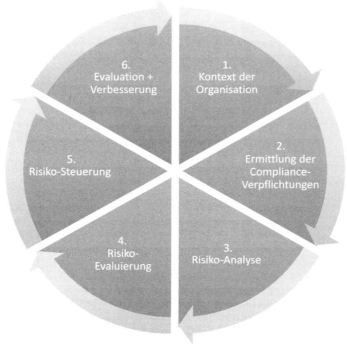

Abbildung 28: Modell zur Risikosteuerung

45   Im Allgemeinen sieht das Modell vor, dass Informationen zum Hintergrund der Organisation ermittelt werden, anschließend erfolgt auf der Basis die Ermittlung von Compliance-Verpflichtungen, die Analyse der sich hieraus ergebenden Risiken, inkl. ihrer Evaluierung und Steuerung und schließlich die Evaluation und Verbesserung des Systems als solchen.

46   **8.1.2.2. Flexible Anwendung.** Die DIN ISO 19600 geht flexibel damit um, wie Compliance-Risiken gesteuert werden sollten. Es wird zwar einerseits klar festgestellt, dass Organisationen ihre Compliance-Risiken erfassen und entsprechend bewerten sollten. Andererseits bleibt die Norm aber insofern auch in dem Punkt flexibel, als zu diesen Zwecken nicht zwingend ein formales RMS aufgesetzt werden muss, sondern die Erfassung und Bewertung von Risiken auch im Wege der Alternativmethoden erfolgen kann.[240]

47   Bereits an dieser Stelle sind verschiedene gemeinsame Elemente aus der HLS und dem RMS deutlich erkennbar. Zum einen, wenn es um den Hintergrund der Organisation geht, oder aber auch die ständige Verbesserung und Evaluation. Diese Gemeinsamkeiten waren auch die Ausgangsbasis für die Zusammenführung der Modelle in *einem* CMS-Modell. Doch fehlt noch ein wesentliches drittes Element, nämlich das PDCA-Modell.

8.1.3. PDCA-Modell

48   Mit dem PDCA-Modell wird die Natur eines CMS als die eines fortlaufenden und stets anpassungsbedürftigen Qualitätsprozesses deutlich betont. Die Oberhand gewann dabei das von *W. A. Shewhart* entwickelte und von *W. E. Deming* bekannt gemachte System

---

[240] So ausdrücklich in Ziff. 4.6 Abs.1 DIN ISO 19600.

zur Qualitätssicherung, das sog. PDCA-Modell.[241] Mit Sicherheit war den Wissenschaftlern Anfang des 20. Jahrhunderts nicht bewusst, dass das Modell über 100 Jahre später einem CMS dienen könnte. Das System ist recht überschaubar und orientiert sich an vier Grundschritten, die bereits auch der HLS und dem RMS immanent sind.

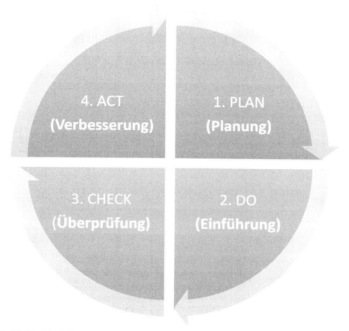

Abbildung 29: PDCA-Modell

Das PDCA-Modell ist mit vier Prozessschritten recht überschaubar und hat die ständige Verbesserung der Prozesse zum Ziel. Die einzelnen Schritte seien kurz abstrakt – dh noch ohne Bezug zum CMS – erläutert, um die oft hier anzutreffenden Missverständnisse auszuräumen: **49**

- **Plan:** In der ersten Phase erfolgt die Planung des Prozesses oder der Maßnahme, die Gegenstand des PDCA-Zyklus darstellt. Eine Planung kann auch analytisch erfolgen, in dem das Potenzial und Möglichkeiten der Prozesse und Maßnahmen untersucht werden.
- **Do:** Diese Phase hat die Umsetzung der geplanten Prozesse oder Maßnahmen zum Ziel. Der Hauptzweck dieser Phase ist die Ermittlung der Effektivität der geplanten Maßnahmen unter den konkreten Bedingungen der Organisation.
- **Check:** Hierbei handelt es sich um die Kernphase des PDCA-Zyklus, in der die erzielten Ergebnisse im Verhältnis zu geplanten Zielen analysiert werden, um herauszufinden, was die effektivsten Prozesse und Maßnahmen für die Organisation sind.
- **Act:** Dieser Schritt hat zum Ziel die Implementierung der optimierten Maßnahmen in der gesamten Organisation oder – falls entsprechender Bedarf festgestellt wird – die Optimierung der Maßnahme oder der Prozesse vor der endgültigen flächendeckenden Implementierung vorzunehmen.

Das PDCA-System hat nicht nur zum Ziel, die jeweiligen Prozesse durch ständige Wiederholung und Prüfung kontinuierlich zu verbessern, sondern auch in dem Zuge heraus- **50**

---

[241] Die Bezeichnung knüpft an die vier wesentlichen Schritte des Prozesses an: *Plan, Do, Check* und *Act*. Mehr dazu vgl. Pkt. 17.

zufinden, wie sie ökonomisch betrachtet optimiert werden können, mit anderen Worten, wie dieselben Ziele mit gleich effektiven Prozessen und Maßnahmen, jedoch effizienter erreicht werden können. Zugleich wird bereits an der Stelle deutlich, dass auch HLS und RMS dem PDCA-Zyklus folgen, auch dort beginnen die Prozesse mit der Planung, gehen dann in die Phase der Umsetzung und Prüfung und münden bei Bedarf in Verbesserung ein.

8.1.4. Zusammenführung der Modelle

51　Die Zusammenführung der drei erwähnten Konzepte (HLS, RMS, PDCA) ergab das endgültige Modell eines CMS, das der DIN ISO 19600 zugrunde liegt und ihrer Struktur sowie den einzelnen Ziffern zu entnehmen ist. Größtenteils deckungsgleich damit ist auch das in ISO 37001 enthaltene Modell. Auch dort wird von dem RMS- und PDCA-Modell ausgegangen und auch dort wurde die HLS umgesetzt. Allerdings ergeben sich bei ISO 37001 mehrere Abweichungen, auf die an konkreten Stellen bei der detaillierten Beschreibung des CMS eingegangen wird. Die nachfolgende Skizze bietet zunächst einen Überblick über das CMS-Modell nach DIN ISO 19600 an:

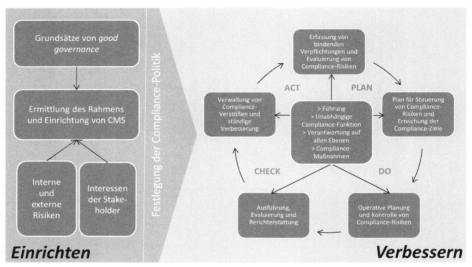

Abbildung 30: Vereinfachte Darstellung des CMS-Modells nach DIN ISO 19600[242]

52　An sich besteht dieses Modell aus zwei Kernphasen: Das System soll zunächst eingerichtet werden und im weiteren Schritt über den PDCA-Zyklus verbessert werden. Die Übersicht verwirrt ein wenig, deswegen wird sie in diesem Buch zugunsten einer einfacheren und das Modell besser abbildenden Übersicht[243] nicht weiter verfolgt. Da die Übersicht die offizielle ist, sei sie aber kurz erläutert.

53　In die Einrichtungsphase fällt zunächst die Ermittlung des Rahmens und die Einrichtung des CMS, wobei Interessen der Stakeholder, interne und externe Risiken sowie die Grundätze von Good Governance bei der Einrichtung der Compliance-Funktion zu berücksichtigen sind. Die Schnittstelle zur Verbesserungsphase bildet die Festlegung einer Compliance-Politik. Sobald diese feststeht, geht es in der Verbesserungsphase mit den operationalen Schritten rund um den PDCA-Zyklus weiter, in dessen Mittelpunkt eine erhebliche Rolle die oberste Leistung sowie die Compliance-Funktion spielt. Ebenfalls im

---

[242] Die Abbildung basiert auf der Übersicht aus der DIN ISO 19600.
[243] Vgl. Abbildung 35, Pkt. 9.

Mittelpunkt stehen die Verteilung der Compliance-Rollen sowie die Compliance-Maßnahmen. Der das Zentrum umschließende Kreis ähnelt stark dem aus dem PDCA-Modell, ist aber für die Zwecke des CMS-Modell angepasst worden.

8.2. Weitere CMS-Modelle im Vergleich

8.2.1. Mittelständische Compliance

Die mittelständische Compliance zeichnet sich durch einige Herausforderungen und Ab **54** weichungen, die durch die Spezifik eines mittelgroßen Unternehmens geprägt sind, aus.[244] Es stellt sich jedoch die Frage, ob dies die Notwendigkeit begründet, besondere CMS-Modelle für den Mittelstand zu entwickeln.

Zum Teil wird eine solche Ansicht vertreten. Für den Mittelstand ist etwa das sog. **55** Hamburger-Modell entwickelt worden.[245] Danach gehören zu einem mittelständischen CMS solche Elemente wie Risikoanalyse, Compliance-Organisation und Dokumentation, Compliance-Verantwortlicher, externe Hinweisgeberstellen, Schulungen und Richtlinien.[246] Für den Mittelstand werden aber auch das PDCA-Modell[247] oder das dem Prüfungsstandard IDW PS 980 zugrunde liegende Modell oder auch weitere, etwa durch das von KPMG vorgeschlagene Modell, empfohlen.[248]

Zwar werden diese Modelle als solche für den Mittelstand bezeichnet, doch ergibt die **56** jeweils nähere Betrachtung, dass sie auf denselben Kernelementen eines CMS beruhen, wie alle anderen CMS-Modelle. Für den Mittelstand müssen nämlich keine Sondermodelle entwickelt werden. Zutreffender ist vielmehr, dass die für Großunternehmen entsprechend entwickelten CMS in den Mittelstand sinngemäß und passgenau übertragen werden können. So können sie für den Mittelstand angepasst genutzt werden.[249]

Die Entwicklung eines CMS-Sondermodells für den Mittelstand wäre nicht nur wenig **57** zielführend, sondern gar kontraproduktiv. Insbes. nehmen Mittelständler am regulären Geschäftsverkehr teil und sollten damit solche Standards implementieren, die in den übrigen Unternehmen bekannt sind und sich bewährt haben. So werden die vorhandenen CMS von den Geschäftspartnern auch eher als effektiv eingeschätzt, was sich positiv auf die Geschäftspartner-Compliance auswirken kann. Mit den allgemein anerkannten und hier behandelten Methoden können in jedem mittelständischen Unternehmen effektive und effiziente CMS eingeführt werden. Werden dabei die wesentlichen Compliance-Grundsätze[250] beachtet, so kann die Implementierung nicht nur zum effektiven CMS führen, sondern auch kostenbewusst erfolgen.

8.2.2. IDW PS 980

Während das formelle Verhältnis zwischen DIN ISO 19600 und IDW PS 980 geklärt **58** wurde,[251] sei hier kurz auf die inhaltliche Vergleichbarkeit des dort vorhandenen CMS-Modells mit dem aus DIN ISO 19600 eingegangen.

---

[244] Ausf. dazu Pkt. 5.1.
[245] Grundlegend dazu *Passarge/Graf* CCZ 2014, 119.
[246] *Passarge/Graf* CCZ 2014, 119 (123 ff.).
[247] Grundlegend dazu bei *v. Marnitz* S. 77 ff.
[248] *Heybrock* S. 29–39 mwN.
[249] *Fissenewert* S. 1.
[250] Ausf. dazu Pkt. 7.
[251] Ausf. unter Pkt. 6.2.5.

Abbildung 31: CMS-Grundelemente nach IDW PS 980

59   Aus der Übersicht sind mehrere CMS-Elemente erkennbar. Zum einen kann ohne Einschränkungen festgehalten werden, dass alle von PS 980 vorgesehenen Elemente von der DIN ISO 19600 abgedeckt sind. Die Übersicht an sich belegt aber auch, dass die Elemente nach PS 980 nicht optimal systematisiert wurden. Hierzu seien nur ein paar Beispiele erwähnt: Zunächst stellt sich die Frage, warum Ziele und Kultur getrennt voneinander erscheinen. So gehört zu den wesentlichen Zielen eines CMS die Schaffung einer Compliance-Kultur. Das weitere Element, die Organisation, wird in Aufbau- und Ablauforganisation gegliedert, sodass man sich in dem Zusammenhang fragt, warum etwa Überwachungsmaßnahmen oder Kommunikation ausgegliedert wurden. Risiken tauchen erst an einer weiteren Stelle auf, während sie für die Festlegung der Ziele sowie der gesamten Organisation maßgeblich sind. Dies belegt auch, dass die Elemente in dem Kreis kein in sich geschlossenes, jedenfalls kein systematisches Managementsystem ausmachen, zumindest hätten sie dann anders sortiert werden müssen.

8.2.3. Vorschläge der Verbände

60 Wie bereits erwähnt, haben sowohl der Bundesverband der Unternehmensjuristen (BUJ), als auch das Deutsche Institut für Compliance Reformen des Ordnungswidrigkeitengesetzes (OWiG) vorgeschlagen. Zwar werden in den Vorschlägen keine konkreten CMS-Modelle abgebildet, doch lassen sich anhand der vorgeschlagenen CMS-Grundelemente gewisse Modellansätze abbilden.

61 **8.2.3.1. BUJ-Entwurf.** Der BUJ-Entwurf ist in sich stimmig und konsequent, wenn im vorgeschlagenen § 130 Abs. 1 OWiG n.F. fünf Grundelemente eines effektiven CMS vorgelegt werden:[252]

---

[252] Vereinfacht nach § 130 Abs. 1 S. 3 OWiG nF (BUJ-Vorschlag).

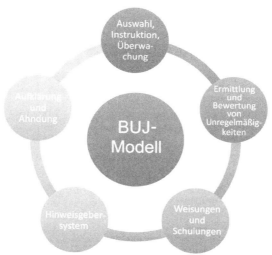

Abbildung 32: CMS-Grundmodell nach dem BUJ

Das Modell beginnt mit einer sorgfältigen Auswahl und Instruktion sowie Überwa- **62** chung und Kontrolle von Mitarbeitern und Aufsichtspersonen, eine der Maßnahmen, die auch von der DIN ISO 19600 empfohlen wird. Zwar wird das Risikomanagement nicht namentlich erwähnt, doch wird es bei der regelmäßigen Ermittlung und Bewertung potenzieller Unregelmäßigkeiten genau darum gehen. Als CMS-Maßnahmen sollen anschließend Weisungen und Schulungen der Mitarbeiter erfolgen sowie ein geeignetes Hinweisgebersystem unter Wahrung der Vertraulichkeit eingerichtet werden. Im weiteren Verlauf wird darauf eingegangen,[253] warum unter Umständen auch andere Hinweisgebersysteme Sinn machen können. Schließlich wird empfohlen, dass Verdachtsmomenten nachzugehen ist und Verstöße geahndet werden müssen. Das Modell enthält eine in sich sehr beschränkte Auswahl an möglichen Methoden, ist in sich wenig flexibel und dürfte daher die Praxisprobe nicht bestehen. Abgesehen hiervon sind sämtliche Elemente dieses Modells von der DIN ISO 19600 abgedeckt.

8.2.3.2. CompAG-Modell. Der Gegenentwurf enthält zwar keinen Katalog mit Maß- **63** nahmen selbst, dem ein CMS nachgebildet werden könnte. Ausführungen hierzu finden sich allerdings in der Begründung zum Compliance-Anreizgesetz (CompAG), aus der folgendes Modell ersichtlich ist:[254]

---

[253] Ausf. ab Pkt. 15.2.5 und 15.9.3.
[254] Katalog nach Begründung des CompAG, S. 10–11.

Abbildung 33: CMS-Modell nach dem CompAG-Entwurf

64 Das Modell ergibt eher ein systematisch durchdachtes Managementsystem, das jedoch auch in den wesentlichen Zügen und Elementen von der DIN ISO 19600 abgedeckt ist. Begonnen wird hier mit der Risikoanalyse, die von Geschäftsgegenstand, Unternehmensgröße und spezifischer Risikoexposition von Geschäftsmodellen abhängen sollte. Daran schließen sich Richtlinien oder Prozess- und Ablaufbeschreibungen. Insofern ähnelt das Modell stark dem PS 980. Bei der Umsetzung sollten adressatengerechte Schulungen und Unterweisungen vorgesehen werden, die sich am Wissensstand der Geschulten und Ergebnissen der Risikoanalyse zu orientieren haben. Auch insofern spiegelt sich der risikoorientierte Ansatz wieder. Unternehmen sollten ebenfalls angepasste Überwachungsmaßnahmen einrichten und für die Aufklärung der Verdachtsmomente und angemessene Reaktion sorgen. Schließlich ist die Überwachung der Compliance-Maßnahmen, ihre kontinuierliche Fortentwicklung und Anpassung an sich ändernde Risikolagen vorgesehen. Das CompAG-Modell spiegelt stark die Empfehlungen der DIN ISO 19600 wieder. Auch hier besteht eine flächendeckende Abdeckung des Modells durch den ISO-Standard.

8.2.4. Vergleichbarkeit

65 Die obige Zusammenstellung der Modelle ergibt ihre starke Vergleichbarkeit unter sich sowie im Verhältnis zur DIN ISO 19600. Dies erlaubt drei wesentliche Schlüsse: Zum einen verwundert es sehr, warum ausgerechnet die Verbände, die in einer offiziellen Stellungnahme DIN ISO 19600 stark kritisiert haben,[255] CMS-Modelle vorschlagen, die nicht nur mit der erwähnten ISO-Norm kohärent sind, sondern die von dieser abgedeckt sind. Zweitens liegt es auf der Hand, dass mit der DIN ISO 19600 das Rad nicht neu erfunden wurde, sondern die Norm als Ergebnis des Vergleichs bestehenden Knowhows in verschiedenen Ländern zu bewerten ist. In der Zusammenführung und Vereinheitlichung bestehender Standards ist der von der ISO bezweckte Mehrwert der Normungsarbeit auch zu erblicken. Drittens, und diese Erkenntnis dürfte für die Anwendungspraxis der ISO-Normen von wesentlicher Bedeutung sein: Wer sein CMS nach DIN ISO 19600 imple-

---

[255] Dazu ausf. unter Pkt. 6.

mentiert, läuft nicht nur kein Risiko, mit den nationalen deutschen Modell-Vorstellungen nicht konform zu sein, sondern ganz im Gegenteil: Eine solche Organisation genießt den seltenen Vorteil, die Empfehlungen all dieser Standards umgesetzt zu haben.

9. Grundphasen eines CMS

Nachdem die Grundsätze und Grundmodelle eines CMS erläutert wurden und bevor auf **66** die CMS-Implementierung im Einzelnen eingegangen wird, seien die Grundphasen einer solchen Umsetzung zunächst abstrakt erläutert.

9.1. Allgemeine Anmerkungen

Bereits zu Beginn der DIN ISO 19600 wird auf den sachlichen Anwendungsbereich der- **67** selben hingewiesen. Hierbei knüpft die Norm an die prozeduralen Phasen eines Management-Systems an, die auch auf den Bereich des CMS übertragen werden. Ausdrücklich erwähnt werden insgesamt sechs Grundschritte der CMS-Implementierung:[256]

Abbildung 34: Grundphasen eines CMS

Die obigen Grundphasen sind in sich logisch und auf einander abgestimmt. IRd **68** Aufbauphase geht es um die Vorbereitung des Entwurfs eines künftigen CMS, also eine Initialphase des Systems. IRd Entwicklung wird das System ausgebaut und die Umsetzung wird vorbereitet. Bei der Umsetzung werden die geplanten Maßnahmen entsprechend implementiert. Wie jedes andere Managementsystem soll auch ein CMS ständig gewartet werden, dh Maßnahmen ergriffen werden, die die eingerichteten Prozesse und Verfahren am Laufen halten (Aufrechterhaltung). Schließlich wird die Leistung auch geprüft, was eine logische und zwingende Phase vor der Verbesserung mit dem Ziel darstellt, herauszufinden, welche Stellen und wie verbessert werden können. Den Kreis schließt die Planung von Verbesserungsmaßnahmen, die wieder in den Aufbau und die Entwicklung (ständige Verbesserung) hineingehen und in der Implementierungsphase verbessert werden.

Die og sechs Grundphasen werden im Nachfolgenden zu vier entscheidenden Phasen **69** zusammengeführt. Dies rechtfertig sich durch drei wesentliche Argumente: Zum Einen

---

[256] Vgl. Ziff. 1 Abs. 1 ISO 19600.

decken die vier nachfolgend präsentierten Phasen die beiden übrigen, sodass die Vorgehensweise insgesamt anschaulicher wird. Des Weiteren decken sich die vier Phasen im Wesentlichen mit dem PDCA-Zyklus, der ohnehin der Konstruktion der ISO-Compliance-Normen zugrunde liegt. Schließlich lassen sich die über die einzelnen Ziffern der Norm verteilten konkreten Empfehlungen der Reihenfolge nach, in der sie dort vorkommen, ebenfalls in diese vier Schritte einteilen.

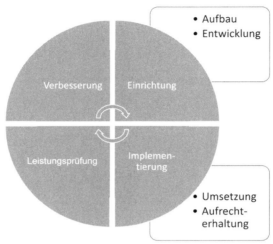

Abbildung 35: Vier Grundphasen eines CMS

70   In der Übersicht und in den nachfolgenden Darstellungen enthalten die vier wesentlichen Grundschritte somit:
- Einrichtung (PLAN): Hier sind die nach der ISO als „Aufbau und Entwicklung" bezeichneten Grundschritte gemeint.
- Implementierung (DO): Darunter werden die Schritte „Umsetzung und Aufrechterhaltung" zusammengefasst.
- Leistungsprüfung (CHECK): Dieser Schritt wird ohne Änderungen übernommen.
- Verbesserung (ACT): Auch dieser Schritt wird ohne Änderungen übernommen.

9.2. Vier Grundphasen im Einzelnen

9.2.1. Einrichtung (PLAN), Schritte 1/8 – 3/8

71 Die Einrichtung eines CMS umfasst drei wichtige operationelle Phasen, die Gegenstand von detaillierten Empfehlungen der Norm sind. Hierzu gehören insbes.:
- Kontext der Organisation, inkl. Risikosteuerung (Schritt 1/8)
- Rolle der Führung (Schritt 2/8)
- Erarbeitung der Compliance-Politik (Schritt 3/8).

72 Während bei der Einrichtung die Ermittlung des Rahmens für ein CMS unter Berücksichtigung der Struktur, Prozesse, aber insbes. der Risikolandschaft der Organisation im Vordergrund stehen, sollten dabei nicht nur die internen und externen Risiken, sondern auch die Interessen der verschiedenen Interessenträger *(stakeholder)* berücksichtigt werden. Zu dieser Gruppe gehören nicht nur die Gesellschafter oder Mitglieder der obersten Leitung, sondern auch die Beschäftigten und weitere Organisationsmitglieder.

73   Entscheidende Rolle bei einem CMS spielt ferner das Führungsgremium der Organisation. Gemeint ist damit allerdings nicht nur das viel und oft erwähnte Compliance-Bekenntnis der Organisationsführung (sog. *tone from the top*), sondern die wesentliche Rolle

der Führung für die Compliance in der Organisation, die eine komplexe Behandlung der Thematik und diverse Aktivitäten von der Führung erfordert. Diese soll sich nicht nur formal zur Compliance bekennen, sondern Compliance aktiv von Anfang an und im Rahmen aller einzelnen Phasen unterstützen.

Ein weiteres Grundelement iRd Einrichtung bildet die Vorbereitung des absoluten **74** Grundwerkes von CMS, nämlich der Compliance-Politik. Zunächst sei angemerkt, dass die Compliance-Politik nicht mit einem Verhaltenskodex *(code of conduct)* oder sonstigen Compliance-Richtlinien zu verwechseln ist. In der Compliance-Politik (oft auch als Compliance-Strategie oder Compliance-Programm bezeichnet) sollten die grundlegenden Festlegungen über die compliance-wesentlichen Themen der Organisation berücksichtigt werden. Es handelt sich somit um ein grundlegendes Werk, in dem – um sie so zu bezeichnen – die Compliance-*Strategie* der Organisation festgelegt ist. Durchaus erlaubt sich die Norm einige Empfehlungen dazu, wie eine solche Compliance-Politik zustande kommen sollte und was im Hinblick auf ihre Form zu beachten ist.[257]

9.2.2. Implementierung (DO), Schritte 4/8–6/8

Steht die Compliance-Politik fest, so kann das System mit weiteren Schritten fortgesetzt **75** werden. IRd Implementierung ist die Compliance-Funktion Kernstück Ihrer Arbeit. Zu dieser Phase gehören im Einzelnen:

- Klare Rollenzuweisung (Schritt 4/8)
- Betriebliche Planung (Schritt 5/8)
- Unterstützung – Umsetzung von Compliance-Maßnahmen (Schritt 6/8)

IRd Rollenzuweisung steht zum einen die Compliance-Funktion im Mittelpunkt, die für **76** die operative Compliance zuständig gemacht werden kann. Zum anderen geht es in dem Bereich stark um die Förderung der Compliance-Kultur, indem die Rolle für Compliance allen Mitgliedern der Organisation klar zugewiesen wird. Es muss sichergestellt werden, dass diese anschließend so in der Organisation kommuniziert wird, dass sich jedes Mitglied der Organisation seiner Rolle für Compliance bewusst ist.

Eine Vorstufe, bevor mit der konkreten Implementierung begonnen wird, ist die Pla- **77** nung der operationellen Schritte, die als „betriebliche Planung" bezeichnet wird. In der Phase wird es um die Vorbereitung der sog. „Compliance vor Ort" gehen. So werden aufgrund der vorhin gewonnenen Informationen die geeigneten Maßnahmen auf Struktur- und Prozessebene gewählt, um die ermittelten Risiken auf angemessene Art und Weise zu adressieren.

Im Schritt 6 geht es um die Durchführung verschiedener Compliance-Maßnahmen, die **78** der vorhin festgelegten Compliance-Politik entsprechen und dem ständigen Verbesserungsprozess iSd PDCA-Modells unterzogen sind. Hierzu gehört eine ganze Reihe operativer Maßnahmen, die, hier erneut betont, zur Anwendung kommen können, aber nicht müssen, was wiederum die Größe, Struktur und Komplexität der Organisation bedingen werden. All dies geschieht vor dem Hintergrund der Grundsätze der Angemessenheit und Flexibilität.

9.2.3. Leistungsprüfung (CHECK), Schritt 7/8

In der vorletzten Phase geht es um die Prüfung der Effektivität und Effizienz des einge- **79** richteten und ausgeübten CMS. In diesem Schritt sollten entsprechende Prüfungsintervalle festgelegt, Prüfungskriterien entwickelt und eine andauernde Prüfung der Leistung durchgeführt werden.

---

[257] S. dazu ausf. Pkt. 12.

9.2.4. Verbesserung (ACT), Schritt 8/8

80 Die Schlussphase ist zugleich als erste Phase in dem neuen Zyklus zu betrachten. Sie geht in zwei Richtungen: Zum einen wird auf Grundlage der iRd Leistungsprüfung gewonnenen Ergebnisse eine Systemoptimierung vorgenommen. Zum anderen sieht die Verbesserungsphase die Reaktionsmaßnahmen auf Non-Compliance vor, die bis hin zu einer Compliance-Krise erwachsen kann. Die in der Phase gewonnenen Ergebnisse fließen in die erste Phase der Einrichtung hinein und schließen damit den PDCA-Zyklus ab.

9.3. Grundphasen im Mittelstand

81 Für das Grundverständnis der DIN ISO 19600 für den Mittelstand ist der Zusammenhang der beiden Absätze in Ziff. 1 DIN ISO 19600 sehr wichtig. Während in Abs. 1 die erwähnten Grundphasen eines CMS erwähnt werden, geht Abs. 2 auf die wesentlichen Grundprinzipien ein, die iRd Befassung mit jedem der einzelnen Schritte zu beachten sind. Hierzu gehört insbes. die Rücksicht auf die Größe, Struktur, Art und Komplexität der Organisation, somit die fortlaufende Anwendung des Grundsatzes der Flexibilität in jeder Grundphase. Um die Implementierung des CMS in einem mittelständischen Unternehmen so einfach wie möglich zu gestalten, ist daher die Verfolgung der erwähnten vier Grundphasen und der darin enthaltenen acht Schritte ebenfalls empfehlenswert. Diese werden nun in dem folgenden Kapitel 3 ausführlich erörtert.

3. Kapitel. Vier Phasen der CMS-Implementierung

In diesem Kapitel geht um den Kern des Buches und der ISO-Normen selbst: Um die 1
praktische Umsetzung der Empfehlungen/Anforderungen der Normen in einer Organisation. Das Kapitel gliedert sich in vier Abschnitte, die den beschriebenen vier Grundphasen der CMS-Umsetzungen folgen und innerhalb derer die einzelnen acht Schritte genauer erläutert werden. An geeigneten Stellen befinden sich zahlreiche Ausführungen zu der
spezifischen Umsetzung im Mittelstand. Ferner sind an etlichen Stellen Abweichungen
oder Ergänzungen zu finden, die der ISO 37001 zu entnehmen sind. Auf diese Art und
Weise ist der nachfolgende Leitfaden sowohl für Anwender geeignet, die ein CMS nach
DIN ISO 19600 implementieren, als auch für diejenigen, die darüber hinaus die Anforderungen der ISO 37001 erfüllen möchten. Zugleich wird jedoch betont, dass die nachfolgenden Ausführungen die Anwendung der Norm an sich nicht ersetzen. Zur Vollständigkeit der umzusetzenden Empfehlungen und Anforderungen sei daher auf den Volltext der
jeweiligen Normen verwiesen.[258]

Um den Lesern und Anwendern dieses Buches die in den ISO-Normen verankerten 2
Modelle und Empfehlungen/Anforderungen auf eine leichte Art und Weise erläutern zu
dürfen, wird im nachfolgenden die in der DIN ISO 19600 vorhandene Übersicht insofern modifiziert, als sich die Ausführungen an den vier Grundphasen und hierzu an einer
bildlichen Schritt-für-Schritt-Implementierung orientieren: Vom ersten Schritt zum Kontext der Organisation bis zum letzten Schritt in Form der Verbesserung, der zugleich Informationen liefert, wodurch der PDCA-Zyklus geschlossen wird. Diese Schilderung ist
nicht nur methodisch sinnvoll und bestens vertretbar, sondern entspricht auch der gängigen Praxis in Organisationen. Die nachfolgende Abbildung zeigt bildlich, welche Schritte
in einem CMS nacheinander gemacht werden können, um sich am Prozess der ständigen
Verbesserung zu orientieren. An den acht wesentlichen Schritten wird sich auch die weitere Beschreibung in diesem Kapitel orientieren. Um nicht nur die Praxisrelevanz, sondern auch die Konformität mit der deutschen Rechtsprechung zu betonen, wird an den
geeigneten Stellen auf die Empfehlungen der Justiz ergänzend eingegangen.

---

[258] Beide Standards sind kostenpflichtig abrufbar unter: www.iso.org.

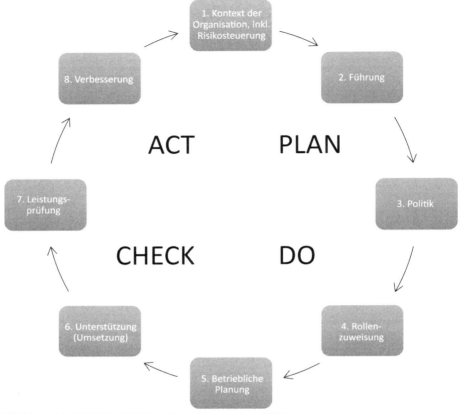

Abbildung 36: Schritt-für-Schritt-Implementierung eines CMS

Abschnitt I: Einrichtung (PLAN)

3 IRd Phase der Einrichtung des CMS sind drei wesentliche Verfahrensschritte zu beachten. Zum einen soll bei der Konzipierung eines CMS mit der Gewinnung von Informationen über die Organisation begonnen werden. Hieran schließt sich auch die Risikoerfassung und -steuerung. Die entscheidende Rolle spielt bei jedem CMS das Führungsgremium, dessen Aufgaben für Compliance und die aktive Unterstützung des CMS an sich. Auch zu Konzipierungsphase gehört die Erstellung einer Compliance-Politik. Da die Inhalte der Compliance-Politik maßgeblich von dem Kontext der Organisation sowie vom Ergebnis der Risikoanalyse geprägt sind und unter Beteiligung der Führung entstehen sollte, hängen die drei in diesem Abschnitt beschriebenen Schritte auch stark zusammen und stellen somit die Einrichtungsphase dar.

10. Kontext der Organisation, inkl. Risikosteuerung (Schritt 1/8)

4 Das grundlegende Fundament für jedes CMS bildet eine ausreichende Informationsbasis über die Organisation, in der dieses implementiert werden sollte. Bevor daher ein CMS

eingeführt wird, sollten diverse compliance-relevante Informationen betreffend die Organisation ermittelt werden. Information wird als jegliches relevantes Wissen definiert, wie etwa Zahlen, Daten, Fakten, Sachverhalte, Fristen, Namen, Bedingungen, Adressen usw.[259] Informationen sind auch deswegen von entscheidender Bedeutung, weil sie den Gegenstand der Compliance-Kommunikation darstellen. Zum Kontext der Organisation gehören ferner jeweils nach Ziff. 4 DIN ISO 19600/ISO 37001 die Ermittlung der bindenden Verpflichtungen und das Compliance Risiko Management. In DIN ISO 19600 tauchen ferner die Grundsätze von Good Governance auf, die aber kontextuell im Wesentlichen die Compliance-Funktion betreffen.

Bevor auf die einzelnen Aspekte der Beschaffung und Bewertung von diversen Informationen eingegangen wird, sei das Verhältnis zwischen ihnen geklärt. Einen guten Ausgang hierzu bietet die nachfolgende Abbildung. 5

Abbildung 37: Kontext der Organisation und Anwendungsbereich des CMS

Aus der Abbildung wird deutlich, dass die Reihenfolge der Ermittlung und Festlegung 6 des Kontextes der Organisation von der systematischen Reihenfolge aus dem Standard ein wenig abweichen kann. Zunächst sollten die Informationen über die Organisation und die interessierten Parteien ermittelt werden, anschließend erfolgt die Erfassung der bindenden Verpflichtungen der Organisation, was wiederum bei der Analyse der Compliance-Risiken berücksichtigt werden sollte. Alle vier Aspekte sollten schließlich bei der Festlegung des Anwendungsbereichs des CMS und der Compliance-Politik berücksichtigt werden.

10.1. Organisation

Die ISO-Normen empfehlen, dass bei der Ermittlung der relevanten Informationen alle 7 Zusammenhänge und der komplexe Hintergrund der Organisation beachtet werden sollten.

10.1.1. Allgemeine Empfehlungen nach DIN ISO 19600

Als Beispiele für relevante Informationen werden auf Compliance-Risiken bezogene 8 Themen erwähnt, die für ihren Zweck relevant sind und sich auf die Fähigkeit des CMS auswirken können. In der Breite verweist die DIN ISO 19600 auf solche Aspekte wie etwa: rechtliche, soziale und kulturelle Kontexte, die wirtschaftliche Situation und die internen Politiken, Verfahren, Prozesse und Ressourcen der Organisation.[260]

10.1.2. Weitere Anforderungen nach ISO 37001

Während sich DIN ISO 19600 auf diese allgemeinen Empfehlungen beschränkt, die wie- 9 derum iSd Grundsätze der Flexibilität und Angemessenheit am Bedarf der konkreten Organisation auszurichten sind, enthält ISO 37001 hinsichtlich des AMS konkrete Anforderungen, welche Aspekte berücksichtigt werden müssen. Auch hier sei aber angemerkt, dass es sich um einen Mindestkatalog handelt und auch darüber hinausgehende Aspekte

---

[259] *Rodewald* GmbHR 2014, 639.
[260] Vgl. Ziff. 4.1 DIN ISO 19600.

berücksichtigt werden können. Die nachfolgende Abbildung stellt eine Übersicht über die zu berücksichtigenden Aspekte dar:

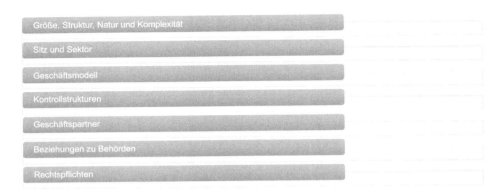

Abbildung 38: Compliance-relevante Aspekte einer Organisation nach ISO 37001[261]

10 An einigen der in der Abbildung vorhandenen Aspekten wird deutlich, dass es sich um ein Anti-Bribery Management-System handelt. Andererseits kann aber auch festgehalten werden, dass alle hier erwähnten Aspekte auch im Rahmen eines allgemeinen CMS berücksichtigt werden sollten. Wenn ISO 37001 zunächst fordert, dass die Größe, Struktur, Natur und Komplexität der Organisation zu beachten sind, so deckt sich diese Anforderung mit den Empfehlungen der DIN ISO 19600 und bringt damit den für die Anwendung von beiden Normen geltenden Grundsatz der Flexibilität zum Ausdruck. Zu beachten sind ferner konkrete Aspekte, die mit dem Sitz der Gesellschaft zusammenhängen, dh ortsspezifische Angelegenheiten, wie etwa Lage am Markt, Wettbewerber, lokale Interessenträge, aber auch sektorspezifische Angelegenheiten. Nicht unerheblich ist ferner das vorhandene Geschäftsmodell, mit dem wiederum einzuhaltende Pflichten zusammenhängen. An den im Innenverhältnis zu berücksichtigenden Aspekten wird ferner die Beachtung von Kontrollstrukturen verlangt, dh Berücksichtigung, welche Einheiten in den Kontrollbereich der Organisation fallen und welche anderen diesem untergeordnet sind. Schließlich, betreffend die Außenbeziehungen der Organisation, sollten die Geschäftspartner und behördliche Kontakte beachtet werden. Insbes. bei dem letzten Aspekt geht es um eine spezifische Angelegenheit in Bezug auf ein AMS, nämlich darum, das Risiko der Bestechung von Amtsträgern entsprechend früh zu erkennen und angemessen zu adressieren.

10.2. Interessierte Parteien

11 Als interessierte Partei werden von den Standards, zugegebenermaßen misslungen, Personen oder Organisationen definiert, die eine Entscheidung oder Tätigkeit beeinflussen kann, die davon beeinflusst sein kann, oder die sich davon beeinflusst fühlen kann.[262] Der Definition ist zu entnehmen, dass es auf die subjektive, nicht objektive Betrachtungsweise entscheidend ankommt. Beide Normen legen fest, dass interessierte Parteien und die mit ihnen verbundenen Anforderungen festgelegt und in weiteren Schritten beachtet werden sollten.[263] Wichtig ist in dem Zusammenhang festzustellen, dass nicht alle so definierten Stakeholder zu ermitteln sind, sondern es nur um solche Konstellationen geht, in denen

---

[261] Abbildung nach Ziff. 4.1 ISO 37001.
[262] Vgl. Ziff. 3.2 DIN ISO 19600.
[263] Vgl. Ziff. 4.2 DIN ISO 19600.

sich die Beeinflussung auf das Compliance-Ergebnis, also Einhaltung von Verpflichtungen, auswirken könnte.

10.3. Bindende Verpflichtungen

Wie bereits an mehreren Stellen erwähnt, gehört die Schaffung und Förderung einer 12 nachhaltigen Compliance-Kultur zum Hauptziel eines jeden CMS. Den Mitgliedern der Organisation sollten daher ihre einzuhaltenden Verpflichtungen entsprechend kommuniziert und diese so sensibilisiert werden, dass sie die Verpflichtungen auch einhalten. Es liegt folglich auf der Hand, dass eine der Kernmaßnahmen im Rahmen eines CMS die Ermittlung von bindenden Verpflichtungen der Organisation darstellt. Bevor jedoch auf die eigentliche Methode (Ermittlung & Aktualisierung) eingegangen wird, seien die Grundbegriffe und die systematische Einordnung der Behandlung von bindenden Verpflichtungen kurz wiederholt.[264]

10.3.1. Begrifflichkeiten

Als bindende Verpflichtungen werden Compliance-Anforderungen und Compliance-Ver- 13 pflichtungen definiert. Compliance-Anforderungen wiederum sind solche Anforderungen, die eine Organisation erfüllen muss, während Compliance-Verpflichtungen solche Anforderungen darstellen, die eine Organisation erfüllen möchte.[265] Die Bedeutung von bindenden Verpflichtungen ist enorm, wenn beachtet wird, dass der Begriff der Compliance als Einhaltung aller bindenden Verpflichtungen einer Organisation definiert wird.[266]

10.3.2. Systematische Einordnung und Unterschiede

Bei der Behandlung von bindenden Verpflichtungen geht es bereits um den wesentlichen 14 Teil der Umsetzung des CMS. Diese Aufgabe gehört auch zu den Pflichtaufgaben der Compliance-Funktion. Da die bindenden Verpflichtungen jedoch insbes. die Festlegungen hinsichtlich des Anwendungsbereichs des CMS in der Organisation maßgeblich prägen, sollten diese bereits an der Stelle der Einrichtung (PLAN) eines CMS erörtert werden. Bindende Verpflichtungen müssen somit nicht nur bei der Erstkonzipierung eines CMS ermittelt, sondern auch während des Betriebs des CMS in der Folgezeit stetig aktualisiert werden. Dies legt bereits die der Norm zugrunde liegende recht einfache Methode im Umgang mit bindenden Verpflichtungen fest: Sie sollten ermittelt und aktualisiert werden und haben direkten Einfluss auf die sich daran anschließende Risikoanalyse und weiter auf die Festlegung des Anwendungsbereichs des CMS. Die Methodik erläutert die nachfolgende Abbildung.

---

[264] Vgl. bereits Pkt. 3.1.2.
[265] Zu der Systematik und Erklärungen siehe Pkt. 3.1.1.
[266] Vgl. Ziff. 3.17 DIN ISO 19600.

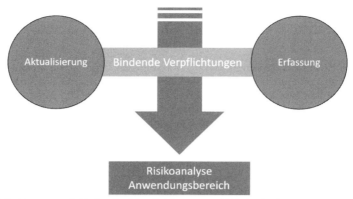

Abbildung 39: Umgang mit bindenden Verpflichtungen und Wechselwirkungen mit weiteren CMS-Elementen

15   Aus der Abbildung wird deutlich, dass bindende Verpflichtungen für die Festlegung des Anwendungsbereichs und die weitere Risikoanalyse von Bedeutung sind. DIN ISO 19600 geht aber in ihren Empfehlungen zu recht weiter, was die erhebliche Bedeutung dieses Prozessschritts untermauert, und zwar dahingehend, dass bindende Verpflichtungen in allen Phasen eines CMS berücksichtigt werden sollten.[267]

16   Schließlich sei in diesem Zusammenhang auf den Unterschied zwischen DIN ISO 19600 und ISO 37001 eingegangen. Die hier beschriebene Konstruktion und Methode bei der Behandlung von bindenden Verpflichtungen ist nur der DIN ISO 19600 zu entnehmen, während sich ISO 37001 direkt mit der Risikoanalyse befasst. Der Unterschied ist mit der völlig unterschiedlichen Anwendbarkeit der Normen zu begründen: Während ISO 37001 ausschließlich auf die Korruption und damit zusammenhängende Verpflichtungen beschränkt ist, kann bei DIN ISO 19600 der Anwendungsbereich recht weit gefasst werden. Um dies zu realisieren, müssen aber zunächst die bindenden Verpflichtungen der Organisationen ermittelt werden. Die nachfolgende Methode orientiert sich somit an den Empfehlungen der DIN ISO 19600.

Sinngemäß müssen aber auch bei einem AMS nach ISO 37001 die iRd Korruptionsbekämpfung bindenden Verpflichtungen ermittelt werden, um die sich daraus ergebenden Risiken bewerten und entsprechend adressieren zu können. Die Methoden hierzu aus der DIN ISO 19600 können somit durchaus auch bei der ISO 37001 herangezogen werden.

10.3.3. Ermittlung von bindenden Verpflichtungen

17   Quellen von bindenden Verpflichtungen sollten nach der Norm Compliance-Anforderungen umfassen und können Compliance-Verpflichtungen einschließen.[268]

---

[267] Vgl. Ziff. 4.5.1 Abs. 1 S. 2 DIN ISO 19600.
[268] Vgl. Ziff. 4.5.1 Abs. 3 DIN ISO 19600.

Compliance-Anforderungen (zwingend)

- Gesetze und Verordnungen
- Genehmigungen, Lizenzen
- Verwaltungsakte, Anweisungen
- Abkommen, Konventionen

Compliance-Verpflichtungen (freiwillig)

- Vereinbarungen mit Gemeinschaftsgruppen oder NGOs
- Richtlinien, Politiken, Verfahren
- Freiwillige Grundsätze und Verhaltensregeln
- Organisations- und Industrienormen

Abbildung 40: Beispiele für bindende Verpflichtungen[269]

Die Norm legt nicht fest, wie bindende Verpflichtungen ermittelt werden sollten. Im Umkehrschluss bedeutet dies aber, dass der Compliance-Funktion dabei diverse Spielräume eröffnet sind. Bei der Nutzung dieser Spielräume sind die Grundsätze der Flexibilität und Angemessenheit zu beachten. Die Compliance-Funktion sollte effektive Methoden entwickeln, um die bindenden Verpflichtungen zu ermitteln, dabei sollte sie mit den einschlägigen Fachabteilungen zusammenarbeiten und bei Bedarf Rechtsrat einholen, damit die Verpflichtungen flächendeckend ermittelt werden. **18**

Zu beachten ist dabei die wichtige Rolle des Grundsatzes von Good Governance: Das Führungsgremium sollte der Compliance-Funktion ausreichende Ressourcen zur Verfügung stellen, um diese in die Lage zu versetzen, bindende Verpflichtungen der Organisation zu ermitteln. Umso bedeutender wird dies sein, je komplexer die Organisationsstruktur und damit höhere Anzahl an zu beachtenden Verpflichtungen. **19**

10.3.4. Aktualisierung

Da sich bekanntlich die Rechtslage fortlaufend ändert, sollte die Organisation über Prozesse verfügen, mit denen die neuen und geänderten Gesetze, Verordnungen, Regeln und weitere Quellen bindender Verpflichtungen fortlaufend aktualisiert werden können.[270] Dies umfasst auch Prozesse, mit denen die Auswirkungen der ermittelten Änderungen bewertet und sämtliche Änderungen im Management der bindenden Verpflichtungen umgesetzt werden.[271] Die nachfolgende Übersicht enthält einige Aktualisierungsmethoden. **20**

---

[269] Abbildung nach dem Katalog aus Ziff. 4.5.1 DIN ISO 19600.
[270] Vgl. Ziff. 4.5.2 Abs. 1 DIN ISO 19600.
[271] Vgl. Ziff. 4.5.2 Abs. 2 DIN ISO 19600.

Methoden der Aktualisierung bindender Verpflichtungen	Eintragung in Verteilerlisten der Regulierungsbehörden
	Mitgliedschaften in Fachgruppen
	Nutzung von Informationsdiensten
	Teilnahme an Foren und Seminaren
	Sonstige Überwachung der Quellen von bindenden Verpflichtungen

Abbildung 41: Beispiele für Aktualisierungsmethoden[272]

21 Anzumerken ist, dass entgegen der og Empfehlung der Norm, die Aktualisierung bindender Verpflichtungen nicht nur bei der Änderung der erwähnten Quellen geboten sind. Auch in all den Fällen, in denen die erneute Risikoanalyse geboten ist, weil sich etwa Produkte der Organisation ändern, neue Märkte erschlossen werden oder neue Geschäftsbeziehungen aufgenommen werden, sollten auch entsprechende Aktualisierungen bindender Verpflichtungen erfolgen.

10.3.5. Mittelstand

22 Die Bedeutung bindender Verpflichtungen ist in der mittelständischen Compliance nicht geringer als sonst. Auch hier handelt es sich um den Kern eines CMS. Dies wird auch in der die mittelständische Compliance betreffenden Fachliteratur zu Recht betont. Die Kenntnis der rechtlichen Rahmenbedingungen ist die grundlegende Voraussetzung für wirksame und auf die spezifischen Rechtsrisiken angepassten Compliance-Maßnahmen,[273] sodass die Rechtsvorschriften identifiziert werden müssen, die für das Unternehmen relevant sind.[274] Auch einschlägige Studien kommen zum gleichen Ergebnis. Interessant zu sehen ist, dass als compliance-relevante Bereiche insbes. gesetzliche Vorgaben, Unternehmenskultur, Geschäftsordnung/Satzung, Verhaltensregeln, Richtlinien und Standards am häufigsten angekreuzt wurden.[275] Schließlich wird in einer anderen Studie darauf hingewiesen, dass im Mittelstand unter „Compliance" primär die Einhaltung gesetzlicher Anforderungen sowie interner Verhaltensstandards verstanden wird.[276] Auch dies bekräftigt die grundlegende Bedeutung der Ermittlung und ständiger Aktualisierung von bindenden Verpflichtungen. Abweichende Empfehlungen seien für den Mittelstand daher nicht geboten.

10.4. Compliance-Risk-Management (CRM)[277]

10.4.1. Allgemeine Bedeutung

23 Die Ermittlung, Bewertung und entsprechende Adressierung von Compliance-Risiken im Rahmen eines Compliance-Risk-Managements (CRM) stellt eine der wesentlichen

---

[272] Abbildung nach Ziff. 4.5.2 Beispiel DIN ISO 19600.
[273] Behringer/*Uhlig* S. 29 f.
[274] Behringer/*Uhlig* S. 31.
[275] Compliance im Mittelstand, Deloitte-Studie 2011, 9.
[276] Compliance im Mittelstand – Studie des Center for Business Compliance & Integrity, 2014, 14.
[277] Aus Platzgründen erfolgt die Darstellung des CRM nur in grobem Überblick. Einen fundierten Überblick über die Methoden finden Sie bei: *Kark,* Compliance-Risiko-Management, München 2013 und *Makowicz* Compliance/*Dieberichs* 2–20.

Funktionen eines CMS dar. Nicht nur in den hier behandelten Standards, auch in der Rechtsprechung wird dies betont, wenn etwa im Zusammenhang mit der Haftung des Vorstands für Compliance-Verfehlungen ausgeführt wird, dass Schadensprävention und Risikoanalyse als Zwecksetzung der Compliance-Organisation zu verstehen ist.[278] Zwar ist der Ansatz der Rspr., in der Risikokontrolle die Zwecksetzung der Compliance-Organisation zu erblicken, methodisch nicht ganz korrekt, stehe doch die nachhaltige Compliance-Kultur an erster Stelle, doch wird hieraus die besondere Bedeutung dieses CMS-Elements deutlich.

10.4.2. Begrifflichkeiten und systematische Einordnung[279]

Der Begriff des Compliance-Risikos und seine systematische Einordnung sowie sein Verhältnis zu den anderen Elementen lassen sich leider nur über eine systematische Auslegung der DIN ISO 19600 entnehmen. Zunächst wird Risiko als Auswirkung von Ungewissheit auf Ziele definiert,[280] während Ziel ein zu erreichendes Ergebnis ist.[281] Als Compliance-Risiko dagegen wird die Auswirkung von Ungewissheiten auf die Compliance-Ziele beschrieben.[282] Wird nun die Definition der Compliance als Einhaltung aller bindenden Verpflichtungen der Organisation verstanden, so ergibt dies eine Definition des Compliance Risikos als Auswirkungen der Ungewissheit auf die Einhaltung bindender Verpflichtungen. Daraus wird deutlich, dass Compliance-Risiken unmittelbar mit den im davor liegenden prozessualen Schritt der Ermittlung und Aktualisierung bindender Verpflichtungen untrennbar verbunden sind. Die Definition wird nur dann vollständig, wenn beachtet wird, dass ein Risiko mittels der Folgen eines Ereignisses in Verbindung mit der Wahrscheinlichkeit seines Eintretens beschrieben wird.[283] Die erwähnten Systemelemente bildet die nachfolgende Übersicht ab. 24

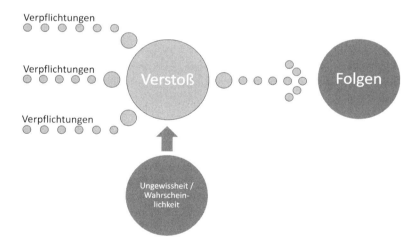

Abbildung 42: Zusammenhang zwischen bindenden Verpflichtungen und Compliance-Risiken

So abstrakt sich diese Ausführungen anhören mögen, so einfach ist die Struktur in der Praxis, was abschließend anhand eines Beispiels erläutert sei. Eine der bindenden Ver- 25

---

[278] LG München I NZWiSt 2014, 183 (187).
[279] Allgemein zum Risikomanagement vgl. Pkt. 8.1.2.
[280] Vgl. Ziff. 3.11 DIN ISO 19600.
[281] Vgl. Ziff. 3.9 DIN ISO 19600.
[282] Vgl. Ziff. 3.12 DIN ISO 19600.
[283] Vgl. Ziff. 3.11 Anm. 4 DIN ISO 19600.

pflichtungen einer Organisation kann darin bestehen, dass ihre Mitglieder mit Mitgliedern der direkten Wettbewerber keine Preisabsprachen abschließen. Eine solche bindende Verpflichtung ergibt sich aus einem Gesetz. Die Aufgabe eines CRM wird es nun sein, zu ermitteln, in welchen Situationen gegen diese Pflicht verstoßen werden kann, welche Personen zu den potenziellen Verstoßenden gehören, wie hoch die Wahrscheinlichkeit ist, dass sie es tun werden und welche Folgen sich aus einem Verstoß ergeben würden. Hierzu soll ein CRM angewendet werden. Liegen diese Festlegungen vor, so kann im weiteren Schritt geprüft werden, mit welchen Maßnahmen diesem konkreten Compliance-Risiko begegnet wird, etwa durch Sensibilisierung der betroffenen Zielgruppe, Kontrollen, Ermöglichung der Hinweisgabe, etc.[284]

10.4.3. Empfehlungen der DIN ISO 19600

26 Es wird im Standard ausdrücklich empfohlen, dass Compliance-Risiken ermittelt und bewertet werden sollten, was auf der Basis einer formalen Compliance-Risiko-Beurteilung basieren oder über einen alternativen Ansatz erfolgen kann.[285] Die Bedeutung dieses prozessualen Schritts ist enorm, wenn beachtet wird, dass die Ergebnisse zur Steuerung der ermittelten Compliance-Risiken als Basis für die geplante Zuweisung von geeigneten und angemessenen Ressourcen und Prozessen dient, um diese Risiken zu verwalten[286] und das gesamte CMS maßgeblich prägen.

27 Da im Hinblick auf die Einzelheiten der Durchführung einer Risiko-Beurteilung im Rahmen eines CRM auf die Norm ISO 31000 verwiesen wird,[287] enthält der Standard nur allgemeine Empfehlungen in dieser Hinsicht.

28 **10.4.3.1. Allgemeine Grundsätze.** Im Allgemeinen wird im Standard ausgeführt, dass zur Risikoidentifikation die bindenden Verpflichtungen im Zusammenhang zwischen der Organisation und ihren Tätigkeiten, Produkten, Dienstleistungen und maßgeblichen Aspekten ihrer Betriebsabläufe ermittelt werden sollten, um potenzielle Situationen festzulegen, in denen ein Fall der Non-Compliance eintreten könnte, wobei die Ursachen und Folgen zu berücksichtigen sind.[288]

29 Im Hinblick auf die konkrete Durchführung einer Risiko-Beurteilung bringt die Norm keine Neuerungen im Vergleich zu den allgemein praktizierten Methoden ein. So wird empfohlen, dass die Analyse auf der Zusammenstellung von zwei wesentlichen Faktoren erfolgen sollte: einerseits der Analyse der Ursachen und Quellen des Eintritts von Non-Compliance und andererseits der Erheblichkeit der Folgen hiervon, darunter Personen- oder Umweltschäden, wirtschaftlicher Verluste, Rufschädigungen und Haftung.[289]

30 Im weiteren Schritt erfolgt aufgrund der vorhergehenden Analyse die Risikopriorisierung, wobei die ermittelte Risikostufe mit der Risikostufe zu vergleichen ist, welche die Organisation eingehen möchte. Dieser Vergleich ergibt eine Priorisierung des entsprechenden Handlungsbedarfs, insbes. von Überwachungs- und Kontrollmaßnahmen.[290]

31 Der der DIN ISO 19600 zugrunde liegende Ansatz eines CRM wird anhand der nachfolgenden Übersicht bildlich verdeutlicht.

---

[284] Zu potenziellen Maßnahmen s. ab Pkt. 15.
[285] Vgl. Ziff. 4.6 Abs. 1 S. 1 und 2 DIN ISO 19600.
[286] Vgl. Ziff. 4.6 Abs. 1 S. 3 DIN ISO 19600.
[287] Vgl. Ziff. 4.6 Anm. 3 DIN ISO 19600.
[288] Vgl. Ziff. 4.6 Abs. 2 DIN ISO 19600.
[289] Vgl. Ziff. 4.6 Abs. 3 DIN ISO 19600.
[290] Vgl. Ziff. 4.6 Abs. 4 DIN ISO 19600.

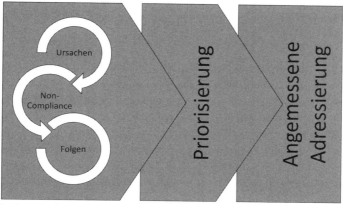

Abbildung 43: CRM nach DIN ISO 19600 in vereinfachter Form

Dieser Ansatz könnte dazu führen, was mit dem Grundsatz der nachhaltigen Compli- **32** ance-Kultur kaum zu vereinbaren wäre, nämlich dass sich die Organisation mit solchen Compliance-Risiken, die eine geringe Eintrittswahrscheinlichkeit aufweisen und geringen Schaden verursachen könnten, abfinden möchte. Der Gegensatz zu diesem irreführenden Verständnis wird in der Norm jedoch selbst betont, wenn klargestellt wird, dass der risikobasierte Ansatz nicht dahingehend missverstanden werden sollte, dass die Organisation einen Fall der Non-Compliance in einer Situation mit niedrigem Compliance-Risiko akzeptieren soll. Vielmehr soll mit der Empfehlung nur so viel gesagt werden, dass das Hauptaugenmerk in erster Linie auf die Ressourcen und auf höhere Risiken zu richten ist, jedoch generell alle Compliance-Risiken angemessen zu behandeln sind.[291]

10.4.3.2. Wiederholungsintervalle. In der Praxis stellt sich oft die Frage, wie oft ein **33** CRM wiederholt werden sollte. Hierzu enthält der Leitfaden einige grobe Richtlinien, die die nachfolgende Skizze exemplarisch aufführt.

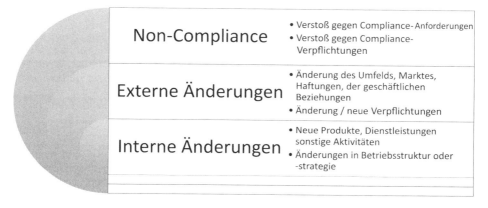

Abbildung 44: Wiederholungsintervalle für ein CRM[292]

Die Skizze macht deutlich, dass eine Risiko-Beurteilung immer dann wiederholt **34** durchzuführen ist, wenn es zu signifikanten Änderungen gekommen ist. Diese können

---

[291] Vgl. Ziff. 4.6 Anm. 2 DIN ISO 19600.
[292] Die Abbildung basiert auf den Empfehlungen der Ziff. 4.6 Abs. 5 DIN ISO 19600.

entweder interne oder externe Aspekte betreffen. Eine Risiko-Beurteilung sollte jedoch immer dann wiederholt durchgeführt werden, wenn es zu Non-Compliance gekommen ist. Ziel der Risikoanalyse ist in den Fällen die Feststellung, was die Ursachen der Unregelmäßigkeit waren, um die Wiederholung ähnlicher Fälle für die Zukunft auszuschließen und entsprechende Aufarbeitungsmaßnahmen im konkreten Falle zu ergreifen.

Jedoch sollte ein CRM auch unabhängig vom Eintreten eines der erwähnten Ergebnisse in regelmäßigen Zeitabständen wiederholt werden. Wie oft etwa pro Jahr dies zu erfolgen hat, lässt sich jedoch nicht pauschal beurteilen und sollte gemäß der Grundsätze der Angemessenheit und Flexibilität für jede Organisation individuell festgelegt werden. In der Regel erfolgen die Wiederholungen in der Praxis zwischen ein bis drei Mal pro Jahr.

10.4.4. Grundsätze der Risikoverwaltung nach ISO 31000[293]

35 Da DIN ISO 19600 im Hinblick auf die Durchführung und Ausgestaltung von CRM auf die Norm ISO 31000 *Risk management – principles and guidelines* verweist, sei auf die dort enthaltenen Empfehlungen verwiesen. Nur exemplarisch wird hier erörtert, wie nach ISO 31000 Risiken verwaltet werden können, was in der nachfolgenden Übersicht zusammengefasst wurde.

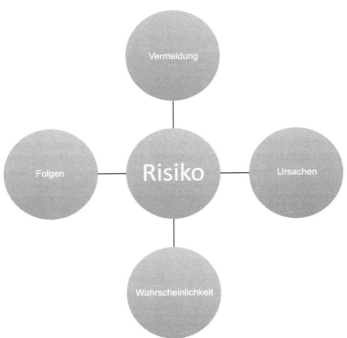

Abbildung 45: Methoden der Risikoverwaltung nach ISO 31000

36 Aus der Abbildung ergibt sich, dass bei dem festgestellten Risiko an einigen Stellen angesetzt werden kann. Es muss im konkreten Falle entschieden werden, welcher der Ansätze gewählt wird und ob sie einzeln oder kumulativ durchgeführt werden. So kann zunächst beschlossen werden, was idR bei erheblichem Risiko passiert (nicht zu eliminierende Ursachen und erhebliche Folgen), dass die risikobehaftete Aktivität nicht verfolgt wird. Damit wird das Risiko vollständig ausgeschlossen. Ist dies möglich, so bietet sich die Eliminierung der Ursache des Risikos als eine weitere Methode. Schließlich können die

---

[293] Grundlegend dazu bei *Herdmann* COMPLY 1/2016, 38 ff.

potenziellen Folgen oder die Wahrscheinlichkeit der Risikorealisierung gemindert werden. Es handelt sich dabei um vier grundlegende Methoden der Behandlung von Risiken, es können auch weitere hinzutreten, bzw. entwickelt werden, wie etwa die Schadensminimierung durch sog. Risikodiversifizierung, dh Verlegung des Risikos auf mehrere Aktivitäten, so ist zB das Risiko des vollständigen Verlusts des zu befördernden Guts geringer, wenn das Gut geteilt auf fünf Lkw transportiert wird, als wenn das gesamte Gut auf einen Lkw beladen worden wäre.

10.4.5. CRM im Mittelstand

Die Beibehaltung des risikobasierten Ansatzes in der DIN ISO 19600 wurde insbes. im **37** Hinblick auf den Mittelstand in dem einschlägigen ISO-Gremium mehrfach leidenschaftlich diskutiert. Zum einen ist eine formale Risiko-Beurteilung in kleineren Unternehmen oft nicht erforderlich, sodass ihrer Einführung der Grundsatz der Verhältnismäßigkeit entgegenstehen würde. Zum anderen kann die Risikosteuerung oft durch andere Methoden der Informationsbeschaffung anstelle einer formellen Risiko-Beurteilung ersetzt werden.

Den Interessen des Mittelstandes in Sachen CRM wird in der Norm DIN ISO 19600 **38** aber im Ergebnis in vielfacher Weise Rechnung getragen. Zum einen wird in der Norm klar empfohlen, dass Organisationen ihre Compliance-Risiken identifizieren sollten. Dies kann aber entweder durch ein CRM erfolgen oder durch alternative Methoden ersetzt werden.[294] Sollte sich ein Mittelständler dennoch für ein CRM entscheiden, so müssen bei der Festlegung der Tiefe und Detailstufe eines solchen Systems die einschlägige Risikosituation, Kontext, Größe und Ziele der Organisation beachtet werden.[295] Auch an dieser Stelle findet somit der Grundsatz der Flexibilität Anwendung.

Ebenfalls in der einschlägigen Fachliteratur wird die Bedeutung der Risikobewertung **39** im Mittelstand hervorgehoben, wenn etwa ausgeführt wird, dass aufgrund einer umfassend zu erfolgenden Risikoanalyse deutlich wird, auf welche Art und Weise und welchen Risiken zu begegnen ist.[296] Mit anderen Worten, die Frage nach der CMS-Ausgestaltung ist die Frage des einschlägigen Risikoumfelds.[297] Jedes Unternehmen unabhängig von Branche und Größe kann anhand einer eingehenden Selbstuntersuchung diejenigen Bereiche identifizieren, die risikoanfällig sind und ihnen mit entsprechenden Compliance-Maßnahmen begegnen.[298] Auch hinsichtlich der Wiederholungen wird betont, dass sich die Risikostrukturen so dynamisch, wie sich manchmal die Geschäftsprozesse im Unternehmen verändern.[299] Schließlich ergeben die Erhebungen, dass zu den wesentlichen Risikobereichen im Mittelstand die nachfolgenden Bereiche gehören:

* Korruption,
* Wettbewerbsvorschriften,
* Datenschutz,
* Arbeits- und Sozialstandards,
* Umweltschutz,
* Produkthaftung
* Exportbestimmungen sowie
* Zollvorschriften.[300]

---

[294] Siehe Pkt. 10.4.3.1.

[295] Vgl. Ziff. 4.6 Anm. 1 DIN ISO 19600.

[296] *Heybrock* S. 8.

[297] *Remberg* BB 3/2012, I.

[298] *Fissenewert* S. 54.

[299] *Remberg* BB 3/2012, I.

[300] Compliance im Mittelstand – Studie des Center for Business Compliance & Integrity, Konstanz 2014, S. 25.

10.4.6. Besonderheiten eines AMS

40 Die Anforderungen an ein Bribery Risk Management (BRM) nach ISO 37001 sind viel schlanker,[301] als die an sich auch schon recht überschaubaren und bereits erwähnten Empfehlungen der DIN ISO 19600. Daraus ergibt sich, dass bei der Umsetzung der Empfehlungen hinsichtlich des CRM aus DIN ISO 19600 zugleich die diesbezüglichen Anforderungen nach ISO 37001 umgesetzt werden können. Auch dieser Umstand rechtfertigt den Integrationsansatz und die Erfassung, Steuerung und Bewertung von Korruptionsrisiken im Rahmen eines einheitlichen Compliance-Risk-Managements.

41 Lediglich hinsichtlich einer Sondermaßnahme nach ISO 37001 in Form der Geschäftspartnerprüfung enthält die Norm eine Sonderanforderung hinsichtlich der Risikoverwaltung. Hiernach können verschiedene Arten der Geschäftspartner verschiedene Grade von Risikosteuerung rechtfertigen.[302] Auf die korruptionstechnische Maßnahme der Geschäftspartnerprüfung wird im weiteren Verlauf gesondert eingegangen.[303]

10.5. Anwendungsbereich des CMS

42 Sind die Informationen über die Organisation und die interessierten Parteien erfasst, die bindenden Verpflichtungen ermittelt und aktualisiert und die Risiken erfasst und bewertet, so steht der Kontext der Organisation fest und es kann der Anwendungsbereich des CMS festgelegt werden.

43 Beide Normen legen fest, dass der Anwendungsbereich des jeweiligen Systems individuell von den Organisationen festzulegen ist. Zu betonen ist zugleich, dass der Anwendungsbereich in der Compliance-Politik[304] schriftlich festzulegen ist. Die in diesem Unterabschnitt gemachten Ausführungen gelten somit zugleich für die Methode der Festlegung des Anwendungsbereichs iRd Compliance-Politik. Beide Normen gehen in dem Zusammenhang von der Flexibilität des jeweiligen Managementsystems aus. So müssen die Anwendungsbereiche jeweils an die Größe, Struktur, Komplexität und Natur der Organisation angepasst werden.

44 Zu unterteilen ist dabei zwischen drei Bereichen. Zum einen muss die Organisation festlegen, welche Materien von dem CMS umfasst werden, insofern reden wir von dem sachlichen Anwendungsbereich. Zum anderen ist zu bestimmen, ob das CMS nur für eine Einheit einer größeren Organisation oder für die gesamte Organisationsstruktur eingerichtet wird. In dem Falle geht es um den sog. räumlichen Anwendungsbereich. Schließlich kann ein CMS auch in funktionaler Hinsicht festgelegt werden, wenn es um die Bereiche der Organisation geht, die von dem CMS erfasst werden sollten. Die Norm selbst empfiehlt auch, dass die Festlegung des Anwendungsbereichs in geographischer und/oder organisatorischer Hinsicht erfolgt.[305] Schließlich abzugrenzen sind die og Anwendungsbereiche von der Anwendbarkeit der ISO-Normen, die bereits erörtert wurde.[306]

10.5.1. Sachlicher Anwendungsbereich

45 Der sachliche Anwendungsbereich unterscheidet sich zwischen DIN ISO 19600 und ISO 37001 wesentlich. Die Unterscheidung knüpft an die Abgrenzung zwischen den beiden Normen an.[307] Während DIN ISO 19600 für sämtliche Compliance-Risiken anwendbar ist und damit ein recht weiter Anwendungsbereich besteht, der entsprechend angepasst

---

[301] Vgl. Ziff. 4.5 ISO 37001.
[302] Vgl. Ziff. 3.26 Anm. 2 ISO 37001.
[303] Siehe Pkt. 15.6.1.
[304] Ausführlich siehe unter Pkt. 12.
[305] Vgl. Ziff. 4.3 Anm. 1 DIN ISO 19600.
[306] Siehe Pkt. 3.3.
[307] Siehe Pkt. 2.3.3.

werden muss, ist der Anwendungsbereich der ISO 37001 sehr eng und nur auf die Bestechungshandlungen beschränkt.

10.5.1.1. DIN ISO 19600. Wie bereits erwähnt, was durch die Prinzipien der Flexibilität **46** und Verhältnismäßigkeit abgesichert wird, sollte es sich bei jedem zu implementierenden CMS um eine Individuallösung handeln. Aus diesem Grunde sollte auch der auf die Bedürfnisse der Organisation angepasste Anwendungsbereich des CMS individuell festgelegt werden. Zugleich zu betonen ist, dass die durch HLS[308] bedingte Systematik der DIN ISO 19600 etwas irreführt. Die Festlegung des Anwendungsbereichs sollte nämlich erst dann erfolgen, wenn auch die Risikoanalyse durchgeführt worden ist. Hierfür sprechen mehrere Argumente. Insbes. sollten in dem Anwendungsbereich die in der Organisation bestehenden Compliance-Risiken abgebildet werden. Ferner sind Verpflichtungen, die nach der Norm in dem Anwendungsbereich zu berücksichtigen sind, untrennbar mit den Compliance-Risiken verbunden, sodass es wenig Sinn machen würde, die Verpflichtungen, aber keine Risiken zu berücksichtigen.

Bei der Festlegung des Anwendungsbereichs sollten der Kontext der Organisation,[309] **47** die interessierten Parteien[310] sowie die bindenden Verpflichtungen[311] berücksichtigt werden. Zu berücksichtigen sind ferner wie bereits erwähnt auch die Compliance-Risiken. In systematischer Hinsicht werden diese Maßnahmen bereits im frühen Stadium empfohlen, nämlich gleich nach der Ermittlung der Grundinformationen (Kontext der Organisation).[312]

Abbildung 46: Festlegung des sachlichen Anwendungsbereichs eines CMS

An der Stelle wird ein systematischer Bruch in der Norm deutlich, den es zu beachten **48** gilt. Die Norm empfiehlt, dass bei der Festlegung des Anwendungsbereichs auch die bindenden Verpflichtungen der Organisation zu beachten sind. Dies ist auch richtig. Unglücklich ist nur in systematischer Hinsicht, dass die Empfehlungen hinsichtlich des Anwendungsbereichs in Ziff. 4.3 DIN ISO 19600 und diejenigen hinsichtlich der Ermittlung von Verpflichtungen erst in Ziff. 4.5.1 enthalten sind. In der Praxis empfiehlt es sich jedenfalls, zunächst die Verpflichtungen und die daraus resultierenden Risiken zu ermitteln und erst, wenn sämtliche compliance-relevante Informationen vorliegen, zur Festlegung des Anwendungsbereichs, unter Beachtung der übrigen og Aspekte, überzugehen.

Hinsichtlich der Compliance-Risiken und der ihnen zugrunde liegenden Verpflichtun- **49** gen müssen Organisationen ebenfalls am eigenen Bedarf orientiert entscheiden, welche Risikobereiche von dem CMS abgedeckt werden sollten. An der Stelle stellt sich die Abgrenzungsfrage zu diversen weiteren Risikobereichen, die typischerweise oder noch nicht im Rahmen eines integrierten CMS behandelt werden. So wird zB der Bereich der Steuer nicht im Rahmen eines CMS erfasst, ähnlich etwa der Bereich der Außenwirtschaft. Auch wenn auch hier für integrierte Lösungen plädiert wird,[313] so müssen Organisationen für sich selbst einen effektiven Weg finden. Dieselbe Frage wird sich iRd Steuerung von Korruptionsrisiken ergeben: Sollten diese im Rahmen eines integrierten CMS oder im

---

[308] Siehe Pkt. 8.1.1.
[309] Siehe Pkt. 10.1.
[310] Siehe Pkt. 10.2.
[311] Siehe Pkt. 10.3.
[312] Siehe Pkt. 10.
[313] Vgl. für Steuerwesen bei *Makowicz* COMPLY 2/2016, 12 ff.

Rahmen eines zusätzlichen Systems gesteuert werden? Empfohlen wird eine integrierte Lösung, die insbes. durch die parallele Anwendung der beiden Normen DIN ISO 19600 und ISO 37001 erleichtert wird, wo viele gemeinsame Elemente zu Zwecken von beiden Systemen verwendet werden können.[314]

50 **10.5.1.2. ISO 37001.** Der sachliche Anwendungsbereich der ISO 37001 ist viel überschaubarer geregelt als der der DIN ISO 19600. Die Festlegungen hierzu sind auch in der Norm selbst enthalten und gewähren dem Anwender wenig Spielraum. Nach einer recht klaren Aussage gleich zu Anfang der Norm ist diese nur auf Bestechungshandlungen anwendbar.[315] Hinsichtlich der zu beachtenden Verpflichtungen wird sinngemäß gefordert, dass idS die einschlägigen Antikorruptionsvorschriften zu beachten sind und die Norm nicht auf etwa Betrug, Geldwäsche, Kartell- oder sonstige Delikte anwendbar ist.[316]

51 Hinsichtlich der Vorgehensweise bei der Festlegung des Anwendungsbereichs decken sich die Anforderungen der ISO 37001 wieder mit den Empfehlungen der DIN ISO 19600. Anders jedoch als bei der DIN ISO 19600 wird hier kein Systembruch begangen, wenn verlangt wird, dass bei der Festlegung des Anwendungsbereichs neben dem Kontext der Organisation und interessierten Parteien auch die Ergebnisse der Risikoanalyse zu berücksichtigen sind.[317] Auch dies bekräftigt aber die bei der DIN ISO 19600 vorgeschlagene Vorgehensweise, stets auch diesen Aspekt zu berücksichtigen. ISO 37001 erwähnt zwar nicht die bindenden Verpflichtungen, da es sich hier aber wegen des sehr engen Anwendungsbereichs nur um die Antikorruptionsgesetze handeln kann, mussten diese auch nicht expliziert erwähnt werden.

10.5.2. Funktionaler Anwendungsbereich

52 Des Weiteren kann ein CMS auch in funktionaler Hinsicht unterschiedlich zum Einsatz kommen. In einigen Organisationen werden nur ihre ausgewählten Bereiche umfasst, in anderen wiederum alle. Im Hinblick auf die Festlegung des funktionalen Anwendungsbereichs der DIN ISO 19600 sei eine systematische Auslegung der Normen geboten. In den Anmerkungen zur Definition eines Management-Systems, die mit der Definition der Compliance gemeinsam gelesen, die Definition eines CMS ergibt,[318] wird erklärt, dass ein Management-System entweder eine bestimmte Disziplin oder mehrere hiervon umfassen kann.[319] Ferner wird ausgeführt, dass ein Management-System die gesamte Organisation oder ihre bestimmten Funktionen oder ihre Bereiche oder aber eine oder mehrere Funktionen über eine Gruppe von Organisationen umfassen kann.[320] Aus dieser Empfehlung wird deutlich, dass auch der funktionale Anwendungsbereich der Norm nach den konkreten Bedürfnissen der Organisation festzulegen ist. Darauf, welchen Lösungen der Vorzug zu geben ist, wird im weiteren Verlauf eingegangen.[321]

10.5.3. Räumlicher Anwendungsbereich

53 Eine wichtige und in der Praxis oft behandelte Frage stellt der räumliche Anwendungsbereich dar. Insbes. bei multinationalen Organisationen, die den Hauptsitz der Muttergesellschaft in einem Land haben und weitere Niederlassungen in anderen Ländern unterhalten, stellt sich die Frage, ob ein CMS für die gesamte Organisationsstruktur (zentrale Lösung) oder getrennte Systeme einzurichten sind, oder aber gemischt Lösungen prakti-

---

[314] Siehe Pkt. 2.3.4.
[315] Vgl. Ziff. 1 Abs. 2 S. 1 ISO 37001.
[316] Vgl. Ziff. 1 Abs. 3 ISO 37001.
[317] Vgl. Ziff. 4.3 ISO 37001.
[318] Siehe Pkt. 3.1.3.
[319] Vgl. Ziff. 3.7 Anm. 1 DIN ISO 19600.
[320] Vgl. Ziff. 3.7 Anm. 3 DIN ISO 19600.
[321] Siehe Pkt. 10.5.5.

ziert werden. Da CMS wie bereits ausgeführt werte- und kulturorientierte Systeme darstellen, stellt sich eine besondere Herausforderungen zusätzlich in den Konstellationen, in denen Mitglieder einer Organisation in diversen Ländern verschiedenen Kulturkreisen zugehören.[322]

10.5.3.1. Allgemeine Anmerkungen. Ob sich das Mutterunternehmen für gute CMS **54** bei seinen Töchtern einsetzen muss, mag rechtlich gesehen nicht ganz klar sein, der in diesem Praxishandbuch verfolgte praktische Ansatz liefert jedoch für diese Frage eine klare und bejahende Antwort. Recht pragmatische Gründe sprechen eindeutig dafür: Die Fälle von Non-Compliance in einer Tochtergesellschaft können sehr schnell zu Compliance-Problemen der Mutter werden, denn globale Konzernstrukturen, die noch in der Rechtsform variieren mögen, jedoch mit gleicher Firma (Namen) bezeichnet werden, werden als eine Einheit betrachtet. Führt ein Fall der Non-Compliance zu einem Reputationsschaden, so wirkt sich dieser für die gesamte Organisationsstruktur aus, von potenziellen Haftungsfragen ganz zu schweigen.

Lösungen in dem Bereich sind in einem Ansatz zu suchen, in dem zwar zentrale CMS **55** eingerichtet werden, bei denen jedoch die soziokulturellen Unterschiede der Mitglieder der Organisationseinheiten in anderen Kulturkreisen (anderen Ländern) beachtet werden. Der bereits erwähnte Ansatz von Cross Cultural Compliance[323] kann einen guten Einstieg in die einschlägigen Überlegungen bieten. Auch geht der DCGK in Ziff. 4.1.3 davon aus, dass das Konzernunternehmen von der Compliance-Pflicht umfasst ist, dh die gesamte Konzernstruktur.

Im Bereich der die eigenen Landesgrenzen überschreitenden Implementierung und **56** Umsetzung von Compliance-Standards ist insbes. zu beachten, dass die Unternehmen einen Teil der Gesellschaften ausmachen und sich diese von Land zu Land massiv voneinander unterscheiden können. Bei der weltweiten Implementierung von Compliance-Standards sind daher höchste Sorgfalt und die wesentlichen Grundsätze der Cross Cultural Compliance (CCC)[324] zu beachten.

10.5.3.2. Umsetzung des CCC-Ansatzes. Der hier vertretene CCC-Ansatz basiert auf **57** zwei wesentlichen Konzepten. Durch die CCC-Methoden soll einerseits der Versuch unternommen werden, die Schnittmengen zwischen der Herkunftskultur und Anwendungskultur einer bestimmten lokalen Gesellschaft zu ermitteln. Das einer bestimmten Gesellschaft zugrundeliegende Wertesystem kann eine bedeutende Auskunft darüber vermitteln, warum und inwiefern bestimmte Rechtsnormen angewendet und die anderen missachtet werden. Ohne das Verständnis für
- die Hintergründe einer Gesellschaft,
- ihre Religion und Kultur,
- das Verhältnis zwischen Arbeitgeber und Beschäftigten,
- Zielsetzungen und Weltanschauung

wird es kaum möglich sein, die Beweggründe für potentzielle Non-Compliance zu erfassen. Ohne die letztgenannte Kenntnis wird es wiederum unmöglich sein, die angepassten Compliance-Maßnahmen anzuwenden und damit ein CMS im Konzernunternehmen effektiv zu gestalten. Der CCC-Ansatz bietet somit eine Brücke zwischen Herkunftskultur der Normadressaten einerseits und der Anwendungskultur, die durch die Herkunft unmittelbar bedingt wird, andererseits.

---

[322] Ausf. zu der Problematik Pkt. 3.2.2.
[323] Siehe Pkt. 3.2.2.2.
[324] Mehr dazu bei *Makowicz* Business Compliance 6/2015, 35 ff.

Abbildung 47: Herkunfts- und Anwendungskultur

58 Das zweite Konzept hebt die Bedeutung von CCC auf eine übergeordnete Ebene und befasst sich mit der heutzutage anzutreffenden globalen Entwicklung. Die immer schnell voranschreitende Globalisierung der wirtschaftlichen Tätigkeit und der heute mehr als je zuvor ausgeprägte Welthandel führen dazu, dass die internationale Völkergemeinschaft immer wieder versucht, durch Abschluss von internationalen Abkommen universelle Regelungen zu verabschieden, welche nach der Transformation in das nationale Recht in allen betroffenen Ländern verbindliche Regeln aufstellen. Dabei wird jedoch oft missachtet, dass die ethischen und weltanschaulichen Vorstellungen in diversen Ländern der Welt zum Teil erheblich voneinander abweichen, sodass beim Versuch, universelle Regeln zu schaffen, oft das Ziel verfehlt wird und anstatt Befolgung eine gängige Umgehungspraxis entsteht. Der zweite CCC-Ansatz erfüllt somit eine Brückenfunktion zwischen der zunehmenden Universalität der Regimes einerseits und der Diskrepanz der Kulturen im Hintergrund andererseits (Kunden, Beamten, Geschäftspartnerbeziehungen; auch: Religion, Familie, Arbeitskultur, uvm).

59 Schließlich sei auf die andere Seite der Medaille hingewiesen: Indem Compliance-Standards unter Anwendung des CCC-Ansatzes durchgesetzt werden, kann ein CMS als solches auch als ein Standardsetzungsinstrument betrachtet werden. Die wirtschaftliche Überlegenheit vieler Unternehmen und die auf der anderen Seite bestehende wirtschaftliche Abhängigkeit der Zulieferer von Großunternehmen führt zu einer Situation, in der die Großunternehmen, die zu Recht befürchten, dass die Compliance-Probleme ihrer Partner auf sie überschlagen könnten, unter Androhung von Abbruch der geschäftlichen Beziehungen bei den letzteren durchsetzen, dass gewisse Compliance-Standards eingeführt werden.

10.5.4. Anwendungsbereich im Mittelstand

60 Hinsichtlich des Anwendungsbereichs des CMS im Mittelstand seien keine Besonderheiten festgestellt. Auch die Mittelständler sollten den Anwendungsbereich nach dem eigenen Bedarf festlegen, der sich wiederum aus dem Kontext der Organisation, den Interessen anderer Parteien, den Verpflichtungen und dem Ergebnis der Risikoanalyse ableiten soll.

10.5.5. Integration und Zentralisierung

61 Welche Argumente für die Integration der Managementsysteme in einer Organisation sprechen, ist bereits an einer anderen Stelle ausführlich erläutert. Gesondert für die Zwecke dieses Praxishandbuch ist dort die Integration als ein allgemeiner Compliance-Grundsatz beschrieben worden.[325] Selbstverständlich sollte der Integrationsgrundsatz insbes. bei der Festlegung des Anwendungsbereichs eine wesentliche Rolle spielen. Es wird dafür plädiert, dass die Integration in funktionsspezifischer, risikoorientierter, räumlicher und struktureller Hinsicht im Anwendungsbereich des CMS festgehalten wird.

---

[325] Ausf. Pkt. 7.6.2.

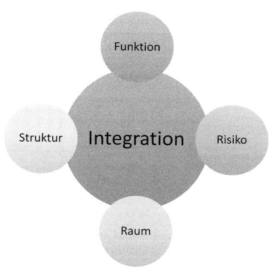

Abbildung 48: Berücksichtigung des Integrationsansatzes im CMS-Anwendungsbereich

10.5.5.1. Funktionale Integration. Die funktionsspezifische Integration bedeutet dabei, 62
dass die Funktionen, die in diversen Managementsystemen auftauchen und sich über-
schneiden, mit denen eines CMS zusammengeführt werden können. Werden etwa in einer Organisation bereits verschiedene Mitarbeiterschulungen mit dem Ziel durchgeführt,
die Kenntnisse und Fähigkeiten zu steigern, so können in die jährlichen Schulungspläne
ebenfalls die Compliance-Schulungen integriert werden. Bei der Durchführung kann
wiederum an die bewährte Methodik angeknüpft werden.

10.5.5.2. Risikoorientierte Integration. Die risikoorientierte Integration besagt so viel, 63
dass alle Compliance-Risiken im Rahmen eines integrierten CMS gesteuert werden sollten. Hierzu müssen primär wie bereits oben beschrieben die bindenden Verpflichtungen
der Organisation ermittelt werden. Hieraus ergeben sich Risiken, die zentral zu steuern
sind. Auch wenn es sich um solche Risiken wie diejenigen im Bereich der Steuer oder
Außenwirtschaft handelt, die typischerweise von anderen Abteilungen als der Compliance-Abteilung gesteuert werden, so ist es aus Effektivitäts- und Effizienzgründen zu
überlegen, ob nicht auch diese Risiken in einem einheitlichen CMS zusammenlaufen
sollten, anschließend aber an die zuständigen Stellen abgelegt werden können.[326]

10.5.5.3. Räumliche Integration. Bei der räumlichen Integration geht es eher um die 64
Frage der Zentralisierung oder Dezentralisierung eines CMS. Es können diverse Lösungen
praktiziert werden. Empfehlenswert ist der Ansatz der Zentralisierung unter klarer Rollenverteilung und Beachtung der soziokulturellen Unterschiede, sollte es sich um eine
multinationale Organisationsstruktur handeln.[327]

10.5.5.4. Strukturelle Integration. Auch hinsichtlich der Compliance-Strukturen spre- 65
chen mehrere Gründe dafür, einen integrativen Ansatz zu verfolgen. So kann ein CMS
ähnlich wie ein AMS in die bestehende Struktur und die sonstige Landschaft der jeweili-

---

[326] Ausf. zur Zusammenführung von Steuersystemen in ein CMS bei *Makowicz* COMPLY 2/2016, 12 ff.
[327] Mehr dazu unter Pkt. 3.2.2.

gen Organisation eingebettet werden. Damit können vorhandene Ressourcen verwendet und die benötigten Investitionen schlank gehalten werden.[328]

10.6. Mittelstand

66 Hinsichtlich der Ermittlung der Informationen über die Organisation und ihre Stakeholder ergeben sich iRd mittelständischen Compliance keine Besonderheiten. Auch im Mittelstand geht es primär, also bevor weitere CMS-Elemente durchgeführt werden, darum, nicht nur alle compliance-relevanten Informationen, sondern vor allem die bindenden Verpflichtungen sowie die Compliance-Risiken der Organisation zu ermitteln und zu bewerten. Erst auf der Basis können weitere Prozessschritte erfolgen.

10.7. Anforderungen nach ISO 37001

67 Auf einige Aspekte im Zusammenhang mit dem Anwendungsbereich eines AMS ist bereits eingegangen worden, insbes. wenn es um den Anwendungsbereich der ISO 37001 geht, der iRd Kontextes der Organisation festzulegen ist. Darüber hinaus enthält ISO 37001 keine Sonderanforderungen, die über die bereits erörterten Empfehlungen des DIN ISO 19600 hinausgehen würden. Auch ISO 37001 geht davon aus, dass der Kontext der Organisation und die Erwartungen der interessierten Parteien zu erfassen sind, der Anwendungsbereich festzulegen und ein risikobasiertes AMS zu etablieren ist.[329]

11. Rolle der Führung (Schritt 2/8)

68 Entscheidend bei jedem CMS ist die Rolle der Führung der Organisation, bei der es sich um den zweiten methodischen CMS-Schnitt handelt. Diese sollte sich nicht nur zu Compliance bekennen, sondern das CMS in allen seinen Phasen ermöglichen und aktiv unterstützen, indem ua ausreichende personelle und finanzielle Ressourcen bereitgestellt werden.

11.1. Bedeutung

69 Beide Standards messen der Rolle der Organisationsführung erhebliche Bedeutung zu.[330] Dies deckt sich auch mit der Rechtsprechung in Deutschland und knüpft einerseits an die Rechtspflichten des Vorstandes bzgl. der Compliance, andererseits aber an die damit verbundenen Funktionalitäten für das CMS an. Das Führungsgremium trifft die Gesamtverantwortung für eine funktionierende Compliance-Organisation,[331] die über Auswahl-, Anweisungs- und Kontrollpflicht der Führung gegenüber den Beschäftigten[332] ausgeübt wird. Die so beschriebenen Anforderungen der Rechtsprechung können über die konkreten Empfehlungen der Standards in der Organisationsrealität effektiv umgesetzt werden.

70 Die Rolle der Führung für das CMS wird jedoch oft nicht korrekt verstanden mit der Folge, dass es defizitär umgesetzt wird. Nicht selten schränkt sich die Rolle der Führung darauf ein, dass diese ein Bekenntnis zur Compliance (sog. *tone from the top*) abgibt, womit die Aufgaben für die Compliance durch die Führung als erledigt abgehakt werden. Dass ein solcher Ansatz falsch ist, wird aus den vielfältigen Empfehlungen der beiden Standards deutlich, die eine aktive Unterstützung des CMS durch die Führung in allen Stadien des CMS vorsehen.

---

[328] Siehe Pkt. 2.3.4 und 7.6.1.
[329] Vgl. Ziff. 4 ISO 37001 mit weiteren konkreten Anforderungen.
[330] Jeweils Ziff. 5 DIN ISO 19600 und ISO 37001.
[331] LG München I NZWiSt 2014, 183 Ls. 1.
[332] LG München I NZWiSt 2014, 183 (184).

11.2. Begriffe

Je nach Führungsaufgabe unterscheiden die Normen zwischen zwei Führungsebenen. Es **71** wird insofern von der obersten Leitung und von einem Führungsgremium gesprochen, dem die oberste Leitung untersteht.

Abbildung 49: Führungsgremium und oberste Leitung

11.2.1. Oberste Leitung *(top management)*

Bei der obersten Leitung geht es um eine Person oder Personengruppe, die eine Organi- **72** sation auf der obersten Ebene führt und steuert.[333] Der Begriff wird mit zwei Anmerkungen weiter erläutert. Danach muss die oberste Leitung zum einen in der Lage sein, Verantwortungen innerhalb der Organisation zu delegieren und Ressourcen bereitzustellen.[334] Zum anderen, falls ein CMS nur Teile der Organisation umfassen wird,[335] wird dabei nur die oberste Leitung gemeint, die für den betroffenen Teil zuständig ist.[336]

11.2.2. Führungsgremium *(governing body)*

Bei dem Führungsgremium dagegen geht es um Person oder Personengruppe, die eine **73** Organisation führt, die Ausrichtung festlegt und die die oberste Leitung verantwortlich macht.[337] Das Führungsgremium kann bestehen aus, ist aber nicht hierauf beschränkt, einem Verwaltungsrat als Leitungs- und Kontrollgremium im anglo-amerikanischen Rechtsraum, einem Aufsichtsrat, einem Verwaltungsratsausschuss.[338] ISO 37001 stellt ferner klar, was die Unterlegenheit der obersten Leitung dem Führungsgremium gegenüber betont, dass die oberste Leitung dem Führungsgremium gegenüber berichtspflichtig ist.[339]

11.2.3. Abgrenzung und Handhabung

Weitere für die Praxis wertvolle Erläuterungen zur Begriffsabgrenzung sind in der ISO **74** 37001 zu finden. Hiernach wird zunächst ausgeführt, dass nicht alle Organisationen (insbes. die kleinen Unternehmen) zwischen Führungsgremium und der obersten Leitung

---

[333] Vgl. Ziff. 3.3 DIN ISO 19600.
[334] Vgl. Ziff. 3.3 Anm. 1 DIN ISO 19600.
[335] Zum Anwendungsbereich siehe Pkt. 10.5.
[336] Vgl. Ziff. 3.3 Anm. 2 DIN ISO 19600.
[337] Vgl. Ziff. 3.4 DIN ISO 19600.
[338] Vgl. Ziff. 3.7 Anm. 1 ISO 37001
[339] Vgl. Ziff. 3.7 ISO 37001.

unterscheiden, sondern idR nur ein Führungsgremium besitzen,[340] dem die Aufgaben und Zuständigkeiten beider Gremien zukommen.

75   Ferner wird betont, dass Organisationen unterschiedlich, je nach dem nationalen Rechtssystem, strukturiert sein können, wonach sie entweder über die oberste Leitung und ein Führungsgremium verfügen, oder aber keine Trennung der Gremien auf der obersten Ebene vornehmen. Die nationalen Gegebenheiten sollten jedenfalls bei der Implementierung der Anforderungen betreffend die Aufgaben und Rollen der Führung beachtet werden.[341]

76   Hinsichtlich der Umsetzung der Normen in Deutschland kann es sich je nach der Rechtsform der betreffenden Organisation um diverse Gremien handeln, wie etwa einen Vorstand, einen Verwaltungsrat oder sonstige Führungsgremien. Die in den ISO-Normen aufgestellten Verpflichtungen und Aufgaben hinsichtlich der Führung betreffen idR sowohl die oberste Leitung, als auch das Führungsgremium, sodass es in der Praxis idR auf die Abgrenzung nicht ankommen wird und im Nachfolgenden beide unter dem Begriff „Führung" zusammengefasst werden.

11.3. Führung als „Ermöglicher"

77 Die fundamentale Rolle der Führung besteht darin, das Funktionieren eines effektiven CMS zu ermöglichen. Insofern könnte ihre wesentliche Rolle als „Ermöglicher" der Compliance in der Organisation bezeichnet werden. Dies steht in den Standards nicht so ausdrücklich, es ergibt sich aber eindeutig aus der ganzen Reihe an diversen fundamentalen Aufgaben und Pflichten, die der Führung in Bezug auf das CMS zukommen. Erstens sollten entsprechende und adäquate Ressourcen freigegeben werden, damit das CMS eingerichtet, entwickelt, implementiert, evaluiert, aufrechterhalten und verbessert werden kann. Zweitens sollten die Rollen zugewiesen und entsprechend kommuniziert werden und drittens sollten effektive und zeitliche Berichtwege eingerichtet und Personen bezeichnet werden, die für die Erstattung der Berichte über die Effektivität des CMS verantwortlich sind.[342] Ohne Erfüllung dieser Pflichten und Wahrnehmung der Aufgaben ist ein CMS in der Organisation nicht möglich. Die Bezeichnung der Führung als „Ermöglicher" ist daher gerechtfertigt und betont zugleich die fundamentale Rolle, die sich nicht nur in einem „bloßen" Bekenntnis zur Compliance ausschöpft, sondern eine kontinuierliche und aktive Unterstützung voraussetzt.

11.4. Klares Bekenntnis und aktive Unterstützung

78 Das Vorbild der Führung ist für die Effektivität eines CMS nicht zu unterschätzen. Zunächst seien jedoch einige Missverständnisse im Hinblick auf diese Compliance-Maßnahme geklärt. Oft herrscht in der Praxis die Überzeugung, dass sich das Compliance-Bekenntnis (sog. *tone from the top*) darin ausschöpft, dass sich die Führung zur Compliance „bekennt", dh ein entsprechender Kundgabeakt, etwa eine mündliche Erklärung während einer Betriebsversammlung oder eine schriftliche Erklärung im Umlauf stattgefunden hat.

79   Dieses enge Verständnis kann ein Anfang sein, sollte jedoch von weiteren Maßnahmen begleitet werden. Das Compliance-Bekenntnis im weiteren Sinne, und dieses Verständnis liegt auch den ISO-Normen zugrunde, meint, dass die Führung in ihrer täglichen Arbeit Compliance nicht nur berücksichtigt, sondern aktiv fördert. Dabei kann der Katalog mit detaillierten Empfehlungen der Norm in vier Gruppen von Handlungen unterteilt werden: Festlegen, Sicherstellen, Kommunizieren, Fördern.

---

[340] Vgl. Ziff. 3.7 Anm. 2 ISO 37001.
[341] Vgl. Ziff. 3.6 Anm. 3 ISO 37001.
[342] Vgl. Ziff. 5.3.3 Abs. 2 SpStr. 1–5 DIN ISO 19600.

Abbildung 50: Compliance-Bekenntnis und Begleitmaßnahmen[343]

Der Abbildung ist zu entnehmen, dass die Aufgaben und Verpflichtungen der Führung **80** viel weiter über das bloße Bekenntnis hinausgehen und einerseits in der Methode der Arbeit der Compliance-Funktion sehr naheliegen. Auch die Führung muss danach planen, indem Festlegungen gemacht werden, sie muss die Funktionalitäten sicherstellen, vor allem aber entsprechend kommunizieren und das CMS fördern, auch durch entsprechende Kontrollen und Verbesserungsvorschläge. Andererseits orientieren sich die Aufgaben wiederum an dem PDCA-Zyklus, denn auch die Führung sollte planen, implementieren, prüfen und verbessern.

Wichtig ist dabei, zu beachten, dass sich die nachfolgenden Aufgaben der Führung ei- **81** nerseits aus dem hier behandelten Abschnitt (Ziff. 5.1 DIN ISO 19600 „Führung und Verpflichtung"), andererseits jedoch aus dem Abschnitt (Ziff. 5.3.3 DIN ISO 19600 „Rolle und Verantwortlichkeiten von Führungsgremium und der obersten Leitung") ergeben, in dem die Rolle und Aufgaben der obersten Leitung weiter konkretisiert werden. Diese Abschnitte werden im Weiteren gemeinsam behandelt. Die Aktivitätsgruppen aus der Abbildung seien nun kurz erläutert.[344]

11.4.1. Festlegen

Es obliegt zunächst der Führung, unter Berücksichtigung der Interessen der Stakeholder, **82** die Kernwerte der Organisation festzulegen. Mit der so definierten Organisationskultur sollten auch die festzulegenden Compliance-Ziele konform sein.

Es wird in der Norm empfohlen, welche Kriterien bei der Festlegung der Compliance- **83** Ziele berücksichtigt werden könnten. Hiernach sollten Compliance-Ziele so festgelegt werden, dass sie mit der Compliance-Politik im Einklang stehen und nach Möglichkeit messbar sind, überwacht, vermittelt und, soweit erforderlich, aktualisiert werden könnten.[345] Ferner sollten die Compliance-Politik sowie die Compliance-Ziele mit Werten und strategischer Ausrichtung der Organisation vereinbar sein.[346] Da es sich hier um die Fundamente einer Organisation handelt, liegt es auf der Hand, dass dies die Aufgabe der Führung sein sollte.

Ferner sollte die Führung für die Festlegung der entsprechenden Compliance-Berichts- **84** wege sowie die Verteilung der Rollen für Compliance sorgen.[347] Hierdurch soll zum einen sichergestellt werden, dass die Führung fortlaufend über die Compliance-Angelegen-

---

[343] Erarbeitet auf Basis der Ziff. 5.1 DIN ISO 19600.
[344] Die Erläuterungen basieren zT auf den Empfehlungen der Ziff. 5.1 a–l DIN ISO 19600, zT haben sie einen erläuternden Charakter.
[345] Vgl. Ziff. 6.2 DIN ISO 19600.
[346] Vgl. Ziff. 5.1 b DIN ISO 19600.
[347] Mehr dazu vgl. Pkt. 13 und 15.9.

heiten informiert wird, um zeitnah entsprechende Maßnahmen treffen zu können. Zum anderen soll über die entsprechende Rollenverteilung gewährt werden, dass jedes Mitglied der Organisation die in ihrem oder seinem Tätigkeitsbereich bestehenden bindenden Verpflichtungen kennt und weiß, wie sie oder er sich zu verhalten hat, um diese zu erfüllen.

85 Schließlich sollte die Führung entsprechend den Empfehlungen in der Ziff. 5.2.2 DIN ISO 19600 die Compliance-Politik festlegen.[348] Da es sich hierbei um einen komplexen und facettenreichen Prozess handelt, wird darauf im weiteren Abschnitt im Einzelnen eingegangen.[349]

11.4.2. Sicherstellen

86 Die meisten Maßnahmen, in denen sich das Compliance-Bekenntnis der Führung manifestieren sollte, werden jedoch mit dem Verb „Sicherstellen" zum Ausdruck gebracht. Einige von den zahlreichen Empfehlungen sind besonders erwähnenswert.

87 **11.4.2.1. Prozesse, Ziele, Ressourcen.** Sicherstellen sollte die Führung zunächst, dass:
- Politiken, Verfahren und Prozesse entwickelt und verwirklicht werden, um die Compliance-Ziele zu erreichen,
- die für das CMS erforderlichen Ressourcen zur Verfügung stehen, zugewiesen und verteilt sind,
- die Anforderungen des CMS in die Geschäftsprozesse integriert werden,
- die Verknüpfung zwischen betrieblichen Zielen und bindenden Verpflichtungen sichergestellt wird und, schließlich,
- das CMS seine Ziele erreichen kann.[350]

88 **11.4.2.2. Reaktions- und Verbesserungsmaßnahmen.** Ein wichtiger Aspekt wird ferner mit der Empfehlung insofern ausgesprochen, als die Führung auch sicherstellen sollte, dass die Verpflichtung/Bekenntnis zur Compliance aufrechterhalten bleibt und die Fälle von Non-Compliance angemessen behandelt werden.[351] Darin kommt die weitere Funktion der Führung zum Ausdruck, die darin besteht, dass im Bereich der Compliance-Aufarbeitung und -Verbesserung geeignete Maßnahmen ergriffen werden.[352] Insbes. viele Fälle der Non-Compliance in der jüngsten Geschichte in den deutschen Unternehmen haben offengelegt, dass die Compliance-Krisensysteme versagt haben. Nicht nur die entsprechenden Reaktionen waren verfehlt, sondern auch die Kommunikation nicht ordentlich verlaufen.

89 **11.4.2.3. Ausstattung der Compliance-Funktion.** Eine ganze Reihe von Empfehlungen betrifft die Rolle der Führung bei der Einrichtung und Ausstattung der Compliance-Funktion.[353] Im Allgemeinen wird empfohlen, dass die Führung sicherstellen sollte, dass die Compliance-Funktion:
- entsprechende Befugnis hat,
- eigenständig zu handeln, um
- die Aufgaben unabhängig durchführen zu können.[354]

---

[348] Vgl. Ziff. 5.3.3 a DIN ISO 19600.
[349] Hierzu ausf. Pkt. 12.
[350] Vgl. hierzu Ziff. 5.1 c, d, e, i, k DIN ISO 19600.
[351] Vgl. Ziff. 5.3.3 b DIN ISO 19600.
[352] Zur Compliance-Aufarbeitung und -Verbesserung siehe Pkt. 17 und 18.
[353] Einzelheiten hierzu werden ab Pkt. 13.3 ausf. behandelt.
[354] Vgl. Ziff. 5.3.3 e DIN ISO 19600.

Auf die Grundvoraussetzungen, die hinsichtlich der Compliance-Funktion gestellt wer- **90** den, wird im besonderen Abschnitt betreffen die Verteilung von Compliance-Rollen ein-gegangen.[355]

11.4.3. Kommunizieren

Auch die Führung sollte über entsprechende Kommunikationsfertigkeiten verfügen, um **91** compliance-relevante Aspekte schnell und effektiv kommunizieren zu können. Compli-ance-Kommunikation ist von erheblicher Bedeutung für die Effizienz und Effektivität ei-nes jeden CMS, sodass hierauf bei der Behandlung von Unterstützungsmaßnahmen im Einzelnen eingegangen wird.[356] Die Führung treffen diverse Kommunikationspflichten hinsichtlich des CMS, insbes. sollten die Bedeutung und Tragweite eines wirksamen CMS sowie die Wichtigkeit der Erfüllung der bindenden Verpflichtungen in der Organi-sation entsprechend kommuniziert werden.[357]

11.4.4. Sensibilisieren

Schließlich sollte sich die Führung mit diversen Unterstützungsmaßnahmen für die Effek- **92** tivität des CMS persönlich einsetzen. Hierzu sollte die Führung:
- die zuständigen Personen entsprechend leiten und unterstützen, um damit zur Wirk-samkeit des CMS beizutragen,
- andere relevante Führungskräfte unterstützen, um das Bekenntnis zur Compliance in deren Führungsrollen in deren jeweiligen Compliance-Verantwortungsbereichen zu fördern und
- die ständige Verbesserung des CMS an sich fördern.[358]

Eine besondere Verantwortung sollte die Führung iSd Norm für die Sensibilisierung der **93** Organisationsmitglieder erfüllen (Compliance-Bewusstsein). Zwar systematisch an einer anderen Stelle, denn erst in Ziff. 7.3.2.2 DIN ISO 19600, aber in einem eindeutigen Zu-sammenhang, weist der Leitfaden auf die Aufgabe der Führung in Bezug auf die Sensibili-sierung oder Steuerung des Verhaltens der Mitglieder der Organisation hin. So wird dort erwähnt, dass die oberste Leitung eine Schlüsselrolle spielt, wenn es um die nachfolgen-den Aspekte geht:

---

[355] Siehe Pkt. 13.
[356] Siehe Pkt. 15.
[357] Vgl. Ziff. 5.1 f DIN ISO 19600.
[358] Vgl. Ziff. 5.1 g, h, l DIN ISO 19600.

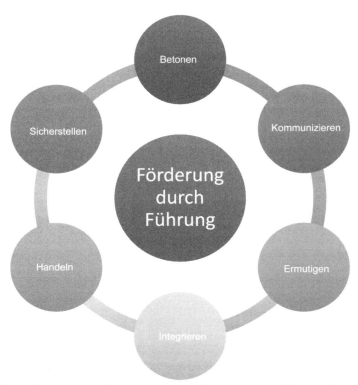

Abbildung 51: Rolle der obersten Leitung in Bezug auf Compliance-Sensibilisierung[359]

94   Die obige Abbildung, in der bewusst die empfohlenen Aufgaben der Führung mit Verben dargestellt wurden, macht deutlich, dass diese aktiv werden sollte. Die empfohlenen Handlungen lassen sich in folgende Gruppen zusammenführen:

95   **11.4.4.1. Betonen.** Betonen sollte die Führung ständig, wie wichtig der Stellenwert der Compliance in der Organisation ist. Um die Bedeutung der Compliance hervorzuheben, empfiehlt der Leitfaden, dass das Bekenntnis zur Compliance mit den
- Wertvorstellungen,
- Zielen und
- Strategien

der Organisation verlinkt werden sollte.[360] Dies kann durch die entsprechende Aufnahme von Compliance-Zielen in die Gesamtstrategie der Organisation gleich neben den operativen Zielen erreicht werden. So wird allen deutlich, dass die Compliance-Ziele den gleichen Rang wie alle anderen Ziele in der Organisation genießen.

96   **11.4.4.2. Kommunizieren.** Kommunizieren sollte die Führung verschiedene Informationen, um auf diesem Wege alle Organisationsmitglieder im Hinblick auf Compliance zu sensibilisieren. So sollte das Bekenntnis der Führung ständig und aktiv kommuniziert werden,[361] damit Mitglieder der Organisation dazu motiviert werden, das CMS anzunehmen und entsprechend sensibilisiert werden.

---

[359] Die Übersicht basiert auf Ziff. 7.3.2.2 DIN ISO 19600.
[360] Vgl. Ziff. 7.3.2.2 a DIN ISO 19600.
[361] Vgl. Ziff. 7.3.2.2 b DIN ISO 19600.

Der Katalog von Handlungsempfehlungen, die mit Kommunikation zusammenhängen, geht jedoch über diese Maßnahme hinaus. Ausdrücklich empfohlen von dem Leitfaden wird die Funktion der Führung im Hinblick auf das Hinweisgebersystem. So wird nahegelegt, dass die oberste Leitung ein Umfeld schaffen sollte, in dem Arbeitnehmer zur Nutzung solcher Systeme ermutigt werden und berichtende Beschäftigte vor Strafe geschützt werden.[362] **97**

11.4.4.3. Ermutigen und Einbeziehen. Ermutigen sollte die Führung alle Mitglieder der Organisation dazu, die Bedeutung der Erreichung der Compliance-Ziele, für die sie verantwortlich oder rechenschaftspflichtig sind, anzuerkennen.[363] Diese Handlungsempfehlung steht im Zusammenhang mit der weiteren Rollenverteilung in Bezug auf die Compliance-Aufgaben und stellt die konsequente Umsetzung des der Norm zugrundeliegenden Ansatzes dar, dass für die Compliance in der Organisation alle ihre Mitglieder zuständig und verantwortlich sind. **98**

Ferner sollte die Führung alle Mitglieder der Organisation dazu ermutigen, Anregungen und Vorschläge zu erteilen, um die fortlaufende Verbesserung des CMS zu ermöglichen.[364] Diese Empfehlung stellt einen konsequenten Ansatz von Co-Creation dar.[365] Die Organisationsmitglieder sollten nicht nur bei der Erarbeitung der Compliance-Politik, sondern durchgehend während der weiteren Funktion des CMS eingebunden werden. So können nicht nur wertvolle Hinweise bzgl. der Verbesserung des CMS selbst, sondern auch Informationen über potenzielle Risiken gewonnen werden, die die Compliance-Funktion entsprechend adressieren sollte. **99**

11.4.4.4. Integrieren. Integrieren sollte die Führung das CMS und seine Elemente in die übergeordnete Organisationskultur.[366] Mit der kurz gefassten Empfehlung spricht der Leitfaden einen wichtigen Aspekt an: Das CMS und sein Hauptziel, also Schaffung einer nachhaltigen Compliance-Kultur, sollte nicht als ein eigenständiges neues Systems betrachtet werden, sondern in die bestehenden Strukturen und Prozesse integriert werden. Die Methoden, Vorteile und Ansätze einer solchen Integration, die die Compliance-Funktion umsetzen, die Führung aber fördern sollte, werden an einer anderen Stelle behandelt.[367] **100**

11.4.4.5. Handeln. Handeln sollte die Leitung umgehend, um identifizierte Fälle von Non-Compliance zügig aufzuarbeiten und das CMS entsprechend zu korrigieren.[368] Gewiss wird in der Praxis primär die Compliance-Funktion umgehende Reaktionsmaßnahmen einleiten/vorschlagen. Gemeint mit der Empfehlung ist jedoch, dass die Führung diese Maßnahmen umgehend und uneingeschränkt unterstützt, was unter anderem bedeutet, dass entsprechende Ressourcen für die Aufarbeitung eines Falles von Non-Compliance bereitgestellt werden. Auch in dem Zusammenhang sind entsprechende Berichtswege und Zugänge der Compliance-Funktion von erheblicher Bedeutung.[369] **101**

11.4.4.6. Sicherstellen. Schließlich sicherstellen sollte die Führung im Hinblick auf die Förderung des Compliance-Bewusstseins der Organisationsmitglieder zum einen, dass die Organisationspolitiken, -verfahren und -prozesse compliant sind und Compliance fördern.[370] Zum anderen sollte sie dafür sorgen, dass sich betriebliche Ziele und Vorgaben **102**

---

[362] Vgl. Ziff. 7.3.2.2 d DIN ISO 19600, ausführlich zu Hinweisgebersystemen siehe Pkt. 15.2.5 und 15.9.3.
[363] Vgl. Ziff. 7.3.2.2 c DIN ISO 19600.
[364] Vgl. Ziff. 7.3.2.2 e DIN ISO 19600.
[365] Ausf. dazu Pkt. 7.6.3.
[366] Vgl. Ziff. 7.3.2.2 f) DIN ISO 19600.
[367] Ausführlich dazu Pkt. 7.6.2 und 10.5.5.
[368] Vgl. Ziff. 7.3.2.2 g DIN ISO 19600.
[369] Siehe Pkt. 13.3.4.
[370] Vgl. Ziff. 7.3.2.2 h DIN ISO 19600.

der Organisation nicht negativ auf das Compliance-Verhalten der Organisationsmitglieder auswirken,[371] indem sie etwa Chancen für Non-Compliance schaffen.

103 Diese Aspekte sollten bereits bei der Erstellung der Compliance-Politik berücksichtigt werden.[372] Es handelt sich hier um ein zweischneidiges Schwert. Einerseits sollte dafür gesorgt werden, dass CMS und die in deren Rahmen durchgeführten Maßnahmen das operative Geschäft nicht behindern, sondern dieses gar fördern. Andererseits sollten die operationellen Handlungen und Prozesse so ausgestaltet werden, dass sie die Mitglieder der Organisation nicht zu regelwidrigem Verhalten motivieren oder dieses gar ermöglichen. Damit wird auch ein einheitlich schlüssiges Konzept verfolgt.

11.5. Indikatoren für die Qualität des Bekenntnisses

104 Sowohl die Fälle aus der Vergangenheit, in denen es in Organisationen kurz nach Abgabe des Compliance-Bekenntnisses zu Fällen von Non-Compliance kam, als auch die oft nur formale Abgabe des Bekenntnisses zeigen, dass „tone from the top" als eine der fundamentalen Compliance-Maßnahmen sich nicht in bloßer Kundgabe der Führung ausschöpfen kann, „von nun an Compliance zu betreiben". Vielmehr sollte das Bekenntnis von den erwähnten Maßnahmen sichtbar und effektiv begleitet werden. Die Norm legt einige Kriterien nahe, auf Grund derer die Qualität des Einsatzes der Führung für das CMS gemessen werden kann. Diese fasst die nachfolgende Abbildung zusammen.

Abbildung 52: Indikatoren für die Qualität des „tone from the top"[373]

---

[371] Vgl. Ziff. 7.3.2.2 i DIN ISO 19600.
[372] Ausf. dazu Pkt. 12.
[373] Die Abbildung basiert auf dem Katalog aus Ziff. 5.1 DIN ISO 19600.

Die obige Abbildung zeigt beispielhaft einige Aspekte, welche die Bekenntnisstufe der   **105**
Führung indizieren und damit zugleich ein weiteres Handlungspotenzial aufzeigen können. Die Form der Darstellung der Indikatoren in der Norm kann irreführend wirken,
sodass an der Stelle eine Erklärung sinnvoll ist.

Im Mittelpunkt steht der wesentliche Faktor in Form des aktiven Bekenntnisses nicht   **106**
nur auf den Führungs-, sondern auf allen Managementstufen. Der Sinn der Maßnahme
liegt darin, dass „tone from the top", dh das Vorleben der Führungskräfte in allen Fällen
für das CMS fördernd sein kann, in denen die sich zu Compliance bekennende Person
eine Vorbildfunktion gegenüber anderen Organisationsmitgliedern genießt. Dies muss
nicht nur die Führung, sondern kann auch auf anderen Managementstufen vorhanden
sein. Im Grunde sollte jeder Team-, Referats- oder Abteilungsleiter, Leader und andere
Personen, die eine Vorbildfunktion genießen und weitere Personen steuern, das Compliance-Bekenntnis im oben beschrieben Sinne aktiv abgeben.

Wichtig ist dabei, die Art eines solchen „Bekenntnisses" zu verstehen. Hierzu emp-   **107**
fiehlt die Norm eindeutig, dass sich das Bekenntnis auf folgende Aspekte erstrecken sollte:

- Aufbau,
- Entwicklung,
- Verwirklichung,
- Bewertung,
- Aufrechterhaltung und
- Verbesserung eines wirksamen und reaktionsschnellen CMS.[374]

Die übrigen Faktoren leiten sich vom Bekenntnis ab und sollten ergänzend hierzu berücksichtigt werden.

11.6. Mittelstand

Die Compliance-Rolle der Führung in mittelständischen Unternehmen dürfte noch we-   **108**
sentlicher sein, als in den übrigen Organisationsarten. Dies ist dem Umstand geschuldet,
dass die Führung in kleinen und mittelgroßen Unternehmen oft auch die Eigentümer des
Unternehmens sind. Nicht selten handelt es sich auch um Familienunternehmen, in denen die Firma (Bezeichnung des Unternehmens), Eigentümer und Führung in einer Person oder Personengruppe zusammenlaufen.

Die bedeutende Rolle wird auch in der Fachliteratur und einschlägigen Erhebungen   **109**
betont. So wird zunächst ausgeführt, dass in kleinen und mittelständischen Unternehmen
die Person des Unternehmers im Vordergrund steht, deshalb wird auch ihr die entscheidende Rolle zugeschrieben.[375] Insbes. die Geschäftsleitung sollte daher konstruktive Mithilfe leisten und dies als Aufgabe nutzen, um klare Entscheidungsprozesse und Berichtsli-
nien zu stärken.[376] Das Vorleben durch die oberste Leitung wird daher zurecht als das
wichtigste Instrument zur Compliance-Umsetzung in der mittelständischen Compliance
erwähnt.[377] Auch hinsichtlich der Kommunikation wird betont, dass insbes. das Bekenntnis der obersten Leitung in dem Unternehmen und dem geschäftlichen Umfeld kommuniziert werden soll.[378] Diese Tendenzen belegen auch die statistischen Erhebungen: Diese
ergeben, dass das Vorleben der Führungskräfte deutlich als das wesentliche Compliance-
Element bei der mittelständischen Compliance angesehen wird.[379]

Kleinen und mittelgroßen Unternehmen ist daher mit Nachdruck zu empfehlen, die   **110**
diversen Funktionen und Aufgaben der Führung im täglichen Geschäft umzusetzen. Sicherlich soll dies nicht bedeuten, dass Compliance nun zur neuen und der wesentlichen

---

[374] Vgl. Ziff. 5.1 Beispiel: 1. SpStr. DIN ISO 19600.
[375] *Behringer* S. 23 f.
[376] *Leipold/Beukelmann* NJW-Spezial 2009, 24.
[377] Compliance im Mittelstand – Studie des Center for Business Compliance & Integrity, 2014, 40.
[378] *Heybrock* S. 10.
[379] Compliance im Mittelstand, Deloitte-Studie, 2011, 17.

Aufgabe des Vorstands eines mittelständischen Unternehmens wird. Durch entsprechende Rollenverteilung, Delegierung, Prozesse und Verfahren können aber geeignete Lösungen gefunden werden. Auch an der Stelle sind die Grundsätze der Flexibilität und Verhältnismäßigkeit zwingend zu beachten.

11.7. Anforderungen nach ISO 37001

111 Hinsichtlich der Rolle der Führung ergeben sich bei ISO 37001 kaum Abweichungen zu den Aufgaben, die bereits nach DIN ISO 19600 empfohlen werden. Nennenswert ist jedoch, dass ISO 37001 zwischen den Aufgaben der obersten Leitung und denen des Führungsgremiums unterscheidet, allerdings mit der Anmerkung, dass die Aufgaben des Führungsgremiums von der obersten Leitung übernommen werden sollten, falls eine Organisation über kein Führungsgremium verfügt. Der weitere Unterschied liegt ferner darin, dass sämtliche Aufgaben für beide Organe auf das Korruptionsrisiko, so wie der Anwendungsbereich des Standards selbst, beschränkt sind.

112 Um Wiederholungen zu vermeiden, seien nur die wesentlichen Aufgaben zunächst des Führungsgremiums kurz erwähnt. Es sollte:
– die Anti-Bribery Politik genehmigen,
– diese mit der Organisationsstrategie abstimmen,
– sich über das System laufend informieren lassen,
– Ressourcen gewähren und Kontrollen ausüben.
All das sollte selbstverständlich in verhältnismäßiger Art und Weise erfolgen.[380]

113 Die wesentlichen Aufgaben der obersten Leitung bewegen sich dagegen mehr auf der operationellen Ebene. So sollte diese sicherstellen, dass das System in adäquater Weise eingerichtet, implementiert, aufrechterhalten und überprüft wird, ferner sollte sie die Systemintegration ermöglichen, sich für interne und externe Kommunikation der Anti-Korruptionsthemen bemühen, das System kontinuierlich verbessern, Hinweisgebersysteme schaffen und Hinweisgeber schützen, schließlich die Antikorruptions-Kultur schaffen und pflegen und an das Führungsgremium in Korruptionsangelegenheiten entsprechend berichten.[381] Die letztgenannte Pflicht wird sinngemäß dann entfallen, wenn die Organisation nur ein Leitungsgremium hat.

12. Compliance-Politik (Schritt 3/8)

114 Auf der Basis der ermittelten Informationen (Schritt 1) und unter aktiven Unterstützung durch die Führung (Schritt 2) kann im 3. Schritt die Compliance-Politik etabliert werden. Sie enthält die Grundbestimmungen über die Compliance-Ausrichtung der Organisation. In dem Zusammenhang ist es wichtig, wozu eine Compliance-Politik dient und welche weiteren Funktionen sie erfüllt, wie sie entwickelt wird, welche Inhalte typischerweise geregelt werden und welche Form ein solches Dokument erlangen sollte.

12.1. Grundlagen

115 In der Compliance-Politik sollten übergeordnete Grundsätze in Bezug auf die Compliance-Maßnahmen und Organisation festgelegt werden, die zur Erreichung der Compliance-Ziele führen.[382] Die Politik sollte im angemessenen Verhältnis zu den bindenden Verpflichtungen der Organisation stehen.[383] Abgesehen hiervon sollten auch bei der Ge-

---

[380] Vgl. Ziff. 5.1.1 a–e ISO 37001.
[381] Vgl. Ziff. 5.1.2 a–m ISO 37001.
[382] Vgl. Ziff. 5.2.1 Abs. 5 S. 1 DIN ISO 19600.
[383] Vgl. Ziff. 5.2.1 Abs. 5 S. 3 DIN ISO 19600.

staltung der Compliance-Politik die Grundsätze der Verhältnismäßigkeit und Flexibilität beachtet werden. Die Compliance-Politik könnte auch als ein Methodikhandbuch angesehen werden, denn darin sollten die Verpflichtung zur Erfüllung der einschlägigen Anforderungen sowie zur fortlaufenden Verbesserung des CMS enthalten sein.[384]

Begrifflich ist die Übersetzung in der DIN ISO 19600 aus dem Englischen (orig. *compliance policy*) nicht ganz zutreffend. Der Begriff der Politik wird allerdings in der Norm selbst definiert, was das Verständnis erleichtert. Danach handelt es sich um Absichten und Ausrichtung einer Organisation, wie von der obersten Leitung formell ausgedrückt.[385] Wenn die in der Compliance-Politik zu regelnden Inhalte beachtet werden, so könnte diese auch als ein Compliance-Programm oder, unter Umständen noch zutreffender, als Compliance-Strategie bezeichnet werden. **116**

Wichtig ist es jedenfalls, die Compliance-Politik von anderen Compliance-Dokumenten zu unterscheiden. Bei der Compliance-Politik handelt es sich um ein Grundwerk des CMS mit den wesentlichen Festlegungen und Zielen. Zu unterscheiden ist daher die Compliance-Politik sowohl von einem Verhaltenskodex, als auch von den sonstigen Compliance-Richtlinien oder der Compliance-Dokumentation. In einem Verhaltenskodex[386] werden primär die bestehenden bindenden Verpflichtungen zusammengefasst und ggf. um weitere ethische Grundsätze und Verhaltensregeln ergänzt. Es handelt sich dabei um ein Mittel der Compliance-Kommunikation iRd CMS-Unterstützung (Umsetzung). Compliance-Richtlinien betreffen insbes. bestimmte Bereiche, in denen detaillierte Regelungen erforderlich sind (zB Richtlinien zur Nutzung dienstlicher Handys). Bei der Compliance-Dokumentation handelt es sich dagegen um ein Sicherungs- und Beweisinstrument, um die Compliance-Bemühungen zu diversen Zwecken dokumentiert aufzubewahren. **117**

Es ist nicht zwingend, dass Organisationen ihr Compliance-Grundwerk als Compliance-Politik bezeichnen. Wichtiger ist, dass die hierfür vorgesehenen Inhalte aufgenommen und das Werk an sich für die Mitglieder der Organisation zugänglich gemacht wird, dh in einer Form vorliegt, die alle verstehen können. **118**

12.2. Entwicklung der Compliance-Politik

12.2.1. Verfasser der Compliance-Politik

DIN ISO 19600 und ISO 37001 unterscheiden sich ein wenig darin, wer die Compliance-Politik festlegen sollte. Zunächst empfiehlt DIN ISO 19600, dass diese gemeinsam durch die oberste Leitung und das Führungsgremium unter Einbeziehung der Organisationsmitglieder festgelegt wird.[387] ISO 37001 ist etwas enger, wenn es fordert, dass die Compliance-Politik allein von der obersten Leitung festzulegen ist.[388] Aus den Aufgaben der Compliance-Funktion ergibt sich darüber hinaus, dass auch diese an der Festlegung der Compliance-Politik beteiligt sein sollte. So ist nach DIN ISO 19600 die Compliance-Funktion für die Ermittlung und Einbindung der bindenden Verpflichtungen unter anderem in vorhandene Politiken verantwortlich.[389] Wiederum nach ISO 37001 ist die Anti-Bribery-Funktion für die Überwachung des gesamten Systems also auch der hierzu gehörenden Anti-Bribery-Politik verantwortlich. Beide Regelungen enthalten zwar keine direkte Empfehlung und schon gar keine Anforderung, aus dem Aufgabenzuschnitt und aus Praktikabilitätsgründen ist es aber empfehlenswert, dass Compliance-Funktion an der Festlegung der Compliance-Politik beteiligt wird. Schließlich kann auch mit dem erst- **119**

---

[384] Vgl. Ziff. 5.2.1 Abs. 1 DIN ISO 19600.
[385] Vgl. Ziff. 3.8 DIN ISO 19600.
[386] Ausf. unter Pkt. 15.7.
[387] Vgl. Ziff. 5.2.1 Abs. 1 DIN ISO 19600.
[388] Vgl. Ziff. 5.2 Abs. 1 ISO 37001.
[389] Vgl. Ziff. 5.3.4 a−b DIN ISO 19600.

recht-Schluss argumentiert werden, dass wenn schon die Mitglieder der Organisation einbezogen werden sollten, dann erst recht die Compliance-Funktion. In der Praxis ist es üblich, dass die Compliance-Funktion zumindest den ersten Entwurf der Compliance-Politik erstellt, der den übrigen Gremien als Diskussionsgrundlage zur Verfügung gestellt wird, bevor sie in der finalen Fassung ausgefertigt wird.

12.2.2. Bedeutung der Einbeziehung von Organisationsmitgliedern

120   Einer der bereits beschriebenen Grundsätze der CMS-Gestaltung, der Grundsatz der Einbeziehung,[390] spielt bei der Festlegung der Compliance-Politik eine besondere Rolle. Es wurde bereits an diversen Stellen erwähnt, dass eine der wesentlichen Zwecksetzungen im Rahmen eines CMS darin besteht, dass das System von den Mitgliedern der Organisation möglichst in seiner gesamten Breite akzeptiert wird. Die Akzeptanzwirkung sollte in einer bereits frühen Phase und daher insbes. bei der Gestaltung der Compliance-Politik erzeugt werden.

121   Bei der Konzipierung der Politik könnte die Organisation etwa eine Mitgliederbefragung durchführen, die ergeben würde, wie sich die Mitglieder solche Politik vorstellen, welche Punkte dort geregelt werden könnten. Die Einbeziehung der Perspektive der Mitglieder kann dazu führen, dass die entstandene Compliance-Politik als nicht von der Führung „auferlegtes Übel", sondern als Ergebnis von fairen Gestaltungsprozessen auf höhere Akzeptanz der Beschäftigten stoßen kann. Die Organisation kann damit auch eine erhebliche Menge an Informationen erheben, die auch für spätere zielgerichtete und angepasste Gestaltung des CMS berücksichtigt werden können. Insofern wird auch dem Flexibilitätsgrundsatz Rechnung getragen.

12.2.3. Zu beachtende Aspekte

122   Bei der Entwicklung der Compliance-Politik sollten zunächst die Werte und Ziele der Organisation berücksichtigt werden und sie sollte sich in die Gesamtstrategie der Organisation einfügen.[391] Die Compliance-Politik sollte kein isoliertes eigenständiges Dokument darstellen, sondern sollte durch andere Dokumente, einschließlich der betrieblichen Politiken, Verfahren und Prozesse, unterstützt werden.[392]

123   Der Standard empfiehlt die Berücksichtigung von einer Reihe von Aspekten bei der Entwicklung der Compliance-Politik, die die nachfolgende Abbildung systematisiert darstellt:

---

[390] Siehe ausf. Pkt. 7.6.3.
[391] Vgl. Ziff. 5.2.1 Abs. 4 DIN ISO 19600.
[392] Vgl. Ziff. 5.2.1 Abs. 6 DIN ISO 19600.

Abbildung 53: Zu berücksichtigende Faktoren bei der Entwicklung einer Compliance-Politik[393]

Die Abbildung legt nahe, dass eine ganze Reihe von diversen Aspekten zu berücksichtigen ist. So sollten spezifische lokale, regionale und internationale Verpflichtungen beachtet werden, die Politik soll sich an der Strategie, Zielen und Werten der Organisation ausrichten, sie soll die Struktur der Organisation berücksichtigen, die Natur und Grad der Risiken der Nichteinhaltung von Pflichten festlegen und andere interne Strategien, Standards und Vorschriften beachten. **124**

12.2.4. Aktualisierung

Ähnlich wie das CMS, das ein Managementsystem darstellt, welches ständig verbessert werden soll, soll auch die Compliance-Politik als sein Teil bei Bedarf entsprechend aktualisiert werden.[394] Der Aktualisierungsbedarf soll stets bei der geänderten Risikolage geprüft werden. Es ist ferner empfehlenswert, die Compliance-Politik auch in bestimmten zeitlichen Abschnitten zu evaluieren. **125**

12.3. Inhalte

Enumerativ aufgezählt werden im Standard Inhalte empfohlen, die in einer Compliance-Politik geregelt werden sollten. Einen Überblick darüber bietet die nachfolgende Übersicht, während im Weiteren die wesentlichen Inhalte näher ausgeführt werden. **126**

---

[393] Angelehnt an Ziff. 5.2.2 DIN ISO 19600.
[394] Vgl. Ziff. 5.2.1 Abs. 3 DIN ISO 19600.

Compliance-Politik	Anwendungsbereich
	Kontext des Systems
	Integrationsansätze
	Unabhängigkeit der Compliance-Funktion
	Berichtswege für Compliance
	Beziehungen zu internen und externen interessierten Parteien
	Verhalten und Rechenschaftspflichten
	Folgen von Non-Compliance

Abbildung 54: Kernelemente einer Compliance-Politik[395]

127   Die Abbildung enthält eine relativ weite Bandbreite an Inhalten, die im Rahmen einer Compliance-Politik geregelt werden können. Auf einige davon sei nun detaillierter eingegangen.

12.3.1. Anwendungsbereich des CMS

128   Einer der Kernpunkte, die in der Compliance-Politik zu regeln sind, ist der Anwendungsbereich des CMS. Es soll klar definiert werden, für welche Bereiche und Risiken das System gilt und für welche Organisationsteile es anzuwenden ist. Zu regeln sind somit der räumliche, sachliche und funktionale Anwendungsbereich.[396]

12.3.2. Integration des CMS

129   Als ein weiteres Kernelement wird empfohlen, dass die Compliance-Politik den Grad der Integration des CMS mit solchen Funktionen wie etwa Governance, Risk oder Audit, andererseits aber die operative Integration in andere Politiken, Prozesse und Verfahren, regeln sollte.[397] Diese Empfehlung folgt dem bereits erörterten Integrationsgrundsatz[398] und ergänzt ihn hier insofern, als die Pläne und Grundlagen für die Umsetzung der Integration in einer konkreten Organisation in ihrer Compliance-Politik etabliert werden.

12.4. Form

130   Im Hinblick auf die Form der Compliance-Politik werden im Standard diverse Empfehlungen ausgesprochen. Im Grunde zielen sie darauf ab, dass die Politik als ein allgemein zugängliches Dokument in einfach formulierter (Mutter-)Sprache verfasst wird, um die Compliance-Grundsätze allen Organisationsmitgliedern physisch leicht zugänglich und verständlich zu machen.[399]

131   Die Empfehlungen an die Form der Politik zielen darauf ab, daraus ein für alle Organisationsmitglieder zugängliches Dokument zu machen, mit dessen Inhalt sich alle vertraut machen können. Dies wird noch deutlicher, wenn empfohlen wird, dass die Compliance-Politik nicht nur innerhalb der Organisation klar und einfach verständlich kommuniziert werden sollte, sondern entsprechend den interessierten beteiligten Parteien zur Verfügung

---

[395] Angelehnt an Ziff. 5.2.1 Abs. 2 DIN ISO 19600.
[396] Vgl. Pkt. 10.5.1 und 10.5.2.
[397] Vgl. Ziff. 5.2.1 Abs. 2 DIN ISO 19600.
[398] Siehe Pkt. 7.6.2 und 10.5.5.
[399] Vgl. Ziff. 5.2.1 Abs. 3 DIN ISO 19600.

gestellt werden sollte.[400] Schließlich sollte die Compliance-Politik vom Führungsgremium befürwortet werden.[401]

Zur Form gehört jedoch nicht nur, dass das Dokument einfach verständlich formuliert **132** und allen zugänglich gemacht wird. Bei Bedarf muss sie auch in geeigneter Form kommuniziert und erklärt werden. In dem Zusammenhang können etwa Compliance-Schulungen organisiert werden, in denen die Inhalte der Compliance-Politik und die des sie konkretisierenden Verhaltenskodexes erläutert werden.

Hinsichtlich der Form enthält schließlich ISO 37001 keine über DIN ISO 19600 hin- **133** ausgehenden Anforderungen, bis auf die, wonach die Compliance-Politik auch den Geschäftspartnern zu kommunizieren ist.[402]

12.5. Mittelstand

Eine klare und durchdachte, auf Ergebnissen der Risikoanalyse und Erfassung bindender **134** Verpflichtungen basierende Compliance-Politik sollte ebenfalls in der mittelständischen Compliance erstellt werden. Oft werden solche Grundwerke über Compliance als sog. Compliance-Programme bezeichnet, in denen in gewisser Hinsicht auch dem konkreten Bedarf des Mittelstands Rechnung zu tragen ist.[403] Werden aber die hier erwähnten allgemeinen Empfehlungen zur Konzipierung, den Grundinhalten, der Einbeziehung sowie der Form der Compliance-Politik beachtet, so wird damit jeweils dem konkreten Bedarf der Organisation auch in Form eines mittelständischen Unternehmens in bestgeeigneter Art und Weise Rechnung getragen.

12.6. Antikorruptions-Politik nach ISO 37001

Die Norm ISO 37001 stellt auch hinsichtlich der Politikgestaltung die Unterlegenheit des **135** Themas Korruptionsbekämpfung gegenüber der allgemeinen Compliance klar. So wird bereits in der Einleitung zur ISO 37001 ausgeführt, dass die Anti-Bribery-Politik einen Teil der zentralen Compliance-Politik ausmachen sollte.[404] Im Weiteren sei daher nur auf die Inhalte eingegangen, die nach Anforderungen der ISO 37001 zusätzlich zu den generellen og Inhalten aufgenommen werden sollten. In einer Antikorruptions-Politik sollte insbes.:
– die Bestechung verboten werden,
– ihre Inhalte sollten sich an der bestehenden Gesetzeslage ausrichten,
– sie sollte im Verhältnis zu Zielen der Organisation angemessen sein,
– einen Rahmen für Festlegung, Verifizierung und Erreichung der Antikorruptions-Ziele enthalten,
– sie sollte zur Hinweisgabe ermutigen, eine Verpflichtung zur ständigen Verbesserung enthalten und
– Folgen der Non-Compliance beschreiben.[405]

Abschnitt II: Implementierung (DO)

Im ersten Abschnitt wurden bisher drei der insgesamt acht Schritte zur CMS-Umsetzung **136** besprochen. Im ersten Schritt wurden Informationen über den Kontext der Organisation

---

[400] Vgl. Ziff. 5.2.1 Abs. 3 DIN ISO 19600.
[401] Vgl. Ziff. 5.2.1 Abs. 4 DIN ISO 19600.
[402] Vgl. Ziff. 5.2 Abs. 2 ISO 37001.
[403] Eingehend dazu bei *Fissenewert* S. 175 ff.
[404] Vgl. Abs. 5 S. 2 Einleitung ISO 37001.
[405] Vgl. Ziff. 5.2 ISO 37001.

und der interessierten Parteien erhoben, bindende Verpflichtungen ermittelt und Risiken evaluiert. Im zweiten Schritt ging es um die Rolle der Führung, welche sich über mehrere Ebenen erstreckt und ihre diversen Aufgaben. Aufgrund der gewonnenen Informationen und unter Unterstützung durch die Führung wurde im dritten Schritt auf die Entwicklung der Compliance-Politik eingegangen. Nun geht es in der zweiten Phase mit dem vierten Schritt weiter: Der Zuweisung von Compliance-Rollen an alle Mitglieder der Organisation. Zu der Phase gehören anschließend der fünfte und sechste Schritt: Planung und Umsetzung von Compliance-Maßnahmen.

13. Klare Rollenzuweisung (Schritt 4/8)

137 Die Normen verfolgen einen recht eindeutigen Grundsatz, der zwar nicht ausdrücklich erwähnt, jedoch der Systematik und den konkreten Empfehlungen/Anforderungen der Normen zu entnehmen ist: Jedes Organisationsmitglied sollte seine Rolle für die Erreichung der Compliance-Ziele kennen und sie entsprechend umsetzen.

13.1. Bedeutung für das CMS

138 Die Zuweisung von Compliance-Rollen erweist diverse Funktionen für das CMS. Die Norm hebt dabei die besondere Bedeutung der obersten Leitung und des Führungsgremiums hervor. Danach sollen diese sicherstellen, dass Verantwortlichkeiten und Befugnisse zugewiesen werden und dies entsprechend kommuniziert wird.[406] Häufig muss die Bedeutung der Compliance auf vielen verschiedenen Ebenen deutlich gemacht werden, bevor die Umsetzung erfolgt.[407] Zwar werden diese Überlegungen nur im Ansatz auch in der Rechtsprechung aufgegriffen, sie spiegeln aber dieselbe Tendenz wieder. So soll nach der Rechtsprechung eine klare organisatorische Zuordnung der Compliance-Verantwortung erfolgen[408] und entsprechende Befugnisse an die Überwachungsverantwortlichen zugewiesen werden.[409] Die ISO-Normen verfolgen einen breiteren Ansatz, denn sie sehen die Zuweisung von Compliance-Rollen an alle Mitglieder der Organisation vor.

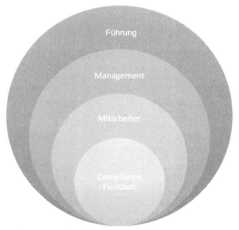

Abbildung 55: Zuweisung der „Compliance-Rollen"

---

[406] Vgl. Ziff. 5.3.1 Abs. 1 DIN ISO 19600.
[407] *Berstein/Klein* CCZ 2014, 284.
[408] LG München I NZWiSt 2014, 183 (188).
[409] LG München I NZWiSt 2014, 183 (189).

Während die Abbildung einen Überblick darüber verschafft, dass die Compliance-Rollen 139 allen Mitgliedern der Organisation, darunter der Führung, dem Management und der Compliance-Funktion zuzuweisen sind, ist im weiteren Verlauf auf die konkreten Aufgaben einzugehen, mit denen diese diversen Personengruppen in Compliance-Hinsicht betraut werden können.

13.2. Führung

Welche Rolle die Organisationsführung für das CMS erfüllen sollte, ist in systematischer 140 Hinsicht nicht besonders glücklich geregelt, denn die Empfehlungen sind über mehrere Stellen in der Norm verteilt. Welche konkreten Aufgaben durch die Führung im Hinblick auf Compliance zu erfüllen sind, wurde bereits eingehend erörtert. Um Wiederholungen zu vermeiden, seien nur einige wesentliche Funktionen der Führung erörtert. IÜ wird auf die Ausführungen an der anderen Stelle verwiesen.[410]

Die Norm stuft generell die Rolle der Führung für die Sicherstellung der Effektivität 141 des CMS sehr hoch ein. So wird betont, dass die aktive Beteiligung des Führungsgremiums und der obersten Leitung und die Überwachung durch sie ein fester Bestandteil eines CMS ist und dabei hilft, sicherzustellen, dass die Mitglieder der Organisation die Compliance-Politik und die betrieblichen Abläufe betreffend ihren Arbeitsplatz in vollem Umfang verstehen.[411] Die Norm stellt ferner fest, dass ein CMS nur dann effektiv werden kann, wenn die Führung ein Beispiel durch Einhaltung der bindenden Verpflichtungen und des CMS geben wird.[412]

Wie bereits erwähnt sollte die Führung das CMS nicht nur durchgehend unterstützen, 142 sondern als ein „Ermöglicher" oder „Sichersteller" definiert werden[413], denn mit diesen Verben werden in der Norm die meisten Aufgaben der Führung bezeichnet: Sie sollte Compliance in der Organisation ermöglichen und diverse Funktionalitäten sicherstellen. Mit Sicherheit steht dahinter die Idee, dass die Führung hierfür entsprechende personelle und finanzielle Ressourcen freischalten sollte und dies entsprechend – je nach Rechtslage des jeweiligen Landes – verantwortet.

13.3. Compliance-Funktion (Compliance-Manager)

Im Zentrum eines CMS steht die Compliance-Funktion, auch als Compliance-Officer 143 oder Compliance-Manager bezeichnet. Sie stellt einerseits das Bindeglied zwischen Führung und Mitgliedern der Organisation. Andererseits ist sie für das CMS verantwortlich und sollte in seinem Rahmen entsprechende Maßnahmen umsetzen. Es liegt daher auf der Hand, dass die Normen viele detaillierte Empfehlungen hinsichtlich der Compliance-Funktion enthalten.

13.3.1. Bedeutung und Begriffe

Insbes. der Begriff der Compliance-Funktion mag irreführend sein, vor allem wenn in 144 diesem Buch bereits Funktionen eines CMS behandelt wurden.[414] Diese beiden Begriffe sind jedoch voneinander zu unterscheiden. Bei der Compliance-Funktion handelt es sich um eine Person oder Personen mit der Verantwortung für das CMS.[415] Es geht in dem Zusammenhang also nicht darum, welche Funktionen ein CMS erweisen sollte, sondern darum, welche Person sich mit dem CMS befassen wird. Der Begriff der Compliance-

---

[410] Siehe ausführlich Pkt. 11.
[411] Vgl. Ziff. 5.3.2 Abs. 1 DIN ISO 19600.
[412] Vgl. Ziff. 5.3.2 Abs. 2 DIN ISO 19600.
[413] Siehe Pkt. 11.3.
[414] Siehe Pkt. 4.2.
[415] Vgl. Ziff. 3.6 DIN ISO 19600.

Funktion stammt aus der Kreditwirtschaft. Insbes. in den Banken werden Compliance-Funktionen eingerichtet, dh Personen beschäftigt, die für das CMS zuständig waren.

145 In der privaten Wirtschaft jenseits der Kreditwirtschaft, ähnlich auch in anderen Organisationsformen, die CMS einführen, dominieren dagegen andere Begriffe, wie etwa der Compliance-Officer oder Compliance-Beauftragter. Im Grunde ist es irrelevant, welche Bezeichnung in der Organisation gewählt wird, wichtig ist, dass die Person ihre Grundaufgaben kennt und die Methoden des CMS beherrscht, um in der Lage zu sein, die der Compliance-Funktion obliegenden Aufgaben zu erfüllen. Abzuraten ist lediglich von der Bezeichnung als Compliance-Verantwortliche/-r, denn eine solche Bezeichnung erweckt den falschen Eindruck, dass diese Person für Compliance zuständig sei. Für Compliance, also für die Einhaltung bindender Verpflichtungen sind aber alle Mitglieder der Organisation zuständig, auch die Compliance-Funktion, die jedoch primär für die Funktionalitäten des CMS – und nicht für die organisationsweite Compliance – zuständig ist.[416]

13.3.2. Grundlagen

146 Im Standard wird bei der Einrichtung der Compliance-Funktion auf die Beachtung von drei wesentlichen Grundsätze der *Good Governance* hingewiesen. Diese drei Prinzipien sind in der Abbildung enthalten und werden im Weiteren näher erläutert.

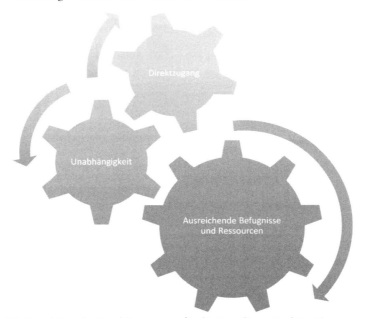

Abbildung 56: Grundsätze der Good Governance für die Compliance-Funktion[417]

147 **13.3.2.1. Direktzugang.** Zum einen sollte die Compliance-Funktion einen direkten Zugang zur Führung haben. Zwar erwähnt die Norm das Führungsgremium, jedoch nicht die oberste Leitung, doch kann der Zwecksetzung der Empfehlung, die in der effektiven Kommunikation mit Entscheidern besteht, entnommen werden, dass der Zugang ebenfalls die oberste Leitung umfasst.[418]

---

[416] Siehe zur Abgrenzung der Grundbegriffe Pkt. 3.1.
[417] Vgl. Ziff. 4.4 DIN ISO 19600.
[418] Zur Abgrenzung vgl. Pkt. 11.2.

Der Direktzugang soll unter anderem gewährleisten, dass für die Organisation compli- **148** ance-relevante Entscheidungen schnell unter Absprache mit der Führung getroffen werden können. Andererseits soll so die Effektivität der Compliance-Funktion sichergestellt werden, die dank direkten Zugangs auch schnell compliance-relevante Informationen von der Führung erhalten kann.

Den entsprechenden Zugang idS sollten das Führungsgremium und die oberste Leitung **149** sicherstellen, was sich aus der Verankerung der näheren Ausführungen hierzu im Abschnitt bzgl. der Rolle und Verantwortlichkeit von Führungsgremium und oberster Leitung ergibt.[419] Dort wird auch näher ausgeführt, wie der Zugang gestaltet werden kann. Der Zugang soll sich demnach nicht nur auf die Kontaktmöglichkeiten mit der Führung beschränken, sondern weit darüber hinausgehen, was die nachfolgende Abbildung darstellt:

Abbildung 57: Zugänge für die Compliance-Funktion[420]

Aus der Abbildung wird einiges deutlich: **150**
- Erstens sollte die Compliance-Funktion einen möglichst breiten Zugang zu verschiedenen Personen und allen Organisationsbereichen haben.
- Zweitens sollte die Compliance-Funktion im ständigen Austausch mit den einschlägigen internen Experten sein und falls solche fehlen, dann sollte die oberste Leitung externe Expertise einkaufen und diese der Compliance-Funktion zur Verfügung stellen.
- Drittens, die Zugänge der Compliance-Funktion sind nicht unbeschränkt, was am Beispiel des empfohlenen Zugangs zu Dokumentation deutlich wird – dieser umfasst nur für die Durchführung von Compliance-Aufgaben erforderliche Unterlagen.
- Viertens, was sich dem Katalog direkt nicht entnehmen lässt, aber der Anwendbarkeit der gesamten Norm immanent ist: Der Compliance-Funktion soll auch dann der Zugang zu entsprechenden Unterlagen verwehrt werden, wenn andernfalls ein Rechtsbruch begangen werden müsste. Darin kommt der allgemeine Grundsatz vom Vorrang des Rechts zum Tragen, wonach die Compliance-Maßnahmen in keinem Falle selbst zum Compliance-Verstoß führen dürfen.[421]

Schließlich ist erwähnenswert, dass auch an der Stelle der Grad, in dem die Zugänge der **151** Compliance-Funktion ermöglicht werden, dem Grundsatz der Flexibilität und Verhältnismäßigkeit unterliegt. Es wird daher von der Organisationskultur, von ihrer Natur und Komplexität abhängig sein, wie weit die Compliance-Funktion etwa an den Entscheidungsfindungsprozessen in der Organisation beteiligt wird.

13.3.2.2. Unabhängigkeit. Als zweite Grundvoraussetzung sollte der Compliance-Funk- **152** tion eine unabhängige Stellung in der Organisationsstruktur gewährt werden. Über diese Thematik wird, in Deutschland insbes. im Bereich der Kreditwirtschaft,[422] sehr viel diskutiert. Auch hier entschied sich das Normungskomitee daher bewusst für eine lockere Lösung, indem keine Unabhängigkeit der Compliance-Funktion gefordert, diese aber empfohlen wird. Die Organisationen werden vor Ort für sich selbst feststellen müssen, welche Form im konkreten Fall die angemessene Lösung darstellen wird. Zu erinnern ist in dem Zusammenhang an die Compliance-Politik, in der der Grad der Unabhängigkeit der

---

[419] Vgl. Ziff. 5.3.3 Abs. 1 d DIN ISO 19600.
[420] Vgl. Ziff. 5.3.3 Abs. 1 d 3 DIN ISO 19600.
[421] Siehe Pkt. 7.6.4.
[422] Ausf. bei *Birnbaum* Compliance Praxis 2014, 44 ff.

Compliance-Funktion festzulegen ist.[423] Die Organisationsführung wird sich mit der Angelegenheit daher jedenfalls ernsthaft befassen und eine effektive Lösung finden müssen.

153 **13.3.2.3. Befugnisse und Ausstattung.** Schließlich, als die dritte Grundvoraussetzung, sollten der Compliance-Funktion entsprechende Befugnisse zugewiesen werden und sie soll mit angemessenen Ressourcen ausgestattet werden. In beiden Fällen wird an dieser Stelle das Prinzip der Verhältnismäßigkeit angesprochen, um auch diese Postulate entsprechend den konkreten Bedürfnissen der Organisation umsetzen zu können. So sollten der Compliance-Funktion weder zu viele, noch zu wenige Befugnisse verliehen werden, sondern exakt so viele, damit diese die in der Compliance-Politik festgelegten Compliance-Ziele effektiv fördern kann. Die Angemessenheit der zugewiesenen Ressourcen soll wiederum einerseits ebenfalls an den zu fördernden Zielen gemessen werden, andererseits sollten aber die realen Ressourcen der Organisation beachtet werden und es sollte nicht eine Situation entstehen, in der der Compliance-Funktion übertriebene und unverhältnismäßige Ressourcen gewährt werden.

13.3.3. Flexible Ausgestaltung

154 In Bezug auf die Compliance-Funktion kommt der Grundsatz der Flexibilität besonders zum Tragen. In ihrer ursprünglichen Fassung sah die Norm noch nur ein Modell vor: In jedem Falle sollte die Compliance-Funktion einer konkreten Person (neue Stelle) zugewiesen werden. Dies ist jedoch auf erheblichen Wiederstand seitens des Mittelstandes gestoßen. Zu Recht auch: Die Einrichtung einer neuen Stelle extra für Zwecke des CMS ist in mittelständischen Unternehmen nicht immer erforderlich.

155 Die Norm wurde daher insofern geändert, als die Einrichtung der Compliance-Funktion flexibel vorzunehmen ist. Es wird zwar weiterhin empfohlen, dass die meisten Organisationen für das CMS etwa den Compliance-Manager einstellen werden,[424] allerdings wird auch darauf hingewiesen, dass die Compliance-Funktion, abhängig insbes. von der Organisationsgröße, einer anderen Person im Unternehmen zusätzlich zu anderen bestehenden Aufgaben zugewiesen oder diese im Rahmen eines Compliance-Komitees ausgeübt wird.[425] Wie wichtig es dem Normungskomitee war, die Flexibilität der Compliance-Funktion deutlich zu machen, ergibt sich auch aus den Empfehlungen bzgl. des Aufgabenkreises der Compliance-Funktion selbst, die mit der Bemerkung eingeleitet wird, dass die Compliance-Funktion einer bereits in der Organisation vorhandenen, anderen Stelle zusätzlich zugewiesen werden kann.[426]

13.3.4. Ausgewählte Aufgabenbereiche

156 Da es sich bei der Compliance-Funktion um das zentrale Element eines jeden CMS handelt, also eine Person, die sich mit der Verwaltung des Systems befasst, wird in der Norm auch der umfangreichste Katalog an potenziellen und empfohlenen Maßnahmen für diese Funktion vorgefunden.[427]

157 Auch dieser Katalog sollte iSd Flexibilität erweitert oder beschränkt werden und dementsprechend sollte auch die Compliance-Funktion mit nur solchen Aufgaben ausgestattet werden, die auf der Basis der Informationsbeschaffung der jeweiligen Größe, Natur und Komplexität der Organisation im besten Maße entsprechen werden. Es kann daher vorkommen, dass einige Organisationen der Compliance-Funktion nur einige der empfohlenen Aufgaben zuweisen, während die anderen Organisationen den Katalog erweitern werden.

---

[423] Siehe Pkt. 12.3.
[424] Vgl. Ziff. 5.3.2 Abs. 3 DIN ISO 19600.
[425] Vgl. Ziff. 5.3.2 Abs. 3 und 4 DIN ISO 19600.
[426] Vgl. Ziff. 5.3.4 Abs. 1 DIN ISO 19600.
[427] Vgl. Ziff. 5.3.4 Abs. 2 a–m DIN ISO 19600.

Zur besseren Übersichtlichkeit seien die empfohlenen Aufgabenbereiche der Compliance- **158** Funktion in einer systematisierten Übersicht dargestellt:

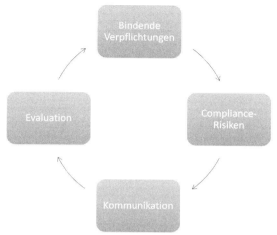

Abbildung 58: Mögliche Aufgaben der Compliance-Funktion[428]

Die obigen Aufgabengruppen seien nun anhand von einigen konkreten Beispielen wei- **159** ter erläutert. Während der Compliance-Funktion diverse Aufgaben obliegen, liegt der absolute Schwerpunkt im Bereich der Kommunikation. Die einzelnen Aufgabenbereiche sind hier entsprechend dem Arbeitszyklus der Compliance-Funktion systematisiert worden.

Zu betonen ist zugleich, dass die Norm den Aufgabenkatalog einleitet, indem diese **160** Aufgaben nicht nur in den Zuständigkeitsbereich der Compliance-Funktion, sondern auch in den des Managements fallen.[429]

13.3.4.1. Identifizierung der bindenden Verpflichtungen.[430] Eine der wesentlichen **161** Aufgaben der Compliance-Funktion besteht in der Ermittlung und Aktualisierung bindender Verpflichtungen.[431] Die Aufgabe knüpft an die originäre Funktion eines CMS an, die Einhaltung der Pflichten durch alle Organisationsmitglieder sicherzustellen. Dabei stehen der Compliance-Funktion verschiedene Methoden zur Verfügung, wie bindende Verpflichtungen effektiv erfasst und aktualisiert werden können, worauf bereits ausführlich eingegangen worden ist.[432] Um Wiederholungen zu vermeiden, sei nur auf drei in dem Zusammenhang stehende Aspekte eingegangen.

Zum einen steht fest, dass die Compliance-Funktion, abhängig von ihrem Ausbil- **162** dungshintergrund, nicht alle Verpflichtungen identifizieren kann. Hierzu ist oft Fachexpertise von Juristen notwendig, die erst bei der Auslegung der einschlägigen Vorschriften feststellen können, ob sie auf die Organisation anwendbar sind. In diesen Fällen sollte sich die Compliance-Funktion fremden Rat einholen: ob bei dem internen Juristen oder externen Dienstleistungsanbietern.

Zum anderen steht ebenfalls fest, dass die Compliance-Funktion die Verpflichtungen **163** nicht für sich selbst ermittelt. Es sollten alle bindenden Verpflichtungen der Organisation ermittelt werden, die von verschiedenen Mitgliedern der Organisation einzuhalten sind. Auf welche Bereiche sich dies erstreckt sollte wiederum in der Compliance-Politik und

---

[428] Übersicht basierend auf Ziff. 5.3.4 Abs. 2 DIN ISO 19600.
[429] Vgl. Ziff. 5.3.4 Abs. 1 DIN ISO 19600.
[430] Zum Begriff „bindende Verpflichtungen" siehe Pkt. 10.3.1.
[431] Vgl. Ziff. 5.3.4 Abs. 2 a DIN ISO 19600.
[432] Dazu ausf. Pkt. 10.3.

dort in dem Anwendungsbereich des CMS festgehalten werden. Sind bindende Verpflichtungen einmal ermittelt, so sollten sie in einer möglichst einfachen Sprache an die Mitglieder der Organisation, ob im Wege der Schulungen oder anderer Maßnahmen, klar und deutlich kommuniziert werden.[433]

164 Schließlich sollte die Compliance-Funktion darauf hinwirken, dass die ermittelten Verpflichtungen in die bestehenden Politiken, Verfahren und Prozesse integriert werden.[434] Die Integration kann sicherstellen, dass das CMS effektiv und insbes. konsistent bleibt.[435] Ferner wird damit erreicht, dass die bindenden Verpflichtungen auf gleicher Ebene wie andere Pflichten in der Organisation wahrgenommen werden, was wiederum das Compliance-Bewusstsein sensibilisiert und die nachhaltige Compliance-Kultur fördert.

165 **13.3.4.2. Verwaltung von Risiken.**[436] Des Weiteren sollte die Compliance-Funktion für die Erkennung, so die Norm, der Compliance-Risiken zuständig sein.[437] Auch wird in der Fachliteratur ausgeführt, dass ua das Risikomanagement zu den fundamentalen Aufgaben eines Compliance-Officers gehört.[438] Hierbei können allerdings verschiedene Methoden der Informationsbeschaffung und -auswertung verwendet werden.[439] Die Empfehlung schließt ferner die Erkennung und Leitung von Risiken betreffend Dritter, wie etwa Lieferanten, Händler, Zwischenhändler, Berater, Vertragspartner und weitere Personen, ein.[440]

166 **13.3.4.3. Kommunikation.** Die wesentliche Aufgabe der Compliance-Funktion besteht in der permanenten Kommunikation. Verpflichtungen, die ermittelt, Compliance-Risiken, die gesteuert werden, sollten nicht für sich selbst behalten, sondern über geordnete Kommunikationskanäle geleitet werden, damit alle Organisationsmitglieder danach ihre tägliche Arbeit ausrichten können. Da der Bereich der Compliance-Kommunikation zu den wesentlichen Unterstützungsmaßnahmen im Hinblick auf das CMS gehört, wird darauf im weiteren Verlauf detailliert eingegangen.[441] Hier sei lediglich erläutert, in welchem Zusammenhang die Kommunikation zu den übrigen Aufgaben steht, und wie die Compliance-Funktion ihre kommunikativen Aufgaben umsetzen kann.

167 Die nachfolgende Übersicht verdeutlicht den Zusammenhang zwischen den vielen Aufgaben der Compliance-Funktion und der allgemeinen Kommunikation.

Risiken, Pflichten, etc.

Einfach zugängliche Sprache

Compliance Funktion

Organisations- mitglieder

Abbildung 59: Kommunikation im Zusammenhang mit den übrigen Aufgaben

---

[433] Zur Compliance-Kommunikation siehe Pkt. 15.2.
[434] Vgl. Ziff. 5.3.4 Abs. 2 b DIN ISO 19600.
[435] Mehr zu verschiedenen Integrationsansätzen in Pkt. 7.6.2.
[436] Zum Compliance-Risk-Management siehe Pkt. 10.4.
[437] Vgl. Ziff. 5.3.4 Abs. 2 i DIN ISO 19600.
[438] *Benz/Klindt* BB 2010, 2977.
[439] Ausf. dazu *Benz/Klindt* BB 2010, 2977.
[440] Vgl. Ziff. 5.3.4 Abs. 2 i DIN ISO 19600.
[441] Siehe ab Pkt. 15.2.

Aus der obigen Übersicht wird deutlich, dass die Compliance-Funktion als quasi „Über- **168** setzer" vom abstrakten Einzuhaltenden in die Sprache fungieren sollte, die die Mitglieder der Organisation ohne besonderen Aufwand verstehen können. Dazu ist sicherlich Innovation der Compliance-Funktion gefragt. Je einfacher, gar spielerisch,[442] die abstrakten Inhalte (bindende Verpflichtungen) vermittelt werden, umso zügiger werden sie verstanden. Dies fördert wiederum das Compliance-Bewusstsein der Mitglieder, das ein integraler Teil der nachhaltigen Compliance-Kultur in der Organisation bildet.[443]

Dem Katalog sind diverse kommunikative Aufgaben der Compliance-Funktion zu ent- **169** nehmen. Da es sich dabei bereits um den Kern der operationellen Compliance-Arbeit handelt, wird auf diese im Abschnitt zur Kommunikation näher eingegangen.[444] Nur zur Orientierung sollte die nachfolgende Übersicht dienen, die die diversen kommunikativen Aufgaben der Compliance-Funktion zusammenfasst:

Abbildung 60: Kommunikative Aufgaben der Compliance-Funktion[445]

13.3.4.4. Evaluation.[446] Zum Aufgabenkatalog der Compliance-Funktion gehört **170** schließlich die Prüfung und Verbesserung des CMS.[447] Die Norm empfiehlt der Compliance-Funktion drei wesentliche Maßnahmen, um die entsprechenden Evaluierungsprozesse sicherzustellen.

---

[442] Beispiele bei *Alebrand* COMPLY 2015, 34 ff.
[443] Zur Compliance-Kultur vgl. Pkt. 3.2.
[444] Siehe Pkt. 15.2.
[445] Übersicht basierend auf Ziff. 5.3.4 Abs. 2 DIN ISO 19600.
[446] Ausführlich dazu vgl. Pkt. 16.
[447] Ausführlich zur Verbesserung ab Pkt. 17.

Abbildung 61: Drei wesentliche Verfahren zur Evaluierung eines CMS durch die Compliance-Funktion[448]

171 Der Übersicht sind drei wesentliche Maßnahmen zu entnehmen, die in der Norm selbst zwar systematisch ein wenig unglücklich geregelt sind, da der Zusammenhang nicht sofort erkennbar ist, aber operationell zusammenhängen.

172 Zunächst sollte die Compliance-Funktion einen Plan für die Überwachung des CMS entwerfen, wobei die zeitlichen Intervalle gemessen an dem konkreten Bedarf der Organisation festzulegen sind. Die Compliance-Funktion sollte anschließend sicherstellen, dass die Überwachung der CMS-Leistung in den vorgegebenen Intervallen auch tatsächlich erfolgt.

173 Zugleich sollten in dem Plan Indikatoren für die Prüfung der Leistungsfähigkeit des CMS festgelegt werden. Zu beachten ist dabei, dass diese an die konkreten Umstände der Organisation anzupassen sind und entsprechend aktualisiert werden sollten.[449]

174 Anhand der festgelegten Indikatoren und in den vorgegebenen Zeitfenstern sollte die Leistung des CMS überwacht und überprüft werden. Ziel der Evaluation ist die Ermittlungen von Schwachstellen und Festlegung sowie Durchführung von geeigneten Verbesserungsmaßnahmen. Diese können darin bestehen, dass eine vorhandene Struktur oder ein Prozess optimiert, abgeschafft oder durch andere Strukturen und Prozesse ersetzt wird.

13.3.5. Fähigkeiten der Compliance-Funktion[450]

175 Bei der erheblichen Bandbreite an Aufgaben, die der Compliance-Funktion zugewiesen werden, entsteht eine berechtigte Frage danach, welche Fähigkeiten die Person, welche die Funktion innehaben wird, vorweisen sollte. Zunächst ist festzuhalten, dass sich hierbei einerseits jede pauschalisierende Betrachtung verbietet. So unterschiedlich nämlich CMS

---

[448] Die Übersicht basiert auf den Empfehlungen der Ziff. 5.3.4 Abs. 2 g, h, i DIN ISO 19600.
[449] Zu einigen denkbaren Indikatoren siehe Pkt. 16.
[450] Eine hilfreiche Zusammenstellung von Herausforderungen an die Compliance-Funktion bei *Krumbach,* München 2017.

und der Bedarf der jeweiligen Organisation sind, so unterschiedlich werden die zu erwartenden Fähigkeiten an die sie bewältigende Person, also an die der Compliance-Funktion, sein.

Einige fachübergreifende Merkmale, die eine die Compliance-Funktion innehabende 176 Person vorweisen sollte, lassen sich jedoch aufstellen. Diese werden in DIN ISO 19600 wie folgt definiert:

Fähigkeiten	Konfliktfreiheit
	Integrität und Compliance-Bekenntnis
	Kommunikative und steuernde Fähigkeiten
	Durchsetzungskraft
	Fachkompetenz

Abbildung 62: Anforderungsprofil der Compliance-Funktion[451]

Die oben beschriebenen Anforderungen stellen ein Mindestmaß an Fertigkeiten dar, 177 die die Compliance-Funktion innehaben sollte. Dabei ist die Reihenfolge irrelevant, denn alle erwähnten Fertigkeiten sind von Bedeutung. So muss die Person in jedem Falle die entsprechende Fachkompetenz aufweisen. Eine solche Person muss ferner integer sein, dh Werte und Kultur der Organisation und der Compliance verinnerlichen und danach entsprechend nach Außen handeln. Es dürfen keine Interessenkonflikte entstehen, damit die Funktion auch unabhängig und objektiv ausgeübt werden kann. Schließlich werden kommunikative und steuernde Fähigkeiten vorausgesetzt.

Ein CMS setzt sich aus Elementen diverser Fachdisziplinen zusammen. So müssen zu- 178 nächst bindende Verpflichtungen erfasst werden (Rechtswissenschaften), Risiken evaluiert werden (Betriebswirtschaftslehre) oder Pflichten kommuniziert werden (Kommunikationswissenschaft). Es liegt daher auf der Hand, dass ein bestimmtes Studium einer der erwähnten Fachdisziplinen nicht ausreichen wird. Hat die Person etwa Jura studiert, so muss sie sich, falls keine einschlägige Erfahrung bereits vorliegt, die sonst notwendigen Kenntnisse und Fähigkeiten iRd Selbststudiums, der Belegung von Fortbildungslehrgängen oder Fachseminaren für Compliance aneignen.

13.3.6. Compliance-Funktion für Korruptionsbekämpfung (ISO 37001)

Die ISO 37001 stellt keine besonderen Anforderungen an das Profil der Person, die sich 179 in der Organisation mit dem AMS befasst.[452] Allerdings werden auch Aufgaben aufgezählt, die der Funktion zugewiesen werden sollten.

Die nachfolgende Übersicht erscheint nicht nur bekannt, sie verdeutlicht erneut, dass 180 die beiden Standards DIN ISO 19600 und ISO 37001 konzeptionell und in der konkreten Umsetzung ähnlich aufgebaut sind. So sieht ISO 37001 für die Funktion ua folgende Aufgaben vor:

---

[451] Die Übersicht basiert auf den Empfehlungen der Ziff. 5.3.4 Abs. 3 DIN ISO 19600.
[452] Zu der Grundausgestaltung siehe Pkt. 13.3.2.

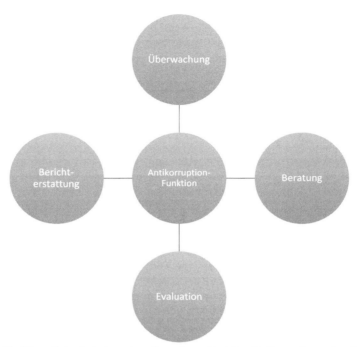

Abbildung 63: Wesentliche Aufgaben einer Compliance-Funktion für Korruptionsprävention[453]

181   Die Abbildung zeigt, dass die Compliance-Funktion für Korruptionsprävention zunächst für die Überwachung der Konzeption und der Implementierung des AMS zuständig sein sollte, ferner sollte sie für die Mitglieder der Organisation mit Rat und Richtlinien hinsichtlich der Korruptionsprävention zur Verfügung stehen sowie sicherstellen, dass das in der Organisation implementierte AMS den Anforderungen des Standards selbst entspricht. Nicht zuletzt sollte sie an das Führungsgremium und die oberste Leitung sowie weitere Compliance-Stellen in der Organisation entsprechend berichten.

182   Durch den recht ähnlichen Aufgabenzuschnitt hinsichtlich der Compliance-Funktion in beiden Normen wird daher der Vorteil deutlich, beide Systeme parallel aufzubauen und Systemelemente sowie Aufgaben und Funktionalitäten, die sich ähneln, jeweils zusammenzuführen.[454] So kann in diesem Falle nur eine einzige Compliance-Funktion entsprechend den Vorgaben der beiden Standards eingerichtet und ausgestattet werden.

13.3.7. Mittelstand

183 Die mittelständische Compliance ist wie bereits erwähnt durch ein Spannungsfeld zwischen Bedarf und Ressourcen geprägt.[455] Daher stellt sich meist auch die Frage, ob für die Compliance-Funktion eine gesonderte Stelle vorgesehen werden muss, oder aber diese einer Person zusätzlich zu ihren bestehenden Pflichten und Aufgaben zugewiesen werden kann. In der Fachliteratur werden hierzu diverse Meinungen vertreten, was auch der Praxis entspricht, in der verschiedene Lösungen vorkommen. So ergab eine Umfrage, dass fast die Hälfte der mittelständischen Unternehmen einen Compliance-Beauftragten hat, in den meisten Fällen nimmt er allerdings auch weitere Aufgaben in der Organisation

---

[453] Abbildung nach Ziff. 5.3.2 Abs. 1 ISO 37001.
[454] Zur Integration vgl. Pkt. 2.3.3, 2.3.4, 7.6.2 und 10.5.5.
[455] Siehe Pkt. 5.1.2.

wahr.[456] Ob ein oder mehr Compliance-Officer eingestellt werden, muss im Einzelfalle entschieden werden, zumindest zwingend erforderlich ist ein verantwortungsvoller Beschäftigter, der sich der Aufgabe systematisch annimmt.[457]

Während sich ISO 37001 nicht ausdrücklich zu der Frage äußert, stellt DIN ISO **184** 19600 klar, dass einige Organisationen keine eigenständige Compliance-Funktion schaffen, sondern diese einer bereits vorhandenen Stelle zuweisen können.[458] Diese Regelung ist auf den ausdrücklichen Wunsch der starken Vertretung des Mittelstands in den Normungsgremien aufgenommen worden und trägt auch im besten Maße den Bedürfnissen des Mittelstandes Rechnung. Die Frage dürfte auch nach ISO 37001 ähnlich gehandhabt werden. Eine klare Anforderung an eine eigenständige Stelle lässt der Standard jedenfalls vermissen. Anti-Bribery Compliance-Funktion wird lediglich als Person oder Personengruppe definiert, die Zuständigkeit und Verantwortung für das AMS innehat.[459] Ferner fordert der Standard lediglich, dass die oben erwähnten Aufgaben einer Compliance-Funktion zugewiesen werden,[460] ohne jedoch festzustellen, dass dies eine eigenständige Stelle sein sollte. Werden diese Anforderungen im Lichte der allgemeinen Anforderungen gelesen, wonach die Größe, Natur, Komplexität und Struktur der Organisation bei der Festlegung der CMS-Elemente zu beachten sind,[461] so dürfte sich hieraus ergeben, dass auch die Anti-Bribery Compliance-Funktion einer bereits in der Organisation beschäftigten Person, der auch andere Aufgabenbereiche zustehen, zugewiesen werden kann. Diese Argumentation bekräftigt die von der ISO 37001 vorgesehene Möglichkeit, die Funktion nach Außen auszulagern.

13.3.8. Auslagerung der Compliance- und Anti-Bribery Funktion

Nicht nur im Mittelstand, sondern in vielen anderen Organisationsarten wird praktiziert, **185** dass die Funktion für die Korruptionsprävention ausgelagert wird (outsourcing) und von einer externen Person wahrgenommen wird. Umfragen bekräftigen auch diese Praxis, so sind 72% der Mittelständler der Meinung, dass externe Unterstützung zur Compliance-Umsetzung sinnvoll ist,[462] wobei als meistens ausgelagerte CMS-Elemente insbes. Risikoanalyse, interne Ermittlungen, Prüfung der CMS-Umsetzung, Rechtsberatung oder Schulungen und Erstellung von Verhaltensstandards sowie sogar interne Kommunikation angekreuzt werden.[463]

13.3.8.1. Vor- und Nachteile. Dies hat Vor- und Nachteile.[464] Zunächst muss betont **186** werden, dass die Auslagerung ein Unternehmen nicht von der Pflicht entbindet, sich mit dem Thema fachlich eingehend auseinanderzusetzen.[465] Die Verantwortung verbleibt daher trotz Auslagerung bei der Führung der Organisation. Externe Fachleute können sicherlich exzellente Fachexpertise anbieten, ihnen werden aber fundierte Kenntnisse über den Kontext der Organisation fehlen. Auch kann sich die Auslagerung auf die Organisationsmitglieder unterschiedlich auswirken. So kann dadurch die Offenheit gefördert werden, über Missstände an einen unabhängigen und objektiven Dritten eher zu berichten, als an ein anderes Mitglied der Organisation. Ebenfalls das Gegenteil kann jedoch der Fall sein. Ferner kann die externe Person auf Schwierigkeiten stoßen, wenn es um die Kom-

---

[456] Compliance im Mittelstand, Deloitte-Studie, 2011, 19.
[457] *Remberg* BB 3/2012, I.
[458] Vgl. Ziff. 5.3.4 Abs. 1 DIN ISO 19600.
[459] Vgl. Ziff. 3.8 ISO 37001.
[460] Vgl. Ziff. 5.3.2 ISO 37001.
[461] Vgl. Ziff. 4.1 ISO 37001.
[462] Compliance im Mittelstand – Studie des Center for Business Compliance & Integrity, 2014, 45.
[463] Compliance im Mittelstand – Studie des Center for Business Compliance & Integrity, 2014, 45.
[464] Ausf. zu Pro- und Contra-Argumenten bei *Fissenewert* COMPLY 1/2016, 56 ff.
[465] *Berstein/Klein* CCZ 2014, 286.

munikation der Compliance-Inhalte im Inneren der Organisation geht. Schließlich müssen die Geheimnisse der Organisation nach Außen preisgegeben werden.

Die Nachteile dürften die Vorteile in der Summe überwiegen, sodass es eher empfehlenswert ist, die Compliance-Funktion nicht vollständig auszulagern. Denkbar ist jedoch, bestimmte CMS-Elemente auszulagern, wie etwa zusätzlich zu den bestehenden internen Hinweisgebersystemen die Möglichkeit zu eröffnen, an einen Dritten zu berichten, um damit die Hemmschwellen zu senken.

187 **13.3.8.2. Auslagerung nach den ISO-Normen.** Die hier behandelten Normen sehen die Möglichkeit der Auslagerung der Compliance-Funktion ausdrücklich vor, damit der Grundsatz der Flexibilität[466] umgesetzt werden kann. Nach DIN ISO 19600 ist das Ausgliedern von CMS-Elementen generell als mögliche Lösung vorgesehen.[467] Auch die Norm ISO 37001 geht von der Möglichkeit aus, dass die oberste Leitung entweder Teile davon oder die vollständige Compliance-Funktion für Korruptionsprävention einer externen Person zuweisen kann, also einer solchen, die sich außerhalb der Organisation befindet, wobei die oberste Leitung in solchen Fällen dafür zu sorgen hat, dass bestimmte (interne) Mitglieder der Organisation gegenüber der externen Funktion weisungsbefugt und für deren Handlungen verantwortlich sind.[468]

13.4. Manager

188 Wie bereits erwähnt verfolgen die hier behandelten ISO-Normen einen breiten Ansatz, wenn es um die Rollen für die Compliance in der Organisation geht. Bisher wurden die bedeutenden Aufgaben der Führung der Organisation sowie der Compliance-Funktion erläutert. Im nachfolgenden Abschnitt (13.5) wird es um die Rollen aller Organisationsmitglieder gehen. In diesem Abschnitt wird auf die Aufgaben und Rollen eingegangen, die dem Mittelbau, also den Führungskräften unterhalb der obersten Führung oder des Führungsgremiums zukommen. Diese Gruppe ist hier generell als „Manager" bezeichnet worden. Dies könnten zB Abteilungsleiter in einem Unternehmen oder Referatsleiter in einer Behörde sein.

13.4.1. Auch Manager verantworten Compliance

189 In der Organisationsrealität ist es oft so, dass, sobald die Compliance-Funktion eingerichtet wird (die oft auch als Compliance-Manager oder Compliance-Officer bezeichnet wird), sich bei den übrigen Managern die Überzeugung verbreitet, diese Person sei für Compliance zuständig. Sollte eine solche Überzeugung bestehen, so sollte ihr als einer Scheinüberzeugung deutlich entgegengewirkt werden. Zum einen sei betont, dass die Compliance-Funktion nicht für Compliance, also Einhaltung der binden Verpflichtungen durch alle Mitglieder, zuständig ist (das natürlich auch, aber in seinem Verantwortungsbereich), sondern für die Verwaltung (Management) des CMS. Für die Einhaltung der bindenden Verpflichtungen sind weiterhin alle Organisationsmitglieder, gleich ob Manager oder Beschäftigter, in ihren operativen Bereichen zuständig. Dies stellt auch die Norm klar, wenn ausgeführt wird, dass die Delegierung der Aufgaben für CMS an die Compliance-Funktion nicht als das Entbinden anderer Ebenen von deren Compliance-Verantwortung verstanden werden soll.[469]

---

[466] Siehe Pkt. 7.5.
[467] Vgl. Ziff. 5.3.2 Abs. 4 DIN ISO 19600.
[468] Vgl. Ziff. 5.3.2 Abs. 4 ISO 37001.
[469] Vgl. Ziff. 5.3.2 Abs. 5 DIN ISO 19600.

13.4.2. Flexible Ausgestaltung der Managerrolle für Compliance

Die Compliance-Verantwortlichkeiten der Manager variieren zwangsläufig je nach Befug- 190
nisebene, Einfluss und anderen Faktoren, wie etwa Art und Größe der Organisation.[470]
Die Manager spielen eine wichtige Rolle iRd CMS und haben ihre Compliance-Verantwortung einzuhalten.[471] Die Norm enthält einige Ideen, wie dieser Gedanke umgesetzt
werden kann. Erstens sollten die Compliance-Verpflichtungen der Manager deutlich definiert werden, idealerweise, wenn sie bereits in die Arbeitsplatzbeschreibungen aufgenommen werden.[472] Welche Pflichten das sind, muss in jedem konkreten Falle festgestellt werden. Dabei wird in der Norm empfohlen, dass die Pflichten zwar im Einzelfalle von der
Natur und Größe der Organisation abhängen sollten, andererseits jedoch wird es auch
Pflichten geben, die unabhängig hiervon in vielen Organisationen bestehen.[473] Hierzu
könnten etwa die aktive Rolle der Manager bei der ständigen Thematisierung von
Compliance iRd Beschäftigtengespräche oder Berichterstattung gegenüber der Compliance-Funktion bzgl. der compliance-relevanten Themen zum Einsatz kommen.

13.4.3. Konkrete Compliance-Aufgaben der Manager

Um die obigen Ausführungen mit einigen konkreten Beispielen zu verdeutlichen, sei der 191
empfohlene Katalog von einigen exemplarischen Aufgabenbereichen der Manager anhand
einer Abbildung dargestellt.

Abbildung 64: Mögliche Compliance-Förderungsmaßnahmen durch die Manager[474]

  Bei der Übersicht handelt es sich um einen Systematisierungsversuch, die empfohlenen 192
Aufgaben der Manager für Compliance in fünf wesentliche Gruppen zu kategorisieren.

13.4.3.1. Einhaltung von Pflichten/„tone from the middle". Zwar ist der Hinweis 193
ein wenig versteckt, dennoch hat er eine wesentliche Bedeutung: Das Management sollte
nicht nur selbst die bindenden Verpflichtungen einhalten, was eine Selbstverständlichkeit
darstellt, sondern damit auch ein deutliches Beispiel und Bekenntnis für sein jeweiliges
Team abgegeben.[475] In der Empfehlung ist die Konsequenz der Umsetzung von „tone
from the top" zu sehen, deren Funktion darin liegt, dass alle Personen in einer Organisa-

---

[470] Vgl. Ziff. 5.3.2 Abs. 6 DIN ISO 19600.
[471] Vgl. Ziff. 5.3.2 Abs. 5 S. 1 DIN ISO 19600.
[472] Vgl. Ziff. 5.3.2 Abs. 5 S. 2 DIN ISO 19600.
[473] Vgl. Ziff. 5.3.2 Abs. 6 DIN ISO 19600.
[474] Die Abbildung basiert auf Ziff. 5.3.5 DIN ISO 19600.
[475] Vgl. Ziff. 5.3.5 b DIN ISO 19600.

tion, die eine Vorbildfunktion genießen oder weitere Personen in einem Team führen, sich zu Compliance bekennen und diese aktiv unterstützen sollten. Diese Funktion könnte im Gegensatz zum Bekenntnis und Unterstützung durch die Führung in Form von „tone from the top" in dem Falle daher als „tone from the middle" bezeichnet werden.

194   Jeder Manager sollte ferner eng mit der Compliance-Funktion kooperieren, indem er etwa die ordentliche Umsetzung von CMS unterstützt[476] und sich selbst aktiv in die Compliance-bezogenen Korrekturmaßnahmen einbringt.[477] Dies setzt, ähnlich wie im Falle der Führung, ein aktives Handeln des Managements im Compliance-Bereich voraus.

195   **13.4.3.2. Sensibilisierungsmaßnahmen bei Beschäftigten.** Eine der Kernfunktionen des Managements liegt allerdings in der entsprechenden Compliance-Kommunikation und Behandlung von Compliance-Themen gegenüber den in deren Zuständigkeitsbereich fallenden Organisationsmitgliedern. Diese Maßnahmen zielen auf die Compliance-Sensibilisierung der Beschäftigten und damit die Förderung der nachhaltigen Compliance-Kultur in der Organisation ab.

196   Die Norm enthält eine ganze Reihe von verschiedenen Handlungsempfehlungen, die das og Ziel fördern sollten. Generell wird in der Norm empfohlen, dass das Management das Verhalten der Abreitnehmer unter Beachtung von bindenden Verpflichtungen dadurch fördern sollte, dass die Beschäftigten entsprechend

- ermuntert,
- betreut, aber auch
- überwacht

werden. Konkret bedeutet dies, dass das Management nicht nur selbst die Compliance-Funktion unterstützen, sondern auch die Beschäftigten dazu ermutigen sollte, dasselbe zu tun; ferner sollte es die Beschäftigten dazu ermutigen, die Compliance-Probleme anzusprechen; drittens sollte es das Compliance-Bewusstsein der Beschäftigten im Hinblick auf die bestehenden Verpflichtungen entsprechend sensibilisieren und dafür sorgen, dass die Beschäftigten an den Compliance-Schulungen teilnehmen.[478]

197   **13.4.3.3. Integration des CMS in die Prozesse.** Der in diesem Praxisbuch bereits oft erwähnte Integrationsgrundsatz spielt für die Effektivität und Effizienz des CMS eine große Rolle.[479] Auch in dem Bereich kommt es auf die aktive Unterstützung des Managements an. Doch stellt sich neben der abstrakten Forderung alleine, ein CMS zu integrieren, die konkrete Frage, wie dies in der Organisationsrealität umgesetzt werden kann. Jede Integration eines Prozesses in der bestehenden Struktur setzt nicht nur die ausgezeichnete Kenntnis dieser Struktur voraus, sondern auch die einschlägige Durchdringungskraft und Zugänge zu den jeweiligen Strukturen voraus. Diese wird die Compliance-Funktion selbst nicht haben. Jedenfalls nicht so weitreichend, dass er in alle Organisationsprozesse und -strukturen eindringen könnte. Daher stellt auch die Norm die Funktion der Manager iRd Förderung der Integration des CMS in den Vordergrund.

198   Für die Integration wird sich der Manager allein schon dann einsetzen, wenn er die oben erwähnten Sensibilisierungsmaßnahmen implementiert und damit das Compliance-Bewusstsein der Beschäftigten fördert. Noch deutlicher wird der Gedanke aber mit der Empfehlung der Norm, wonach die Manager die bestehenden bindenden Verpflichtungen in die Aktivitäten von Geschäftspraktiken und -verfahren integrieren sollten, für die sie verantwortlich sind.[480] Als weitere Fördermaßnahme wird empfohlen, dass Manager dafür sorgen sollten, dass die Compliance-Anforderungen etwa in den Arbeitsplatzbeschreibun-

---

[476] Vgl. Ziff. 5.3.5 f DIN ISO 19600.
[477] Vgl. Ziff. 5.3.5 k DIN ISO 19600.
[478] Diese Handlungsempfehlungen ergeben sich teils direkt teils indirekt aus Ziff. 5.3.5 a, d, e, g DIN ISO 19600.
[479] Zu Grundsätzen der Integration siehe Pkt. 7.6.2 und 10.5.5.
[480] Vgl. Ziff. 5.3.5 j DIN ISO 19600.

gen erwähnt werden sollten[481] oder dass Compliance-Leistung der Beschäftigten bei der Bewertung der allgemeinen Leistungsbewertung berücksichtigt werden sollte.[482]

13.4.3.4. Überwachung. Eine weitere Funktion eines Managers im Hinblick auf das CMS besteht in der Überwachung der Einhaltung von bindenden Verpflichtungen sowie der Bestimmungen des CMS durch seine Beschäftigten. Diese Funktion wird zwar nicht ausdrücklich erwähnt, sie ergibt sich aber einerseits aus der Empfehlung, wonach Manager die Ausgliederungsvereinbarungen überwachen sollten.[483] Andererseits ergibt sich diese Funktion aus der Auslegung des Maßnahmenkatalogs nach seinem Sinn und Zweck. Wenn, was die Norm empfiehlt, sich Manager für die Effektivität eines CMS einsetzen, das Bewusstsein der Beschäftigten sensibilisieren und im Austausch mit der Compliance-Funktion stehen sollten, so liegt die zwingende Folge nur darin, dass sie auch zumindest gegenüber dem Teil der Mitglieder einer Organisation überwachend aktiv werden sollten, die ihrem/seinem jeweiligen Team zugehören.

13.4.3.5. Informationsbeschaffung. Schließlich erwähnt die Norm, dass Manager auch einen nicht unerheblichen Teil der Compliance-Risiko-Beurteilung ausmachen. Zwar wird dies nur kurz angedeutet, wenn empfohlen wird, dass Manager im Rahmen ihrer Aktivitäten die Compliance-Risiken identifizieren und kommunizieren sollten.[484] Diese Funktion hat jedoch eine nicht zu unterschätzende Bedeutung iRd CRM.[485] Auch die beste Risiko-Beurteilung wird nicht sicherstellen können, dass alle Compliance-Risiken in allen Unternehmensbereichen entsprechend ermittelt und gesteuert werden. Die jeweiligen Manager kennen bestens die eigenen Geschäftsbereiche und die dort tätigen Beschäftigten und können somit dort auch die bestehenden Risiken schneller erkennen.

13.4.3.6. Zusammenspiel der Funktionen/Unterstützung der Manager. Schließlich seien zwei Aspekte hinsichtlich der Rolle und Aufgaben der Manager betont. Zum einen geht es um das Zusammenwirken der verschiedenen Aufgaben, zum anderen um die Unterstützung der Manager durch die Compliance-Funktion.

Die oben näher erläuterten Aufgaben des Managements für ein CMS sind nicht losgelöst voneinander, sondern in einem systemischen Zusammenhang zu betrachten. So spielt die Unterstützung, Förderung und Pflege des CMS die zentrale Rolle bei den Aufgaben eines Managers. Um sie zu erfüllen, werden diverse Handlungsempfehlungen nahegelegt: Zu allererst sollte jeder Manager selbst seine Pflichten einhalten und das CMS effektiv nutzen, indem sie/er an Compliance-Schulungen teilnimmt. Ferner sollte er selbst ausgesuchte CMS-Elemente umsetzen, in dem er mit seinem Team die Compliance-Angelegenheiten behandelt, sie damit sensibilisiert und aus dem Feedback und Gesprächen sowie eigener Kenntnis neue compliance-relevante Informationen (Teil des CRM) beschafft, die er entsprechend weiter kommuniziert, damit die Compliance-Funktion sie im gesamten CMS entsprechend adressieren kann. Während diese Handlungen ausgeführt werden, kann auch eine geeignete Kontrolle und Überwachung erfolgen.

Der umfangreiche Katalog an Aufgaben darf nicht abschreckend gegenüber den Managern wirken. Dies sollte auch von der Compliance-Funktion entsprechend kommuniziert werden. Manager sollten primär weiterhin ihre operativen Aufgaben erfüllen können. Bei der Umsetzung der Compliance-Aufgaben sollten sie stets und aktiv von der Compliance-Funktion unterstützt werden. Werden die Aufgaben jedoch näher betrachtet (zB Behandlung von Compliance-Fällen, Austausch mit Compliance-Funktion oder gar Einhaltung bindender Verpflichtungen), so wird es deutlich, dass es sich um Angelegenheiten

---

[481] Vgl. Ziff. 5.3.5 h DIN ISO 19600.
[482] Vgl. Ziff. 5.3.5 i DIN ISO 19600.
[483] Vgl. Ziff. 5.3.5 l DIN ISO 19600.
[484] Vgl. Ziff. 5.3.5 c DIN ISO 19600.
[485] Ausführlich zum Compliance-Risk-Management siehe Pkt. 10.4.

199

200

201

202

203

handelt, die selbstverständlich sind. Diese Offensichtlichkeiten werden aber in den meisten Organisationen oft vernachlässigt mit der Folge, dass sich der Mittelbau um die Compliance überhaupt nicht kümmert, zumal er davon – fälschlicherweise – überzeugt ist, die Compliance-Funktion sei hierfür alleine verantwortlich. Wird ein Katalog aufgestellt, der die Manager dabei unterstützt, so werden die Aufgaben sehr schnell als Mitläufer keinen nennenswerten Aufwand darstellen.

13.4.4. Manager-Aufgaben gegen Korruption nach ISO 37001

204 ISO 37001 stellt keinen umfangreichen Katalog an Aufgaben auf, die dem Management im Rahmen eines AMS zugewiesen werden sollten. Werden die Empfehlungen der DIN ISO 19600 umgesetzt und unter den Compliance-Risiken auch Korruptions-Risiken umfasst, so werden daher auch an der Stelle die Anforderungen der ISO 37001 erfüllt. Der Anti-Korruptionsstandard begnügt sich in der Hinsicht mit der allgemein formulierten Anforderung, wonach das Management in seinem Tätigkeitsbereich verlangen sollte, dass die Bestimmungen des AMS angewendet werden.[486]

13.5. Mitglieder der Organisation (zB alle Beschäftigten)

205 Sind die Rollen der Führung, der Compliance-Funktion sowie des Managements für die Compliance festgelegt, so ist die Zeit für die übrigen Mitglieder der Organisation gekommen. Auch diese Personengruppe muss sich bewusst sein, welche Verpflichtungen für sie gelten, wie sie das CMS nutzen können, dh welche Aufgaben für Compliance ihnen zustehen. Diese Aufgaben sollten klar definiert, festgehalten und kommuniziert werden.

13.5.1. Herausforderung

206 Bei der Zuweisung der Rolle für Compliance an die Organisationsmitglieder handelt es sich um eine der größten Herausforderungen für die Compliance-Funktion. Die Norm knüpft hierbei an den Hauptansatz, dass Menschen, also die gesamte Organisationsbelegschaft im Mittelpunkt des CMS steht.[487] Diese Idee wird an mehreren Stellen in der Norm – meistens indirekt – aufgegriffen, so auch hier. Da die Beschäftigten in der Organisation sich nur dann ihrer Compliance-Rolle bewusst werden, wenn sie ihre Verpflichtungen verstanden haben und ihre tägliche Arbeit danach ausrichten, liegt es auf der Hand, dass der Bereich stark mit der Sensibilisierungsarbeit (sog. *awareness building*)[488] verknüpft ist.

13.5.2. Aufgabenkatalog

207 Konkret wird empfohlen, dass alle Organisationsmitglieder nebst den Managern, eine ganz Reihe von Regelungen im Hinblick auf Compliance zu beachten haben:

---

[486] Vgl. Ziff. 5.3.1 Abs. 3 ISO 37001.
[487] Grundlegend dazu Pkt. 1.1 und 3.2.
[488] Mehr dazu Pkt. 15.3.

Abbildung 65: Rollen der Organisationsmitglieder hinsichtlich der Compliance[489]

Aus der Übersicht wird deutlich, dass den Organisationsmitgliedern zwar ein geringer, 208
doch ein bedeutsamer Kreis von vier Aufgabenbereichen zugewiesen wird.[490]

13.5.2.1. Einhaltung von Verpflichtungen. Erstens, sollten alle Organisationsmitglieder 209
die bindenden Verpflichtungen in den ihnen zugewiesenen Aufgabenbereichen erfüllen.
An der Stelle wiederholt die Norm nur einen allgemein gültigen Grundsatz der Regel-
treue. Diesen Grundsatz hier zu erwähnen ist jedoch aus systematischen Überlegungen
wichtig, denn er liegt den übrigen Compliance-Maßnahmen zugrunde, die, wie etwa
Schulungen und sonstige Sensibilisierungsmaßnahmen, darauf abzielen, die Beschäftigten
über die einschlägigen Verpflichtungen entsprechend zu informieren.

13.5.2.2. Teilnahme an Compliance-Schulungen. Zweitens, sollten die Organisati- 210
onsmitglieder an den Trainings in Übereinstimmung mit dem CMS teilnehmen. Diese
Empfehlung bezieht sich auf die Compliance-Schulungen, deren Inhalte, Form und
Rhythmus in der Compliance-Politik oder bei der Compliance-Planung gem. dem Ergebnis der Informationsbeschaffung festgelegt werden. Auf die Planung, Durchführung
und Inhalte der Compliance-Schulungen wird im Abschnitt über die Unterstützung des
CMS detailliert eingegangen.[491]

13.5.2.3. CMS-Nutzung. Drittens sollten alle Organisationsmitglieder die Ressourcen 211
nutzen, die iRd CMS zur Verfügung stehen. Damit soll erreicht werden, dass sich Organisationsmitglieder im Rahmen eines CMS aktiv einbringen. Welche konkreten Ressourcen zur Verfügung gestellt werden, hängt wiederum vom Ergebnis der Informationsbeschaffung sowie davon ab, wie im Einzelnen das jeweilige CMS ausgestaltet wird. An der
Stelle seien zur Verdeutlichung nur einige Beispiele erwähnt:
- Besteht iRd CMS ein Hinweisgebersystem, so sollte dieses bei der Zuleitung von Informationen verwendet werden,
- werden Schulungen angeboten, so sollten die Beschäftigten daran teilnehmen,

---

[489] Die Übersicht basiert auf Ziff. 5.3.6 DIN ISO 19600.
[490] Vgl. den Katalog in Ziff. 5.3.6 Abs. 1 DIN ISO 19600.
[491] Mehr zu den Compliance-Schulungen ab Pkt. 15.4.2.

- werden Compliance-Besprechungen organisiert, sollten sich die Beschäftigten entsprechend einbringen, usw.

212 **13.5.2.4. Berichtspflichten.** Viertens sollten alle Organisationsmitglieder über alle compliance-relevanten Angelegenheiten, ob dies ein Fall von Non-Compliance ist oder nur ein Verdacht, bzw. ein neues Compliance-Risiko, entsprechend berichten. An der Stelle sei abermals der Charakter der Norm als ein Leitfaden betont. Dass Beschäftigte über Compliance-Angelegenheiten berichten sollten, kann somit keine rechtliche Berichtspflicht begründen, eine solche kann sich ausschließlich aus dem jeweils geltenden nationalen Recht, dienstlichen Anweisungen oder arbeitsvertraglichen Bestimmungen ergeben und ggf. durch die internen Richtlinien, etwa im Verhaltenskodex ergänzt werden.

213 Dass die Norm diese Empfehlung enthält, stellt eine konsequente Umsetzung des ihr immanenten Grundsatzes dar: Es könnte keine Rede von der Compliance-Kultur sein, wenn die Mitglieder der Organisation bei Kenntnis von Verdachtsmomenten oder sonstigen Compliance-relevanten Sachverhalten schweigen würden. Es ist daher nur konsequent, wenn die Norm empfiehlt, dass darüber entsprechend berichtet werden sollte. Selbstverständlich sollte jedoch auch diese Empfehlung verhältnismäßig umgesetzt werden, was in dem Falle insbes. bedeutet, dass die einschlägigen Rechtsvorschriften, die etwa der Offenbarung von vertraulichen Informationen entgegenstehen würden, zu beachten sind. Eine Berichtspflicht, die zum Rechtsbruch zwingen würde, ist schlicht unverhältnismäßig.

214 Eine damit zusammenhänge Frage ist die nach der Bereitstellung und Ausgestaltung geeigneter Kommunikationswege, um die effektive Hinweisübermittlung zu ermöglichen. Darauf wird im Abschnitt über die Unterstützung des CMS detailliert eingegangen.[492]

13.6. Umsetzung der Rollenzuordnung

215 Der vierte von acht Schritten zur Umsetzung eines CMS, der in der Zuweisung von Compliance-Rollen besteht, ist von erheblicher Bedeutung, werden damit doch die wesentlichen Zielsetzungen des CMS verfolgt. Nicht nur wird durch die klare Definierung und Zuweisung der Rollen die Compliance-Sensibilisierung betrieben und damit eine nachhaltige Compliance-Kultur gefördert. Mit dem Maßnahmenpaket erfolgt auch die Integration des CMS in die Organisation und Verankerung der Compliance „vor Ort" bei allen Mitgliedern der Organisation. Schließlich wird damit auch dem Wesen der CMS Rechnung getragen, wonach im Mittelpunkt der Compliance Menschen stehen.[493] Abschließend sei kurz auf die Möglichkeiten eingegangen, wie die oben erwähnten diversen Aufgaben und Rollen für Compliance in der Praxis verteilt werden könne. Auch hierzu enthalten die Normen einige Bestimmungen.

13.6.1. Delegierung

216 Zunächst sei betont, dass die Aufgaben, die allen Organisationsmitgliedern zukommen, also insbes. Einhaltung bindender Verpflichtungen oder Berichtspflichten, auch den Mitgliedern der Führung, des Managements oder der obersten Leitung zukommen, denn auch bei diesen Personen handelt es sich um Mitglieder der Organisation. Die Norm stellt daher eindeutig klar, dass die Delegierung der Aufgaben für CMS etwa an die Compliance-Funktion nicht als das Entbinden anderer Ebenen von deren Compliance-Verantwortung verstanden werden soll, da alle Manager auch eine Sonderrolle im Hinblick auf das CMS spielen.[494] Nach beiden Normen fällt es in den Aufgabenbereich der Führung

---

[492] Siehe Pkt. 15.2.5 und 15.9.3.
[493] Zu den Grundlagen siehe Pkt. 1.1 und 3.2.
[494] Vgl. Ziff. 5.3.2 Abs. 5 DIN ISO 19600.

der Organisation, die Aufgaben entsprechend festzulegen, zuzuweisen, dies in der Compliance-Politik zu berücksichtigen und entsprechend zu kommunizieren.

Eine wirksame Delegation von Aufgaben kann begriffsnotwendig nur dann erfolgen, wenn die Aufgaben und Tätigkeiten für den Verantwortlichen klar definiert und die Zuständigkeiten festgelegt werden. Hierzu wird empfohlen, Aufgabenbereich und Zuständigkeiten detailliert im Arbeitsvertrag festzulegen.[495] Auch DIN ISO 19600 empfiehlt ausdrücklich, dass die jeweiligen Verantwortlichkeiten deutlich festgelegt und in den Arbeitsbeschreibungen enthalten sein sollten.[496] Praktiziert wird auch die vertragliche Festlegung lediglich von den Kernaufgaben und ihre Konkretisierung iRd Tätigkeitbeschreibung oder sonstiger rechtlich standhaften Maßnahmen, wie etwa Funktionsbeschreibungen und Arbeitsanweisungen. Wichtig ist, dass die Aufgaben klar und deutlich beschrieben und nur faktisch erfüllbare Aufgaben delegiert werden. Dies hat auch mit Haftungsfragen zu tun, betrifft andererseits aber die zu erteilenden Befugnisse und Ressourcen, um der Compliance-Funktion die Aufgabenerfüllung zu ermöglichen. Die Aufgaben-Zuweisung muss in jedem Falle sorgfältig dokumentiert werden.[497] Sie sollte auch flexibel bleiben, um es der Compliance-Funktion zu ermöglichen, auf die künftigen potenziellen Compliance-Risiken mit entsprechenden Maßnahmen zu reagieren. Der Aufgabenkatalog sollte daher ständig evaluiert und bei Bedarf ergänzt/gekürzt werden.[498]   **217**

13.6.2. Kommunikation und Unterstützung

Schließlich sollten mit der Aufgabenzuweisung entsprechende Begleitmaßnahmen erfolgen. Im Vordergrund steht hier die entsprechende Kommunikation, die sich nicht in einem einseitigen Mitteilungsakt ausschöpfen sollte: Die einzelnen Aufgaben sollten vielmehr erläutert werden, ob in einem persönlichen Gespräch oder iRv Compliance-Schulungen, die regelmäßig stattfinden sollten.   **218**

13.6.3. Anforderungen nach ISO 37001

ISO 37001 stellt darüber hinaus besondere Anforderungen für den Fall auf, dass die Führung Pflichten für solche Bereiche an die Mitglieder der Organisation delegiert, in denen ein höheres als nur geringes Korruptionsrisiko besteht. Für diese Konstellationen sollte in der Organisation ein Entscheidungsfindungsprozess eingerichtet und die für ihn zuständigen Personen mit ausreichenden Befugnissen ausgestattet werden, die sich in keinem Interessenkonflikt befinden.[499] Ähnlich wie bei der DIN ISO 19600 stellt auch diese Norm aber fest, dass die Delegierung von Pflichten die Führung von ihren umfangreichen Aufgaben für Korruptionsprävention und von der eventuellen Haftung nach dem einschlägigen nationalen Recht nicht entbindet.[500]   **219**

14. Planung (Schritt 5/8)

Eine Zwischenphase vor der Einleitung der Maßnahmen zur Unterstützung des CMS stellt die Planung dar. Hinsichtlich der Planung von Compliance-Maßnahmen werden einige grundlegende Schritte empfohlen. Zunächst ist aber der Unterschied zwischen der Compliance-Politik und der Planung hervorzuheben, da es sich um zwei völlig unterschiedliche Prozessschritte handelt. Während die Compliance-Politik ein Grundwerk für das CMS in einer Organisation darstellt, in der die Prinzipien, Rollen, Ziele usw. festge-   **220**

---

[495] *Bürkle* CCZ 2010, 4.
[496] Vgl. Ziff. 5.3.2 Abs. 5 DIN ISO 19600.
[497] Mehr dazu siehe Pkt. 15.8.
[498] Ausf. zur Aufgabendelegierung im Vertrieb siehe *Sabrautzky* COMPLY 4/2015, 38 ff.
[499] Vgl. Ziff. 5.3.3 ISO 37001.
[500] Vgl. Ziff. 5.3.3 Anm. 37001.

halten werden,[501] bezweckt die Planung die Festlegung von konkreten operativen Schritten, um den ermittelten Compliance-Risiken entsprechend zu begegnen, die Compliance weiter vor Ort zu verankern und damit eine nachhaltige Compliance-Kultur zu fördern.

221   Generell anzumerken ist, dass die Standards zum vorliegenden 5. Schritt mit Empfehlungen und Anforderungen recht zurückhaltend sind. Dies liegt daran, dass sich die Planung maßgeblich an den vorherigen Schritten orientiert und zur Vorbereitung der Maßnahmen im 6. Schritt dient, sodass es sich hier um ein Zwischenstadium handelt.

14.1. Grundlagen der Planung

222   Allgemeine Hinweise bzgl. der Vorgehensweise bei der Planung sind in Ziff. 6.2 DIN ISO 19600 enthalten. Zwar beziehen sich diese Empfehlungen auf die Planung im Hinblick auf die Erreichung der Compliance-Ziele, sie beinhalten jedoch eine allgemeine Methodik, die bei der operativen Planung zum Einsatz kommen kann. Auch der Bezug auf die Compliance-Ziele selbst ist korrekt, denn zu den Zielen der Compliance gehören Schaffung der nachhaltigen Compliance-Kultur und hierzu die Durchführung von CMS-Maßnahmen, sodass dies einen indirekten Bezug auf die konkreten Maßnahmen darstellt.

Abbildung 66: Planung einer Compliance-Maßnahme[502]

223   Die Abbildung legt eine Planungsmethode entlang der vier W-Fragen fest. Zunächst soll vorgesehen werden, was für eine Compliance-Maßnahme durchgeführt werden soll. Soll es sich um eine Schulung, Ermittlung von Verpflichtungen oder andere Maßnahmen handeln? Im zweiten Schritt wird festgelegt, wer für die Durchführung der Maßnahme verantwortlich gemacht wird, gefolgt von der Festlegung der zeitlichen Aspekte bezogen auf die Maßnahmen, dh des Zeitpunktes, in dem die Maßnahme abgeschlossen wird. Schließlich soll bei der Planung berücksichtigt werden, welche Ressourcen für die Durchführung der Maßnahme benötigt werden und ob sie zur Verfügung stehen, bzw. wie sie zu beschaffen sind.

14.2. Informationen als Basis für die Planung

224   Ansonsten geht der Leitfaden von einem weiten Planungsansatz aus, in dem nicht nur die erkannten Risiken, sondern auch andere Faktoren berücksichtigt werden sollten. Auch an der Stelle zeigen sich die Konsequenz der Norm und ihr logischer Aufbau:

---

[501] Ausf. dazu Pkt. 12.
[502] Abbildung basiert auf Ziff. 6.2 Abs. 3 DIN ISO 19600.

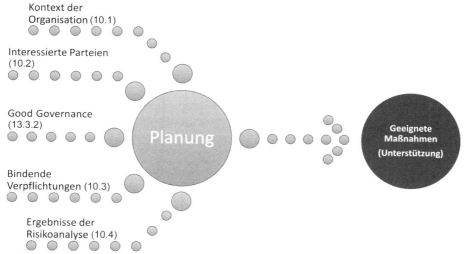

Abbildung 67: Bei der Planung zu berücksichtigende Faktoren[503]

Die Übersicht und der ihr zugrunde liegende Wortlaut der Norm machen indirekt 225
deutlich, dass der Kontext der Organisation, also die Informationsbeschaffung[504] die absolute Grundlage für die Planung von Compliance-Maßnahmen darstellt. So sollten insbes.
der Hintergrund der Organisation,[505] die interessierten Parteien[506] und vor allem die ermittelten bindenden Verpflichtungen[507] und die mit ihnen verbundenen Risiken[508] beachtet werden. Die Empfehlung dahingehend, dass bei der Planung auch die Prinzipien von
Good Governance[509] zu beachten sind, sollte allenfalls so verstanden werden, dass für die
Durchführung der geplanten Maßnahmen ausreichende Ressourcen zu gewährleisten sind
und die Compliance-Funktion mit geeigneten Befugnissen auszustatten ist.[510]

14.3. Inhalte des Plans

Die Norm enthält nur wenige Empfehlungen, wenn es um die Inhalte des Planes geht. 226
Dies stellt eine Selbstverständlichkeit dar: Die zu planenden Maßnahmen werden maßgeblich von den erwähnten Faktoren geprägt sein (Kontext der Organisation, Verpflichtungen und Risiken), sodass sich an der Stelle eine pauschalisierende Betrachtungsweise
verbietet.

Andererseits werden einige allgemeine Planungsgrundsätze aufgestellt, die berücksich- 227
tigt werden könnten. Diese beschreiben aber eher Ziele eines solchen Plans, als seine
konkrete Ausgestaltung. So soll ein Plan insbes. sicherstellen, dass:
- das CMS seine beabsichtigten Ergebnisse erzielen kann,
- unerwünschte Auswirkungen verhindert, erkannt und verringert werden und
- die fortlaufende Verbesserung vorangetrieben wird.[511]

In einem solchen Plan sollten unter anderem Compliance-Maßnahmen vorgesehen wer- 228
den, die zum Ziel führen sollen sowie konkrete Schritte, wie die Maßnahmen in das

---

[503] Abbildung basiert auf Ziff. 6.1 Abs. 1 DIN ISO 19600.
[504] Dazu ausf. Pkt. 10.
[505] Dazu ausf. Pkt. 10.1.
[506] Dazu ausf. Pkt. 10.2.
[507] Dazu ausf. Pkt. 10.3.
[508] Dazu ausf. Pkt. 10.4.
[509] Dazu ausf. Pkt. 13.3.2.
[510] Mehr zur Ausgestaltung der Compliance-Funktion Pkt. 13.3.
[511] Vgl. Ziff. 6.1 Abs. 1 DIN ISO 19600.

CMS integriert und umgesetzt und nach ihrer Durchführung entsprechend bewertet werden.[512]

14.4. Plan nach ISO 37001

229 Der Abschnitt hinsichtlich der Planung im Rahmen eines AMS ist nicht nur ähnlich wie bei der DIN ISO 19600 aufgebaut, sondern auch sehr schlank gehalten und enthält ähnliche Bestimmungen, die in dem Fall als Anforderungen zu verstehen sind.[513]

15. Unterstützung – Umsetzung von Compliance-Maßnahmen (Schritt 6/8)

230 Im Kern eines jeden CMS stehen die operativen Maßnahmen, die es bezwecken, die in der Compliance-Politik festgelegten Ziele zu fördern. Die zentrale Rolle spielen dabei die Kommunikation und Schulung, die Kompetenzprüfung und -steigerung, Überwachung und Kontrolle, Dokumentation, Berichterstattung oder Einrichtung eines Hinweisgebersystems. Der Katalog der operativen Maßnahmen ist stets offen und sollte an die konkreten Bedürfnisse der Organisation auf Basis der beschaffenen Informationen angepasst werden. Die Compliance-Maßnahmen sind in dem Abschnitt der ISO-Normen mit der Bezeichnung „Unterstützung" zusammengefasst worden. Sie sollen jedoch nicht nur das CMS als solches am Laufen halten, sondern auch die Mitglieder der Organisation darin unterstützen, dass sie ihren Compliance-Aufgaben nachkommen können. Diese Empfehlungen der Normen entsprechen auch der Rspr. in Deutschland, in der darauf hingewiesen wird, dass die Compliance-Vorgaben tatsächlich umgesetzt und die Umsetzung überwacht werden sollte.[514] Damit soll auch ein in der Rspr. gefordertes effizientes CMS umgesetzt werden.[515]

15.1. Personelle und finanzielle Ressourcen

231 Für die Durchführung von Compliance-Maßnahmen sollten adäquate Ressourcen zur Verfügung gestellt werden. Dies legen beide Normen als Grundlage fest.[516] Dieser Satz stellt theoretisch eine Selbstverständlichkeit dar, denn ohne Ressourcen wird auch die beste Compliance-Politik nicht umgesetzt werden können. Die zweite Seite der Medaille ist jedoch die praktische Herausforderung, vor der die Compliance-Funktion idR steht, wenn sie die Entscheidungsträger in ihrer Organisation davon überzeugen muss, für ihre Arbeit adäquate Ressourcen zur Verfügung zu stellen. Dieses Spannungsfeld wird in der ISO 1960 auch angesprochen.

15.1.1. Umfang der Ressourcen

232 Die Norm sieht vor, dass die Organisation adäquate Ressourcen für das CMS bestimmen und bereitstellen sollte, wobei ihre Angemessenheit an der Größe, Komplexität, Struktur und Betrieb der Organisation sowie an den darin vorkommenden Prozessen gemessen werden sollte.[517] Auch an der Stelle kommt der bereits oft berufene Verhältnismäßigkeits-

---

[512] Vgl. Ziff. 6.1 Abs. 2 DIN ISO 19600.
[513] Vgl. Ziff. 6 ISO 37001.
[514] LG München I NZWiSt 2014, 183 (189).
[515] Vgl. BGH, 9.5.2017 – 1 StR 265/16, BeckRS 2017/114578.
[516] Vgl. jeweils Ziff. 7.1 DIN ISO 19600 und ISO 37001.
[517] Vgl. Ziff. 7.1 Abs. 1 DIN ISO 19600.

grundsatz zum Ausdruck.[518] Die Führung sollte sicherstellen, dass erforderliche Ressourcen wirksam eingesetzt werden, um die Compliance-Ziele zu erreichen.[519]

Die systematische Stellung der Empfehlung für die Bereitstellung von adäquaten Ressourcen in der Norm und zwar in der Einleitung zum Katalog der Compliance-Maßnahmen (Unterstützung) macht die Bedeutung dieser fundamentalen Grundlage deutlich. Ohne ausreichende Ressourcen kann kein CMS/AMS betrieben werden. Dabei kommt auch der wesentliche Indikator für die Messung der Compliance-Kultur in einer Organisation indirekt zum Ausdruck: Bekennt sich die Führung zur Compliance, so ist das Bekenntnis kaum etwas wert und die Compliance-Kultur rudimentär, wenn dem Bekenntnis keine Taten folgen und entsprechende Ressourcen nicht zur Verfügung gestellt werden. **233**

15.1.2. Arten der Ressourcen

Ferner geht der Standard auch darauf ein, was unter Ressourcen verstanden werden könnte. Hierzu können, müssen aber nicht, neben finanziellen und personellen Ressourcen auch der Zugang zu externem Rat und Fachkenntnissen, der Infrastruktur der Organisation, zeitgemäßes Referenzmaterial zum CMS und gesetzlichen Verpflichtungen, die berufliche Fortbildung und die Technik zählen.[520] Mit anderen Worten sollte der Compliance-Funktion all das bereitgestellt werden, was sie/er zur Erledigung der Aufgaben benötigt, um somit die festgelegten Compliance-Ziele zu erreichen oder zu fördern und damit die Compliance-Politik umzusetzen. **234**

15.1.3. Grenzen

Auf der anderen Seite setzt den Ressourcen jedoch der Grundsatz der Verhältnismäßigkeit, der auch hier zur Anwendung kommen sollte, klare Grenzen. So sollten nur geeignete, erforderliche und angemessene Ressourcen zur Verfügung gestellt werden. Können die Ziele durch weniger kostspielige aber gleich effektive Maßnahmen erreicht werden, so sollten die günstigeren Varianten gewählt werden. Stehen die Maßnahmen in keinem Verhältnis zu den zu erreichenden Compliance-Zielen, so sollte iSd dann fehlenden Angemessenheit von solchen Maßnahmen, die unverhältnismäßig wären, Abstand genommen werden. **235**

15.2. Compliance-Kommunikation[521]

Da, wie bereits erwähnt, der Mensch im Mittelpunkt der Compliance steht und er insbes. durch entsprechende Kommunikation beeinflusst werden kann, steht auch die Compliance-relevante Kommunikation im Innen- und Außenverhältnis im Mittelpunkt der Compliance-Maßnahmen. Durch diverse Methoden sollen entsprechende Informationen an die Mitglieder weitergegeben werden, die zum einen dazu führen, sie über das Zulässige und Verbotene zu informieren und darüber hinaus einen erheblichen Beitrag zur Entstehung der im Bewusstsein der Beschäftigten verankerten Compliance-Kultur zu leisten. Im Rahmen desselben Prozesses können von den Beschäftigten wertvolle Informationen gewonnen werden. Der wesentlichen Bedeutung der Kommunikation tragen beide Normen in diversen Empfehlungen/Anforderungen jeweils in Ziff. 7.4 DIN ISO 19600/ISO 37001 Rechnung. Bevor auf diese Bestimmungen eingegangen wird, seien aber generelle Aspekte der Compliance-Kommunikation erläutert. **236**

---

[518] Siehe Pkt. 7.2.
[519] Vgl. Ziff. 7.1 Abs. 2 DIN ISO 19600.
[520] Vgl. Ziff. 7.1 Abs. 3 DIN ISO 19600.
[521] Ein Kommunikationskonzept bei *Freiesleben* COMPLY 4/2016, 44 ff.

15.2.1. Bedeutung der Compliance-Kommunikation[522]

237 In nahezu allen Compliance-Maßnahmen lassen sich kommunikative Aspekte feststellen. Ob es um das Bekenntnis der Führung geht, die klare Botschaft über die Compliance in der Organisation, um Sensibilisierung der Beschäftigten, Schulungen, Ermittlungen oder Hinweisgebersysteme. Bei all den Maßnahmen geht es darum, Informationen in geordneten Kommunikationskanälen zu erfassen und sie entsprechend zu gestalten. Nicht zu oft kann daher festgestellt werden: Kommunikation steht im Mittelpunkt aller Compliance-Aktivitäten der Compliance-Funktion.

238 **15.2.1.1. Information als Gegenstand der Kommunikation.** Nachdem betont wurde, dass Menschen und damit Kommunikation mit ihnen im Mittelpunkt des CMS stehen, so muss zugleich festgestellt werden, wie ein Kommunikationsprozess verläuft. Die Grundstruktur ist recht überschaubar. Für eine Kommunikation brauchen wir mindestens zwei Subjekte und ein Objekt, dh den Sender, den Empfänger und eine Nachricht, die als Information bezeichnet wird.

239 Information wird als jegliches relevantes Wissen definiert, wie etwa Zahlen, Daten, Fakten, Sachverhalte, Fristen, Namen, Bedingungen, Adressen usw.[523] Wie stark Informationen ein CMS beeinflussen, wird klar, wenn diese Definition im Zusammenhang mit dem grundlegenden Instrument des CMS – dem Compliance-Risk-Management[524] – gesehen wird. Ein Compliance-Risiko wird nämlich als Wahrscheinlichkeit des Eintritts einer Unregelmäßigkeit und ihrer Folgen beschrieben.[525] Ob eine Unregelmäßigkeit eintreten wird oder auch nicht und wie hoch die Wahrscheinlichkeit dafür ist, wird aber nur aufgrund von Daten, Fakten, Zahlen, also eben der Informationen festgestellt werden können. Wird ein CRM eingerichtet, so müssen daher begriffsnotwendig Informationen erfasst, bewertet und gespeichert werden.[526]

240 **15.2.1.2. Rechtsrelevanz von Informationen.** Informationen und damit Gegenstand der Kommunikation sind nicht nur für die Funktionsfähigkeit eines CMS von entscheidender Bedeutung. Sie können auch eine rechtliche Relevanz erlangen, wenn im Prozess der Informationsverwaltung Fehler unterlaufen.[527] Dabei kann auch die haftungsrelevante Seite der Informationen in Innen- und Außenverhältnis aufgeteilt werden.[528]

241 Durch angemessene Informationsmanagementsysteme wird im Innenverhältnis einerseits die mögliche Haftung der Führung gegenüber der Gesellschaft für Entscheidungen aufgrund der vorliegenden Informationen verringert, zum anderen der Rechtspflicht der Führung Rechnung getragen, das Unternehmen entsprechend zu organisieren und zu überwachen.[529] Es muss sichergestellt werden, dass Entscheidungen auf der Basis von angemessener Informationen getroffen werden.[530] Um diesen Anforderungen gerecht zu werden, hat die Führung etwa beim Vorstand für lückenlose und ungehinderte Informationswege zu sorgen.[531] Schuldhafte Pflichtverletzungen können zur Haftung führen, was

---

[522] Zur Bedeutung bei *Krumbach* COMPLY 4/2015, 54 ff.

[523] *Rodewald* GmbHR 2014, 639.

[524] Dazu ausführlich Pkt. 10.4.

[525] Definition vereinfacht nach Ziff. 3.12 DIN ISO 19600.

[526] Dies entspricht auch der Definition von Informationsmanagement, welches als die Steuerung des internen Informationsflusses bezeichnet wird, von der Erfassung und Bewertung der Information, über die Speicherung, bis zu ihrer Verarbeitung, ausf. dazu mwN bei *Rodewald* GmbHR 2014, 639.

[527] Es handelt sich diesbezüglich um eine stark abgekürzte Darstellung der Rechtsrelevanz von Informationen.

[528] So zutr. *Rodewald* GmbHR 2014, 639 mwN.

[529] *Rodewald* GmbHR 2014, 639 (642).

[530] *Rodewald/Unger* BB 2006, 113.

[531] *Schürrle/Olbers* CCZ 2010, 102.

die neulich ergangene Verurteilung eines Vorstandsmitglieds für mangelhafte CMS zu Schadensersatzzahlung von 15 Millionen Euro deutlich belegt.[532]

Im Außenverhältnis schützen angemessene Informationssysteme die Organisation selbst   242 vor Haftungsfällen. Nach der Rspr. beinhaltet die Verantwortung für gewonnene Informationen auch die Verpflichtung, ihre Verfügbarkeit zu organisieren; sollte diese Pflicht nicht erfüllt werden, so muss sich die Person so behandeln lassen, als habe sie von der Information Kenntnis.[533] Das Unterlassen organisatorischer Maßnahmen wird als typisches Entscheidungsfehlverhalten zum Nachteil des Unternehmens eingestuft.[534] Das Unternehmen muss sich das Wissen seiner Vertreter zurechnen lassen.[535]

15.2.1.3. Bedeutung der Kommunikation im Mittelstand. Die Compliance-Kom-   243 munikation ist in der mittelständischen Compliance gleich grundlegend bedeutend, ähnlich wie in allen anderen Organisationtypen. Es wird allerdings darauf hingewiesen, dass bei den Mittelständlern häufige Probleme bei der Kontaktaufnahme zu den einzelnen Fachabteilungen sowie darin bestehen, die Bedeutung der Compliance für das gesamte Unternehmen deutlich zu machen.[536] Ausgerechnet in den hier noch zu behandelnden Maßnahmen liegt jedoch der Schlüssel, diesen praktischen in kleinen und mittelgroßen Unternehmen bestehenden Problemfeldern effektiv zu begegnen.

15.2.2. Grundlagen der Compliance-Kommunikation

Die Standards lassen relativ weite Spielräume hinsichtlich der Ausgestaltung der Compli-   244 ance-Kommunikation in der Organisation zu. Es wird empfohlen, dass die Organisation, sprich die Compliance-Funktion, ermitteln sollte, welcher Bedarf für die interne und externe Kommunikation besteht, worüber, wann, mit wem und wie kommuniziert wird.[537] In dem Zuge sollte ebenfalls überlegt werden, welche Kommunikationsmethoden zum Einsatz kommen werden.

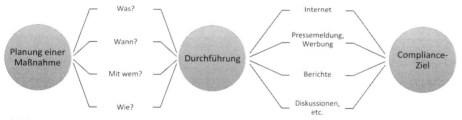

Abbildung 68: Planung und Umsetzung von Kommunikationsmaßnahmen[538]

Der Abbildung ist zunächst die grundlegende Methodik der Kommunikation zu ent-   245 nehmen, die darin liegt, dass mit den kommunikativen Maßnahmen Compliance-Ziele gefördert werden sollten. Dazwischen liegen der Plan und die diversen Durchführungsmethoden. IRd Plans soll festgelegt werden, was es zu kommunizieren gilt, wann die Mitteilungen und an wen zu richten sind. Schließlich bildet der vierte Aspekt der Planung eine Brücke zur Durchführung, und zwar wenn es darum geht, wie die Kommunikation zu erfolgen hat. Hierfür nennt der Standard einige Beispiele betreffend die Kom-

---

[532] Vgl. LG München I NZWiSt 2014, 183.
[533] BGHZ 117, 104.
[534] *Rack* CB 2014, 104 (108).
[535] Vgl. § 166 Abs. 1 BGB.
[536] *Berstein/Klein* CCZ 2014, 286.
[537] Vgl. Ziff. 7.4.1 a–d DIN ISO 19600.
[538] Die Übersicht ergibt sich aus der systematischen Auslegung von Ziff. 7.4.1 iVm 7.4.3 Abs. 3 DIN ISO 19600.

munikationskanäle wie etwa das Internet, Pressemeldungen, Werbung, Berichte, Diskussionen, usw.

246 Da die kommunikativen Maßnahmen so vielfältig sind, sollten sie zunächst systematisiert werden, um anschließend auf die wesentlichen von ihnen näher einzugehen. Der Leitfaden verfolgt den Ansatz, die compliance-relevante Kommunikation in interne und externe Kommunikation zu gliedern.

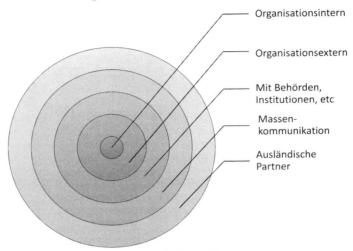

Abbildung 69: Compliance-relevante Kommunikationssphären

247 Die obige Übersicht erwähnt einige Kommunikationssphären, die nicht in jeder Organisation vorkommen müssen und sich entweder der internen oder externen Kommunikation zuordnen lassen. Zu betonen ist, dass die interne und externe Kommunikation von gleich erheblicher Bedeutung sind und keine von ihnen vernachlässigt werden sollte. Die innere Kommunikation zielt insbes. auf die Sensibilisierung und damit Förderung einer nachhaltigen Compliance-Kultur ab, die äußere Kommunikation kann dagegen diverse Zwecksetzungen verfolgen, etwa iRd Krisenkommunikation bezwecken, den zu erwartenden Schaden für die Reputation der Organisation, der infolge eines Falles von Non-Compliance eingetreten ist, möglichst gering zu halten.

248 **15.2.2.1. Interne Kommunikation.** Da wie bereits erwähnt der Mensch im Mittelpunkt der Compliance steht und dieser insbes. durch entsprechende Kommunikation beeinflusst werden kann, steht auch die Compliance-relevante Kommunikation mit den Organisationsmitgliedern im Mittelpunkt der kommunikativen Compliance-Maßnahmen.

249 Diese gehört dem internen Kommunikationsbereich zu. Durch entsprechende Maßnahmen (Schulungen, Trainings, Workshops, Veranstaltungen) sollen Informationen an die Beschäftigten weitergegeben werden, was zum einen dazu führen sollte, diese über das Zulässige und Verbotene zu informieren und darüber hinaus bezweckt, einen erheblichen Beitrag zur Entstehung der im Bewusstsein der Beschäftigten verankerten Compliance-Kultur zu leisten.

250 Um diese Ziele zu erreichen, wird durch die Norm empfohlen, dass in der Organisation geeignete Kommunikationsmethoden eingesetzt werden, um einen fortlaufenden und verständlichen Kommunikationsprozess zu ermöglichen.[539]

---

[539] Vgl. Ziff. 7.4.2 Abs. 1 DIN ISO 19600.

15.2.2.2. Externe Kommunikation. Zum CMS gehört selbstverständlich auch der ge- 251
ordnete und angemessene Umgang mit Informationen im Verhältnis zu Dritten. Zum einen seien hier die Medien erwähnt, die durch entsprechende Berichterstattung zur Erhöhung des Reputationsschadens im Falle von Non-Compliance beitragen können.[540] Zum
anderen wichtig ist der Umgang mit den staatlichen Institutionen, wie zB den Ermittlungsbehörden. Nicht zuletzt von erheblicher Bedeutung bleibt auch der Umgang mit
Informationen im Verhältnis zu Geschäftspartnern oder Wettbewerbern, insbes. in Bezug
auf die Letztgenannten könnte man sich schnell im Bereich der verbotenen Preisabsprachen begeben, sollte mit Informationen falsch umgegangen werden. In all diesen Bereichen ist es entscheidend, welche Informationen, wann, wie und an wen übermittelt werden und welchen Personen oder Gruppen der Zugang zu bestimmten Informationen
versagt wird.

Die Norm enthält einige Empfehlungen in der Hinsicht. Zum einen wird nahegelegt, 252
dass die Organisation einen praxisorientierten Ansatz in der externen Kommunikation
gem. der Organisationsstrategie festlegen sollte.[541] Zum anderen erwähnt die Norm als
Kommunikationspartner unter anderem:
• Regulierungsbehörden,
• Kunden,
• Vertragsnehmer,
• Lieferanten,
• Investoren,
• Notfalldienste,
• Nichtregierungsorganisationen und
• Nachbarschaften.[542]

Ein wenig versteckt ist schließlich die Empfehlung, dass sämtliche mit Außenkommunika- 253
tion verbundene Aktivitäten Auswirkungen im Innenverhältnis insofern haben können,
als sie das Verständnis und die Akzeptanz der Verpflichtung einer Organisation zur Compliance fördern können.[543] Eine geordnete Kommunikation nach außen sollte daher fest in
der Compliance-Politik der Organisation verankert werden.[544] Die Norm spricht nur eine
mögliche Auswirkung hiervon an. Wünschenswert sind aber auch weitere Wirkungen:
Tritt etwa die Compliance-Funktion eines großen Unternehmens bei einer großen
Compliance-Tagung mit einem Fachvortrag auf und erörtert dort unter anderem die
Funktionsweise des CMS, so kann sich dies vielfältig positiv auswirken. Zum einen kann
die Akzeptanzbereitschaft im Inneren steigen, wenn Organisationsmitglieder sehen, dass
sich externe Personen für dessen CMS interessieren und dieses als ein Beispiel auf einer
Tagung präsentiert wird. Im gleichem Zug erfahren aber auch die potenziellen Geschäftspartner über die sicheren Strukturen und Prozesse des Unternehmens, was sich auf die
nachhaltige Vertrauensbildung nur noch positiv auswirken kann. Ein damit verbundener
Wettbewerbsvorteil durch Compliance liegt auf der Hand. Ähnliche Wirkungen könnten
unter Umständen durch Fachpublikationen und sonstige Beteiligungen der Mitglieder der
Compliance-Abteilung erzielt werden.[545]

15.2.3. Sensibilisierung und Compliance-Bewusstsein

Es sollte das Ziel eines jeden CMS sein, dass sich alle Mitglieder der Organisation regel- 254
treu verhalten, also compliant bleiben. Damit das Ziel erreicht wird, sollen sie entsprechend sensibilisiert werden, dh ihnen soll der Stellenwert und Bedeutung der Compliance

---

[540] Zum Compliance-Krisenmanagement siehe Pkt. 17.2.
[541] Vgl. Ziff. 7.4.3 Abs. 1 DIN ISO 19600.
[542] Vgl. Ziff. 7.4.3 Abs. 2 DIN ISO 19600.
[543] Vgl. Ziff. 7.4.3 Abs. 3 S. 2 DIN ISO 19600.
[544] Mehr dazu unter Pkt. 12.
[545] Zu weiteren Vorteilen des CMS siehe Pkt. 4.

in der Organisation und die Folgen von Non-Compliance bewusst sein. Diese Überlegungen werden unter dem Begriff des Compliance-Bewusstseins *(compliance awareness)* zusammengefasst. Die Compliance-Sensibilisierung stellt dagegen das Hauptinstrument zur Schaffung und Erhaltung dieses Bewusstseins und damit einer nachhaltigen Compliance-Kultur dar. Auf weitere potenzielle Maßnahmen hierzu wird im besonderen Abschnitt eingegangen.[546]

255 DIN ISO 19600 legt einige Punkte fest, auf die sich die Sensibilisierungsmaßnahmen beziehen sollten, mit anderen Worten, was im Bewusstsein der Organisationsmitglieder verankert werden sollte. Dazu gehören insbes.:
- die Kenntnis der Compliance-Politik,
- die Rolle und Beitrag der einzelnen Organisationsmitglieder zur Wirksamkeit und Verbesserung der Leistung des CMS und
- Folgen der Nichterfüllung der Anforderungen des CMS.[547]

256 Strikt gesehen zielen alle im Rahmen eines CMS vorgenommenen Maßnahmen, die in dem Leitfaden empfohlen und im weiteren Verlauf behandelt werden, auf die Sensibilisierung und damit Förderung der Compliance-Kultur ab. Eine besondere Rolle bei den Sensibilisierungsmaßnahmen fällt dabei der obersten Leitung zu.[548]

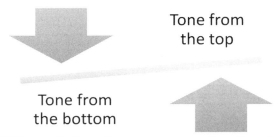

Tone from the top

Tone from the bottom

Abbildung 70: Sensibilisierung durch tone from the top und tone from the bottom

257 Die Bedeutung des *tone from the top* sollte jedoch nicht überschätzt werden. Gleich wichtig sind auch weitere kommunikative Maßnahmen, die entweder aus der Mitte, seitens der Manager kommen,[549] oder ganz von unten, etwa in Form von Schulungen und Gesprächen mit den Organisationsmitgliedern durchgeführt werden.[550]

15.2.4. Compliance-Anreize

258 In einigen Organisationen werden sog. Anreiz-Systeme eingeführt, welche die Mitglieder der Organisation zur Beachtung der Compliance-Anforderungen (sog. *Incentivierung*) gegen Belohnung motivieren sollen. Die Nichtbeachtung kann dagegen durch Sanktionierung in Form von etwa Gehaltskürzungen belegt werden. Auch in der Literatur wird teilweise vertreten, dass die Wirksamkeit des Compliance-Programms entscheidend gefördert werden kann, wenn vorbildliches Verhalten belohnt und eine schwache Compliance-Leistung zu Abzügen in der Vergütung führen wird.[551]

259 DIN ISO 19600 behandelt nur indirekt diese Frage, wenn erwähnt wird, dass Verhalten, das Compliance schafft, unterstützt und solches, welches Compliance schadet nicht geduldet werden sollte.[552] Diese Empfehlung sollte zunächst nicht dahingehend missverstanden werden, dass Organisationsmitglieder, die sich regeltreu verhalten, belohnt wer-

---

[546] Siehe Pkt. 15.3.
[547] Vgl. Ziff. 7.3.1 DIN ISO 19600.
[548] Dazu ausf. Pkt. 11.
[549] Siehe Pkt. 13.4.
[550] Dazu ausf. Pkt. 15.4.
[551] *Pohlmann* S. 31.
[552] Vgl. Ziff. 7.3.2.1 DIN ISO 19600.

den sollten. Vielmehr geht es darum, daher wird in der Empfehlung auch das Wort „Belohnen" oder ähnliche Begriffe vermisst, dass Organisationsmitglieder durch verschiedene Methoden ermutigt, also zum regeltreuen Verhalten angehalten werden sollten. Diese Auslegung bekräftigt der sich an die Empfehlung anschließende Katalog, der ebenfalls mit dem Begriff „ermutigen" eingeleitet wird. Der DIN ISO 19600 liegt daher grds. kein Incentivierungsansatz zugrunde.

Es kann jedoch vorkommen, dass in bestimmten Kulturkreisen das „Ermutigen" allein **260** nicht ausreichend sein wird, sodass stärker motivierende Anreize genutzt werden könnten. In diesem Falle könnte der Begriff iSd Grundsätze der Verhältnismäßigkeit und der Flexibilität dahin ausgelegt werden, dass Maßnahmen der Incentivierung zum Einsatz kommen sollten.

Die Wirksamkeit der Compliance-Incentivierung ist jedoch mit Vorsicht zu genießen **261** und kann sich unter Umständen als nur punktuell oder vorübergehend effektiv erweisen. Zunächst fügt sich die Maßnahme als solche schwer in die hier vertretene Gesamtkonzeption des CMS ein, welches eine nachhaltige Compliance-Kultur bezweckt, an der alle Organisationsmitglieder beteiligt werden sollten. Eine solche Konzeption kann nur dann umgesetzt werden, wenn sich die Organisationsmitglieder deswegen zum richtigen Verhalten entscheiden, weil nur diese Entscheidung eine richtige ist und nicht deswegen, weil sich das lohnt.[553] Ein CMS wird schließlich nur dann als ein werteorientiertes System realisiert werden können, wenn Beschäftigte compliant bleiben, weil es ihnen die eigene Überzeugung gebietet und nicht in der Erwartung, hierfür einen Bonus zu erhalten. Nur diese Konstellation kann auch als Compliance-Kultur bezeichnet werden.

15.2.5. Sonderfall: Hinweisgebersysteme (Whistleblowing)[554]

An bereits etlichen Stellen ist erwähnt worden, dass Mitglieder der Organisation auf die **262** möglichen Verdachtsfälle hinweisen und die Führung es sicherstellen sollte, dass entsprechende Kommunikationswege für die Hinweisgabe eingerichtet werden. Ähnlich steht auch der Deutsche Corporate Governance Kodex die Einrichtung eines internen und externen Whistleblowing vor.[555]

15.2.5.1. Whistleblowing in DIN ISO 19600 und ISO 37001. Während ISO 37001 **263** die Einrichtung eines Hinweisgebersystems als Anforderung vorschreibt,[556] finden sich in DIN ISO 19600 eine generelle Empfehlungen zum Umgang mit Hinweisen und zum Schutz des Hinweisgebers,[557] sodass die Norm von der Existenz eines Hinweisgebersystems ebenfalls ausgeht. Da in beiden Fällen wiederum die Grundsätze der Flexibilität und Verhältnismäßigkeit gelten und es sich bei dem sog. Whistleblowing um ein zentrales CMS-Element handelt, sei auf seine Bedeutung und die Möglichkeiten seiner Ausgestaltung im Rahmen der Compliance-Kommunikation näher eingegangen.

15.2.5.2. Bedeutung im Rahmen eines CMS. Wie bereits ausgeführt zielen CMS ua **264** auf die Sicherstellung der Regelkonformität durch alle Mitglieder einer Organisation ab. Solche Systeme sind primär Kommunikationssysteme. Im Mittelpunkt der CMS stehen daher Informationen sowie Menschen, die diese besitzen und weitergeben. Unregelmäßigkeiten, die durch Mitglieder einer Organisation begangen werden/wurden, lassen sich am besten mit intern vorhandenen Informationen, die aus dem Kreis der Mitgliedern

---

[553] Angelehnt an das Zitat von Sir Geoffrey Chandler „Doing right because it is right needs to be the foundation of business".
[554] Ausführlich dazu bei *Makowicz* Compliance/*Egger/Jordan* 2–40; aktuelles Update bei *Gertig* COMPLY 1/2017, 36 ff.
[555] Vgl. Ziff. 4.1.3 S.3 DCGK.
[556] Vgl. Ziff. 5.1.2 k iVm Ziff. 8.9 ISO 37001.
[557] Vgl. Ziff. 7.3.2.2 d DIN ISO 19600.

selbst kommen, identifizieren.[558] Ein wichtiger Baustein eines CMS ist daher die Bereitstellung eines spezifischen Informationsweges: eines Hinweisgebersystems (kurz HGS). Die Verortung eines solchen Systems kann je nach Organisation unterschiedlich sein. Ein Hinweisgebersystem kann in der Revision verankert sein, wenn sie für interne Ermittlungen zuständig ist,[559] meistens wird es aber Teil des CMS sein[560] und sogar als Herzstück von CMS begriffen.[561]

265   Die Rolle von Hinweisgebersystemen beschränkt sich nicht nur auf die Repression. Vielmehr erzeugen bereits die Existenz eines Hinweisgebersystems und die damit verbundene Erhöhung der Aufdeckungswahrscheinlichkeit nach einiger Zeit einen hohen präventiven Wirkungsgrad.[562] Hinweisgebersysteme sind zugleich ein wichtiges Instrument zur Risikofrüherkennung: Es kann sinnvoll sein, iRd Identifikation von Compliance-Risiken zu prüfen, ob der gemeldete Verdacht bzgl. eines Compliance-Verstoßes auch auf Compliance-Risiken in anderen Bereichen der Organisation schließen lässt, die sich mit vergleichbaren Sachverhalten befassen.[563] Somit führt die Meldung zur Verbesserung von CMS.

266   Zusammenfassend lässt sich somit festhalten, dass HGS eine erhebliche Bedeutung für die Effektivität eines CMS haben und für das System diverse Funktionen erfüllen.

267   **15.2.5.3. Hinweisgeber sind Helden (werteorientierte Einführung).** Bei der Entscheidung über die Einführung eines Hinweisgebersystems sollten insbes. die werteorientierten Aspekte des CMS und die Organisationskultur beachtet werden. Zunächst ist zu betonen, dass nicht derjenige, der in Non-Compliance verwickelt war oder kurz davor steht, einen Verstoß zu begehen, sondern der Hinweisgeber derjenige ist, der sich seinem Arbeitgeber und Kollegen gegenüber loyal verhält, der einen Fall von Non-Compliance verhindert oder bei dessen Aufklärung hilft und damit seine bindenden Verpflichtungen erfüllt.

268   In bestimmten Kulturkreisen gelten Hinweisgeber trotzdem als Verräter, weil sie mit aus anderen Zusammenhängen bekannten Strukturen als Denunzianten in Verbindung gebracht werden. Sind solche falschen Vorurteile hinsichtlich eines modernen Hinweisgebersystems in der Organisationskultur vorhanden, sollten unbedingt vor der Einführung des Systems vorbereitende und danach begleitende Maßnahmen erfolgen, um einerseits die Funktionalität des Systems überhaupt zu ermöglichen und andererseits den Schutz des Hinweisgebers zu erhöhen. Durch entsprechende Aufklärungsmaßnahmen, Schulungen, Fallstudien und sonstige Informationsmaßnahmen kann der Grund für die Einführung eines Hinweisgebers entsprechend vorbereitet werden.

269   **15.2.5.4. Allgemeine Anforderungen an die Ausgestaltung.** Die nachfolgende Zusammenstellung basiert auf der Fachliteratur[564] und bietet nur eine allgemeine Orientierung darüber, welche Grundvoraussetzungen bei der Einführung eines Hinweisgebersystems – und zwar unabhängig vom gewählten Modell – beachtet werden sollten.

---

[558] *Fritz* S. 111.
[559] Bürkle/Hauschka/*Buchert* Der Compliance-Officer § 10 Rn. 1.
[560] *Berndt/Hoppler* BB 2005, 2623 (2628); Hauschka/*Buchert* § 42 Rn. 1.
[561] Bürkle/Hauschka/*Buchert* Der Compliance-Officer § 10 Rn. 3; *Moosmayer* Compliance S. 52.
[562] Wieland/Steinmeyer/Grüninger/*Tur* S. 703 Rn. 3.
[563] *Kark* S. 117 Rn. 549.
[564] Darstellung nach Wieland/Steinmeyer/Grüninger/*Tur* S. 705–707 Rn. 6–11; Makowicz/*Jordan* Kap. 2–40 Nr. 4.2.2; Hauschka/*Buchert* § 42 Rn. 100–111.

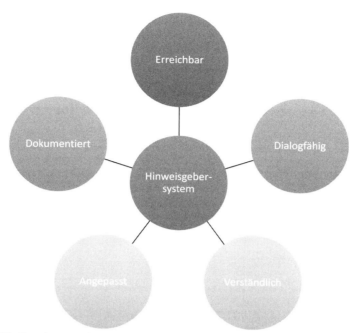

Abbildung 71: Grundvoraussetzungen an ein Hinweisgebersystem

Das Hinweisgebersystem soll zunächst im möglichst breiten Umfang zeitlich und ört- 270 lich erreichbar sein, jeder Person in jeder Lage zur Verfügung zu stehen, wenn sich diese dazu entscheidet, auf einen Missstand hinzuweisen.

Da die meisten Ersthinweise keine ausreichenden Informationen enthalten, sollten 271 Hinweisgebersysteme ferner dialogfähig sein und einen Austausch mit dem Hinweisgeber ermöglichen. Dieses wird sinngemäß nur dann möglich, wenn ein offenes Modell einge- richtet wird und keine anonymen Hinweise zugelassen werden.[565]

Beim Einsatz in international tätigen Unternehmen mit Tochtergesellschaften oder 272 Niederlassungen im Ausland muss das Hinweisgebersystem in allen relevanten Sprachen nutzbar sein, dh für die Nutzer verständlich sein. In dem Zusammenhang können weitere erklärende Kommunikationsmaßnahmen ergriffen werden.

Darüber hinaus sollte das Hinweisgebersystem entsprechend angepasst und erklärt wer- 273 den. Ferner ist die Klärung über die Qualität der Hinweise von elementarer Wichtigkeit. Dabei ist vorab festzustellen, ob es tatbestandlich zu einem Gesetzesverstoß oder einem Verstoß gegen die Verhaltenspflichten gekommen ist. Überdies muss entschieden und klar geregelt werden, welcher Personenkreis Hinweise abgeben darf/soll, welche Rechtsver- stöße und Unregelmäßigkeiten gemeldet werden sollen und dürfen und auf welchem Wege dies möglich ist. Diese Angaben können entweder iRd Compliance-Politik oder in einer Richtlinie/einem Leitfaden geregelt werden.

Wichtig ist schließlich, dass das System als solches und die mit seinem Betrieb verbun- 274 denen Angelegenheiten, also auch die Hinweise und daran anknüpfende Maßnahmen do- kumentiert werden.[566]

---

[565] Mehr dazu: Pkt. 15.2.5.5.3.
[566] Mehr dazu: Pkt. 15.8.

275 **15.2.5.5. Modelle von Hinweisgebersystemen.**[567] In der bisherigen Praxis bestimmen zwei Kriterien die Verankerung eines Hinweisgebersystems in der Organisationsstruktur. Das erste Kriterium wird durch die Verankerung der Empfangsstelle bestimmt, so kann diese entweder in der Organisationsstruktur eingebettet sein (sog. internes Whistleblowing) oder sich außerhalb der Organisation befinden (sog. externes Whistleblowing). Handelt es sich um eine komplexe Organisationsstruktur, so kommt es häufig in der Praxis vor, dass mehrere Empfangsstellen innerhalb der Organisation eingerichtet werden (sog. dezentrales Whistleblowing), im Regelfall wird aber nur eine Empfangsstelle implementiert (sog. zentrales Whistleblowing). Darüber hinaus können sowohl interne und externe, als auch zentrale und dezentrale Hinweisgebersysteme entweder anonym sein oder aber auch durch EDV unterstützt werden. Die nachfolgende Abbildung verschafft einen Überblick über die im weiteren Verlauf kurz erörterten Modelle:

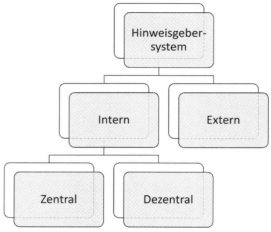

Abbildung 72: Modelle eines Hinweisgebersystems

276 **15.2.5.5.1. Intern oder extern.** Beim internen Whistleblowing erfolgt die Meldung gegenüber einer Stelle, die in dieselbe Organisation eingebunden ist wie der Whistleblower. Der Vorteil interner Systeme liegt darin, dass sensible Informationen nicht außerhalb der Organisation weitergeleitet werden, sodass die Organisation weiterhin Herrin des Geschehens bleibt. Andererseits besteht aber bei interner Lösung die Vertuschungsgefahr. Ferner kann es oft an entsprechendem Fachwissen fehlen, um ein solches System intern einzuführen und zu betreiben. Externe Lösungen bieten dagegen eine hohe Professionalität und sind kostengünstiger, sie können aber zu einem strafbaren Geheimnisverrat durch den Hinweisgeber führen. IdR ist zwar auch die Hemmschwelle bei externen Lösungen geringer, andererseits kann diese aber bei internen Lösungen durch Gewährleistung der Objektivität und entsprechenden Sensibilisierungs- und Kommunikationsmaßnahmen abgebaut werden, erst recht dann, wenn ein anonymes Hinweisgebersystem eingeführt wird.

277 **15.2.5.5.2. Zentral oder dezentral.** Bei einem zentralen Hinweisgebersystem werden eingehende Hinweise bei einer Stelle gebündelt, die für die gesamte Organisationsstruktur zuständig ist, während bei einer dezentralen Lösung die Empfangsstellen über verschiede-

---

[567] Die nachfolgende Zusammenstellung richtet sich nach einer vergleichenden Analyse folgender Quellen: Sartor/Freiler-Waldburger/*Rapberger* S. 129–131; Wieland/Steinmeyer/Grüninger/*Tur* S. 707–712 Rn. 12–20; Thüsing/*Thüsing/Forst* § 6 Rn. 11–18; Bürkle/Hauschka/*Buchert* Der Compliance-Officer § 10 Rn. 80–86; Hauschka Corporate Compliance/*Buchert* § 42, Rn. 7–61; *Mengel* S. 200–201; Herold S. 47–50; Schettgen-Sarcher/Bachmann/Schettgen/*Süße* S. 196–199.

ne Organisationseinheiten verteilt werden. Insbes. zentrale Lösungen können mit Datenschutzproblemen verbunden sein, wenn die Übermittlung personenbezogener Daten an eine etwa im Ausland bestehende Zentrale erfolgt. Im Falle der dezentralen Lösung können wiederum die Vorfälle zwar unter Umständen effektiver geahndet werden, es besteht aber eine höhere Gefahr der Vertuschung. Dezentrale Lösungen werden insbes. bei global aufgestellten Konzernen praktiziert. Doch auch in dem Bereich sind Beispiele bekannt, dass etwa große Unternehmen eine Whistleblowing-Hotline einrichten, bei der eine zentrale Anlaufstelle im Lande des Hauptsitzes besteht.

15.2.5.5.3. Anonymität. Wichtig ist ferner, ob ein Hinweisgebersystem auch anonyme 278 Hinweise zulässt, dh ob auch solchen Hinweisen ernsthaft nachgegangen wird. Auch hier haben beide Lösungen Vor- und Nachteile. Bei anonymen Hinweisgebersystemen kommt es zur Minimierung der Befürchtungen vor negativen persönlichen Folgen der Meldung, insbes. seitens der Vorgesetzten (Mobbing, Kündigung). Daraus folgen Anreize zum Melden von Unregelmäßigkeiten, die auf der Führungsebene verübt werden. Die Anonymität kann auch zur Vermeidung der Stigmatisierung des Hinweisgebers wegen vermeintlicher Illoyalität beitragen. Auf der anderen Seite kann bei einem hohen Grad der Details auch keine volle Anonymität gewährleistet werden.

Ein offenes Hinweisgebersystem bietet dagegen die Möglichkeit einfacher und schnel- 279 ler Überprüfung des Hinweises auf Plausibilität und Glaubwürdigkeit, es fördert die Dialogfähigkeit mit dem Hinweisgeber und das Vertrauen der Angestellten zur Organisation und ggf. zum Vorgesetzten, wenn dieser als Meldestelle fungiert. Dem Hinweisgeber kann schließlich auch Schutz gewährleitet werden.

Beim Kriterium der Anonymität handelt es sich um ein recht kontroverses Kriterien. 280 Trotz vorhandener Nachteile der anonymen Lösungen (insbes. keine vollständige Gewährleistung der Anonymität) entscheiden sich die meisten Organisationen für die Einführung von anonymen Lösungen. Müssen Hinweise personalisiert werden, so erzeugt das eine hohe Hemmschwelle und führt idR dazu, dass vorhandene Systeme wegen Angst vor Folgen wesentlich seltener oder gar nicht genutzt werden.

15.2.5.5.4. Form. Auch hinsichtlich der Form eines HGS bestehen verschiedene Ausge- 281 staltungsmöglichkeiten. Die Hinweise können auf einem konventionellen Wege per Brief, also in schriftlicher Form eingebracht werden. Praktiziert werden ebenfalls die sog. Hotlines, dh, es werden bestimmte Rufnummern bekanntgegeben, über die Hinweise rund um die Uhr übermittelt werden können. Ein großes Spektrum an Möglichkeiten bietet heutzutage auch die EDV. So können gesonderte Homepages oder Email-Konten als Hinweisgebersysteme implementiert werden. Diverse Software-Anbieter bieten hierzu verschiedene Lösungen an, die oft auch an konkrete Bedürfnisse der Organisation angepasst und etwa in die sonstige Compliance-Software eingebunden werden können.

15.2.5.6. Schutz der Hinweisgeber. Whistleblowing kann zunächst strafrechtlich rele- 282 vant sein. Aufgrund der subsidiären, sekundären und akzessorischen Natur des Strafrechts kann eine Strafbarkeit des Hinweisgebers allerdings nur dann in Betracht kommen, wenn die Offenlegung unter Zugrundelegung von bestimmten Kriterien als (sonst) rechtswidrig anzusehen ist.[568]

Neben den möglichen strafrechtlichen Sanktionen, sind auch weitere Folgen denkbar. 283 In Betracht zu ziehen sind:
- arbeitsrechtliche Folgen (zB Kündigung oder Versetzung),
- zivilrechtliche Folgen (zB Schadensersatzansprüche), aber auch
- eine Breite an gesellschaftlichen Folgen (zB soziale Ausgrenzung, Brandmarkung als Denunziant, etc).

---

[568] Rotsch/*Rotsch*/*Wagner* § 34 C. Rn. 52.

284 Die komplexen Folgen der Hinweisgabe begründen einen offensichtlichen Schutzbedarf. Über die sehr beschränkten Fälle in der Finanzindustrie hinaus gibt es in Deutschland keinen gesetzlichen Schutz der Hinweisgeber. In den letzten Jahren gab es allerdings Bestrebungen, die Situation der Whistleblower komplex und branchenunabhängig gesetzlich zu regeln. Es wurden drei Gesetzesentwürfe eingebracht, von denen jedoch keiner als Gesetz verabschiedet worden ist. Eine entsprechende Empfehlung konnte allerdings im Zuge der Modernisierung des DCGK im Februar 2017 durchgesetzt werden.[569] So soll nach Ziff. 4.1.3 S.3 DCGK den Beschäftigten die Möglichkeit eingeräumt werden, Hinweise geschützt zu übermitteln. Zu beachten ist jedoch, dass es sich dabei lediglich um eine Empfehlung handelt und keine verbindliche Norm.

285 **15.2.5.7. Vorgaben der ISO-Normen an Hinweisgebersysteme.** Während DIN ISO 19600 von der Existenz eines Hinweisgebersystems ausgeht und seine Einrichtung zwar nicht direkt empfiehlt, sondern seine Wechselwirkung iRd CMS an einigen Stellen anspricht, gehört ein solches System nach ISO 37001 dagegen zu einer festen Anforderung.

286 **15.2.5.7.1. DIN ISO 19600.** Die Norm DIN ISO 19600 betrachtet ein HGS als ein in das CMS integriertes Subsystem und empfiehlt indirekt seine Implementierung,[570] ohne jedoch konkretere Empfehlungen hinsichtlich seiner Ausgestaltung zu geben. Empfehlungen finden sich dagegen im Hinblick auf zwei Aspekte, die mit einem solchen System zusammenhängen. Zum einen wird erwähnt, welche Angelegenheiten als Hinweise über das HGS weitergeleitet werden können, wozu etwa Compliance-Probleme, Non-Compliance und Bedenken hinsichtlich der Compliance, aufkommende Compliance-Probleme, Kommentare zur Compliance-Wirksamkeit und -Leistung gehören. Ferner sollte ein entsprechendes Informationsmanagementsystem für den Umgang, insbes. die Einstufung von Informationen sowie Folgereaktionen eingerichtet werden. Für ein solches Informationsmanagementsystem werden Kriterien erwähnt, wie:

- Quelle der Information,
- Abteilung,
- Beschreibung,
- Indikatoren,
- Schweregrad,
- Position des Hinweisgebers,
- Einflüsse.[571]

287 DIN ISO 19600 belässt es somit im Spielraum der Führung, ob ein internes oder externes, zentrales oder dezentrales, offenes oder anonymes Hinweisgebersystem eingeführt wird. Auch hierbei sollten insbes. daher die Größe, Struktur, Natur und Komplexität der Organisation sowie weitere Grundsätze der CMS-Gestaltung,[572] darunter insbes. der Grundsatz der Verhältnismäßigkeit beachtet werden. Mit den og Hinweisen hinsichtlich der Grundausgestaltung eines HGS sowie hinsichtlich seiner Modelle lassen sich in jeder Organisationsart angemessene Lösungen implementieren.

288 **15.2.5.7.2. Besondere Anforderungen nach ISO 37001.** Etwas rigoroser dagegen ist in der Hinsicht ISO 37001, welche nicht nur die Einführung eines HGS fordert, sondern auch bestimmte Anforderungen hinsichtlich seiner Ausgestaltung vorgibt.[573] Zu betonen ist jedoch, dass idS der Anwendungsbereich des Hinweisgebersystems dem der Norm selbst folgt und er damit nur auf Korruption beschränkt ist. Es liegt auf der Hand, dass es in der Praxis kaum Sinn machen wird, ein Hinweisgebersystem mit einem derart engen

---

[569] Auch dazu siehe Pkt. 1.4.
[570] Vgl. Ziff. 9.1.3 DIN ISO 19600.
[571] Vgl. Ziff. 9.1.5 DIN ISO 19600.
[572] Siehe Pkt. 7.
[573] Vgl. Ziff. 8.9 ISO 37001, Ziff. 5.1.2 k und l ISO 37001.

Anwendungsbereich einzuführen. Werden jedoch die besonderen Anforderungen der ISO 37001 beachtet, so kann auch an der Stelle wieder ein integrierter Ansatz verfolgt werden und ein generelles Hinweisgebersystem eingeführt werden, das auch einer potenziellen Zertifizierung nach ISO 37001 standhalten wird.

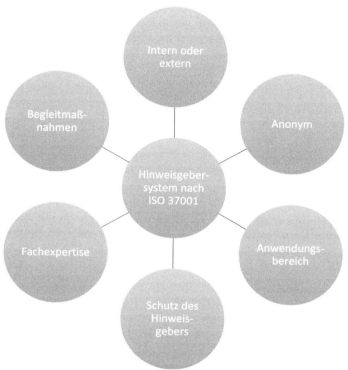

Abbildung 73: Grundelemente eines Hinweisgebersystems nach ISO 37001

Die Norm lässt offen, ob die Hinweise direkt an die Anti-Bribery Compliance-Funkti- **289** on oder über Dritte an andere interne Stellen weitergeleitet werden.[574] Sie legt ferner fest, dass ein solches System auch anonyme Hinweise zulassen sollte[575] und unbeschadet der internen Ermittlungen die Hinweise vertraulich behandelt werden sollten, um die Identität des Hinweisgebers und anderer beteiligten Personen zu schützen.[576] Zugleich stellt jedoch der Standard fest, was für alle Anforderungen desselben gilt, dass in dem Falle, dass Zulassung anonymer Hinweise oder Schutz der Identität von der nationalen Rechtsordnung verboten sind, Organisationen diese Anforderungen nicht umsetzen und die Nichtumsetzung entsprechend dokumentieren sollten.[577]

Der Anwendungsbereich eines Hinweisgebersystems nach ISO 37001 ist recht offen, **290** wonach jeder Versuch, Verdacht und aktuelle Bestechungshandlung oder jeder Verstoß gegen das AMS und seine Schwächen gemeldet werden.[578]

---

[574] Vgl. Ziff. 8.9 Abs. 1 a ISO 37001.
[575] Vgl. Ziff. 8.9 Abs. 1 c ISO 37001.
[576] Vgl. Ziff. 8.9 Abs. 1 b ISO 37001.
[577] Vgl. Ziff. 8.9 Anm. 3 ISO 37001.
[578] Vgl. Ziff. 8.9 Abs. 1 a ISO 37001.

291 Ferner verlangt der Standard, dass etwaige Vergeltungsschläge gegen den Hinweisgeber verboten werden und er vor Folgen der Hinweisgabe geschützt wird.[579] Auch diesbezüglich bewegt sich der Standard iRd Grundanforderungen.

292 Im Zusammenhang mit dem HGS erwähnt der Standard auch, dass das das System betreibende Personal die Möglichkeit haben sollte, entsprechende Fachexpertise in Bezug auf die Inhalte des Hinweises einzuholen.[580] Damit wird bezweckt, dass die eingegangenen Hinweise sorgfältig untersucht, bevor weitere Maßnahmen ergriffen werden.

293 Schließlich verlangt der Standard von der Organisation, sicherzustellen, dass alle ihre Mitglieder das HGS kennen und wissen, wie dieses zu verwenden ist, welche Rechte und welchen Schutz sie als Hinweisgeber genießen.[581] Diese Anforderung deckt sich mit den oben beschriebenen Begleitmaßnahmen[582] und der Verankerung des HGS in der Compliance-Politik.

15.3. Nachhaltige Compliance-Kultur im Mittelpunkt

294 Der Begriff der „Compliance-Kultur"[583] kommt an mehreren Stellen in der Norm vor.[584] Nicht nur das ist die Rechtfertigung für die Annahme dafür, dass es sich um eines der Hauptziele handelt. Auch andere Maßnahmen zielen darauf ab, dass in Bezug auf alle Mitgliedern der Organisationen eine nachhaltige Compliance-Kultur etabliert und gepflegt wird. Während die Bedeutung der Compliance-Kultur für das CMS und die einschlägigen Grundbegriffe bereits erläutert wurden,[585] geht es in diesem Abschnitt darum, mit welchen konkreten Unterstützungsmaßnahmen die Compliance-Kultur nachhaltig gefördert werden kann. Bevor jedoch die empfohlenen Maßnahmen erläutert werden, sei die Einordnung dieses Aspekts im CMS erläutert.

15.3.1. Systematische Einordnung

295 Zwar ist die Compliance-Kultur systematisch im Abschnitt betreffend die Compliance-Maßnahmen in Ziff. 7.3.2.3 DIN ISO 19600 recht versteckt. Dass sie dorthin allerdings systematisch hingehört, erklären die Überschriften zu Ziff. 7.3 [Bewusstsein] und 7.3.2 [Verhalten] DIN ISO 19600. Alleine die systematische Auslegung macht also deutlich, dass die Compliance-Kultur etwa mit dem Bewusstsein und dem Verhalten der Organisationsmitglieder zu tun hat. Sie könnte somit in ein Innen- und Außenverhältnis eingestuft werden.

---

[579] Vgl. Ziff. 8.9 Abs. 1 d ISO 37001.
[580] Vgl. Ziff. 8.9 Abs. 1 e ISO 37001.
[581] Vgl. Ziff. 8.9 Abs. 2 ISO 37001.
[582] Siehe Pkt. 15.2.5.4.
[583] Zum Begriff siehe Pkt. 3.2.
[584] ZB in Ziff. 3.19, 5.1, 7.2.2, 7.3.2.3 DIN ISO 19600 und weitere.
[585] Siehe Pkt. 3.2.1.

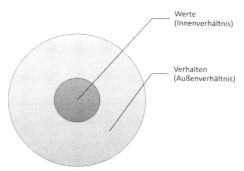

Werte
(Innenverhältnis)

Verhalten
(Außenverhältnis)

Abbildung 74: Innen- und Außenseite der Compliance-Kultur

Mit anderen Worten handelt es sich bei der Compliance-Kultur um das Bewusstsein **296** der Mitglieder einer Organisation über bindende Verpflichtungen, die in ihren Tätigkeitsbereichen einzuhalten sind, und ihr entsprechend danach ausgerichtetes Handeln nach Außen oder noch kürzer: Ein regelkonformes oder integres Verhalten. Diese Umschreibung der Compliance-Kultur[586] deckt sich insofern auch mit dem Begriff der Integrität, dh ein mit den Regeln und inneren Werten konformes Verhalten einer Person nach außen.

15.3.2. Methoden zur Förderung der Compliance-Kultur

Dass jedoch die Compliance-Kultur viel mehr als nur Integrität umfasst, wird schnell aus **297** der Betrachtung der diversen Empfehlungen der Norm deutlich. Die spezifischen Regelungen zur Compliance-Kultur als übergeordnetes Compliance-Ziel sind im 7. Abschnitt der DIN ISO 19600 geregelt, also im Bereich der CMS-Unterstützung, und zwar dort bei den Maßnahmen zur Sensibilisierung der Organisationsmitglieder *(awareness building)*. Die Norm legt fest, dass die Organisationsmitglieder sich nicht nur der Compliance-Politik,[587] sondern auch ihrer Rolle und ihres Beitrags zur Effektivität des CMS bewusst sein sollten.[588]

In dem Zusammenhang wird deswegen die Compliance-Kultur verankert und die ein **298** zelnen Schritte ihrer nachhaltigen Etablierung und Stärkung empfohlen. Zwar wird dabei von einem

- aktiven,
- sichtbaren,
- konsistenten und
- nachhaltigen

Bekenntnis der Führung und des Managements ausgegangen;[589] doch viel weiter in die operative Compliance geht der sich daran anschließende Katalog von Handlungsempfehlungen,[590] welche die Compliance-Kultur fördern können.

Nur einige von diesen Maßnahmen seien hier erwähnt: **299**
– die Organisation soll einen klaren Katalog von Werten aufstellen,
– ein geeignetes Auswahlverfahren für potentielle Beschäftigte festlegen,
– Konsistenz bei der Behandlung von ähnlichen Fällen garantieren, unabhängig von der Position der in Non-Compliance verwickelten Person,
– fortlaufende und stets aktualisierte Compliance-Schulungen durchführen,
– fortlaufende Kommunikation zu den Compliance-Problemen einplanen,

---

[586] Ausf. zur Bedeutung und Definitionen siehe Pkt. 3.2.1.
[587] Mehr dazu unter Pkt. 12.
[588] Vgl. Ziff. 7.3.1 DIN ISO 19600.
[589] Vgl. Ziff. 7.3.2.3 DIN ISO 19600.
[590] Vgl. den vollständigen Katalog in Ziff. 7.3.2.3 DIN ISO 19600.

- Anerkennung der Compliance-Erfolge sichtbar kommunizieren und
- eine klaren Verbindung zwischen der Organisationsstrategie und den einzelnen Rollen, die die Compliance als unerlässliche Komponente beim Erreichen von Ergebnissen der Organisation widerspiegelt, herstellen.[591]

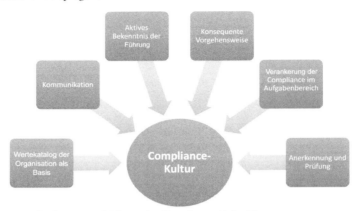

Abbildung 75: Maßnahmen zur Stärkung der Compliance-Kultur[592]

300 Auch dieser Katalog an empfohlenen Maßnahmen zur Förderung der Compliance-Kultur in einer Organisation ist vor dem Hintergrund des Grundsatzes der Verhältnismäßigkeit sowie angepasst an die Größe, Natur, Komplexität und Struktur der Organisation anzuwenden.[593] Von den vielen Empfehlungen seien nun einige aufgegriffen und näher erläutert.[594]

301 **15.3.2.1. Werte als Basis der Compliance-Kultur.** Aufgemacht wird der Katalog mit der Empfehlung zur Aufstellung eines klaren Wertekatalogs der Organisation.[595] Dies stellt eine Selbstverständlichkeit dar, denn Werte machen die Kultur aus. Darin kommt erneut recht stark der kultur- und werteorientierte, also am Menschen ausgerichtete,[596] Ansatz der DIN ISO 19600 zum Ausdruck.

302 Jede Organisation besteht aus den Menschen, die sie ausmachen. Die Redewendung „Eine Kette ist nur so stark wie ihr schwächstes Glied" könnte hier so umformuliert werden: „Compliance in einer Organisation ist nur so effektiv wie das am wenigsten ausgeprägte Compliance-Bewusstsein ihres Mitglieds". Dies macht schnell einiges klar. Zum einen müssen sich Organisationen mit den Werten ihrer Mitglieder befassen. Ohne Verständnis dessen, was für die Menschen in der Organisation wichtig ist, kann kein auf Werten basierendes und somit die Förderung der Compliance-Kultur bezweckendes CMS eingerichtet werden. Zum anderen ist das Verständnis für die Werte der Menschen auch insofern wichtig, als ohne Befriedigung der grundsätzlichen menschlichen Bedürfnisse, sprich Berücksichtigung dessen, was ihnen wert ist, diese in der Unzufriedenheit eher zu einem regelwidrigen Verhalten geneigt sein werden.[597] Schließlich stellt der werteorientierte Ansatz dann eine Herausforderung dar, wenn es sich um Organisationen handelt, die in diversen kulturellen Kreisen tätig sind.[598]

---

[591] Vollständiger Katalog in Ziff. 7.3.2.3 DIN ISO 19600.
[592] Übersicht basiert auf Ziff. 7.3.2.3 Abs. 1 DIN ISO 19600.
[593] Mehr zu den Grundsätzen siehe Pkt. 7.5.
[594] Die nachfolgend kommentierten Empfehlungen entstammen der Ziff. 7.3.2.3 DIN ISO 19600.
[595] Vgl. Ziff. 7.3.2.3 Abs. 1 DIN ISO 19600.
[596] Ausf. dazu siehe Pkt. 1.1.
[597] Mehr dazu bei *Freiesleben* Compliance Praxis, 2014, 60 ff.
[598] Ausf. zum Cross Cultural Compliance-Ansatz siehe Pkt. 3.2.2.

Der werteorientierte Compliance-Ansatz hat somit viele Facetten und die nur ausgewähl- 303
ten Beispiele belegen deutlich, dass er auch methodisch zielführend sein kann.

15.3.2.2. Kommunikation.[599] Die Erstellung eines Werkkataloges der Organisation an 304
sich reicht nicht aus. Es liegt auf der Hand, dass dieser auch ordnungsgemäß kommuniziert werden sollte.[600] Ist der Wertekatalog ordnungsgemäß, dh unter aktiver Einbeziehung der Organisationsmitglieder,[601] um deren Werte es letztendlich geht, erstellt worden,
so handelt es sich um die Werte der Mitglieder der Organisation, die nicht nur bekannt,
sondern schlicht vorhanden sind. Sicherlich wird es aber in keiner Organisation einen absoluten Konsens über die Werte geben können, sodass die in dem Katalog festgelegten
Werte oft im Kompromisswege ermittelt werden. Eine nicht untergeordnete Rolle spielt
dabei die Führung, die die Werte vorleben sollte.[602] Das Ergebnis sollte allen Mitgliedern
klar und deutlich kommuniziert werden.

Auch ansonsten nimmt die Kommunikation bei der Förderung der Compliance-Kultur 305
einen erheblichen Stellenwert an. Dies wird durch Betonung der geordneten Kommunikation an mehreren Stellen im erwähnten Maßnahmenkatalog deutlich.

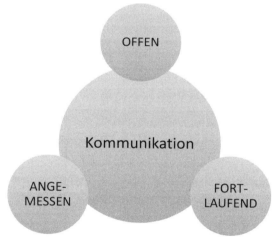

Abbildung 76: Kommunikation zur Förderung der Compliance-Kultur[603]

Empfohlen wird insgesamt eine offene, fortlaufende und angemessene Kommunikation 306
in Compliance-Angelegenheiten. Diese sollte durch periodische Compliance-Schulungen
und Sonderschulungen verstärkt werden.[604]

15.3.2.3. Bekenntnis der Führung und des Managements. Wichtig und von der DIN 307
ISO 19600 empfohlen ist ferner ein klares Bekenntnis der Führung und des Managements
zur Compliance.[605] Ein klarer Einsatz und Förderung des CMS durch die Führung sollte
für die sonstigen Mitglieder sichtbar sein. Dies setzt eine beispielhafte Führung und Beratung voraus und darüber hinaus die effektive Umsetzung aller der Führung[606] und dem
Management[607] iRd CMS zukommenden Rollen und Aufgaben.

---

[599] Ausf. zur Kommunikation siehe Pkt. 15.2.
[600] Zu verschiedenen Kommunikationsmaßnahmen siehe Pkt. 15.2.
[601] Zum Einbeziehungsgrundsatz siehe Pkt. 7.6.3.
[602] Zur Rolle der Führung siehe Pkt. 11.
[603] Abbildung richtet sich nach Ziff. 7.3.2.3 DIN ISO 19600.
[604] Zusammenfassend vgl. Ziff. 7.3.2.3 Abs. 1 SpStr. 7, 8, 13 DIN ISO 19600.
[605] Vgl. Ziff. 7.3.2.3 Abs. 1, SpStr. 2, 4 DIN ISO 19600.
[606] Siehe Pkt. 11 und 13.2.

308 **15.3.2.4. Konsequente Vorgehensweise.** Keine Compliance-Kultur wird dort etabliert werden können, oder eine etablierte Compliance-Kultur könnte geschädigt werden, wenn die Behandlung ähnlicher Fälle von Non-Compliance abhängig von der Person gemacht wird, bei der der Fall eingetreten ist. Zu den wesentlichen menschlichen Werten gehören Gleichheit und Gerechtigkeit. Werden ähnliche oder gleiche Fälle von Non-Compliance unterschiedlich behandelt, so liegt ein Verstoß gegen diese menschlichen Grundwerte vor mit der Folge, dass ein CMS selbst zum Compliance-Verstoß führt und damit erheblich an Akzeptanz verlieren kann.

309 Es ist daher sehr wichtig, dass die Norm nicht nur eine konsequente und gleiche Vorgehensweise in Form des Null-Toleranz-Ansatzes empfiehlt. Darüber hinaus wird auch nahegelegt, dass die Reaktion bei der Behandlung von ähnlichen Fälle von Non-Compliance konsistent erfolgen sollte, wenn bindende Verpflichtungen verletzt werden.[608]

310 **15.3.2.5. Compliance beim Job-Einstieg.** Innovativ und korrekt ist der weitere Ansatz der DIN ISO 19600, der die Förderung der Compliance-Kultur bereits im frühen Stadium bezweckt. Auch dieser Ansatz hat mit den Menschen und ihren Werten zu tun. Da eben die Menschen potenzielle „Risikoträger" sind, sollte das Risiko möglichst früh erkannt und entsprechend evaluiert werden.

311 Die Norm empfiehlt daher, bereits ein geeignetes Auswahlverfahren potenzieller Bewerber vorzunehmen,[609] um eventuelle Risiken möglichst früh zu erkennen. Diese Maßnahme sollte ebenfalls vor dem Hintergrund des Grundsatzes der Verhältnismäßigkeit umgesetzt werden. IdR wird die Intensität und Tiefe einer solchen Prüfung von der Compliance-Relevanz der künftigen Stelle abhängig sein. Je bedeutender und risikoreicher das künftige Aufgabenspektrum ist, umso genauer sollte der potenzielle Bewerber untersucht werden. Hierzu sind verschiedene Methoden denkbar, von beratender Beteiligung der Compliance-Funktion bei den Bewerbungsgesprächen mit Frage- und Diskussionsrechten bis hin zu umfangreichen pre-employment Überprüfungen, bei denen Bewerber ausführlich verifiziert werden.

312 Gewiss sollte dabei nicht belassen werden. Die Norm sieht des Weiteren ein Compliance-spezifisches Einführungs- oder Einweisungsprogramm vor.[610] Die neu eingestellten Personen sollten schnell mit dem Wertekatalog und den Verpflichtungen, mit der Funktionsweise sowie Modalitäten des CMS vertraut und durch Schulungen sowie weitere Kommunikationsmaßnahmen sensibilisiert werden. Ihnen sollte der Zusammenhang zwischen dem Aufgabenkreis und der Compliance erklärt und der Stellenwert der Compliance in der Organisation insgesamt deutlich vermittelt werden.[611]

313 **15.3.2.6. Prüfung und Anerkennung.** Schließlich sieht die Norm Systeme zur Leistungsbeurteilung für die Überwachung des Compliance-Verhaltens der Organisationsmitglieder[612] sowie eine sichtbare Anerkennung für Compliance-Management und die Erreichung der Compliance-Ziele vor.[613]

15.3.3. Indikatoren für das Vorhandensein der Compliance-Kultur

314 In der DIN ISO 19600 werden einige Kriterien empfohlen, an denen die Umsetzung der Compliance-Kultur geprüft werden kann. Diese werden hier als Indikatoren für die Reife der Compliance-Kultur bezeichnet.

---

[607] Siehe Pkt. 13.4.
[608] Vgl. Ziff. 7.3.2.3 Abs. 1 SpStr. 3, 11 DIN ISO 19600.
[609] Vgl. Ziff. 7.3.2.3 Abs. 1 SpStr. 5 DIN ISO 19600.
[610] Vgl. Ziff. 7.3.2.3 Abs. 1 SpStr. 6 DIN ISO 19600.
[611] Vgl. Ziff. 7.3.2.3 Abs. 1 SpStr. 12 DIN ISO 19600.
[612] Vgl. Ziff. 7.3.2.3 Abs. 1 SpStr. 9 DIN ISO 19600.
[613] Vgl. Ziff. 7.3.2.3 Abs. 1 SpStr. 10 DIN ISO 19600.

Abbildung 77: Indikatoren für die Kultur-Reife[614]

Die meisten Indikatoren für die Umsetzung der Compliance-Kultur knüpfen an die 315 Organisationsmitglieder an. Auch dies verwundert nicht, wenn Compliance-Kultur als durch Werte gesteuertes Verhalten verstanden wird. Insgesamt lassen sich die in der Norm eher nach dem Zufallsprinzip auftauchenden Indikatoren in eine subjektive und eine objektive Gruppe einordnen.

Zu den objektiven Indikatoren gehört sicherlich die Umsetzung, bzw. der Grad der 316 Umsetzung der für die Förderung der Compliance-Kultur einzusetzenden Maßnahmen.[615] Ferner gehört dazu auch die konsequente Durchsetzung des Null-Toleranz-Ansatzes auf allen Ebenen der Organisation sowie das Vorhandensein von Informationswegen, die den Organisationsmitgliedern ermöglichen, über Compliance-relevante Angelegenheiten auf einschlägigen Managementebenen zu berichten.[616]

Zu den subjektiven Indikatoren könnte die Überzeugung der Organisationsmitglieder 317 und aller anderen Interessenträger darüber eingestuft werden, dass die Maßnahmen zur Kultur-Förderung umgesetzt worden sind, ebenfalls wie das Verständnis der Bedeutung von Compliance-Verpflichtungen im Zusammenhang mit den Geschäftsbereichen der Organisationsmitglieder oder aber auch die Wertschätzung für die Rolle der Compliance-Funktion und ihrer Ziele sowie die Bereitschaft zur Nutzung der Hinweisgebersysteme.

15.3.4. Antikorruptionskultur in ISO 37001

Die hier hinsichtlich der Compliance-Kultur gemachten Ausführungen lassen sich eben- 318 falls auf ein AMS übertragen. Auch ISO 37001 geht von der Compliance-Kultur als Hauptziel des Systems aus, diese wird aber wegen des Anwendungsbereichs als „anti-bribery culture" bezeichnet, was als Kultur der Nichtkorruption oder – vereinfacht – als Antikorruptionskultur übersetzt werden könnte.

Die Bedeutung dieses Ziels ergibt sich aus der Verankerung von diversen Fördermaß- 319 nahmen an vielen verschiedenen Anforderungen des Standards. Gleich in der Einleitung wird darauf hingewiesen, dass Organisationen unter anderem dadurch zur aktiven Bekämpfung der Korruption beitragen sollten, dass sie die Kultur der Integrität einrichten.[617] Ferner wird eine Anforderung an die oberste Leitung dahingehend aufgestellt, dass diese eine angemessene Antikorruptionskultur fördern sollte.[618] Schließlich wird im Annex darauf hingewiesen, dass die Überwachung der AMS-Leistung unter anderem den Status der Compliance-Kultur betreffen kann.[619]

Auch an der Stelle gilt das zum Verhältnis zwischen DIN ISO 19600 und ISO 37001 320 bereits öfter Festgestellte, dass viele Anforderungen des ISO 37001 nicht nur von den Empfehlungen der DIN ISO 19600 umfasst sind, sondern die ersteren mit einem breiten

---

[614] Übersicht basiert auf ISO 7.3.2.3 Abs. 2 DIN ISO 19600.
[615] Ausf. in Pkt. 15.3.
[616] Zu den Hinweisgebersystemen siehe Pkt. 15.2.5 und 15.9.3.
[617] Vgl. Einleitung Abs. 4 ISO 37001.
[618] Vgl. Ziff. 5.1.2 Abs. 1 h ISO 37001.
[619] Vgl. Ziff. A.19 Annex A ISO 37001.

Instrumentarium der DIN ISO 19600 auch einfacher umgesetzt und in das bestehende Organisationsumfeld integriert werden können.[620]

15.4. Kompetenzsteigerung und Schulungen

321 Der Standard empfiehlt eine grundsätzliche Ausrichtung des CMS am konkreten Bedarf der Organisation. Dies wird nicht nur über den Integrationsansatz[621] und die Risikoorientierung[622] des CMS erreicht. Wie bereits erwähnt, sollen auch die bindenden Verpflichtungen von den konkreten Bereichen abgeleitet werden oder die Compliance-Politik mit den Zielen der Organisation in Einklang gebracht werden. Eine ähnliche Verknüpfung besteht auch im Bereich der Compliance-Kultur. Eine weitere Verlinkung wird im Bereich der Unterstützung des CMS zwischen der Compliance und den persönlichen Fachkompetenzen der Organisationsmitglieder vorgenommen. In diesem Bereich sind die Kompetenzsteigerung und Schulungen als geeignete Unterstützungsmaßnahmen denkbar.

15.4.1. Kompetenzsteigerung

322 Die systematische Stellung der Unterstützungsmaßnahme in Form der Kompetenzsteigerung legt nahe, dass Fälle von Non-Compliance aus der mangelnden Kompetenz der für bestimmte Aufgabenbereiche zuständigen Personen resultieren können. Diese Überlegungen decken sich auch mit den in der Rspr. näher ausgeführten Auswahl-, Anweisungs- und Kontrollpflichten der Führung gegenüber den Mitarbeitern.[623]

323 Um die aus mangelnder Kompetenz resultierenden Compliance-Risiken zu verringern, wird in der Norm ein im Wortlaut ein wenig verstecktes zweistufiges Verfahren vorgeschlagen: Zum einen sollte der Bedarf nach Kompetenz-Maßnahmen ermittelt und verwaltet werden und anschließend werden die Maßnahmen umgesetzt. Bevor auf das empfohlene Verfahren eingegangen wird, ist jedoch der Grundbegriff zu erläutern. Kompetenz wird als Fähigkeit, Wissen und Fertigkeiten definiert, die es anzuwenden gilt, um beabsichtigte Ergebnisse zu erreichen.[624] Das Verfahren an sich gliedert sich wie erwähnt in zwei Schritte: Verwaltung und Verbesserung.

324 **15.4.1.1. Verwaltung.** Das Verwaltungsverfahren hinsichtlich der Kompetenzsicherung kann nach der DIN ISO 19600 fünf wesentliche Schritte enthalten. Zu betonen ist, dass ähnlich wie auch bei anderen Maßnahmen, und dem CMS-Modell generell, auch hier der PDCA-Zyklus anzuwenden ist.

---

[620] Mehr dazu siehe Pkt. 2.3.4.
[621] Siehe Pkt. 7.6.2.
[622] Siehe Pkt. 10.4.
[623] LG München I NZWiSt 2014, 183 (184).
[624] Vgl. Ziff. 3.23 DIN ISO 19600.

Abbildung 78: Kompetenzverwaltung[625]

Im ersten Schritt sollte die für den jeweiligen Tätigkeitsbereich erforderliche Kompe- 325
tenz ermittelt werden. Hierbei können verschiedene Methoden zum Einsatz kommen.
Maßgeblich wird jedoch der Aufgabenkreis der einschlägigen Beschäftigten sein.

Der zweite Schritt ist ein wenig irreführend. Bei der Sicherstellung der erforderlichen 326
Kompetenz ist gemeint, dass hierauf bereits bei der Wahl der geeigneten Kandidaten zu
achten ist. Empfehlenswert ist daher zumindest die Einbindung der Compliance-Funktion
in die Bewerbungsgespräche oder die Konsultationen mit ihr.

Der dritte Schritt sollte vor dem Hintergrund des ersten und des zweiten Schritts gese- 327
hen werden. Stellt es sich heraus, dass die ermittelte erforderliche Kompetenz bei der einschlägigen Person nicht (ausreichend) vorhanden ist, so sollten Maßnahmen zur Kompetenzsteigerung ergriffen werden.

Der vierte und fünfte Schritt folgen wiederum dem PDCA-Zyklus. Wie jede Maßnah- 328
me sollten auch die Maßnahmen zur Kompetenzsteigerung und -sicherstellung ständig
verbessert werden. Die Maßnahmen sind daher zu evaluieren und die Evaluationsergeb-
nisse bei den künftigen Maßnahmen zu berücksichtigen.

Das Ziel der Maßnahme wird letztendlich durch die entsprechende Dokumentation er- 329
reicht. Damit soll festgehalten werden, dass die Führung für den jeweiligen Aufgabenbereich kompetentes Personal eingestellt und dessen Kompetenz auch ständig überwacht
und bei Bedarf verbessert hat.

Mit dem Verfahren werden im Haftungsfalle nicht unerhebliche Beweise erstellt, die 330
beim Nachweis der Erfüllung der ordnungsgemäßen Auswahl und Überwachung der Beschäftigten eine große Rolle spielen können.

15.4.1.2. Verbesserungsmaßnahmen. Zwar nur am Rande, doch auch an der gleichen 331
Stelle, trägt die Norm zu ihrer allgemeinen Benutzerfreundlichkeit bei und empfiehlt
konkrete Maßnahmen, mit denen eine zu geringe oder fehlende Kompetenz adressiert
werden kann. In der Anmerkung sind solche Beispiele zu finden wie:

- Schulungen,
- Neuverteilung von Aufgaben,
- Versetzung bis hin zur
- Einstellung von kompetenten Personen.[626]

---

[625] Übersicht auf Basis der Ziff. 7.2.1. a–d DIN ISO 19600.
[626] Beispiele ausf. in Ziff. 7.2.1. Anm. DIN ISO 19600.

332 Eine sehr große Rolle spielt bei der Anwendung der Maßnahmen der Grundsatz der Verhältnismäßigkeit. Zwar ist dies den erwähnten Empfehlungen nicht zu entnehmen, doch sollte die Compliance-Funktion/der Arbeitgeber bei der Umsetzung der Maßnahmen stufenweise vorgehen.

Abbildung 79: Stufenweise Vorgehensweise bei der Kompetenzsteigerung unter Beachtung des Verhältnismäßigkeitsgrundsatzes

333 ISd Verhältnismäßigkeit sollte ein bestmöglicher Weg zwischen den Interessen des Beschäftigten am Erhalt der Stelle und des Arbeitgebers am Einsatz kompetenter Personen gefunden werden. Hierzu bietet sich eine stufenweise Vorgehensweise an, bei der selbstverständlich die geltenden Vorschriften des jeweils einschlägigen Arbeitsrechts einzuhalten sind.

334 IdS könnte das betroffene Organisationsmitglied zunächst an den die einschlägige Kompetenz steigernden Schulungen teilnehmen. Sollte dies, aus welchen Gründen auch immer, eine ungeeignete Form sein, könnten individuelle Trainings angeordnet werden. Bringen diese Fortbildungsmaßnahmen keinen Erfolg und kann somit die Kompetenz auf dem für den Aufgabenbereich erforderlichen Niveau nicht erreicht werden, so sollten Maßnahmen zur Versetzung oder Zuteilung von neuen Aufgaben überlegt werden. Die Entlassung und Neubesetzung der Stelle sollte dagegen iSd Verhältnismäßigkeit nur als *ultima ratio* in Betracht gezogen werden.

335 Darüber hinaus ist bei der Wahl der Maßnahmen zu berücksichtigen, ob die fehlende Kompetenz bereits zum Zeitpunkt der Einstellung vorlag und offengehalten wurde oder die Person dies verschwiegen hat oder sie vorhanden war, aber im Laufe des Arbeitsverhältnisses (etwas mangels Teilnahme an Fortbildungsmaßnahmen) gesunken ist. Schließlich sollten auch jeweils die konkreten Umstände des Einzelfalles berücksichtigt werden, die unter Umständen noch andere als die hier empfohlene Vorgehensweise rechtfertigen würden.

15.4.2. Schulung[627]

336 Compliance-Schulungen stellen unbestritten eines der Hauptinstrumente eines CMS dar und tragen erheblich zur Sensibilisierung und somit zur Etablierung einer nachhaltigen Compliance-Kultur bei. Einen ähnlich hohen Stellenwert wird den Schulungen auch in der DIN ISO 19600 beigemessen.

337 **15.4.2.1. Funktionen der Schulung.** Dies zeigt sich bereits an den vielfältigen Funktionen einer Schulung oder – wie das die Norm bezeichnet – der Weiterbildung der Organisationsmitglieder.

338 Zum einen wird erwähnt, dass Ausbildung, Schulung oder Arbeitserfahrung wesentlich zur Erlangung der erforderlichen Kompetenz beitragen können.[628] Auch wie in den anderen Fällen ist diese Empfehlung jedoch weder als ein abgeschlossener Katalog anzusehen, noch müssen alle Maßnahmen in jedem Falle umgesetzt werden. Maßgeblich wird die Prüfung im Einzelfall sein, welche Art der Kompetenzsteigerung oder Schulung als angemessen erscheint.

339 Weitere wichtige Funktion von Schulungen ist im Bereich der Risikoanalyse zu verorten. Ähnlich wie Einzelgespräche mit den Mitgliedern der Organisation, können auch

---

[627] Grundlegend bei *Makowicz* Compliance/*Schmahl* 2–70.
[628] Vgl. Ziff. 7.2.2 Abs. 1 S. 2 DIN ISO 19600.

Schulungen, angenommen sie werden von der Compliance-Funktion durchgeführt, für diese als eine Plattform für den Austausch mit anderen Organisationsmitgliedern dienen, bei dem Informationen über potenzielle Risikofelder erlangt werden können. Eine solche Funktion wird den Schulungen auch von der DIN ISO 19600 beigemessen.[629] Insbes. in Unternehmen, in denen kein formales CRM erfolgt, sondern alternative Methoden der Informationsbeschaffung zum Einsatz kommen, sollten Schulungen auch zu Zwecken der Risikoanalyse verwendet werden.[630]

340 An der Stelle dürfte eine weitere Funktion von Schulungen zum Vorschein treten, welche zur nachhaltigen Compliance-Kultur beitragen kann: Es ist sinnvoll, an denselben thematischen Schulungen alle Personen, die zu dem zu schulenden Thema Kenntnisse erlangen müssen, unabhängig von der bekleideten Position teilnehmen zu lassen. Wird es sich so ergeben, dass ein Mitglied des Führungsgremiums gemeinsam mit den übrigen Angestellten in einer Gruppe sitzt, so kann das nur als eine konsequente Umsetzung des *tone from the top*[631] und von den übrigen Organisationsmitgliedern als ein positives Zeichen wahrgenommen werden.

15.4.2.2. Schulungsplan. Nach der Norm sollte ein Schulungsplan bezwecken, dass alle **341** Mitglieder der Organisation über die ausreichende Kompetenz verfügen, um ihre Arbeitsaufgaben in Übereinstimmung mit der Compliance-Kultur der Organisation und deren Verpflichtung zur Compliance zu erfüllen.[632]

342 Dabei sei angemerkt, dass die Norm versehentlich nur Beschäftigte anspricht. Insofern dürfte es sich um ein redaktionelles Versehen handeln, denn einer Schulung sollen, je nach Ergebnis der Bedarfsprüfung, alle Mitglieder einer Organisation umfasst werden. Dies betrifft auch andere Sätze in Ziff. 7.2.2 „Schulung", in denen auch das Wort „Beschäftigte" vorkommt, jedoch alle Mitglieder der Organisation einschließlich der obersten Leitung und des Führungsgremiums gemeint sind. In der deutschen Unternehmenslandschaft gilt das etwa gleichermaßen für die Mitglieder eines Vorstandes oder Aufsichtsrates.

343 Auch zur Frage, wie ein Schulungsplan im Wesentlichen zu erstellen ist, enthält die Norm einige brauchbare Empfehlungen. So wird nahe gelegt, dass der Schulungsplan auf die Verpflichtungen und Compliance-Risiken der Rollen und Verantwortlichkeiten von Organisationsmitglieder zugeschnitten sein sollte.[633] Entscheidende Fragen, die im Plan zu adressieren sind, sind ua:
- Welche Inhalte werden vermittelt?
- Wer ist die jeweilige Zielgruppe?
- In welchen Zeitabständen wird geschult?
- Wer wird die Schulung leiten?
- Welche Methoden werden angewandt?

344 All diese Fragen sollten an die Ergebnisse der Risikoanalyse angepasst werden. Ergänzend hierzu sollten insbes. für die Festlegung der Inhalte der Schulungen die bei den Organisationsmitgliedern festgestellten Wissens- und Kompetenzlücken ersetzt werden.[634]

345 Ferner wird in der Norm empfohlen, dass die Compliance-Schulungen im Einklang mit dem allgemeinen Schulungsprogramm stehen und in den Jahresschulungsplan der Organisation aufgenommen werden sollten.[635] Diese Empfehlung ist von großer Bedeutung, insbes. betreffend zwei Aspekte: Zum einen wird durch eine solche Integration Kollisionen vorgebeugt und die Schulungsintensität kann so effektiv auf das gesamte Jahr verteilt werden. Zum anderen – und dies ist eine noch wichtigere Funktion – kann die Integrati-

---

[629] Vgl. ähnl. in Ziff. 7.2.2 Abs. 3 DIN ISO 19600.
[630] Zum Compliance-Risk-Management siehe Pkt. 10.4.
[631] Dazu ausf. Pkt. 11 und 13.2.
[632] Vgl. Ziff. 7.2.2 Abs. 2 DIN ISO 19600.
[633] Vgl. Ziff. 7.2.2 Abs. 4 a DIN ISO 19600.
[634] Vgl. Ziff. 7.2.2 Abs. 4 b DIN ISO 19600.
[635] Vgl. Ziff. 7.2.2 Abs. 4 d DIN ISO 19600.

on auch zur Etablierung einer nachhaltigen Compliance-Kultur als eine Maßnahme der Sensibilisierung wahrgenommen und bewusst eingesetzt werden. Die Organisationsmitglieder werden damit verstehen, dass die Compliance-Themen von gleicher Bedeutung sind, wie andere Themen, die in anderen Schulungen vermittelt werden. Schließlich, wenn der Schulungsplan von der Führung genehmigt wird, kann es in Augen der Organisationsmitglieder als eine konsequente Umsetzung des *tone from the top* wahrgenommen werden.[636]

346 **15.4.2.3. Durchführung von Schulungen.** Ob die obigen Ziele erreicht werden, hängt maßgeblich davon ab, ob die Schulungen sachgerecht durchgeführt werden. Hierzu enthält die Norm einige brauchbare Ansätze und Empfehlungen. Zu betonen ist vorab, dass auch dieser Maßnahme, ähnlich wie den übrigen in der Norm empfohlenen Compliance-Maßnahmen, immanent ist, dass sie dem PDCA-Zyklus folgt, was die nachfolgende Abbildung zusammenfasst.[637]

Abbildung 80: Zu berücksichtigende Aspekte bei den Compliance-Schulungen[638]

347 Zum einen, was allerdings bereits im Schulungsplan zu berücksichtigen ist, sollten Schulungen in jedem Falle maßgeschneidert organisiert werden, dh sie sollten das Ergebnis der Risikoanalyse und die festgestellten Kenntnis- und Kompetenzlücke der Zielgruppe berücksichtigen. Ferner sollten die Schulungen möglichst praxisbezogen und klar gestaltet werden, flexibel und interaktiv erfolgen. Diese vier Aspekte sollten nicht unterschätzt werden. Wird als Schulung ein trockener Frontalunterricht angeboten, so wird dies nur als eine zu überwindende Hürde bei den Organisationsmitgliedern wahrgenommen, die es „aus Compliance-Gründen zu absolvieren gilt". Dabei können die Schulungsziele und -funktionen vollständig verfehlt werden. Wird dagegen in der Schulung Bezug zu den einschlägigen Geschäftsfeldern hergestellt, die Materie mit konkreten Beispielen aus der Betriebspraxis belegt und die Schulungsteilnehmer durch interaktive Schulungsmethoden aktiv eingebunden, verspricht dies größere Erfolge. Fehlen interaktive Elemente, so wird auch eine wesentliche Funktion der Schulung verfehlt, diese nämlich als eine Methode der Risikoanalyse gezielt einzusetzen.

348 Ferner ist daran zu denken, dass dem Schulungsverfahren der PDCA-Zyklus zugrunde liegt. Die Schulungen sollten daher ständig verbessert werden. Hierzu ist es notwendig,

---

[636] Zu Compliance-Aufgaben der Führung vgl. Pkt. 11 und 13.2.
[637] Mehr dazu siehe Pkt. 17.3.
[638] Die Übersicht basiert auf Ziff. 7.2.2 Abs. 4 a–j DIN ISO 19600.

dass ein Feedback von den Teilnehmern eingeholt wird. Durch ordnungsgemäße Evaluation können weitere wertvolle Hinweise gewonnen werden, um die Schulungen zu optimieren. In den Evaluationsbögen sollten zwingend auch Felder für freiwillige Anmerkungen vorgesehen werden. Werden die Bögen anonym eingereicht, kann dies eine weitere Quelle von Informationen schaffen – nicht nur über die Schulungen, sondern den Zustand des CMS in der Organisation im Allgemeinen sowie potenzielle Compliance-Risiken. Schließlich sollten auch durchgeführte Schulungen entsprechend dokumentiert werden.[639]

15.4.2.4. Schulungsrhythmus. Wie oft eine Schulung wiederholt werden kann, lässt **349** sich schwer pauschal festlegen. Die Norm empfiehlt zunächst nur, dass Schulungen fortlaufend stattfinden sollten, erwähnt aber auch einige Ereignisse, bei deren Vorliegen eine Schulung erstmalig durchgeführt oder wiederholt werden sollte. Diese fasst die nachfolgende Abbildung zusammen:

Abbildung 81: Durchführung von Schulungen bei Veränderungen[640]

Die Empfehlungen der Norm, wann eine Schulung in Betracht gezogen werden sollte, **350** stellt eine konsequente Umsetzung des risikobasierten Ansatzes durch. Während, wie erwähnt,[641] bei der Konzipierung der Schulungen die Compliance-Risikolage zu berücksichtigen ist, liegt es auf der Hand, dass die Konzeption dann geändert werden muss, wenn sich die Risikolage ändert.[642] Die in der obigen Abbildung vorkommenden Fakto-

---

[639] Mehr zur Dokumentation siehe Pkt. 15.8.
[640] Abbildung basiert auf Ziff. 7.2.2 Abs. 5 DIN ISO 19600.
[641] Siehe Pkt. 15.4.2.2.
[642] Hierzu vgl. Pkt. 10.4.4.

ren bewirken zugleich die Änderung der Risikolage, daher wird in diesen Fällen auch eine erneute Schulung empfohlen. Bei den „anderen Aspekten" in der obigen Übersicht geht es um die Ergänzung des Schulungsbedarf in den Fällen, in denen neue compliance-relevante Informationen in Folge von Überwachungs-, Audit- oder Überprüfungsmaßnahmen[643] zutage treten, die im Rahmen eines CMS durchgeführt werden.

15.4.3. Mittelstand

351 Zurecht wird in der Fachliteratur darauf hingewiesen, dass auch für die mittelständische Compliance Schulungen dringend notwendig sind.[644] Im Mittelstand sollten sie jedoch – orientiert an den obigen Empfehlungen – nicht nur zu Zwecken der Sensibilisierung und Förderung der Compliance-Kultur eingesetzt werden. Insbes. mittelständische Unternehmen werden oft keine ausgeprägte Compliance-Risiko-Beurteilung durchführen, sondern auf andere Methoden ausweichen. In den Fällen sollten auch Schulungen als Austauschplattform bewusst eingesetzt werden. Werden sie richtig geplant und durchgeführt, so bieten sie eine hervorragende Informationsquelle, bei der die Compliance-Funktion an Informationen gelangen kann, die auf weitere Compliance-Risiken hindeuten könnten.

352 IdR sollte die Compliance-Funktion die Schulungen auch selbst durchführen. Dieser Grundsatz kann allerdings dann schnell auf Grenzen stoßen, wenn in einer Schulung Fachkenntnisse vermittelt werden sollten, über die die Compliance-Funktion nicht verfügt. Welche Inhalte es sind, hängt einerseits vom Risikoprofil der Organisation, dem Geschäftsfeld, den Produkten, Absatzmärkten und andererseits von der Ausbildung der Compliance-Person ab. Handelt es sich bei der Compliance-Funktion um eine Person mit betriebswirtschaftlichem Hintergrund, so wird dringend anzuraten sein, sämtliche Schulungen betreffend rechtliche Compliance-Risiken an fachkundige Experten abzugeben und Inhouse-Schulungen in Auftrag zu geben. Auch in diesen Fällen ist es jedoch zwingend empfehlenswert, dass die Compliance-Funktion auf den Inhalt, Häufigkeit und Methode der Schulungen Einfluss nehmen kann und an den Schulungen selbst teilnimmt.

15.4.4. Anforderungen der ISO 37001

353 Die Antikorruptionsnorm stellt Anforderungen sowohl hinsichtlich der Kompetenzprüfung und -steigerung, als auch hinsichtlich der Schulungen auf. Im Wesentlichen handelt es sich auch hier um ähnliche Verfahren und Maßnahmen, die von der DIN ISO 19600 empfohlen werden und bereits erörtert wurden, die sich jedoch in dem Falle auf das Korruptionsrisiko beschränken.[645]

354 **15.4.4.1. Kompetenz (Einstellungsverfahren).** Hinsichtlich der Kompetenzverwaltung und -steigerung sieht ISO 37001 ein ähnliches Verfahren wie DIN ISO 19600 vor,[646] sodass es sich empfiehlt, auch hier einen integrierten Ansatz zu verfolgen.[647] Etwas ausgebaut sind dagegen Anforderungen betreffend den Einstellungsprozess von neuen Mitgliedern der Organisation.[648] Die umfangreichen Anforderungen zeigen deutlich, dass auch ISO 37001 von dem Ansatz ausgeht, dass Menschen im Mittelpunkt des CMS stehen. Auf einige der Anforderungen sei im Einzelnen eingegangen.

355 Anzumerken ist zunächst, dass einige der hier erwähnten Anforderungen in einen anderen Kontext besser gepasst hätten und sich ansonsten in einem recht allgemeinen Rahmen bewegen. So wird verlangt, dass Organisationen Verfahren aufstellen, die sicherstellen, dass

---

[643] Vollständige Liste vgl. in Ziff. 7.2.2 Abs. 4 letzter SpStr. DIN ISO 19600.
[644] *Fissenewert* S. 179.
[645] Zu Schulungen zur Korruptionsprävention bei *Falk* COMPLY 3/2015, 50 ff.
[646] Vgl. Ziff. 7.2.1 ISO 37001.
[647] Siehe Pkt. 2.3.4.
[648] Vgl. Ziff. 7.2.2 ISO 37001.

– die Organisationsmitglieder die Antikorruptionspolitik und das AMS einhalten werden,
– ihnen die Antikorruptionspolitik zur Verfügung gestellt wird,
– gegen sie im Falle von Non-Compliance Disziplinarmaßnahmen ergriffen werden können und
– sichergestellt wird, dass keine Vergeltung und Folgen gegen solche Mitglieder ergriffen werden, die von einer risikobehafteten Aktivität absehen oder einen Hinweis über das Hinweisgebersystem einbringen.[649]

Bei diesem Maßnahmenkatalog handelt es sich eher um recht allgemeine Empfehlungen, die im Kontext der anderen Maßnahmen umgesetzt werden, so etwa iRd Implementierung der Compliance-Politik[650] oder eines Hinweisgebersystems.[651]

Ähnliches ist im Hinblick auf die weiteren Anforderungen festzustellen, sodass nur tat- **356** sächliche Ergänzungen im Verhältnis zu DIN ISO 19600 erwähnt werden. ISO 37001 fordert, dass nicht nur wie im Falle des DIN ISO 19600 einzustellende Bewerber, sondern auch bereits eingestellte Mitglieder der Organisation überprüft werden, bevor sie befördert oder an eine andere Stelle versetzt werden, jedoch vorausgesetzt, dass die zu besetzende Stelle mit einem höheren Korruptionsrisiko verbunden ist.[652] Ferner wird vorausgesetzt, dass vorhandene Incentivierungsmaßnahmen regelmäßig überprüft werden und das Bekenntnis zur Korruptionsfreiheit durch oberste Leitung, Führungsgremium und Manager in bestimmten zeitlichen Abständen wiederholt wird, was auch im Rahmen eines allgemeinen Compliance-Bekenntnisses erfolgen kann.[653]

15.4.4.2. Antikorruptionsschulungen. Hinsichtlich der Compliance-Schulungen wer- **357** den nur allgemeine Anforderungen aufgestellt, die wiederum von denen aus DIN ISO 19600 abgedeckt sind, sich jedoch wiederum auf die Korruptionsrisiken beschränken. Systematisch gesehen lassen sich die in dem Abschnitt umfangreichen Anforderungen in drei Gruppen einteilen, auf die im Weiteren eingegangen wird. Zu betonen ist jedoch vorab, dass auch im Hinblick auf Schulungen der Integrationsansatz zu verfolgen ist. So können die Korruptionsrisiken auch im Rahmen eines allgemeinen Schulungsplans berücksichtigt und iRv Compliance-Schulungen umgesetzt werden.[654]

Antikorruptionsschulungen sollten regelmäßig stattfinden und fortlaufend aktualisiert **358** werden.[655] Ihre Durchführung sollte auch dokumentiert werden.[656] Bei der Festlegung der Schulungsinhalte sollte insbes. das Ergebnis des Antikorruptions-Risikomanagements berücksichtigt werden. Zu den üblichen Inhalten gehören nach dem Standard:
– Politiken und Verfahren hinsichtlich der Korruptionsprävention sowie das AMS,
– Informationen über Schäden durch Non-Compliance,
– Unterrichtung über potenzielle Umstände, in denen es zur Korruption kommen kann und wie sie verhindert werden sowie darüber, wie Mitglieder zur Effektivität des AMS beitragen, es nutzen und berichten können.[657]

Schließlich enthält ISO 37001 eine Anforderung für die Durchführung von Schulungen **359** bei den Geschäftspartnern, die im Auftrag oder zum Vorteil der Organisation handeln und bei denen das Ergebnis der Risikoanalyse ein höheres als nur geringes Korruptionsrisiko ergeben hat und ergänzt, dass auch solche Schulungen angemessen und bedarfsorientiert zu gestalten sind und die Pflicht zur ihrer Durchführung bereits in den vertraglichen Beziehungen aufgenommen werden kann.[658]

---

[649] Vgl. Ziff. 7.2.2.1 ISO 37001.
[650] Siehe Pkt. 12.
[651] Siehe Pkt. 15.2.5.
[652] Vgl. Ziff. 7.2.2.2 a ISO 37001.
[653] Vgl. Ziff. 7.2.2.2 b–c und Anm. 1 ISO 37001.
[654] Dazu ausführlich Pkt. 15.4.2.
[655] Vgl. Ziff. 7.3 Abs. 2 ISO 37001.
[656] Vgl. Ziff. 7.3 Abs. 4 ISO 37001.
[657] Vgl. Ziff. 7.3 Abs. 1 a–i ISO 37001.
[658] Vgl. Ziff. 7.3 Abs. 3 und Anm. 1 ISO 37001.

15.5. Betrieb (Operation)

360 Neben den kommunikativen Maßnahmen, zu denen sicherlich auch einige Maßnahmen der Führung, Schulungen und Kompetenzsteigerung zählen, wird in beiden Standards eine Reihe von betrieblichen Steuerungsmaßnahmen empfohlen, die einerseits die Einhaltung der bindenden Verpflichtungen und andererseits die Steuerung der Compliance-Risiken zum Ziel haben.[659] Die nachfolgende Übersicht verdeutlicht den Zusammenhang zwischen Compliance-Risiken, Verpflichtungen und der betrieblichen Steuerung.

Verpflichtungen

Risiken

Steuerung

Abbildung 82: Betriebliche Steuerung im Rahmen eines CMS

361 Aus der obigen Übersicht ergibt sich, dass die Steuerungsmaßnahmen zum Ziel haben, dass die Organisationsmitglieder ihre Verpflichtungen einhalten. Mit anderen Worten sollten also solche Steuerungsmaßnahmen ergriffen werden, die aus den bindenden Verpflichtungen erwachsende Compliance-Risiken (also Risiken der Nichteinhaltung von Verpflichtungen) entsprechend steuern können. Es liegt dabei auf der Hand, dass auch in dem prozessualen Abschnitt keine allgemeingültigen Lösungen empfohlen werden können. So sehr die Risikolage der einzelnen Organisationen different ist, so unterschiedlich werden auch die zu empfehlenden Prozesse und Kontrollen sein. Es kann allerdings, so wie auch iÜ im Standard, eine gewisse Methodik empfohlen werden, die die allgemein praktizierte Vorgehensweise überschaubar erörtert und eine konkrete Hilfestellung für die tägliche Compliance-Praxis enthält. Auch an dieser Stelle wird ein etwas anderer Prozessgang als in der DIN ISO 19600 verfolgt, um die durch HLS-Anwendung entstandenen Ungenauigkeiten zu kompensieren.[660]

15.5.1. Betriebliche Planung und Steuerung

362 Getreu dem PDCA-Zyklus sollten auch die Steuerungsmaßnahmen zunächst geplant, dann in kleinerem Maße ausprobiert, ggf. angepasst, um erst dann umfassend implementiert zu werden. In die gleiche Richtung gehen die Empfehlungen der Norm, in denen recht abstrakt zu lesen ist, dass in dem Zusammenhang die Ziele und Kriterien für die

---

[659] Vgl. Ziff. 8.1. Abs. 1 iVm 8.2 DIN ISO 19600.
[660] Zu den CMS-Grundmodellen vgl. Pkt. 8.

Prozesse festzulegen, die Prozesse gem. den Kriterien umgesetzt und dokumentiert sowie geprüft werden.[661]

Hinsichtlich der konkreten Steuerungsmaßnahmen wird zwecks Sicherung der Effektivität ausdrücklich empfohlen, dass diese regelmäßig aufrechterhalten, bewertet und überprüft werden.[662] Der in Ziff. 8.2 DIN ISO 19600 enthaltene Katalog an Beispielmaßnahmen liefert zwar eine Einstiegshilfe, bedarf jedoch für seine Zwecktauglichkeit weiterer Systematisierung. Zu betonen ist ferner, dass die dort empfohlenen Steuerungsmaßnahmen wiederum den PDCA-Zyklus verfolgen, nicht vollständig sind und dem Flexibilitätsgrundsatz folgen, sodass sie entsprechend angepasst oder gar nicht zur Anwendung kommen sollten, wenn sie dem konkreten betrieblichen CMS-Bedarf der Organisation nicht entsprechen. Schließlich sei erwähnt, dass dieselben Maßnahmen ebenfalls zu anderen CMS-Zwecken eingesetzt werden und daher zumeist bereits an anderen Stellen dieses Buches behandelt wurden. **363**

Die DIN ISO 19600 empfiehlt folgende Gruppen der Steuerungsmaßnahmen:[663] **364**

- **Planung:** Wie in jedem Prozess, wird auch hier entsprechende Planung der Steuerungsmaßnahmen empfohlen, wobei ausdrücklich auch die jährlichen Compliance-Pläne und Mitarbeiterleistungspläne erwähnt werden.
- **Tone from the top:** Als zweckdienlich wird ebenfalls eine nachgewiesene Verpflichtung des Managements und vorbildliches Verhalten sowie alle anderen Maßnahmen zur Förderung regelkonformen Verhaltens empfohlen.
- **Arbeitsanweisungen:** Empfohlen werden ferner klare, praktische und einfach nachzuverfolgende betriebliche Politiken, Verfahren, Prozesse und Arbeitsanweisungen.
- **Strukturelle und prozessuale Maßnahmen:** Es wird ferner eine Reihe von Steuerungsmaßnahmen betreffend Zulassungen und Trennung von nicht kompatiblen Rollen und Verantwortlichkeiten, also Vermeidung von Interessenkonflikten, empfohlen, ebenfalls wie die Einrichtung von automatisierten Prozessen.
- **Kommunikation:** Entscheidende Rolle und wichtigste Steuerungsmaßnahme kommt jedoch der geordneten Kommunikation zu.[664] Empfohlen wird eine aktive, offene und regelmäßige Kommunikation hinsichtlich des erwarteten Verhaltens von Mitgliedern der Organisation, worunter Normen, Werte und Verhaltensrichtlinien[665] fallen.
- **Prüfung und Berichterstattung:** Wie üblich wird der empfohlene Katalog an Steuerungsmaßnahmen mit Compliance-Beurteilungen und -Audits sowie entsprechender Berichterstattung abgeschlossen.

15.5.2. Integration in das bestehende Betriebsumfeld

Auch hinsichtlich der Steuerungsverfahren empfiehlt die Norm die Integration in das bestehende Betriebsumfeld. Diese Empfehlung verfolgt im Grunde zwei wesentliche Ansätze: Zum einen wird empfohlen, dass die Steuerungen in die üblichen Prozesse der Organisation eingebunden werden.[666] Zum anderen wird empfohlen, dass die bindenden Verpflichtungen in Verfahren, Formulare oder Berichtssysteme zu integrieren sind.[667] Der Integrationsansatz ist bereits an einer anderen Stelle ausführlich behandelt worden.[668] **365**

---

[661] Vgl. Ziff. 8.1 Abs. 1 DIN ISO 19600.
[662] Vgl. Ziff. 8.2 Abs. 3 DIN ISO 19600.
[663] Eigene Systematisierung orientiert am Katalog in Ziff. 8.2 DIN ISO 19600.
[664] Zur Compliance-Kommunikation vgl. ausf. Pkt. 15.2.
[665] Zum Sonderfall der Steuerung durch Verhaltenskodex siehe Pkt. 15.7.
[666] Vgl. Ziff. 8.2 Abs. 2 DIN ISO 19600.
[667] Vgl. Ziff. 8.2 Abs. 5 a DIN ISO 19600.
[668] Siehe Pkt. 7.6.2.

15.5.3. Externe Prozesse

366 Sinngemäß können sich Compliance-Risiken ebenfalls aus den externen Prozessen ergeben. Der Bereich der Steuerung bei externen Prozessen hat zum Ziel, das damit verbundene Compliance-Risiko zu erkennen und es entsprechend zu adressieren. Es kann sich dabei zum einen um Compliance-Risiken in Zusammenhang mit den ausgelagerten Prozessen der Organisation handeln, zum anderen aber um die Compliance-Risiken, die in Verbindung mit einer geschäftlichen Tätigkeit mit einem externen Geschäftspartner in Verbindung stehen.

367   Die Notwendigkeit der Erweiterung des Anwendungsbereichs des CMS auf solche Prozesse liegt auf der Hand. Die Konstellation wird noch deutlicher vor Augen geführt, wenn die einschlägigen Definitionen der Norm erwähnt werden. Danach handelt es sich dann um eine Ausgliederung, die zur Entstehung externer Prozesse führt, wenn eine externe Organisation, die außerhalb des Anwendungsbereichs des CMS liegt, einen Teil einer Funktion oder eines Prozesses einer anderen Organisation wahrnimmt oder durchführt.[669]

368 **15.5.3.1. Steuerung externer Prozesse.** Die Norm verfolgt den Ansatz, dass das Ausgliedern von Betriebsabläufen einer Organisation, dieselbe idR nicht von ihrer gesetzlichen Verantwortung oder ihren bindenden Verpflichtungen entbindet und solche Prozesse daher gesteuert und überwacht werden sollten.[670] Es liegt auf der Hand, dass solche Steuerungsmethoden nur erschwert implementiert werden können, haben ja Organisationen in dieser Konstellationen nur eingeschränkte Mittel und Möglichkeiten, solche Prozesse fremd zu bestimmen. Es ist daher durch entsprechende vertragliche Regelungen und Absicherungen mit dem Ziel vorzusorgen, dass selbst nach der Auslagerung dieselben Compliance-Standards im Hinblick auf die ausgelagerten Prozesse eingehalten werden können. Dies kann durch die Aufnahme von entsprechenden Vertragsklauseln erfolgen, die es vorsehen, dass der Anwendungsbereich der ursprünglichen CMS auf die ausgelagerten Prozesse erweitert wird.

369 **15.5.3.2. Überprüfung von Geschäftspartnern.** Einen ähnlichen Ansatz verfolgt die Norm ebenfalls in Bezug auf die Geschäftspartner und empfiehlt daher, dass durch Beziehungen zu Drittparteien die Compliance-Standards und -Verpflichtungen der Organisation nicht abgeschwächt werden dürfen.[671] Sonderregelungen diesbezüglich sieht ISO 37001 vor, auf die im weiteren Abschnitt eingegangen wird.[672] Eine wertvolle und praxisnahe Methodik über Geschäftspartner-Compliance ist in einer DICO-Leitlinie zu finden.[673]

15.6. Sondermaßnahmen gegen Korruption (ISO 37001)

370 Über die allgemeinen Maßnahmen, die im Rahmen eines CMS als Unterstützung des Systems durchgeführt werden können und oben erläutert wurden, stellt ISO 37001 eine Reihe von weiteren Anforderungen, die gegen das Korruptionsrisiko eingesetzt werden können (bzw. bei erwünschter Zertifizierung nach der Norm eingesetzt werden müssen). Auf diese Maßnahmen sei in diesem Unterabschnitt eingegangen.

371   Zu betonen ist dabei, dass sie nicht nur von Organisationen implementiert werden können, die sich auf die Zertifizierung nach ISO 37001 vorbereiten möchten. Auch alle anderen Organisationen können sich der nachfolgenden Liste an Maßnahmen gegen Kor-

---

[669] Vgl. Ziff. 3.28 DIN ISO 19600.
[670] Vgl. Ziff. 8.3 Abs. 1, 2 DIN ISO 19600.
[671] Vgl. Ziff. 8.3 Abs. 2 DIN ISO 19600.
[672] Siehe Pkt. 15.6.1.
[673] Vgl. DICO Leitlinie L01, abrufbar unter: www.dico-ev.de (letzter Abruf: 12. 2. 2018).

ruption als eine Checkbox-Liste bedienen, um zu prüfen, ob ergänzend zu den vorhandenen Maßnahmen auch weitere Bemühungen gegen Korruption sinnvoll sind. Jedenfalls ist dies für Unternehmen empfehlenswert, die künftig iRd nichtfinanziellen Berichterstattung auch die eigenen Bemühungen gegen Korruption offenlegen werden. Auch in dem Zusammenhang sollten schließlich die Grundsätze der Flexibilität und Verhältnismäßigkeit maßgeblich sein. Die nachfolgende Abbildung fasst die Maßnahmen zur Korruptionsprävention aus der ISO 37001 in sieben wesentliche Gruppen sinngemäß zusammen.

Ergänzende Maßnahmen gegen Korruption

Korruptions-relevante Prüfungen (Due Diligence)	Kontrollen	Antikorruptions-kontrollen durch Dritte	Bekenntnis der Geschäftspartner	Umgang mit Geschenken, Einladungen und anderen Vorteilen	Hinweisgeber-system	Ermittlungen

Abbildung 83: Übersicht von Maßnahmen nach ISO 37001

Aus der Übersicht wird relativ deutlich, dass der Schwerpunkt der in ISO 37001 geforderten und über die DIN ISO 19600 hinausgehenden Maßnahmen im Bereich der Geschäftspartner-Prüfung oder der abhängigen Organisationen liegt. Ansonsten zielt der Katalog auf die Erfassung von spezifischen Konstellationen ab, in denen ein erhöhtes Korruptionsrisiko vorhanden ist, wie etwa im Falle der Annahme von Geschenken, Einladungen oder sonstigen Vorteilen. Darüber hinaus werden Kontrollen und Überprüfungen von solchen Stellen in der Organisation angefordert, die von höherem als nur geringem Korruptionsrisiko betroffen sind.   372

Hinsichtlich aller Maßnahmen setzt der Standard, wiederum ähnlich wie DIN ISO 19600, voraus, dass sie Organisationen planen, implementieren, prüfen und kontrollieren,[674] wozu bestimmte Kriterien erstellt, Kontrollprozesse eingeführt und alle Schritte entsprechend zu dokumentieren sind.[675] Diese sollen insbes. auch bei Veränderungen eingreifen[676] und die ausgelagerten Prozesse mitumfassen.[677]   373

Auf einige der obigen Maßnahmen sei nun kurz eingegangen.   374

15.6.1. Due Diligence (korruptionsrelevante Prüfungen)[678]

Due Diligence wird in der Norm definiert. Danach handelt es sich um einen Prozess zur Beurteilung der Natur und des Ausmaßes des Korruptionsrisikos und Unterstützung der Organisation bei der Entscheidungsfindung in Bezug auf bestimmte Geschäfte, Projekte, Aktivitäten, Geschäftspartner und Organisationsmitglieder.[679] Es handelt sich somit um einen Prozess zur eingehenden Prüfung von bestimmten Sachverhalten und Personen. Anzumerken ist, dass der Standard an der Stelle nicht viel Neues einbringt. Wenn in einer Organisation bereits ein CMS eingeführt worden ist, im Rahmen dessen sämtliche Compliance-Risiken, darunter auch die Korruptionsrisiken ermittelt und bewertet wer-   375

---

[674] Vgl. Ziff. 8.1 Abs. 1 ISO 37001.
[675] Vgl. Ziff. 8.1 Abs. 1 a–c ISO 37001.
[676] Vgl. Ziff. 8.1 Abs. 3 ISO 37001.
[677] Vgl. Ziff. 8.1 Abs. 4 ISO 37001.
[678] Zur Geschäftspartner-Prüfung im Allgemeinen bei *Markfort* COMPLY 2/2017, 32 ff.
[679] Vgl. Ziff. 3.30 ISO 37001.

den, so werden damit in der Regel auch die hier kurz skizierten Anforderungen erfüllt, ggf. müsste der Anwendungsbereich des bereits bestehenden CRM entsprechend auf die hier erwähnten Personengruppen und Sachverhalte ausgeweitet werden.[680]

376   ISO 37001 fordert Due Diligence Prüfungen unter zwei wesentlichen Voraussetzungen: Zum einen muss es sich um ein höheres als nur geringes Korruptionsrisiko handeln. Zum anderen sollten von den Prüfungen bestimmte Kategorien der Geschäfte, Aktivitäten oder Projekte, geplante oder laufende Geschäftsbeziehungen mit bestimmten Kategorien der Geschäftspartner oder bestimmte Kategorien der Organisationsmitglieder an bestimmten Positionen erfasst werden.[681]

377   Ziel einer solchen Prüfung ist nach der Norm die Ermittlung von allen erforderlichen Informationen, um das betreffende Korruptionsrisiko korrekt einschätzen zu können, ferner ist die Prüfung auch regelmäßig zu wiederholen, um die Auswirkungen der Veränderungen auf die Risikolage zu berücksichtigen.[682]

378   Schließlich stellt die Norm fest, wodurch wiederum die Grundsätze der Flexibilität und der Verhältnismäßigkeit zum Ausdruck kommen, dass der Katalog der Personen und Sachverhalte, die von der Prüfung erfasst sind, nicht abschließend ist und dass Organisationen selbst beurteilen können, dass die Prüfung in bestimmten Situationen nicht erforderlich, sinnlos oder unverhältnismäßig ist.[683]

379   Hat die Prüfung ergeben, dass das festgestellte Korruptionsrisiko mit den iRd AMS vorhandenen Maßnahmen nicht angemessen verwaltet werden kann und die Organisation nicht in der Lage und/oder willig ist, weitere angemessene Maßnahmen zu ergreifen, sollte die Organisation die bestehenden Geschäfte, Projekte, Aktivitäten oder Beziehungen so schnell wie möglich und praktikabel beenden und Vorschläge zur Aufnahme von neuen Aktivitäten oder Beziehungen dieser Art ablehnen.[684]

Nützliche und zweckführende Empfehlungen zur Geschäftspartnerprüfung werden von Berufsverbänden zur Verfügung gestellt.[685]

15.6.2. Finanzielle und nichtfinanzielle Kontrollen

380 Nach dem Standard sollten Organisationen finanzielle Kontrollen zur Verwaltung des Korruptionsrisikos einführen.[686] Ferner sollten sog. nicht-finanzielle Kontrollen etwa in Bezug auf Einkaufs-, Vertriebs- oder Personalabteilung sowie rechtliche und gesetzgeberische Aktivitäten implementiert werden.[687] Wie die finanziellen und nichtfinanziellen Kontrollen umgesetzt werden können, wurde jeweils im Annex A zur ISO 37001 ausführlich erläutert.[688]

15.6.3. Antikorruptionskontrollen durch Dritte

381 Die ISO 37001 geht hinsichtlich der Pflichten der Organisation zur Korruptionsbekämpfung im Außenverhältnis sehr weit und fordert ua diverse Kontrollen Dritter.

382 **15.6.3.1. AMS in kontrollierten Organisationen.** ISO 37001 fordert, dass Organisationen solche Prozesse implementieren sollten, die von anderen durch diese kontrollierten Organisationen voraussetzen, dass diese entweder das AMS der Organisation oder ein ei-

---

[680] Zum CRM im Allgemeinen siehe Pkt. 8.1.2 und 10.4.
[681] Vgl. Ziff. 8.2 Abs. 1 a–c ISO 37001.
[682] Vgl. Ziff. 8.2 ISO 37001.
[683] Vgl. Ziff. 8.2 Anm. 1 und 2 ISO 37001.
[684] Vgl. Ziff. 8.8 ISO 37001.
[685] ZB Leitlinie L01-Geschäftspartner-Compliance, abrufbar unter www.dico-ev.de (letzter Abruf 20.7. 2017).
[686] Vgl. Ziff. 8.3 ISO 37001.
[687] Vgl. Ziff. 8.4 ISO 37001.
[688] Siehe ausf. in A.11 für finanzielle und A.12 für nicht finanzielle Kontrollen, Annex A ISO 37001.

genes AMS implementieren werden.[689] Diese weite Anwendung des eigenen AMS unterliegt zwei Beschränkungen: Erstens muss es sich um eine kontrollierte Organisation handeln, die dann vorliegt, wenn die Organisation direkt oder indirekt das Management der anderen Organisation kontrolliert.[690] Eine solche Kontrolle wird etwa bei Zweigniederlassungen oder anderen Beziehungen angenommen, wenn die Organisation etwa über Mehrheit der Stimmen im Vorstand oder als ein mehrheitlicher Aktionär der anderen Organisation fungiert.[691] Zweitens soll das AMS in der anderen Organisation nur soweit implementiert werden, als das angemessen und sinnvoll ist, gemessen an dem dort ermittelten und bewerteten Korruptionsrisiko.[692] Daraus ergibt sich, dass die Implementierung eines AMS in solchen Organisationen ebenfalls den allgemeinen CMS-Gestaltungsgrundsätzen unterliegt: Es soll risikoorientiert sein und durch Geltung der Grundsätze der Flexibilität und Verhältnismäßigkeit an den konkreten Bedarf dieser Organisation angepasst sein.

15.6.3.2. Geschäftspartner. Im Falle der Geschäftspartner der Organisation, die von der   383
Organisation nicht im obigen Sinne kontrolliert werden und unter der Voraussetzung, dass bei diesen Geschäftspartnern ein höheres als nur geringes Korruptionsrisiko festgestellt wurde, sollte die Organisation von solchen Geschäftspartnern verlangen, dass sie in Bezug auf betroffene Geschäfte, Beziehungen oder Aktivitäten entsprechende Antikorruptionskontrollen einrichten und in den Fällen, in denen das nicht möglich oder praktikabel ist, sollten Organisationen dies als einen Risikofaktor entsprechend adressieren.[693] Bei der Bewertung der erwähnten Praktikabilität wird im Annex A insbes. auf die wirtschaftlichen Verhältnisse abgestellt, sodass ein solches Verfahren etwa dann als nicht praktikabel zu bewerten ist, wenn die Organisation der anderen Organisation wirtschaftlich unterlegen und daher keinen Einfluss ausüben kann oder die andere Organisation keine Fachkompetenz zur Einführung eines AMS besitzt.[694]

15.6.4. Compliance-Bekenntnis der Geschäftspartner

Organisationen sollten ferner Prozesse implementieren, die es ihnen erlauben werden, das   384
Bekenntnis zur Bekämpfung der Korruption in Bezug auf betroffene Geschäfte, Beziehungen oder Aktivitäten von den Geschäftspartnern zu verlangen, bei denen ein mehr als nur geringes Korruptionsrisiko festgestellt wurde, andernfalls sollte ein fehlendes Bekenntnis als ein Faktor bei der Risikoanalyse und -bewertung berücksichtigt werden.[695]

15.6.5. Umgang mit Geschenken, Einladungen und anderen Vorteilen

Die Norm stellt ferner eine Anforderung an Organisationen, Prozesse zu implementieren,   385
die das Anbieten oder Annahmen von Geschenken, Einladungen und anderen Vorteilen verhindern sollten, wenn solche Aktivitäten in einer Bestechung resultieren würden.[696] Im Annex A zur ISO 37001 sind umfangreiche Erläuterungen zu diesem Korruptionsrisiko enthalten, auf die wegen höchster Relevanz ausgerechnet dieses Risikos kurz einzugehen ist.[697] Zu betonen ist, dass es sich hierbei nicht um Anforderungen des Standards, sondern um die Erläuterungen aus seinem Annex handelt, sodass die zu erwähnenden Verfahren wiederum entsprechend der nationalen Rechtslage und insbes. der einschlägigen Antikor-

---

[689] Vgl. Ziff. 8.5.1 ISO 37001.

[690] Vgl. Ziff. 8.5.1 ISO 37001 mit weiteren Ausführungen und Erläuterungen in A.13.1.3 Annex A ISO 37001.

[691] Vgl. A.13.1.3 Annex A ISO 37001.

[692] Vgl. Ziff. 8.5.1 ISO 37001.

[693] Vgl. Ziff. 8.5.2 ISO 37001, weitere Details und Erläuterungen hierzu in A.13.3 Annex A ISO 37001.

[694] Vgl. A.13.3 Annex A ISO 37001.

[695] Vgl. Ziff. 8.6 ISO 37001 mit weiteren Erläuterungen und Beispielen in A.14 Annex A ISO 37001.

[696] Vgl. Ziff. 8.7. ISO 37001.

[697] Die Erläuterungen richten sich nach A.15 Annex A ISO 37001.

ruptionsgesetze und wiederum gemessen am konkreten Bedarf flexibel und angemessen eingeführt werden sollten.

386   Als Vorteile, die eine Bestechung begründen können erwähnt der Annex A einige Beispiele wie etwa Geschenke, Einladungen, Reisen, Sponsoring, gesellschaftliche Vorteile, Schulungen, Klubmitgliedschaften, persönliche Besorgungen oder Übermittlung von vertraulichen Informationen.[698]

Abbildung 84: Mögliche Verfahren zum Umgang mit Geschenken und Einladungen[699]

387   Unabhängig davon, welche der Verfahren eingeführt werden, sollten diese jedenfalls dem Grundsatz der Transparenz entsprechen und entsprechend dokumentiert werden.[700] So kann etwa ein Register eingeführt werden, in dem alle empfangenen Vorteile eingetragen werden.[701]

388   Unter den zwei Möglichkeiten, die ISO 37001 vorsieht, handelt es sich jeweils um Kontrollmaßnahmen. Ihre strengste Form besteht sicherlich in dem totalen Verbot der Annahme von jeglichen Vorteilen.[702] Eine mittlere Lösung, die jedoch ebenfalls die Transparenz und Kontrolle zugleich umsetzt, ist die Notwendigkeit der Einholung von vorheriger Zustimmung zur Annahme eines Vorteiles.[703] Schließlich kann eine allgemeine Zustimmung festgelegt werden, die jedoch von verschiedenen Faktoren bedingt werden sollte, wie etwa dem Höchstwert des Vorteils, der Häufigkeit, des Zeitpunkts der Annahme, etc.[704]

389   Weitere Verfahren werden in Bezug auf politische oder sonstige Spenden und auf Vertretungen und Dienstreisen erläutert. Diesbezüglich sei hinsichtlich der Einzelheiten auf die Ausführungen in Ziff. A.5.14 und A.5.15 Annex A zur ISO 37001 hingewiesen.

15.6.6. Hinweisgebersysteme und Ermittlungen

390 Als korruptionsspezifische Maßnahmen werden schließlich Hinweisgebersysteme[705] und interne Ermittlungen[706] erwähnt. Hierzu seien zwei Anmerkungen gemacht: Zum einen handelt es sich dabei um Maßnahmen, die im Rahmen eines CMS oder auch AMS in

---

[698] Vgl. Ziff. A.15.2 Annex A ISO 37001.
[699] Die Übersicht wurde von A.15.3 Annex A ISO 37001 abgeleitet.
[700] Ausf. zur Dokumentation siehe Pkt. 15.8.
[701] Vgl. Ziff. A.15.3 c Annex A ISO 37001.
[702] Vgl. Ziff. A.15.3 a 1 Annex A ISO 37001.
[703] Vgl. Ziff. A.15.3 b Annex A ISO 37001.
[704] Vgl. Ziff. A.15.3 a 2 i–vii Annex A ISO 37001.
[705] Vgl. Ziff. 8.9 ISO 37001, ausf. dazu zu Pkt. 15.2.5 und 15.9.3.
[706] Vgl. Ziff. 8.10 ISO 37001, auf. dazu Pkt. 17.2.2.

einen anderen Zusammenhang gehören. So gilt ein Hinweisgebersystem als eine Kommunikationsmaßnahme und wurde daher auch in dem Zusammenhang ausführlich besprochen, wobei auch die konkreten Anforderungen der ISO 37001 berücksichtigt wurden.[707] Ermittlungen dagegen gehören zum Bereich der CMS-Verbesserung und werden an der dortigen Stelle erläutert.[708] Zweitens, sei angemerkt, dass die besonderen Anforderungen an Hinweisgebersysteme und Ermittlungen mit denjenigen recht vergleichbar sind, die im Rahmen eines allgemeinen CMS bereits erörtert wurden oder noch erörtert werden.

15.6.7. Mittelstand

Auf den ersten Blick dürften die vielfältigen Anforderungen auf einen Mittelständler abschreckend wirken. Doch ist hierzu anzumerken, dass insbes. die Maßnahmen, die der Mittelständler in Bezug auf die Geschäftspartner nach dem Standard zu ergreifen hat, deswegen nicht ergriffen werden müssten, weil dies idR wegen der wirtschaftlichen Unterlegenheit der mittelständischen Unternehmens gegenüber einem größeren Unternehmen nicht praktikabel sein wird, oder, was vermutlich die meisten Fälle prägen wird, bei den großen Unternehmen bereits entsprechende Verfahren und Standards zur Korruptionsbekämpfung vorhanden sein werden. Ein Mittelständler sollte daher die übrigen Anforderungen des Standards beachten und sämtliche Schritte und Bemühungen entsprechend zu dokumentieren. **391**

15.7. Verhaltenskodex (VK)[709]

15.7.1. Bedeutung des Verhaltenskodexes im Rahmen eines CMS

Wie bereits erwähnt steht der Mensch im Mittelpunkt des CMS.[710] Dementsprechend gehören insbes. kommunikative und steuernde Maßnahmen zu den wesentlichen CMS-Elementen. Zu diesen Zwecken entwickeln Organisationen Dokumente mit internen Regularien, die oft hierarchisch, dh mit General- und Spezialnormen, aufgebaut sind.[711] An der Spitze solcher internen Compliance-Regularien steht ein Verhaltenskodex (VK) als Bekenntnis des Unternehmens zu bestimmten Werten und Hervorhebung der für das Unternehmen geltenden Rechtsvorschriften.[712] Ein Verhaltenskodex ist somit zentraler Bestandteil und das Herzstück der Compliance-Organisation und dient der Prävention von Non-Compliance durch Verhaltensstandarisierung.[713] **392**

15.7.2. Empfehlungen der DIN ISO 19600 und Abgrenzung

Ein Verhaltenskodex wird als ein Dokument verstanden, das zentrale Pflichten und Werte eines Unternehmens (einer Organisation) auf der Basis einer freiwilligen Selbstverpflichtung skizziert und definiert.[714] Die DIN ISO 19600 definiert einen Kodex als Bezeichnung von Praktiken, die intern oder von einer internationalen, nationalen oder Branchen-Organisation entwickelt wurden.[715] Insbes. in der Praxis tritt der Verhaltenskodex unter vielen weiteren Bezeichnungen in Erscheinung, zB: Code of Conduct, Verhaltensrichtlinie, Grundwerte-Erklärung, uvm. **393**

---

[707] Siehe Pkt. 15.2.5.
[708] Siehe Pkt. 17.2.2.
[709] Grundlegend bei *Makowicz* Compliance/*Schulz* 2–30.
[710] Grundlegend dazu siehe Pkt. 1.1.
[711] Hauschka Corporate Compliance/*Pauthner/Stephan* § 16 Rn. 176; *Böhm* S. 46.
[712] *Moosmayer* Compliance, S. 45 f.; Sartor/Freiler-Waldburger/*Iglhauser/Schönauer* S. 55.
[713] *Böhm* S. 56.
[714] *Grützner/Jakob* Compliance A–Z Code of Conduct (CoC); *Böhm* S. 45.
[715] Vgl. Ziff. 3.20 DIN ISO 19600.

394 Es kann zwischen zwei Arten der Aussagen in einem Verhaltenskodex unterschieden werden, welche seine Bezeichnung beeinflussen:[716] Zum einen kann ein VK klar formulierte Aussagen zum gesetzestreuen Verhalten von Organisationsleitung und Mitarbeitern enthalten, die sich auf konkreten für die Organisation anwendbaren Rechtsvorschriften stützen. Insofern wird den Organisationsangehörigen signalisiert, welches Verhalten in spezifischen Situationen von ihnen erwartet wird.[717] Zum anderen beinhalten Verhaltenskodizes auch Erklärungen zur Organisationsphilosophie sowie Aufforderungen zu ethischem und verantwortungsvollem Verhalten. Es gibt zwar Verhaltenskodizes, in denen lediglich allgemeine ethische Erklärungen zum Ausdruck kommen („Code of Ethics"), idR enthalten sie aber sowohl abstrakte ethische Bekenntnisse als auch konkrete rechtliche Verhaltensvorgaben.[718]

395 Ein Verhaltenskodex sollte schließlich von anderen Compliance-Regelwerken unterschieden werden. Zum einen ergibt sich ein wesentlicher Unterschied zu der Compliance-Politik, in der Grundlagen der Compliance, der Anwendungsbereich und weitere grundlegende Aspekte des CMS festgehalten werden.[719] Zum anderen besteht ein Unterschied zu den Compliance-Richtlinien oder Compliance-Handbüchern, in denen konkrete Compliance-Anweisungen bezogen auf Spezialaspekte oder konkrete Compliance-Risiken detailliert beschrieben werden. Sinngemäß sollte ein Verhaltenskodex in die Compliance-Politik integriert werden und auf die Richtlinien oder Handbücher entsprechend verweisen. Daraus kann sich ein Gesamtwerk von internen Compliance-Regeln ergeben.

15.7.3. Funktionen

396 Ein Verhaltenskodex erfüllt diverse Funktionen für das CMS. Zum einen kann er zur Übersichtlichkeit, Systematisierung und Erklärung der bindenden Verpflichtungen beitragen. Er fasst die sich aus den Risiken ergebenden wesentlichen Handlungsformen zusammen und übermittelt diese als eine klare Erwartungshaltung an die Mitglieder der Organisation. Nach DIN ISO 19600 ist ein Verhaltenskodex ferner im Rahmen eines CMS als ein Steuerungs- und Prozesselement anzusehen. Solch eine Steuerung hat zum Ziel, die bindenden Verpflichtungen und die damit verbundenen Compliance-Risiken so zu handhaben, dass das erwünschte Verhalten erreicht wird.[720] Durch eine entsprechende interne Umsetzung sollte der VK für die Mitglieder der Organisation verbindlich gemacht werden, wodurch das erwünschte Verhalten, unter Androhung von Sanktionen, erzielt werden kann. Schließlich spielt ein VK eine wesentliche Rolle bei der Compliance-Kommunikation und der Förderung einer nachhaltigen Compliance-Kultur. Durch die klare Kommunikation der bindenden Verpflichtungen, der bestehenden Risikolagen und der erwünschten Verhaltensweisen sowie durch eine werteorientierte Ausrichtung des Kodexes selbst, wird nicht nur Compliance-Kommunikation und Sensibilisierung betrieben, sondern zugleich die nachhaltige Compliance-Kultur gefördert.

15.7.4. Konzipierung

397 Gem. den Grundsätzen der Flexibilität und unter Beachtung von Art, Größe und Struktur der Organisation und Verhältnismäßigkeit hinsichtlich der Gestaltung von CMS[721] und damit auch eines Verhaltenskodexes, sollten die Inhalte eines solchen an den konkreten Bedarf der jeweiligen Organisation angepasst werden.

---

[716] KMPG/*Beyer/Lakner/Stauder* S. 66; *Wagner* S. 65.
[717] *Groß* S. 77.
[718] *Köstner* S. 42.
[719] Ausf. dazu siehe Pkt. 12.
[720] Vgl. Ziff. 8.2 Abs. 1 DIN ISO 19600.
[721] Vgl. Ziff. 1 DIN ISO 19600.

15.7.4.1. Risikoorientierung. Ausgangspunkt sollte das Ergebnis einer Analyse der 398
Compliance-Risiken in der Organisation darstellen.[722] Ein VK sollte eine Zusammenfas-
sung von solchen Verhaltensregeln darstellen, die auf die Einhaltung der ermittelten Verpflichtungen in der Organisation und damit auf die Reduktion/den Ausschluss von damit
verbundenen Compliance-Risiken abzielen. In Verhaltenskodizes findet man sowohl allgemein angelegte und abstrakte Regelungen zum Umgang der Mitglieder der Organisation untereinander sowie im Verhältnis zu Dritten (Kunden, Lieferanten, Presse etc.), als
auch konkrete Anforderungen, die ggf. um Beispiele ergänzt werden.[723]

15.7.4.2. Detailliertheit. Es werden diverse Meinungen hinsichtlich des Umfangs und 399
des Detailgrads des VK vertreten. Laut einer Meinung soll ein Verhaltenskodex sämtliche
gesetzlich vorgeschriebene, aufsichtsrechtliche und freiwillige Maßnahmen beschreiben
und sicherstellen, dass die Tätigkeit der Organisation und ihrer Beschäftigten in rechts-
konformer Weise und unter Berücksichtigung ethischer Grundsätze erfolgt.[724] Andererseits
wird dagegen vertreten, dass er keinesfalls dazu geeignet ist, das gesamte Regelwerk einer
Organisation zu beschreiben: Im Gegenteil sollte er als Grundsatzerklärung gesehen werden.[725] Die erste Meinung stützt sich auf die Überlegung, dass der VK ein komplexes
Werk sein sollte, auf das die Beschäftigten in allen Situationen zurückgreifen können.[726]
Die beiden Meinungen können sinngemäß als Verhaltenskodex im weiteren Sinne und
ein Verhaltenskodex im engeren Sinne bezeichnet werden. Die Konzipierung eines VK
im weiteren Sinne könnte zur enormen Ausdehnung des Umfanges und zur Unübersicht-
lichkeit des Werkes und damit zur mangelnden Akzeptanz führen. Folgewürdig ist daher
die zweit erwähnte Meinung: Der Verhaltenskodex soll als ein Führungs- und ein Kom-
munikationsinstrument angesehen werden, in dem auf einer relativ hohen Abstraktions-
ebene, die für die Organisation geltenden Verhaltensstandards und die Organisationskultur
in allgemein verständlicher Sprache formuliert werden.[727]

15.7.4.3. Typische Inhalte. In den Verhaltenskodizes sind diverse Regelungen enthalten, 400
doch lassen sich die wesentlichen Bestimmungen in einige Fallgruppen systematisieren,
die typischerweise aufgenommen werden. Einen Überblick liefert die nachfolgende Abbildung:

Verhaltens-kodex	Geschäftliches Umfeld
	Verhalten untereinander
	Verhalten gegenüber der Organisation
	Verhalten nach außen
	Umsetzung und Sanktionen

Abbildung 85: Kerninhalte eines Verhaltenskodexes

Die Abbildung legt nahe, dass in einem Verhaltenskodex Verhaltensweisen in diversen 401
Konstellationen geregelt werden. Zunächst kann ein VK mit einer Einführung oder Präambel beginnen, in der die wesentlichen Grundsätze, Werte und Ziele des Kodexes erläutert werden. In dem hauptsächlichen Teil können Verhalten im geschäftlichen Umfeld geregelt werden. Es erfolgt die Hervorhebung der Notwendigkeit des regelkonformen

---

[722] *Moosmayer* Compliance S. 46; *Groß* S. 78, ausf. dazu Pkt. 10.4.
[723] Franke/*Wagner* S. 65.
[724] Görling/Inderst/Bannenberg/*Inderst* S. 105 f.
[725] Sartor/Freiler-Waldburger/*Iglhauser/Schönauer* S. 55; Wieland/Steinmeyer/Grüninger/*Grüninger* S. 62 Rn. 26.
[726] Görling/Inderst/Bannenberg/*Inderst* S. 105 f.
[727] Wieland/Steinmeyer/Grüninger/*Grüninger* S. 62 Rn. 26.

Verhaltens und Verweis auf negative Konsequenzen von Regelverstößen. Typischerweise werden solche Aspekte behandelt wie:
– Vermeidung von Interessenkonflikten,
– Korruptionsprävention,
– Freier Wettbewerb,
– Geldwäscheprävention, usw.

Die zweite Gruppe betrifft das Verhalten untereinander, das nach den Grundsätzen:
– der gegenwärtigen Wertschätzung,
– fairen Umganges,
– Beachtung von Arbeits- und Gesundheitsschutzvorschriften des Datenschutzes und weiterer Aspekte erfolgen sollte.

Beim Verhalten gegenüber der Organisation geht es um die Fürsorge- und Loyalitätspflichten beim Umgang mit dem Organisationsvermögen oder Geheimnissen oder die Vertraulichkeit. Nach Außen werden idR Verhaltensweisen in Bezug auf Geschäftspartner geregelt, aber auch solche Aspekte wie Umweltschutz oder Richtlinien zur Interessenvertretung. Schließlich kann in einem Verhaltenskodex die Rolle der einzelnen Mitglieder für Compliance und CMS betont sowie Hinweise zur Umsetzung des Kodexes oder aber zur Sanktionierung und Nulltoleranzstrategie aufgenommen werden.

15.7.5. Grundsätze der Gestaltung und Umsetzung

402 Bei der Umsetzung geht es um die konkrete Implementierung des Verhaltenskodex, also im Wesentlichen um drei Schritte, die der erwähnten Kodifizierung folgen:[728]

Abbildung 86: Umsetzung des Verhaltenskodexes

403 Der Kodex muss zunächst entworfen, also kodifiziert werden. Auch hier ist die Einbeziehung der Organisationsmitglieder geboten.[729] Es soll ein Beschluss der Führung zur Einführung des Kodexes erfolgen. IRd Konzipierung sollte primär das Ergebnis der Risikoanalyse beachtet werden, es kann ein Projektverantwortlicher und ein Fachteam für die

---

[728] Vgl. Wieland/Steinmeyer/Grüninger/*Geiß* S. 587 f.
[729] Zum Ansatz der Einbeziehung vgl. grundlegend Pkt. 7.6.3.

Ausarbeitung ernannt werden, ggf. sollten die Inhalte mit dem Betriebsrat oder mit anderen Gremien besprochen werden, wenn die einzelnen Aspekte des VK der Mitbestimmung unterliegen. Im zweiten Schritt wird der Kodex formal implementiert, was unter anderem durch die formale Genehmigung durch die Führung aber auch dadurch erfolgen muss, dass die Regelungen des Kodexes für die Mitglieder der Organisation verbindlich gemacht werden. Dies hat zur Folge, dass Bestimmungen des Kodexes zu bindenden Verpflichtungen werden und ein Verstoß dagegen wie ein Fall der Non-Compliance behandelt werden kann. Im dritten Schritt sollen umfangreiche Kommunikationsmaßnahmen bzgl. des Kodexes stattfinden, was über Schulungen, Flyer, Gespräche und sonstige Maßnahmen erfolgen kann.[730] Schließlich soll der Kodex stets evaluiert und ggf. verbessert werden, was wiederum in die Phase der Konzipierung hineinfließt und damit auch hier den PDCA-Zyklus erkennen lässt.[731]

15.7.6. Mittelstand

Die Tragweite eines Verhaltenskodexes im Mittelstand ist dieselbe wie bei allen anderen **404** Organisationen. Mangels Ressourcen begehen Mittelständler in der Praxis jedoch oft den Fehler, sich an bereits vorhandenen Verhaltenskodizes der Wettbewerber zu orientieren. Dies kann dazu führen, dass die für andere Organisationen erstellten und sich an einer anderen Risikolage orientierenden Kodizes gar zu rechtswidrigen Verhalten veranlassen würden. Von dieser Praxis ist daher dringend abzuraten. Bei Beachtung von einigen einfachen Regeln und methodischen Schritten, die hier erläutert wurden, kann auch in jedem kleinen oder mittelgroßen Unternehmen ein individueller Verhaltenskodex erstellt und implementiert werden, mit dem die vielen erwähnten positiven Folgen auch erreicht werden können.

15.8. Compliance-Dokumentation

Was nicht dokumentiert ist, hat es nicht gegeben. Zwar geht eine solche Feststellung si- **405** cherlich zu weit, denn Tatsache können auch durch andere Mittel zu Beweiszwecken gesichert werden (etwa Aussagen, Ton- und Bildaufnahmen). Andererseits hat aber eine geordnete Dokumentation des CMS entscheidende Bedeutung und zwar in vielfacher Hinsicht.[732] Bevor jedoch auf die Methoden der Compliance-Dokumentation eingegangen wird, sei die allgemeine Bedeutung der Informationen als Gegenstand der Dokumentation sowie der Dokumentation an sich erläutert.

15.8.1. Informationen als Ausgangsbasis

Informationen spielen im Rahmen eines CMS eine besondere Rolle.[733] Nicht nur stellen **406** sie die Grundlagen für die ersten Schritte bei einem CMS dar, so sollte ja die bestehende Risikolage sowie Informationen in Bezug auf die bindenden Verpflichtungen und Compliance-Risiken der Organisation ermittelt werden.[734] Auch in allen weiteren Phasen des CMS, das in wesentlichen Teilen ein Kommunikationssystem darstellt, dessen Bestandteile Informationen ausmachen, spielen diese eine entscheidende Rolle.

So wichtig die Informationen für ein CMS sind, so grundlegend ist auch die Bedeu- **407** tung eines korrekten Dokumentationssystems, im Rahmen dessen die compliance-relevanten Informationen dokumentiert werden. Die Normen enthalten konkrete Empfehlungen/Anforderungen dazu, welche Informationen, wann und wie dokumentiert werden sollten. Auch diesbezüglich gilt es aber naturgemäß, die Grundsätze der Flexibilität und

---

[730] Zu Maßnahmen der Kommunikation vgl. Pkt. 15.2.
[731] PDCA-Zyklus im Allgemeinen siehe Pkt. 8.1.3 und im Einzelnen Pkt. 17.3.
[732] Grundlegen hierzu bei *Makowicz* Compliance/*Meckenstock* 2–80.
[733] Ausf. zu Information als Gegenstand der Kommunikation siehe Pkt. 15.2.2.
[734] Siehe Pkt. 10.3 und 10.4.

der Verhältnismäßigkeit zu beachten. Wird dies getan und werden einige einfache Regeln berücksichtigt, so kann die in der Praxis viel beklagten Last der Compliance, die oft mit zu umfangreichen Dokumentationsanforderungen zusammenhängt, deutlich reduziert werden.

15.8.2. Bedeutung und Begriffe

408 Von grundlegender Bedeutung ist zunächst die Festlegung, was überhaupt dokumentiert werden muss, wie nach dem Verständnis der ISO-Normen eine Dokumentation von den dokumentierten Informationen zu unterscheiden ist und welche Rolle die hier behandelte Maßnahme für das CMS spielt.

409 **15.8.2.1. Grundbegriffe.** Zunächst sei die etwas irreführende Begrifflichkeit der einschlägigen ISO-Sprache erläutert. Im Abschnitt 7.5. beinhaltet DIN ISO 19600 Empfehlungen hinsichtlich der „dokumentierten Informationen", während an anderen Stellen in der Norm der Begriff der „Dokumentation" vorkommt. Den Oberbegriff bildet hier die „dokumentierte Information", die als die Information, die von einer Organisation gelenkt und aufrechterhalten werden muss, sowie das Medium, auf dem sie enthalten ist, definiert wird.[735] Die dokumentieren Informationen können unterschiedlichen Bezug haben. Hierzu erwähnt die Norm drei Beispiele, wobei es sich auch hier um einen offenen Katalog handelt, sodass andere Informationen ebenfalls als Bezug genommen werden können:

Abbildung 87: Hauptgegenstände der dokumentierten Informationen[736]

410 Aus der systematischen Zusammenstellung der möglichen Gegenstände der dokumentierten Informationen wird auch ersichtlich, dass „Dokumentation" einen Unterfall der „dokumentierten Informationen" darstellt. Als Dokumentation werden Informationen definiert, die für den Betrieb der Organisation geschaffen wurden.[737] Die Abbildung ergibt ferner, dass bei den dokumentierten Informationen darüber hinaus das CMS als solches

---

[735] Vgl. Ziff. 3.24 DIN ISO 19600.
[736] Abbildung abgeleitet von Ziff. 3.24 Anm. 2 DIN ISO 19600.
[737] Vgl. Ziff. 3.24 Anm. 2 DIN ISO 19600.

und Nachweise erreichter Ergebnisse, also Aufzeichnungen zu berücksichtigen sind. Die drei Elemente können wie folgt definiert werden:

- Das CMS als solches
- Informationen, die für den Betrieb der Organisation geschaffen wurden (Dokumentation)
- Nachweise erreichter Ergebnisse (Aufzeichnungen)

Leider hat sich ebenfalls an der Stelle die vorrangig von der ISO für alle Managementnormen vorgegebene High Level Structure negativ auf den Leitfaden ausgewirkt, so wird in demselben eine kurze und prägnante Definition von „Compliance-Dokumentation" vermisst. Unter Beachtung der Systematik der Norm und der erwähnten Definitionen lässt sich aber die „Compliance-Dokumentation" als Informationen definieren, die Compliance-relevante Sachverhalte betreffen und auf einem verlässlichen Medium und in entsprechender Form gespeichert werden. **411**

15.8.2.2. Funktionen. Compliance-Dokumentation verfolgt diverse Zwecke und steht **412** im komplementären Verhältnis zu den übrigen Compliance-Maßnahmen. Ohne entsprechende Dokumentation wird es in einem Ernstfalle viel schwieriger nachzuweisen sein, dass bestimmte Maßnahmen überhaupt durchgeführt worden sind.

Um die Bedeutung zu verdeutlichen, seien nur einige Funktionen und Aufgaben einer **413** geordneten Dokumentation anhand der nachfolgenden Abbildung erörtert:

Abbildung 88: Funktion der Compliance-Dokumentation

Mit Sicherheit wird die Compliance-Dokumentation auch noch viele weitere Ziele **414** und Funktionen erfüllen, zu den wesentlichen gehört aber gem. der obigen Übersicht zunächst die Beweisfunktion. Die Dokumentation liefert eine verlässliche Quelle von gerichtsfesten Beweisen etwa im Falle eines Haftungsprozesses, um die Einhaltung von Sorgfaltspflichten und die Implementierung von angemessenen Maßnahmen zu beweisen. Im erheblichen Maße kommt die Beweisfunktion der Compliance-Dokumentation etwa im Bereich der internen Ermittlungen zum Tragen. So sollten sämtliche Untersuchungsschritte und Ermittlungsergebnisse sorgfältig dokumentiert werden, was mit Sicherheit die ggf. erforderliche Zusammenarbeit mit den Ermittlungsbehörden erleichtern kann. Der Staatsanwalt wird unter Umständen keine weiteren Ermittlungen durchführen müssen und die gesammelte Dokumentation übernehmen.

Compliance-Dokumentation spielt jedoch auch eine grundlegende Rolle für die Ver- **415** besserung des CMS. Werden etwa die einzelnen Compliance-Maßnahmen dokumentiert, so kann ihre spätere genaue Analyse Schwachstellen entdecken lassen und dabei verhelfen, geeignete Optimierungsmaßnahmen vorzunehmen. Die Dokumentation kann aber auch als Teil der Compliance-Risikoanalyse begriffen werden. So können die dokumentierten Informationen regelmäßig analysiert werden, um auf diese Art und Weise die möglichen bindenden Verpflichtungen zu ermitteln, deren Verletzung zu Non-Compliance führen könnte. Dies wird umso deutlicher, als beachtet wird, dass die DIN ISO 19600 selbst festlegt, dass sich einzuhaltende Compliance-Anforderungen auch den dokumentierten Informationen entnehmen lassen können.[738]

Mit der Compliance-Dokumentation werden ferner eine strukturelle Vorgehensweise **416** und Compliance-Kultur gefördert. Alleine die Existenz der Compliance-Dokumentation stärkt und sensibilisiert das Bewusstsein und fördert damit nachhaltig die Compliance-

---

[738] Vgl. Ziff. 3.13 Anm. 2 DIN ISO 19600.

Kultur in der Organisation. Eine gut systematisierte Dokumentation kann zu Kontrollzwecken verwendet werden, sie sorgt aber auch für mehr Transparenz und Vertrauen in das CMS selbst.

417   Schließlich kann die Compliance-Dokumentation auch zur Abschreckung führen und damit eine repressive Funktion erfüllen. So können bereits erfolgte und dokumentierte Fälle von Non-Compliance im Training als Fallstudien verwendet werden, um auf die Konsequenzen von Compliance-Verstößen an konkreten Beispielen aus der Organisation hinzuweisen.

418   Damit die Compliance-Dokumentation die von ihr erwarteten Funktionen erweisen kann, ist es wichtig, den Gegenstand und den Umfang der Dokumentation korrekt festzulegen. Wichtig ist ferner, dass die Führung der Compliance-Funktion den Zugang zu allen dokumentierten Informationen gewährt.[739]

15.8.3. Umfang und Gegenstand der Dokumentation

419   Ein oft praktisches Problem, mit dem Organisationen im Compliance-Alltag zu tun haben, ist die Frage nach dem Gegenstand und Umfang der korrekten Compliance-Dokumentation. Während in der DIN ISO 19600 auf die erstgenannte Frage einige konkrete Empfehlungen zu finden sind, lässt sich ihr die zweite Antwort nur indirekt entnehmen.

420   **15.8.3.1. Zu dokumentierende Informationen.** Der Gegenstand der zu dokumentierenden Informationen sollte sich primär an dem richten, was der nationale Rechtsrahmen als Pflichtgegenstände festlegt. Darüber hinaus, getreu dem Grundsatz der Verhältnismäßigkeit, sollte die Organisation selbst bestimmen, welche Gegenstände von der Compliance-Dokumentation erfasst werden. Dies entspricht auch den Empfehlungen der Norm selbst, die nahe legt, dass iRd CMS solche Informationen dokumentiert werden sollten, die einerseits von dieser Norm zur Dokumentation empfohlen werden und andererseits (an der Stelle kommt der Flexibilitätsgrundsatz der Norm zum Tragen) solche, deren Dokumentation die Organisation als notwendig für die Wirksamkeit des CMS bestimmt hat.[740]

421   Generell wird empfohlen, dass sich eine Organisation bei der Festlegung der zu dokumentierenden Informationen von einigen Kriterien leiten lassen kann, zu denen ua gehören können:[741]
- Größe, Art, und Komplexität der Organisation und ihrer Prozesse sowie deren Wechselwirkungen,
- Kompetenz der Beschäftigten,
- Reifegrad des CMS.

422   Für den Anwender stellt sich somit die Frage, welche Informationen zur Dokumentierung von der Norm empfohlen werden. Die einschlägigen Empfehlungen sind zum einen in der gesamten Norm bei den jeweiligen inhaltlichen Empfehlungen zu finden, zum anderen aber in dem Beispielkatalog nach Ziff. 7.5.1 in der Norm in einem offenen Katalog aufgelistet. Die nachfolgende Zusammenstellung systematisiert die einzelnen Empfehlungen in den hier vertretenen und der Norm auch indirekt zugrundeliegenden Struktur von vier wesentlichen Prozessschritten, wobei anzumerken ist, dass getreu der Normempfehlung der Katalog nur als Beispiel dient, dh sowohl eine engere Auslegung, als auch seine Erweiterung je nach Organisation denkbar ist. Die nachfolgende Tabelle enthält einen Überblick über die Empfehlungen hinsichtlich der zu dokumentierenden Informationen:

---

[739] Vgl. Ziff. 5.3.3 d 3 3. Fall DIN ISO 19600.
[740] Vgl. Ziff. 7.5.1 Abs. 1 und b DIN ISO 19600.
[741] Vgl. Ziff. 7.5.1 DIN ISO 19600.

CMS-Phase	Empfohlener Gegenstand der Dokumentierung	Ziff. in DIN ISO 19600	423
Einrichtung	Anwendungsbereich des CMS	4.3 Abs. 3	
	Jährliche Compliance-Pläne	7.5.1	
	Von der Organisation einzuhaltende bindende Verpflichtungen (unter besonderer Berücksichtigung der Größe, Komplexität und Struktur der Organisation), Compliance-Politik	4.5.1 Abs. 2 5.2.1 Abs. 3 1. Fall iVm 7.5.1	
	Risiken und die Priorisierung von deren Behandlung basierend auf Prozessen zur Compliance-Risiko-Beurteilung sowie geplante Maßnahmen zu deren Adressierung	6.1. Abs. 3 iVm 7.5.1	
Implementierung	Ziele sowie geplante Maßnahmen zu deren Erreichung	6.2 Abs. 4 iVm 7.5.1	
	Die durchgeführten Maßnahmen zur Kompetenzsteigerung, zB Personalunterlagen, einschl. Schulungsaufzeichnungen	7.2.1 d) iVm 7.5.1	
	Zuweisung von Rollen und Verantwortlichkeiten	7.5.1	
	Operationelle Verfahren	8.2 Abs. 4	
Prüfung	Ergebnisse von Leistungsüberwachung	9.1.1 Abs. 2	
	Umsetzung des Auditprogramms und die Ergebnisse der Audits	9.2 Abs. 3 5. Fall iVm 3.31	
	Prozesse der Managementbewertung	9.3. aE	
Verbesserung	Verbesserungsmaßnahmen: Art der Nichtkonformität und/oder Non-Compliance, jede daraufhin getroffene Maßnahme und ihre Ergebnisse; Liste mit Non-Compliance und Beinaheunfällen	10.1.1 Abs. 3 iVm 7.5.1	

Tabelle: Empfehlungen hins. der Compliance-Dokumentation.

Die Systematisierung der in der Norm enthaltenen Empfehlungen hinsichtlich der In- **424** formationen, die dokumentiert werden könnten, liefert einige wertvolle Erkenntnisse. Zum einen ergibt sich hieraus, dass ein CMS als ein Managementsystem möglichst umfassend und komplex dokumentiert werden sollte. Zweitens ergibt die Zusammenstellung, dass aber nicht alle einzelnen Schritte zu dokumentieren sind. Diese Vorgehensweise lässt auf eine Priorisierung und Abwägung schließen, die zu der folgenden Frage nach dem Umfang der Compliance-Dokumentierung führt.

15.8.3.2. Umfang der Dokumentation. Der Umfang der Dokumentation lässt sich, **425** ähnlich wie in Bezug auf viele andere Compliance-Maßnahmen, nicht für alle Organisationstypen einheitlich bestimmen. Generell soll der Grundsatz gelten, so viel wie nötig und so sparsam wie möglich zu dokumentieren. Bei der Festlegung des Dokumentationsumfangs sollten jedoch einige Aspekte berücksichtigt werden, die die nachfolgende Abbildung verdeutlicht:

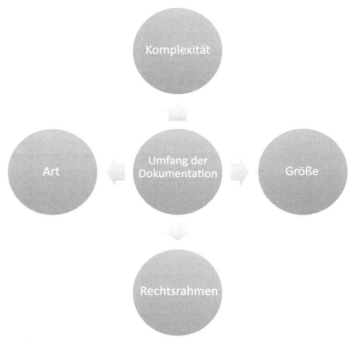

Abbildung 89: Kriterien zur Festlegung des Dokumentationsumfangs

426   Die obige Abbildung enthält vier Kriterien, die bei der Festlegung vom Dokumentationsumfang berücksichtigt werden könnten. Diese ergeben sich indirekt aus der DIN ISO 19600 selbst. Zum einen ist dem Standard immanent, dass bei seiner Umsetzung das jeweils nationale Rechtssystem zu beachten ist. Daher wird dieser zunächst für den Umfang der Dokumentation maßgeblich sein. Es steht nicht zur Disposition der Organisationen, solche Informationen zu dokumentieren, die dokumentiert werden müssen, weil dies rechtlich vorgegeben ist. Der Rechtsrahmen wird ferner auch die Dokumentierung von solchen Informationen bedingen, die etwa bei einem Pflichtverstoß zur Haftungsentlastung oder Haftungsreduktion führen könnten. Wird es also etwa um die persönliche Haftung des Vorstandes gehen, so könnte antizipierend analysiert werden, welche bindenden Verpflichtungen der Vorstand zu erfüllen hat und die Erfüllung von diesen Verpflichtungen entsprechend dokumentiert werden. In allen weiteren Fällen sollte jede Organisation unter Berücksichtigung der Größe, Komplexität und Art der Organisation, also des Grundsatzes der Verhältnismäßigkeit, im konkreten Falle entscheiden, wie umfangreich die Dokumentation werden soll. Diese Betrachtung kann durch den Grundsatz der Verhältnismäßigkeit ergänzt werden, der es nahelegt, einen solchen Dokumentationsumfang zu unterlassen, der gar nicht den Dokumentationsanforderungen stand hält (ungeeignet) oder über das verfolgte Ziel hinausschießt (unangemessen).

15.8.4. Verwaltung von Informationen

427 Nach den Empfehlungen der Norm gehört es zu den Aufgaben der Compliance-Funktion, ein Dokumentationssystem einzurichten.[742] In der Norm wird ausdrücklich empfohlen, welche konkreten Maßnahmen in Hinblick auf die Umsetzung der Dokumentation und ihre Verwaltung getroffen werden können. Hierzu gehören einige Grundsätze hinsichtlich des Dokumentationssystems sowie Wege zur Verwaltung der Dokumentation.

---

[742] Vgl. Ziff. 5.3.4 Abs. 2 e DIN ISO 19600.

15.8.4.1. Grundsätze der Gestaltung eines Dokumentationssystems. Im Grunde 428
gelten in Hinblick auf die Einrichtung eines allgemeinen Dokumentationssystems keine
spezifischen Anforderungen, als im Falle der Dokumentation von sonstigen relevanten Informationen. Wichtig ist, dass Dokumentationssysteme erstellt und entsprechend fortlaufend aktualisiert werden, wobei auf:
— Kennzeichnung und Beschreibung,
— Format und Überprüfung
— Genehmigungen im Hinblick auf Eignung und
— Angemessenheit zu achten ist.[743]
Der Bezug der Angemessenheit auf alle Voraussetzungen deutet auf eine besondere Be- 429
deutung des Grundsatzes der Verhältnismäßigkeit iRd Dokumentation hin. Diese sei noch
einmal betont: Keine Organisation sollte eine Compliance-Dokumentation in Form und
Umfang betreiben, die über die eigentlichen Ziele hinausschießen würden. Es sollte so
viel wie rechtlich und tatsächlich für die Effektivität des CMS notwendig und so wenig
wie möglich dokumentiert werden. Welche Formate, Systeme und Mittel die Organisation dabei wählt, bleibt dieser anhand der Bedarfsabfrage im konkreten Falle überlassen.

15.8.4.2. Grundsätze der compliance-spezifischen Verwaltung der Dokumentation. 430
Wenn auch die Leitlinien in Hinblick auf das eigentliche Dokumentationssystem bewusst
nur wenige Empfehlungen enthalten, so sind diese im Bereich der Verwaltung von zu dokumentierenden Informationen umfangreicher. Dies leuchtet auch ein: Die Compliance-
Dokumentation sollte, wie bereits erwähnt, für das CMS als solches diverse Zwecke erfüllen, die gewöhnliche Dokumentationssysteme nicht erfüllen. Daher sollte ein compliance-
spezifisches Dokumentationssystem entsprechend verwaltet werden. Hierzu enthält die
Norm einige konkrete Empfehlungen.

Die Norm empfiehlt, welche Ziele und mit welchen Maßnahmen in Bezug auf die 431
Dokumentationsverwaltung erreicht werden könnten, was die nachfolgende Übersicht
verdeutlicht:

Abbildung 90: Ziele und Methoden der Compliance-Dokumentationsverwaltung[744]

---

[743] Vgl. Ziff. 7.5.2 DIN ISO 19600.
[744] Abbildung nach Ziff. 7.5.3 DIN ISO 19600.

432 Nach der obigen Abbildung kann die korrekte Verwaltung der Compliance-Dokumentation zwei wesentliche Ziele[745] haben: Zum einen sollten dokumentierte Informationen zugänglich, verfügbar und für die Verwendung geeignet sein, sobald sie benötigt werden und, zum anderen, sollten sie insbes. vor Vertraulichkeitsverlust oder zweckwidrigem Gebrauch angemessen geschützt werden.[746] Wiederum offen und basierend auf dem Grundsatz der Flexibilität und der Verhältnismäßigkeit empfiehlt die Norm, dass zur Verwaltung von dokumentierten Informationen die in der Abbildung ersichtlichen Maßnahmen ergriffen werden können:[747]

433 Erstens sollten sie unter Gewährung des entsprechenden Zugriffs so verteilt werden, dass sie auffindbar sind und verwendet werden können. Sollen dokumentierte Informationen etwa als Teil der künftigen Compliance-Risikoanalyse dienen, so sollten sie der Person, die sich mit der Analyse befassen wird, zur Verfügung gestellt werden. Den Begriff des Zugriffs definiert die Norm als eine Entscheidung, ob einer Person nur das Lesen oder auch Ändern der Information erlaubt wird.[748]

434 Zweitens sollte über den Ablageort und die Speicherung von Informationen sowie Aufbewahrung und Verfügung über weiteren Verbleib entschieden werden. Gemeint sind damit ua auch die Möglichkeiten der elektronischen Online-Speicherung unter Anwendung von Computer-Clouds.

435 Die Sicherheit der dokumentierten Informationen sollte fortlaufend überwacht werden. Einschlägig sind hier umfangreiche Maßnahmen zur IT-Sicherung, die die Daten vor unerlaubtem Zugriff schützen sollten. IdR verfügen Unternehmen bereits über entsprechende Systeme, die entsprechend auf den Schutz der einschlägigen Compliance-Dokumentation erweitert werden könnten.

436 Viertens, sollten bei der Erstellung und Verwaltung von Dokumentationssystemen Drittparteien beteiligt sein, so sollten wegen der damit zusammenhängenden diversen Compliance-Risiken besondere Vorsichtsmaßnahmen getroffen werden.

15.8.5. Aufzeichnungen

437 Als einen Sonderfall der Dokumentation empfiehlt die Norm das Führen von Aufzeichnungen über das CMS. Diese Maßnahme soll erfolgen, um die Überwachung und Überprüfung von Prozessen zu unterstützen und die Konformität mit dem CMS nachzuweisen.[749] Die in der Norm enthaltenen Empfehlungen legen nahe, zum einen die Form der Umsetzung und andererseits die aufzuzeichnenden Gegenstände festzulegen. Primär geht es bei Aufzeichnungen um Speicherung von Daten und zwar so, dass sie einerseits sichergestellt, lesbar, eindeutig und abrufbar und gegen Nachtrag, Löschung, Änderung, unbefugten Zugriff oder Verheimlichung geschützt werden.[750] Im Grunde wird damit ein sicheres IT-System gemeint, das denselben Standards wie die übrigen Sicherheitsvorkehrungen in der Organisation entsprechen sollte.

438 Hinsichtlich der aufzuzeichnenden Informationen werden in der Norm vier thematische Gruppen empfohlen:

---

[745] Nicht zu verwechseln mit den Zielen der Compliance-Dokumentation als solcher, dazu oben Pkt. 15.8.
[746] Vgl. Ziff. 7.5.3 Abs. 1 a und b DIN ISO 19600.
[747] Vgl. Ziff. 7.5.3 Abs. 2 DIN ISO 19600.
[748] Vgl. Ziff. 7.5.3 Anm. DIN ISO 19600.
[749] Vgl. Ziff. 9.1.9 Abs. 1 DIN ISO 19600.
[750] Vgl. Ziff. 9.1.9 Abs. 2 und 3 DIN ISO 19600.

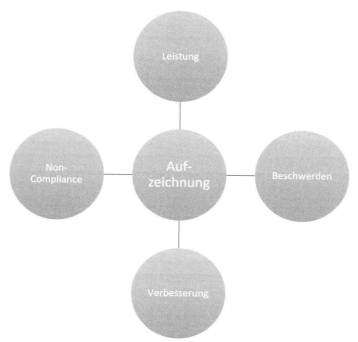

Abbildung 91: Gegenstände der Compliance-Aufzeichnungen[751]

Die Auswahl der vier Gruppen deutet zugleich darauf hin, dass es sich um recht be- **439**
deutende Compliance-Themen handelt. Zum einen sollen Informationen zur Compliance-Leistung, inkl. Compliance-Berichte gespeichert werden. Dies leuchtet ein, bedeutet
aber zugleich, dass sämtliche dokumentierte Informationen[752] gespeichert werden sollten.
Die Übersicht ergibt ferner, dass alle Maßnahmen bzgl. CMS-Verbesserung gespeichert
werden, wozu nicht nur die eingetretenen Fälle von Non-Compliance gehören, sondern
auch die Ergebnisse der Compliance-Überwachung sowie die reaktiven Maßnahmen.
Schließlich ergibt sich aus der obigen Übersicht, dass auch über Beschwerden und Mitteilungen von interessierten Parteien Aufzeichnungen geführt werden sollten.

15.8.6. Dokumentation nach ISO 37001

Hinsichtlich der dokumentierten Informationen enthält ISO 37001 keine Sonderbestim- **440**
mungen im Verhältnis zu DIN ISO 19600. Auch hier verfolgt der Standard den Grundsatz der Angemessenheit und Flexibilität. Allerdings ist bei den Maßnahmen und Anforderungen im Standard, die danach zu dokumentieren sind, eine Dokumentation
tatsächlich zu führen, ansonsten wird das einschlägige AMS einer Zertifizierung nicht
Stand halten können. Das für die dokumentierten Informationen vorgesehene System
sieht ebenfalls drei wesentliche Elemente vor: Die Dokumentationen sollten erstellt, aktualisiert und entsprechend verwaltet werden.[753]

---

[751] Die Abbildung basiert auf Ziff. 9.1.9 Abs. 5 DIN ISO 19600.
[752] Welche Informationen in Compliance-Berichten dokumentiert werden sollten, siehe Pkt. 15.9.
[753] Vgl. Ziff. 7.5 und A.17 Annex A zur ISO 37001 mit weiteren Erläuterungen.

15.8.7. Compliance-Dokumentation im Mittelstand

441 Die Compliance-Dokumentation ist im Mittelstand gleich wichtig wie in allen anderen Organisationarten. Sie erweist hier auch dieselben Funktionen, schließlich sind Mittelständler ähnlichen Compliance-Risiken ausgeliefert und führen ihre CMS zu gleichen Zwecken wie die großen Organisationen ein. In der Fachliteratur betreffend die mittelständische Compliance wird sogar ausgeführt, dass ein CMS ohne Dokumentation keinen Sinn macht.[754] Verwiesen wird auch darauf, dass ein nachweisbares CMS etwa bei Kartellverstößen hilft, Schäden von Unternehmen abzuwenden, es schützt ferner bei Reputationsverlusten und kann die Geschäftsleitung entlasten.[755]

15.9. Berichterstattung

442 Die Berichterstattung und das dazu einzurichtende System sollten zunächst die hierfür vorgesehenen rechtlichen Vorgaben einhalten. Die Norm empfiehlt ein doppelspuriges System. Zum einen soll an die Führung, das Management und die Compliance-Funktion berichtet werden. Zum anderen empfiehlt die Norm indirekt, dass in der Organisation ein Meldewesen eingerichtet wird.[756]

15.9.1. Allgemeine Bedeutung

443 Auch im Mittelpunkt der Berichterstattung und des Meldewesens stehen Informationen und damit der Mensch, der sie überträgt. Das Ziel besteht darin, dass alle Mitglieder der Organisation über ausreichende Informationen über die compliance-relevanten Themen verfügen. Insbes. wichtig sind diese Kenntnisse für die Compliance-Funktion, die auf bestimmte Informationen mit entsprechenden Compliance-Maßnahmen reagieren kann. Auch für die Organisationsleitung sind solche Informationen relevant, diese entscheidet letztendlich über die grundlegenden Maßnahmen und kann unter Umständen zur persönlichen Haftung herangezogen werden.

15.9.2. Berichterstattung

444 Die Norm empfiehlt, dass:
- die Führung,
- das Management und
- die Compliance-Funktion

sicherstellen sollten, dass sie über die Leistung des CMS und dessen fortlaufende Eignung, insbes. die Fälle von Non-Compliance erfolgreich und aktiv informiert werden.[757] In dem Zusammengang rückt wiederum die Rolle der Führung in den Vordergrund. Diese sollte nach der Empfehlung der Norm die geordneten Organisationswege ermöglichen und die og Grundsätze aktiv fördern. Um diese Ziele zu verfolgen wird in der Norm der Abschluss einer Vereinbarung zur internen Berichterstattung empfohlen, in der geeignete Kriterien und Verpflichtungen für die Berichterstattung festgelegt werden.[758]

445 Generell unterscheidet die Norm indirekt zwischen der regulären in gewissen Zeitabständen erfolgenden Berichterstattung und einem Ausnahmeberichtssystem, das die Ad-hoc-Berichterstattung und die Meldung von (auch bevorstehenden) Fällen von Non-Compliance erleichtert.[759] Bei der Einrichtung und Umsetzung eines Berichtssystems, ob es sich um reguläre Compliance-Berichterstattung handelt oder um die Ad-hoc-Berichte,

---

[754] *Heybrock* S. 10.
[755] *Fissenewert* S. 54.
[756] Ausf. zum Meldewesen in Form eines Hinweisgebersystems, siehe Pkt. 15.2.5 und 15.9.3.
[757] Vgl. 9.1.7 Abs. 1 DIN ISO 19600.
[758] Vgl. 9.1.7 Abs. 1 a DIN ISO 19600
[759] Vgl. 9.1.7 Abs. 1 c DIN ISO 19600.

empfiehlt die Norm mehr oder weniger indirekt die Beachtung von mehreren Grundsätzen, die die nachfolgende Abbildung zusammenfasst:

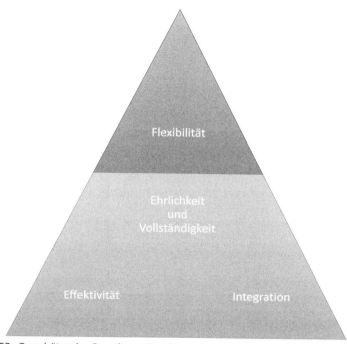

Abbildung 92: Grundsätze der Compliance-Berichterstattung

15.9.2.1. Flexibilität (insbes. mittelständische Compliance). Auch, wenn dies im 446 Zusammenhang mit der Berichterstattung nicht erneut betont wird, gilt nach Ziff. 1 DIN ISO 19600 auch hier der Grundsatz, dass das Compliance-Berichtswesen an die Größe, Struktur und Komplexität der jeweiligen Organisation anzupassen ist. Hier wird der Flexibilitätsgrundsatz als Empfehlung insofern konkretisiert, als jede Organisation:
- Format,
- Inhalt und
- Zeitpunkt

für ihre interne Compliance-Berichterstattung so festlegen sollte, dass sie für ihre Situation angemessen ist und sich an den rechtlichen Vorgaben orientiert.[760] Dies leuchtet auch ein. Nicht jede Organisation wird ausgeprägte Berichtssysteme einrichten müssen; ist die Risikolage der Organisation überschaubar, ändert sie sich kaum im Verlauf der Zeit und existiert in der Organisation demzufolge nur ein übersichtliches CMS, so wird sich die Organisation mit dementsprechend moderaten Compliance-Berichten begnügen können. Dies kann oft die geeignete Handhabung in der mittelständischen Compliance sein.

Handelt es sich dagegen um eine globale Organisationsstruktur, die diverse Dienstleis- 447 tungen und Produkte weltweit anbietet, mehrere hundert tausend Personen beschäftigt, wo Fälle von Non-Compliance immer wieder passieren, so sollte auch ein ausgeprägtes System der Compliance-Berichterstattung eingerichtet werden.

15.9.2.2. Qualität der Berichterstattung (Genauigkeit und Vollständigkeit). In der 448 Norm werden ferner mehrere Empfehlungen ausgesprochen, die darauf abzielen, dass die

---

[760] Vgl. 9.1.7 Abs. 2 DIN ISO 19600.

Compliance-Berichterstattung genau, präzise und zuverlässig erfolgt, was unter dem Begriff der „Qualität" zusammengefasst werden kann. Diese Festlegungen sollten die og Vereinbarung über die interne Berichterstattung ergänzen.

449   So wird empfohlen, dass:
- Zeitpläne für die regelmäßige Berichterstattung festgelegt werden,
- Systeme und Prozesse eingerichtet werden, um die Genauigkeit und Vollständigkeit von Informationen sicherzustellen,
- genaue und vollständige Informationen für die richtigen Funktionen und Bereiche der Organisation vorhanden sind, um Reaktionsmaßnahmen ergreifen zu können und, schließlich,
- die Genauigkeit der Berichte von der Führung und der Compliance-Funktion abgezeichnet werden.[761]

450   **15.9.2.3. Vollständigkeit und Ehrlichkeit.** Die Norm verfolgt ferner einen Grundsatz von vollständiger und ehrlicher Berichterstattung. Eine besondere Rolle bei der Umsetzung dieser Postulate kommt der Führung zu, die mit gutem Beispiel auch in diesem Bereich unterstützend aktiv werden sollte. In dem Zusammenhang spricht die Norm erneut eine kulturelle Komponente des CMS, die an Werte der Organisationsmitglieder und den Aufbau einer Vertrauensbasis abzielt. Nicht zufällig spricht die Norm sogar von einer „Kultur der vollständigen und ehrlichen Berichterstattung."[762] Um die Postulate der Ehrlichkeit und Vollständigkeit umzusetzen, können ähnliche Maßnahmen wie im Falle der Förderung der Compliance-Kultur angepasst eingesetzt werden.[763]

451   **15.9.2.4. Integration.** Als fortschrittlich und richtig ist die weitere Empfehlung der Norm zu bezeichnen, die dahin geht, die Compliance-Berichterstattung in die Standardberichte (Lageberichte) der Organisation zu integrieren. Durch eine solche Integration werden bedeutende Botschaften gesendet. Zum einen nehmen die Empfänger solcher integrierten Berichte die Compliance-Themen auf gleicher Ebene wie sonstige Themen der Organisation wahr, was das Compliance-Bewusstsein sowie den Stellenwert der Compliance und damit insgesamt die Compliance-Kultur nachhaltig fördert. Zum anderen stellt eine solche Integration eine geeignete Maßnahme dar, um das Compliance-Bekenntnis der Führung und damit das „tone from the top" nachhaltig zu fördern.

452   **15.9.2.5. Gegenstände der Compliance-Berichte.** Die Norm enthält einige konkrete Empfehlungen dazu, welche Inhalte die Compliance-Berichterstattung zum Gegenstand haben kann, hierzu zählen ua:[764]
- Kontakte mit Behörden und der Grund dafür,
- Änderungen in der Compliance-Risikolage bedingt durch Änderungen der Verpflichtungen und deren Auswirkung auf das vorhandene CMS,
- Ergebnisse der Prüfung der Compliance-Leistung, Non-Compliance und Verbesserungsmaßnahmen,
- Ergebnisse von Audits.

453   Der Katalog hat auch hier nur einen exemplarischen Charakter und sollte zwingend an der Rechtslage und dem konkreten Bedarf der Organisationen ausgerichtet werden.

454   **15.9.2.6. Antikorruptions-Berichterstattung nach ISO 37001.** Die Antikorruptionsnorm liefert im Verhältnis zur DIN ISO 19600 keine detaillierten Anforderungen dazu, wie Berichtswege betreffend das AMS zu gestalten sind. Empfehlenswert ist daher auch

---

[761] Vollständiger Katalog in Ziff. 9.1.7 Abs. 1 DIN ISO 19600.
[762] Vgl. Ziff. 9.1.7 Abs. 1 DIN ISO 19600.
[763] Siehe Pkt. 15.3.2.
[764] Vollständiger Empfehlungskatalog in Ziff. 9.1.8 DIN ISO 19600.

hier ein integrierter Ansatz, wonach über Korruptionsaspekte iRd Compliance-Berichterstattung informiert wird. Lediglich an einigen Stellen sind angemessene Anforderungen hinsichtlich der Berichterstattung zu finden.

So wird als Anforderung erwähnt, dass die Antikorruptions-Compliance-Funktion in **455** bestimmten zeitlichen Abschnitten und bei Bedarf an die Führung und die oberste Leitung oder ggf. ein Komitee, falls ein solches eingerichtet wurde, über Angemessenheit und Umsetzung des AMS sowie über die Ergebnisse der Ermittlungen und Audits berichten sollte.[765] Zwar ist diese Aufgabe iRd Abschnitts betreffend die Verbesserung des Systems aufgenommen, doch fällt sie auch ausdrücklich in den Pflichtenkatalog der Aufgaben der Antikorruptions-Compliance-Funktion.[766] Falls eine zweigliedrige Führungsstruktur vorhanden ist, verlangt die Norm ferner, dass die oberste Leitung über sämtliche Aktivitäten betreffend die Korruptionsbekämpfung an das Führungsgremium berichten sollte.[767]

15.9.3. Meldewesen (Hinweisgebersysteme)

Interessanterweise wurden Hinweisgebersysteme in der Norm im Abschnitt 9 „Bewer- **456** tung der Leistung" verankert. Diese Vorgehensweise sollte jedoch nicht irreführen. Hinweisgebersysteme können im Rahmen eines CMS grundlegende Funktionen erweisen und zu dessen Effektivität deutlich beitragen. Methodisch gesehen stellen sie einen Teil der Compliance-Kommunikation dar und wurden daher in dem einschlägigen Abschnitt des Buches erläutert.[768] Die Norm gibt nur im Ansatz Empfehlungen hinsichtlich der Ausgestaltung solcher Systeme. Anzumerken ist jedoch, dass wegen der vielseitigen Funktionen solcher Systeme, ihre Implementierung auch im Bereich der Verbesserung, bzw. des Compliance-Krisenmanagements der Norm verankert worden ist. So wird in dem Zusammenhang ganz zum Schluss der Norm empfohlen, dass ein wirksames CMS ein Instrument für die Mitglieder der Organisation bereitstellen sollte, mit dem vermutetes oder tatsächliches regelwidriges Verhalten oder ein Regelverstoß gegen die bindenden Verpflichtungen der Organisation auf vertraulicher Basis und ohne Angst vor Strafe gemeldet werden können.[769]

Abschnitt III: Leistungsprüfung (CHECK)

16. Bewertung (Schritt 7/8)

16.1. Allgemeine Bedeutung der CMS-Bewertung

IRd Leistungsprüfung kommt der Charakter des CMS als ein Qualitätsprozess zum Aus- **457** druck. Wichtig ist in diesem Stadium, die Gegenstände der Prüfung klar voneinander abzugrenzen: Während es zu den Funktionen eines CMS gehört, dass die Einhaltung der bindenden Verpflichtungen durch die Mitglieder der Organisation überwacht und überprüft wird, geht es im Bereich der CMS-Leistungsprüfung um die Überwachung der Effektivität und Effizienz des CMS. Die hierzu in den Normen enthaltenen Empfehlungen entsprechen somit konzeptionell auch der Rechtsprechung, wonach die Effizienz von CMS überwacht werden sollte.[770]

Zu betonen ist in dem Zusammenhang, dass die Normen von verschiedenen Formen **458** der Bewertung ausgehen. Während die Leistungsprüfung darauf abzielt, einzelne CMS-Elemente auf ihre Effektivität und Effizienz zu überprüfen, geht es bei den sog. Audits

---

[765] Vgl. Ziff. 9.4 Abs. 2 ISO 37001.
[766] Vgl. Ziff. 5.3.2 Abs. 1 d ISO 37001.
[767] Vgl. Ziff. 5.1.2 Abs. 1 m ISO 37001.
[768] Ausf. dazu Pkt. 15.2.5.
[769] Vgl. Ziff. 10.1.2 Abs. 4 DIN ISO 19600.
[770] LG München I NZWiSt 2014, 183 (189).

um die Überprüfung, ob das CMS bzw. AMS den Anforderungen der Standards selbst oder den Anforderungen entsprechen, die Organisationen an die jeweiligen Systeme gestellt haben. Darüber hinaus sehen die Normen eine weitere Art der Bewertung vor, welche fortlaufend von bestimmten Personen durchgeführt wird, etwa von dem Führungsgremium, der obersten Leitung oder der Compliance-Funktion.

16.1.1. Funktionen der Leistungsprüfung

459 Die ständige Prüfung der CMS-Leistung ist von erheblicher Bedeutung für die Erreichung der Compliance-Ziele. Dafür sprechen einige gewichtige Argumente, die kurz erläutert werden.

460 **16.1.1.1. Ständige Verbesserung/Qualitätssteigerung.** Die Leistungsprüfung stellt die Basis für die weitere Verbesserung des CMS dar und somit soll einen Beitrag zur Sicherung und Steigerung der Qualität des Systems, seiner Effektivität und Effizienz leisten. Auf der Grundlage der gewonnenen Prüfungsergebnisse werden in weiteren Schritten die Optimierungsmaßnahmen geplant und durchgeführt. Die Leistungsprüfung stellt somit die Vorstufe zur Verbesserung des Systems dar.[771]

461 **16.1.1.2. Risikobedingte Aktualisierung.** Die Leistungsprüfung sollte im Zusammenhang mit dem aktualisierten Befund einer Compliance-Risikoanalyse[772] gesehen werden. Hat diese ergeben, dass bestimmte Compliance-Risiken nicht mehr bestehen oder neuartige Risiken hinzugekommen sind, so ist iRd Leistungsprüfung festzustellen, wie sich die Änderung der Risikolage auf die einzelnen CMS-Elemente auswirkt und ob vorhandene Compliance-Maßnahmen abgebaut oder neue Risiken mit neuen Compliance-Maßnahmen adressiert werden sollten.

462 **16.1.1.3. Leistungsprüfung als Teil der Risikoanalyse.** Die Leistungsprüfung kann jedoch auch als solche dazu führen, dass neue Risiken des CMS erkannt werden. So kann sich herausstellen, dass die Organisation nicht genügend oder schlecht konzipierte Compliance-Schulungen durchführt. Schlecht geschulte Mitglieder der Organisation können wegen ungenügender Kenntnis über bindende Verpflichtungen diese leichter verletzen, was das Compliance-Risiko in diesen Bereichen entsprechend erhöhen kann.

463 **16.1.1.4. Pflichterfüllung und Haftungsvermeidung.** Da die Überwachung des CMS ebenfalls zum Pflichtenkanon der Führung gehört, kann ihre Nichterfüllung zur Pflichtverletzung und damit zur persönlichen Haftung führen. Ähnliche Betrachtungsweise wird auch in der Rechtsprechung vertreten, wonach eine ständige Überwachung der Effizienz von CMS[773] erfolgen sollte. Die Leistungsprüfung erzeugt somit nicht nur viele positive Effekte, sondern kann im konkreten Falle, wenn sie sorgfältig dokumentiert worden ist, als Entlastungsbeweis vor Gericht verwendet werden.

464 **16.1.1.5. Weitere Vorteile der Leistungsprüfung.** Über die og positiven Effekte der Leistungsprüfung hinaus gibt es eine ganze Reihe von weiteren Vorteilen, die für ständige Prüfung der CMS-Leistung sprechen, um nur einige von Ihnen zu erwähnen:
- Kostensenkung/Effizienz: Dank der Überwachung kann ein vorhandener Optimierungsbedarf entdeckt werden mit der Folge, dass Compliance-Ziele mit gleicher Sicherheit durch weniger kostenintensive Maßnahmen erreicht werden können.
- Prüfung der Rechtmäßigkeit: IRd Leistungsprüfung kann, bei Bedarf unter Hinzuziehung eines internen oder externen Rechtsanwalts, auch die Rechtmäßigkeit der prakti-

---

[771] Ausf. dazu Pkt. 17.3.
[772] Ausf. dazu Pkt. 10.4.
[773] LG München I NZWiSt 2014, 183 (189).

zierenden Compliance-Lösungen analysiert werden. Gewiss sollte eine solche Analyse ebenfalls bei der Erstimplementierung erfolgen, möglicherweise hat sich jedoch seitdem die Rechtslage geändert, sodass eine wiederholte Prüfung in zeitlichen Abständen das Risiko einer rechtswidrig gewordenen Compliance-Maßnahme deutlich reduzieren kann.

- Akzeptanzsteigerung: Sicherlich wird das Bemühen der Compliance-Funktion und der obersten Organisationleitung dafür sorgen, dass das CMS unter den Mitgliedern der Organisation auf mehr Verständnis trifft und stärker akzeptiert wird. Generell werden optimale und effektive Lösungen eher als ihr Gegenteil akzeptiert und befolgt.
- Objektivierte Betrachtung: Schließlich, insbes. bei externen Prüfungen, kann die Betrachtungsweise eines Außenstehenden neue Erkenntnisse für bestehende Compliance-Prozesse und -Strukturen bringen. Nicht selten trifft es zu, dass die Betrachtung aus einem anderen Blickwinkel – und nicht aus der Organisation heraus – zu Erkenntnissen führt, die sonst hätte nicht gewonnen werden können.

Zusammenfassend lässt sich somit festhalten, dass eine Menge von Argumenten für eine durchdachte Leistungsprüfung spricht. Welche Methoden werden nun aber hierfür empfohlen? **465**

16.1.2. Systematik der Prüfungsmethoden

Die DIN ISO 19600 empfiehlt ein ausdifferenziertes System zur Leistungsüberwachung und gibt hierzu detaillierte Empfehlungen auf mehreren Seiten. Alleine der Menge an Empfehlungen ist zu entnehmen, dass dieser Maßnahme eine erhebliche Rolle zugemessen wird. Jedoch auch in dem Bereich sind die Grundsätze der Verhältnismäßigkeit und Flexibilität zu beachten, die es gebieten, nicht immer und nicht alle empfohlenen Methoden umzusetzen, sondern diese an den konkreten Bedarf der Organisation im konkreten Falle anzupassen. Damit die Organisation und der Leser dieses Praxishandbuchs die für die einschlägige Organisation optimalen Methoden wählen kann, seien vollständigkeitshalber alle Ansätze kurz erläutert, die bei größeren Organisationen und beim entsprechenden Bedarf durchaus auch kumulativ zur Anwendung kommen können. Im Allgemeinen werden drei Methoden der Leistungsprüfung empfohlen: **466**

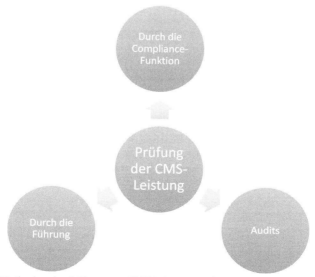

Abbildung 93: Methoden der Prüfung von CMS-Leistung nach DIN ISO 19600

467 Organisationen müssen sich nicht für eine bestimmte Methode entscheiden. Vertretbar sind auch kombinierte Methoden. Die Norm lässt einen recht weiten Spielraum bei der Implementierung der einschlägigen Methode zu und macht dies vom Bedarf der konkreten Organisation abhängig. Bzgl. des Gegenstandes der Leistungsprüfung wird aber deutlich betont, dass Organisationen die Leistung und die Wirksamkeit des CMS nicht nur prüfen, sondern auch bewerten sollten.[774]

16.2. Leistungsprüfung nach DIN ISO 19600 und ISO 37001

468 Das System der Prüfung von Leistung des CMS lässt sich leider schwer der DIN ISO 19600 direkt entnehmen, denn es ist über die verschiedenen Empfehlungen des Abschnitts 9 der Norm verteilt. Auch diesem Prozess lassen sich aber beim näheren Betrachten einige wesentliche Schritte entnehmen, so sollte die Leistungsprüfung geplant, durchgeführt und ausgewertet werden. Eine Ähnlichkeit mit dem PDCA-Zyklus ist hier kein Zufall: Auch die Leistungsprüfung ist ein Prozess und unterliegt als solcher der ständigen Verbesserung.

4. Dokumentation / Berichterstattung

1. Planung

3. Auswertung

2. Überwachung

Abbildung 94: Prozess der Leistungsprüfung

16.2.1. Planung, insbes. Gegenstände der Überwachung

469 Die ersten Empfehlungen deuten auf die Erstellung eines Plans zur ständigen Prüfung der Leistungsfähigkeit des CMS hin. Die nachfolgende Abbildung verdeutlicht die wesentlichen Elemente eines solchen Plans:

---

[774] Vgl. Ziff. 9.1.1 Abs. 3 DIN ISO 19600.

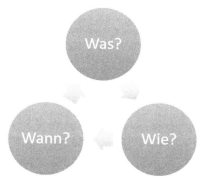

Abbildung 95: Grundelemente eines Plans zur Leistungsprüfung[775]

Hiernach sollte zunächst bestimmt werden, was überwacht und gemessen werden muss **470** und warum.[776] Die Organisationen sollten in diesem Stadium der Planung den Prüfungsgegenstand und Umfang festlegen. Ferner sollten die Methoden zur

- Überwachung,
- Messung,
- Analyse und
- Bewertung

festgelegt werden.[777] In diesem Stadium wird die Umsetzung der Leistungsprüfung konzipiert und die geeigneten Methoden der Informationserfassung bestimmt. Anschließend erfolgen Festlegungen zum Zeitpunkt und Häufigkeit der Überwachung und Messung sowie dazu, wann die hieraus gewonnenen Ergebnisse analysiert, bewertet und berichtet werden.[778] Es wird in der Norm zusammenfassend empfohlen, dass ein Plan für die fortlaufende Überwachung erstellt werden sollte, der die

- Überwachungsprozesse,
- Zeitpläne,
- Ressourcen und
- die zu erfassenden Informationen

festlegt.[779] Insbes. betreffend die Frage nach dem „was" überwacht werden sollte, gibt die Norm konkrete Umsetzungshinweise und unterscheidet in der Hinsicht zwischen Überwachung des CMS und der Überwachung der CMS-Leistung:

---

[775] Die Übersicht basiert auf den Empfehlungen der Ziff. 9.1.1 Abs. 1 DIN ISO 19600.
[776] Vgl. Ziff. 9.1.1 Abs. 1 a DIN ISO 19600.
[777] Vgl. Ziff. 9.1.1 Abs. 1 b DIN ISO 19600.
[778] Vgl. Ziff. 9.1.1 Abs. 1 c und d DIN ISO 19600.
[779] Vgl. Ziff. 9.1.2 Abs. 1 S. 2 DIN ISO 19600.

CMS	CMS-Leistung
• Wirksamkeit von Schulungen • Wirksamkeit von Steuerungen • Effektivität der Zuweisung von Verantwortlichkeiten • Aktualität der bindenden Verpflichtungen • Wirksamkeit der Behandlung von Compliance-Fehlern • Außerplanmäßig durchgeführte Compliance-Untersuchungen	• Non-Compliance und Beinahe-Unfälle ohne Auswirkungen • Zwischenfälle, in denen bindende Verpflichtungen nicht erfüllt wurden • Zwischenfälle, in denen Ziele nicht erreicht wurden • Status der Compliance-Kultur • Weitere Indikatoren

Abbildung 96: Gegenstände der Überwachung[780]

471   Denselben Ansatz verfolgt auch ISO 37001. IRd Planung von Leistungsprüfung sollte hiernach unter anderem von der Organisation festgelegt werden, was überprüft werden soll, wer dafür zuständig wird, welche Methoden und Maßnahmen und wann angewendet werden, wie die Ergebnisse evaluiert werden und an wen diese zu berichten sind.[781]

472   Sowohl nach der DIN ISO 19600,[782] als auch nach ISO 37001[783] fällt die Durchführung von hier behandelten Leistungsprüfungen der Compliance- bzw. Antikorruptions-Funktion zu.

16.2.2. Überwachung (Informationsbeschaffung)

473   Überwachung wird in der Norm selbst als Bestimmung des Zustands eines Systems, eines Prozesses oder einer Tätigkeit definiert, wobei als Überwachungsleistungen etwa Prüfungen, Aufsichtsführung oder Beobachtungen erwähnt werden, die keine einmalige Tätigkeit, sondern einen Prozess darstellen.[784] Wird in der Definition der Begriff des Systems durch ein CMS ersetzt, so ergibt sich daraus die Definition einer CMS-Überwachung. Die Leistung wird dagegen als ein messbares Ergebnis definiert, wobei sie sich auf quantitative oder qualitative Feststellungen hinsichtlich der Tätigkeiten, Prozesse, Produkten, Systeme oder Organisationen beziehen kann.[785] Der Prozess der CMS-Überwachung lässt sich somit mit der nachfolgenden Abbildung wie folgt zusammenfassen:

---

[780] Die Abbildung basiert auf Ziff. 9.1.2 Abs. 3 und 4 DIN ISO 19600.
[781] Vgl. Ziff. 9.1 ISO 37001.
[782] Vgl. Ziff. 5.3.4 g DIN ISO 19600.
[783] Vgl. Ziff. 9.4 ISO 37001.
[784] Definition nach Ziff. 3.29 mit Anm. 1 und 2 DIN ISO 19600.
[785] Vgl. Ziff. 3.26 DIN ISO 19600.

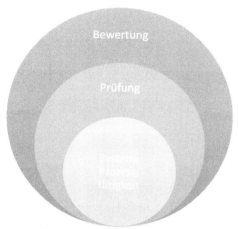

Abbildung 97: Prozess der CMS-Überwachung

Daraus wird deutlich, dass es sich bei der Überwachung um einen fortlaufenden Pro- **474** zess handeln, bei dem diverse Methoden zum Einsatz kommen können. Im Mittelpunkt der Überwachung stehen wieder bestimmte CMS-Elemente und die ihnen zugrundelie- genden Informationen, es ist daher entscheidend, wie diese erfasst werden können. Hier- zu gibt die Norm einige Empfehlungen, die allgemein als passive und aktive Informati- onsbeschaffung bezeichnet werden könnten.

16.2.2.1. Passive Informationsbeschaffung (Feedback). Die Norm empfiehlt, dass **475** die Organisation Kommunikationswege zum Empfang von Feedback über die Compli- ance-Leistung schaffen sollte.[786] Es wird ferner betont, dass das Feedback als Hauptquelle für die fortlaufende Verbesserung des CMS betrachtet werden sollte.[787] Die Bandbreite an inhaltlicher Ausrichtung des Feedbacks sollte dabei bewusst weit gehalten werden. So können für die Verbesserung unter anderem folgende Informationen von Bedeutung sein:
- Compliance-Probleme in der Organisation,
- Non-Compliance und Bedenken hinsichtlich Compliance,
- aufkommende Compliance-Probleme,
- fortlaufende regulatorische und organisatorische Änderungen oder
- Kommentare zur CMS-Wirksamkeit und -Leistung.[788]

Die Norm empfiehlt, dass das Feedback sowohl von den Organisationsmitgliedern als **476** auch von außen ermöglicht werden sollte, was den Beispielen der Norm zu entnehmen ist:

---

[786] Vgl. Ziff. 9.1.3 Abs. 1 DIN ISO 19600.
[787] Vgl. Ziff. 9.1.3 Abs. 2 DIN ISO 19600.
[788] Beispiele nach Ziff. 9.1.3 DIN ISO 19600.

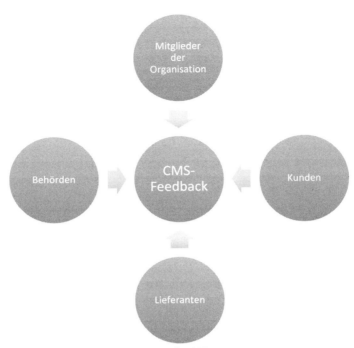

Abbildung 98: Mögliche Quellen zum CMS-Feedback[789]

477   Der Weg, wie Feedback erlangt wird, muss dagegen von der Organisation selbst bestimmt werden. Erwähnt wurde nur in der Norm, dass dies etwa über Hinweisgebersysteme,[790] Beratungsstellen, Rückmeldungen oder Vorschlag-Boxen erfolgen kann, aber auch, dass Prozesssteuerungsprotokolle und Tätigkeitsdatensätze Quellen von Feedback sein können.[791]

478 **16.2.2.2. Aktive Informationsbeschaffung.** Selbstverständlich sollten Organisationen es nicht dabei beruhen lassen, auf Feedback zu warten, sondern auch selbst aktiv werden und Informationen beschaffen, die für die Bewertung der CMS-Leistung von Bedeutung sein können. Die Norm betont ausdrücklich, dass keine abschließende Auflistung von allen relevanten Methoden zur Informationsbeschaffung möglich ist und in dem Bereich der Grundsatz der Flexibilität besonders zu beachten ist, sodass sich die Auswahl von geeigneten Maßnahmen an der Größe, Umfang, Art und Komplexität der Organisation orientieren sollte.[792] Auch an der Stelle werden jedoch einige konkrete Empfehlungen gemacht, um dem Anwender die Durchführung der Compliance-Überwachung zu erleichtern.

---

[789] Die Abbildung basiert auf Ziff. 9.1.3 Abs. 1 DIN ISO 19600.
[790] Ausf. siehe Pkt. 15.2.5 und 15.9.3.
[791] Vgl. Ziff. 9.1.3 DIN ISO 19600.
[792] Vgl. Ziff. 9.1.4 DIN ISO 19600.

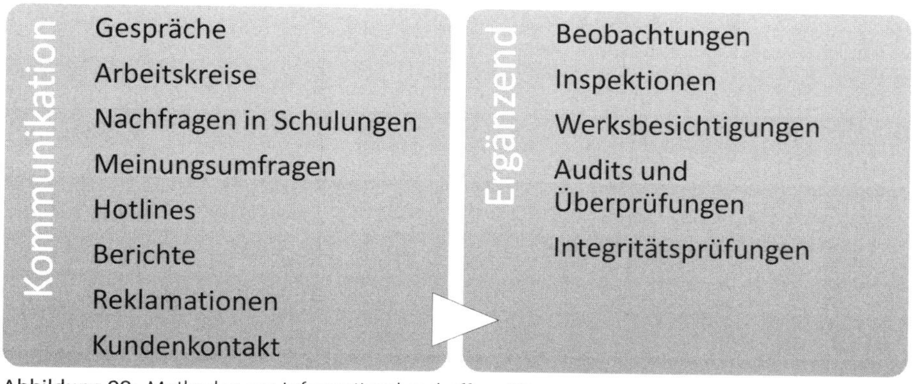

Kommunikation	Ergänzend
Gespräche	Beobachtungen
Arbeitskreise	Inspektionen
Nachfragen in Schulungen	Werksbesichtigungen
Meinungsumfragen	Audits und Überprüfungen
Hotlines	Integritätsprüfungen
Berichte	
Reklamationen	
Kundenkontakt	

Abbildung 99: Methoden zur Informationsbeschaffung[793]

Der Versuch der Systematisierung der diversen Beispielmethoden zeigt, dass im Mittel- **479** punkt der Informationsbeschaffung sinngemäß die Kommunikation steht. Ergänzend können weitere Methoden herangezogen werden, die jedoch wegen ihres kontrollierenden Charakters nur als sekundäre Maßnahmen berücksichtigt werden sollten. Auch in diesem CMS-Prozessabschnitt kommt die besonders wichtige Rolle der Compliance-Kommunikation zum Tragen. Es ist daher eine der fundamentalen Aufgaben der Compliance-Funktion, unterstützt durch die Führung, geeignete Kommunikationswege zu schaffen und zu erhalten.

16.2.3. Bewertung

Liegt eine ausreichende und vor allem valide Informationsbasis vor, so kann mit dem we- **480** sentlichen Schritt bei der CMS-Leistungsprüfung begonnen werden: Der Informationsauswertung und Gewinnung von Ergebnissen. Hierbei stellt die Norm fest, dass die effektive Einstufung und ein effektives Management von Informationen entscheidend sind und Organisationen daher ein System für die Einstufung, Speicherung und Wiederherstellung von Informationen entwickeln sollten.[794] Für die Einstufung der Informationen schlägt die Norm einige Kriterien vor, in etwa:
- Quelle der Information,
- Abteilung,
- Schweregrad,
- tatsächlicher oder möglicher Einfluss, etc.[795]

Der Prozess der Auswertung knüpft direkt an die nächste Phase der Verbesserung an, **481** denn aufgrund der hier gewonnene Ergebnisse sollten auch geeignete Maßnahmen für die konkrete CMS-Optimierung erarbeitet und empfohlen werden.

16.2.4. Sonderfall: Prüfung der Effektivität des CMS

Bisher wurde die Frage behandelt, wie ein CMS überwacht wird, welche Methoden da- **482** bei zur Verfügung stehen und wie die gewonnen Informationen nach ihrer Auswertung als Grundlage für die Verbesserungsmaßnahmen dienen können. Dies beantwortet jedoch nicht die in der Fachliteratur recht ausgiebig diskutierte Frage nach der Möglichkeit der Messung der Effektivität von CMS. Um nur ein Beispiel für die Ursache der Problematik zu geben: Die mit der Einführung eines CMS gestiegene Häufigkeit von Non-Compliance-Fällen in derselben Organisation kann einen doppelten Beweis liefern: Es kann be-

---

[793] Vgl. Ziff. 9.1.4 DIN ISO 19600.
[794] Vgl. Ziff. 9.1.5 DIN ISO 19600.
[795] Vgl. Ziff. 9.1.5 Abs. 2 DIN ISO 19600.

deuten, dass die Fälle wegen der Einführung des CMS gestiegen sind, weil die Mitglieder der Organisation dieses umgehen oder das System sonst nicht funktioniert. Andererseits kann aber derselbe Faktor unter Beweis stellen, dass es der Effektivität des CMS zu verdanken ist, dass die Non-Compliance-Fälle aufgedeckt worden sind. Mit Sicherheit wird es bei der Effektivitätsmessung wichtig sein, bei der Entwicklung von Messkriterien sehr sorgfältig und behutsam umzugehen.

483 Auch die Konzeption der Messung von Effektivität des CMS, die der DIN ISO 19600 zugrunde liegt, geht von der individualisierten Festlegung von messbaren Indikatoren aus und empfiehlt dabei, dass die Indikatoren auf Basis der Risikolage der Organisation zu bestimmen und vom Reifegrad der Organisation abhängig sind.[796] Die Indikatoren werden in drei Gruppen eingeteilt:

Abbildung 100: Indikatoren für die Messung der CMS-Effektivität[797]

16.3. Audit[798]

484 Als eine ergänzende Methode zur Prüfung des CMS empfehlen beide Normen die Durchführung von internen Audits. Im Gegensatz zur Compliance-Überwachung geht es bei einem CMS-Audit um die Untersuchung, ob Anforderungen von umgesetzten Standards oder die durch die Organisation an das CMS gesetzten Ziele und Anforderungen eingehalten werden. Als eine Hilfestellung empfiehlt sich die Heranziehung der „DIN EN ISO 19011 Leitfaden zur Auditierung von Managementsystemen". Denkbar ist auch die Anwendung des IDW PS 980.[799] Auch ohne diese Norm lassen sich aber CMS-Audits, wie immer angepasst an den konkreten Bedarf der Organisation, durchführen. Eine effektive Prüfung kann auch im Wege der CMS-Begutachtung durch Compliance-Experten erfolgen. Zu den Audits seien einige allgemeine Grundsätze und Empfehlungen der Normen dargestellt.

16.3.1. Begriffe und allgemeine Bedeutung

485 Definiert wird ein Audit als ein systematischer, unabhängiger und dokumentierter Prozess zum Erlangen von Auditnachweisen und zu deren objektiver Auswertung, um zu bestimmen, inwieweit Auditkriterien erfüllt sind.[800] Die Tatsache, dass in der Norm CMS-Au-

---

[796] Vgl. Ziff. 9.1.6 DIN ISO 19600.
[797] Abbildung basiert auf Ziff. 9.1.6 DIN ISO 19600.
[798] Zur CMS-Zertifizierung bei *Neiger* COMPLY 2/2016, 36 ff.
[799] Ausf. dazu Pkt. 6.2.5.
[800] Vgl. Ziff. 3.31 DIN ISO 19600.

dits empfohlen werden, ist auf das Norm-Verständnis eines CMS zurückzuführen und zwar als ein Qualitätsmanagement. Hinsichtlich der Funktionsweise wird ein CMS-Audit eine gemischte statisch-dynamische Qualitätssicherungsfunktion erweisen. Eine statische Funktion deswegen, weil die Einhaltung der durch die Norm empfohlenen Standards und weiterer organisationsinterner Compliance-Bestimmungen untersucht wird. Die dynamische Funktion lässt sich damit begründen, dass selbstverständlich die wesentliche Funktion eines CMS-Audits darin liegt, die eingeführten Compliance-Strukturen und Prozesse vor dem Hintergrund der allgemeinen Entwicklungstrends zu untersuchen. Ein CMS-Audit hat daher die grundlegende Feedback-Funktion. Auf der Basis der Audit-Ergebnisse sollten ggf. weitere Optimierungsmaßnahmen empfohlen und umgesetzt werden.

16.3.2. Planung und Durchführung

Wie in allen anderen Compliance-Prozessen, auch wenn hier durch die Norm nicht ausdrücklich empfohlen, so wird auch bei den CMS-Audits ein PDCA-Zyklus eine gute Lösung sein. Dies wird anhand der unteren Abbildung verdeutlicht. **486**

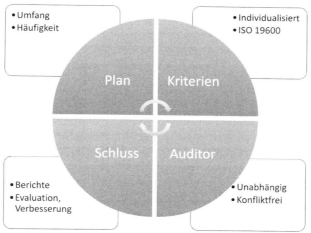

Abbildung 101: Grundsätze eines CMS-Audits

Zwar werden die einzelnen Schritte ein wenig anders bezeichnet, jedoch handelt es **487** sich bei dem Prozess ebenfalls um einen PDCA-Zyklus. So sollen die Audits entsprechend geplant, durchgeführt, evaluiert und ggf. verbessert werden.

16.3.2.1. Sinnhaftigkeit eines CMS-Audits. Bevor es jedoch zur Planung der CMS- **488** Audits kommt, sollten auch hier die Grundsätze der Flexibilität und Verhältnismäßigkeit beachtet und geprüft werden, ob ein CMS-Audit für eine konkrete Organisation zwingend notwendig ist. Unter Umständen wird eine Compliance-Überwachung als Methode der Leistungs-Prüfung ausreichend sein. In jedem Falle sollte sich aber jede Organisation mit der Frage aktiv auseinandersetzen und eine mit sachlichen Argumenten belegte Entscheidung treffen.

16.3.2.2. Auditplanung. Im Zentrum der Planung sollten nach der Vorstellung der **489** Norm die Auditprogramme stehen, also der Audit-Plan. Es wird empfohlen, dass Organisationen ein oder mehrere Auditprogramme planen, aufbauen, verwirklichen und aufrechterhalten sollten, was auch die Häufigkeit, Methoden, Verantwortlichkeiten, Anforderungen an die Planung sowie Berichterstattung umfassen sollte.[801]

490 16.3.2.3. Umfang und Gegenstand der Audits (Individualisierte Auditkriterien). Für jedes Audit sollten nach der Norm Auditkriterien sowie der Umfang, jedoch unter Beachtung der betroffenen Prozesse und Ergebnisse vorheriger Audits geplant werden.[802] Die Norm selbst verweist hinsichtlich der Auditnachweise und Auditkriterien ausdrücklich auf die ISO 19011.[803] Grds. gehören aber zum Gegenstand der Audits nach Vorstellung der Norm zum einen die Empfehlungen der Norm selbst (also der DIN ISO 19600), ferner die eigenen Anforderungen der Organisation an ihr CMS und schließlich die Wirksamkeit der Verwirklichung und Aufrechterhaltung des CMS.[804] Die systematische Auslegung und der Wortlaut der Norm erlauben zwei wesentliche Schlüsse hinsichtlich der Kriterien der CMS-Audits: individuell und umfassend.

491 Zum einen sollten CMS-Audits individualisiert erarbeitet werden. Ein CMS-Audit nach DIN ISO 19600 sollte den Grundsätzen und dem Charakter der Norm selbst Rechnung tragen. Die DIN ISO 19600 ist wie bereits mehrfach erwähnt eine generische Norm in Form eines Leitfadens, der auf Grundsätzen der Verhältnismäßigkeit und Flexibilität beruht. Dies bedeutet, dass sich auf Basis der Norm diverse CMS-Strukturen und konkrete Modelle ergeben können, je nachdem, an welche konkreten Gegebenheiten, Risiken und sonstige individuelle Eigenschaften der Organisation das CMS angepasst wird (Kontext der Organisation). Diesem Umstand müssen die zu entwickelten Auditkriterien Rechnung tragen, indem sie entsprechend individualisiert werden.

492 Zum anderen sollten sie umfassend festgelegt werden und alle CMS-Phasen erfassen. Damit ein CMS-Audit seine eingangs erwähnte Feedback-Funktion erweisen kann sollen:
- die Einrichtung,
- Implementierung,
- Leistungsprüfung und
- Verbesserung eines CMS

anhand von individuell erarbeiteten Kriterien auditiert werden.

493 16.3.2.4. Grundsätze der Durchführung von CMS-Audits. Welche Form eines CMS-Audits auch immer gewählt wird, so muss in jedem Falle gewährleistet werden, dass die gewählten Auditoren umfassende Kenntnisse über das zu auditierende CMS haben, bzw. einen entsprechenden Zugang zu diesen Informationen erhalten. Nur so kann ermöglicht werden, dass die Auditoren geeignete und entsprechend individualisierte Auditkriterien entwickeln, nach denen das Audit anschließend durchgeführt wird.

494 Hinsichtlich der Durchführungsart bleibt die Norm dem Grundsatz der Flexibilität treu und lässt die Methodik offen. Bereits im definitorischen Bereich der Norm wird ausgeführt, dass ein Audit entweder intern (Erstparteien-Audit), extern (Zweitparteien-Audit) oder kombiniert durchgeführt werden kann.[805] Unabhängig davon, welche Form gewählt wird, in beiden Fällen lassen sich Argumente dafür und dagegen erwähnen.

495 Für beide Formen müssen Auditoren bestimmte Grundvoraussetzungen erfüllen. In jedem Fall müssen Auditoren unabhängig agieren. Die Unabhängigkeit kann dadurch nachgewiesen werden, dass keine Verantwortlichkeit für die zu auditierende Tätigkeiten besteht oder keine Vorurteile oder Interessenkonflikte vorhanden sind.[806] Die Auditoren

---

[801] Vgl. Ziff. 9.2 Abs. 3 1. Fall DIN ISO 19600.
[802] Vgl. Ziff. 9.2 Abs. 3 1. und 2. Fall DIN ISO 19600.
[803] Vgl. Ziff. 3.31 Anm. 2 DIN ISO 19600.
[804] Vgl. Ziff. 9.2 Abs. 1 DIN ISO 19600.
[805] Vgl. Ziff. 3.31 Anm. 1 DIN ISO 19600.
[806] Vgl. Ziff. 3.31 Anm. 3 DIN ISO 19600.

sollten so gewählt und die Audits so durchgeführt werden, dass die Objektivität und Unparteilichkeit des Auditprozesses sichergestellt ist.[807]

Diese grundlegenden Auswahlkriterien sollen nicht unterschätzt werden. Die erweiterte Bedeutung eines CMS-Audits kann von erheblicher Bedeutung sein, beachte man etwa, dass auf Basis der Audit-Ergebnisse Verbesserungsmaßnahmen ergriffen und hierdurch tiefgreifende Veränderungen am CMS vorgenommen werden können. Bei der Planung der Audits, Erarbeitung der Auditkriterien, Wahl der Auditoren und Durchführung sollte daher die höchste Sorgfalt beachtet werden. **496**

16.3.2.5. Schlussphase (insbes. Ergebnisse). Wie bereits erwähnt sind die Audit-Ergebnisse von Bedeutung für das CMS. Die Norm empfiehlt daher eine geordnete Kommunikation der Ergebnisse. Zum einen sollten sie nach der Norm an die Führung berichtet werden und als dokumentierte Informationen[808] entsprechend aufbewahrt werden.[809] Wichtig ist, sollten der Empfehlung gem. mehrere Audits in regelmäßigen Zeitabständen erfolgen, diese stets zu evaluieren und aufgrund der gewonnen Ergebnisse stetig zu verbessern. Damit wird auch der PDCA-Zyklus geschlossen. **497**

16.3.3. Interner Audit nach ISO 37001

Obwohl ISO 37001 im Unterschied zur DIN ISO 19600 eine zertifizierbare Norm vom Typ A ist, enthält sie nicht zwingend mehr Hinweise dazu, wie ein danach implementiertes System zu auditieren ist. Vielmehr wird auch hier im Wesentlichen auf die Richtlinien der Auditierung nach ISO 19011 verwiesen.[810] Ansonsten werden lediglich grundlegende Anforderungen aufgestellt, die denen aus DIN ISO 19600 sehr ähneln. Um Wiederholungen zu vermeiden seien nur die wesentlichen davon erwähnt, die in drei Gruppen systematisiert werden: allgemeine Anmerkungen, Gegenstand der Audits und Anforderungen an den Prüfer (Auditor). **498**

16.3.3.1. Allgemeine Anforderungen. Interne Audits sollten in geplanten Zeitabständen erfolgen,[811] wobei der Umfang von der Größe, Struktur, Reifegrad und Sitz der Organisation abhängen soll.[812] Darin kommt wiederum, auch bei einem internen Audit; der Grundsatz der Flexibilität zum Ausdruck. Ferner sollten interne Audits sinnvoll, angemessen und risikoorientiert erfolgen.[813] **499**

Organisationen sollten entsprechende Auditpläne mit diversen Festlegungen erstellen, wobei solche Faktoren zu berücksichtigen sind, wie:[814] **500**
- Häufigkeit,
- Methoden,
- Kriterien,
- Anwendungsbereich,
- Berichtswege,
- Auditoren,
- Dokumentation.

16.3.3.2. Auditgegenstände und –ziele. Ziele eines internen Audits liegen darin, zu prüfen, ob die Organisation die Anforderungen des eigenen AMS sowie die Anforderungen des Standards ISO 37001 erfüllt, ob das AMS effektiv umgesetzt wurde und aufrecht- **501**

---

[807] Vgl. Ziff. 9.2 Abs. 3 3. Fall DIN ISO 19600.
[808] Dazu ausf. unter Pkt. 15.8.
[809] Vgl. Ziff. 9.2 Abs. 3 4. und 5. Fall DIN ISO 19600.
[810] Vgl. Ziff. 9.2.1 Anm. 1 ISO 37001.
[811] Vgl. Ziff. 9.2.1 ISO 37001.
[812] Vgl. Ziff. 9.2.1 Anm. 2 ISO 37001.
[813] Vgl. Ziff. 9.2.3 ISO 37001.
[814] Vereinfachte Darstellung nach Ziff. 9.2.2 ISO 37001.

erhalten wird.[815] Die allgemeinen Zielsetzungen eines internen Audits nach ISO 37001 gehen somit in die gleiche Richtung wie bei einem Audit nach DIN ISO 19600.

502 Zu den wesentlichen Punkten, die geprüft werden, gehören:
– Bestechungen oder entsprechende Verdachtsfälle,
– Verstöße gegen die Antikorruptions-Politik oder Anforderungen des AMS,
– Geschäftspartner, die Anforderungen des AMS der Organisation nicht eingehalten haben und nicht zuletzt
– Schwächen und Verbesserungspotenzial des Systems.

Aus dem Katalog der Auditgegenstände ergibt es sich, dass ein interner Audit nach ISO 37001 nicht nur die Prüfung der Übereinstimmung des AMS einer Organisation mit den Anforderungen des Standards bezweckt, sondern viele weitere darüber hinaus gehende Funktionen erfüllt.

503 **16.3.3.3. Anforderungen an den Prüfer.** Den internen Audit nach 37001 muss nicht unbedingt ein externer Wirtschaftsprüfer durchführen. Der Standard erwähnt einige Personen und Funktionen, die mit dieser Aufgabe betraut werden können. In jedem Falle muss aber die Organisation sicherstellen, dass eine solche Person objektiv und unparteiisch ist und es nicht zu einer solchen Situation kommen kann, in der diese Person ihren eigenen Tätigkeitsbereich prüfen würde.[816]

504 Betreffend die Person des Auditors bleibt die Norm dem Grundsatz der Flexibilität treu und benennt einen Kreis von verschiedenen Personen, die den internen Audit durchführen können, darunter:
– eine interne unabhängige Funktion oder Mitglied der Organisation,
– eine einschlägige Person aus einer anderen Abteilung oder
– eine angemessene Drittperson oder aber
– eine sich aus diesen Personen zusammensetzende Gruppe von Prüfern.[817]

16.4. Überwachung durch die Führung

505 In der etwas irreführend bezeichneten Form der CMS-Prüfung als „Managementbewertung" (Ziff. 9.3 DIN ISO 19600) geht es um die Prüfung des CMS durch die oberste Organisationsleitung, ggf. ein anderes Führungsgremium, je nach Form und Art der Organisation. Dies wird zum einen durch die Betrachtung der englischen Fassung der Norm („management review"), zum anderen aus der Einleitung in diese Klausel deutlich. Damit entspricht die Norm ebenfalls den Anforderungen der Rspr. in Deutschland, die den Vorstandsmitgliedern die Überwachung des CMS als Pflicht bescheinigt.[818]

506 Erneut werden hier die Grundsätze der Flexibilität und Verhältnismäßigkeit deutlich, wenn zwar empfohlen wird, dass die oberste Leitung das CMS der Organisation in geplanten Abständen bewerten sollte, der Umfang und die Häufigkeit aber von der Art der Organisation abhängig sein sollten.[819] Im Allgemeinen hat die Bewertung durch die Führung zum Ziel, mithilfe von konkreten Bewertungsmaßnahmen zu konkreten Bewertungsergebnissen zu gelangen, um auf der Basis Verbesserungsmaßnahmen zu empfehlen. Dies, sowie eine entsprechende Dokumentation und Kommunikation der Ergebnisse, ergibt sich als System der Bewertung durch die Führung aus der Systematik der einschlägigen Ziff. 9.3 DIN ISO 19600. Ansonsten kann auch dieser Bewertungsprozess entlang des PDCA-Zyklus erfolgen, indem Bewertungsmaßnahmen geplant, durchgeführt, evaluiert und verbessert werden. Im Nachfolgenden wird daher nur auf die Abweichungen

---

[815] Vgl. Ziff. 9.2.1 a und b ISO 37001.
[816] Vgl. Ziff. 9.2.4 Abs. 1 und Abs. 2 ISO 37001.
[817] Vgl. Ziff. 9.2.4 ISO 37001.
[818] LG München I NZWiSt 2014, 183 (189).
[819] Vgl. Ziff. 9.3 Abs. 1 DIN ISO 19600.

dieses spezifischen Bewertungsprozesses gegenüber der allgemeinen CMS-Prüfung eingegangen.

16.4.1. Bewertungsaspekte

Die Norm folgt hinsichtlich der CMS-Bewertung durch die Führung zurecht – wenn auch nur indirekt – dem vollumfassenden Ansatz. Es werden konkrete Bewertungsaspekte empfohlen. Der Katalog ist offen und dient nur als Orientierungshilfe, die dort aufgenommenen Aspekte sind aber über die vier Grundimplementierungsschritte (Einrichtung, Implementierung, Überwachung, Verbesserung) verteilt, was darauf schließen lässt, dass eine vollumfängliche CMS-Bewertung durch die Führung erfolgen sollte. Die nachfolgende Abbildung systematisiert den Katalog mit Empfehlungen entlang der vier Grundschritte: 507

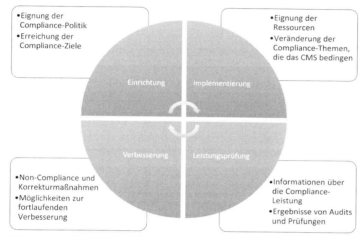

Abbildung 102: Beispiele für von der Führung zu bewertende Aspekte[820]

Auch an der Stelle ist zu betonen, dass sowohl die Auswahl aus dem empfohlenen Katalog, als auch die Entwicklung von weiteren Bewertungsaspekten an die individuellen Eigenschaften des CMS der Organisation angepasst werden sollten. 508

16.4.2. Bewertungsergebnisse und Optimierungsempfehlungen

Entsprechend den Bewertungsaspekten sollten sich auch die aus den Ergebnissen der Bewertung ergebenden Optimierungsempfehlungen orientieren. Um nur einige Beispiele zu nennen:[821] 509

- **Einrichtung:** Änderungen an der Compliance-Politik, Compliance-Zielen, Struktur, Ressourcen
- **Implementierung:** Änderungen an Compliance-Prozessen, etwa eine effektive Integration in die betrieblichen Praktiken und Systeme
- **Überwachung:** Bereiche, die wegen potenzieller Non-Compliance zu überwachen sind
- **Verbesserung:** Mängel in CMS und längerfristige fortlaufende Verbesserungsmaßnahmen.

---

[820] Die Abbildung basiert auf dem Katalog aus Ziff. 9.3 Abs. 2 DIN ISO 19600 und ist um weitere mögliche Bewertungsaspekte ergänzt worden.
[821] Die Beispiele orientieren sich nach den Empfehlungen der Ziff. 9.3 Abs. 4 DIN ISO 19600.

16.4.3. Besonderheiten nach ISO 37001

510 Anders als DIN ISO 19600 trennt ISO 37001 in Bezug auf die Überwachung durch die Organisationsführung zwischen der Überwachung durch das Führungsgremium und der Überwachung durch die oberste Leitung.[822]

511 **16.4.3.1. Führungsgremium.** Wie ansonsten auch, stellt die Norm auch hinsichtlich der Prüfung fest, dass diese Anforderung nur für den Fall gilt, dass eine Organisation ein Führungsgremium und eine oberste Leitung hat. Hat sie es, so sollte dieses aufgrund der von der obersten Leitung und der Antikorruptions-Funktion zur Verfügung gestellten und selbst angeforderten oder sonst erlangten Informationen das bestehende AMS periodisch überprüfen und die Ergebnisse einer solchen Prüfung dokumentieren.[823]

512 **16.4.3.2. Oberste Leitung.** Einen viel umfangreicheren Katalog an Aktivitäten, die iRd AMS-Überwachung aufgestellt wurde, gilt der obersten Leitung der Organisation. Insofern sei im Wesentlichen auf die Ausführungen zur DIN ISO 19600 verwiesen. Generell liegt auch hier das Ziel in der Prüfung der Nachhaltigkeit, Adäquanz und Effektivität.[824] Bei einer solchen Überprüfung sollten insbes. folgende Aspekte überprüft werden:
  – die Umsetzung der Empfehlungen, die infolge der vorherigen Überprüfungen gemacht wurden,
  – Änderungen der internen und externen Sachverhalte mit Auswirkung auf das Korruptionsrisiko,
  – Informationen über die Ergebnisse der Prüfung der AMS-Leistung und nicht zuletzt
  – die Effektivität der durchgeführten Maßnahmen zur Adressierung des Antikorruptions-Risikos und die Chancen zur Verbesserung des Systems.[825]

16.5. Mittelstand

513 Ein CMS in einem kleinen oder mittelständischen Unternehmen wäre sinnlos und nicht effektiv, wenn dort Maßnahmen implementiert werden würden, die möglicherweise wegen Änderung der Risikolage oder aufgrund des Zeitablaufs nicht nachgebessert oder gar abgebaut werden würden. Um aber zu solchen Entscheidungen zu gelangen, müssen auch in der mittelständischen Compliance die implementierten Methoden, Verfahren und Prozesse ständig überwacht werden. Mit Sicherheit wird ein Mittelständler kein mehrschichtiges Überwachungs- und Evaluationsprogramm implementieren müssen, wichtig ist jedoch, dass das System überprüft wird, und dass bei einschlägigen Rechtsformen, in denen die Führung hierfür zuständig ist, auch diese das System regelmäßig prüft und dies entsprechend dokumentiert. Auch in der Hinsicht ist die Orientierung an den erwähnten Grundregeln nach DIN ISO 19600 empfehlenswert.

Abschnitt IV: Verbesserung (ACT)

17. Verbesserung (Schritt 8/8)

514 Mit der Verbesserung wird nicht nur der PDCA-Zyklus des gesamten Systems geschlossen, sondern es werden auch die acht CMS-Grundphasen zu Ende gebracht. Die CMS-Verbesserung ist somit ungleich als der Übergangsschritt zum weiteren Stadium, wenn be-

---

[822] Zu den Begriffen siehe Pkt. 11.2.
[823] Vgl. Ziff. 9.3.2 ISO 37001.
[824] Vgl. Ziff. 9.3.1 Abs. 1 ISO 37001.
[825] Vgl. Ziff. 9.3.1 Abs. 2 ISO 37001.

achtet wird, dass die im Rahmen der Verbesserung gewonnenen Ergebnisse den ersten Schritt, nämlich den Kontext der Organisation beeinflussen.

17.1. Einleitung

Die Überschrift der Ziff. 10 „Verbesserung" der DIN ISO 19600 ist im Hinblick darauf, **515** dass Verbesserung nur einen von zwei wesentlichen Elementen der letzten Grundphase eines CMS umfasst, nicht ganz optimal.[826] IRd Phase geht es nämlich einerseits um das sog. Compliance-Krisenmanagement, dh Prozesse und Maßnahmen, die im Falle von Non-Konformität oder Non-Compliance ergriffen werden sollten. Andererseits geht es aber um die ständige und nachhaltige Verbesserung des CMS. Dieser Schritt ist eng mit der Compliance-Bewertung, Audits und sonstiger CMS-Prüfung verbunden, denn diese Prozesse offenbaren idR ein Verbesserungspotenzial. Auch die beiden Funktionen hängen miteinander zusammen. Die erwähnte Systematik erläutert die nachfolgende Abbildung.

Ständige   Compliance-
Verbesserung   Krisenmanagement

Abbildung 103: Compliance-Krisenmanagement und Verbesserung

Die systematische Verortung der Compliance-Krise im Bereich der Verbesserung mag **516** auf den ersten Blick vielleicht nicht einleuchten, es gibt aber gute Gründe, die für diesen Ansatz sprechen. Insbes. ist die Grenze zwischen einem Krisen-Fall und Verbesserung fließend. Bei jeder Non-Compliance muss geprüft werden, welche Reaktionen unternommen werden, um ähnliche Fälle für die Zukunft auszuschließen. Damit wird zugleich das CMS entsprechend verbessert. Auf der anderen Seite soll die CMS-Optimierung nachhaltig wirken und dadurch ähnliche Fälle für die Zukunft ausschließen. Somit bedingt die Verbesserung das Krisenmanagement. Zwischen den beiden Schritten liegt demnach ein Wechselverhältnis vor, das für die gemeinsame Behandlung der Schritte auch in der Praxis spricht.

Da idR iRd abgearbeiteten Compliance-Krise wertvolle Informationen über das CMS **517** selbst geliefert werden, sollten diese iRd CMS-Verbesserung berücksichtigt werden. Aus diesem Grunde liegt es nahe, chronologisch an der ersten Stelle mit der Behandlung von Prozessen und Maßnahmen zu beginnen, die im Falle einer Compliance-Krise eingeleitet werden können.

Einführend sei schließlich angemerkt, dass auch dieser Prozessschritt mit der Recht- **518** sprechung in Deutschland konform ist, wonach die Compliance-Organisation bei Unregelmäßigkeiten verbessert werden sollte.[827] Die nach einem Compliance-Vorfall vorgenommene CMS-Optimierung kann ferner bei der Sanktionsminderung berücksichtigt werden.[828]

---

[826] Dasselbe gilt auch für ISO 37001, da beide Normen der einheitlichen Struktur (High Level Structure) folgen. Dazu ausf. Pkt. 8.1.1.
[827] LG München I NZWiSt 2014, 183 (190).
[828] BGH, 9.5.2017 – 1 StR 265/16, BeckRS 2017, 114578.

17.2. Compliance-Krisenmanagement

519 Das Compliance-Krisenmanagement knüpft an die werteorientierte Betrachtung[829] von CMS sowie an die Tatsache an, dass Menschen – also alle Mitglieder der Organisation – im Mittelpunkt eines solchen Systems stehen.[830] So wie auch in der Gesellschaft atypische Verhaltensweisen nie ausgeschlossen werden, so kann kein CMS dies auch in einer Organisation erreichen. Alle Personen, die eine Compliance-Funktion innehaben, müssen daher damit rechnen, dass es zu einem Compliance-Krisenfall, also einer Compliance-Verfehlung, kommen kann.

17.2.1. Grundlagen

520 Wegen der erheblichen Bedeutung des Krisenmanagements seien zunächst sowohl dessen Ziele, Bedeutung und Funktionen, als auch die dazugehörenden – oft schwer voneinander abzugrenzenden – Grundbegriffe erläutert.

521 **17.2.1.1. Begriffe.** Die Normen gehen von zwei Begriffen aus, die mit Nichteinhaltung von Regeln zu tun haben: die Non-Compliance und die Nichtkonformität. Zu klären ist daher zunächst, was der Unterschied zwischen diesen Begriffen ausmacht und ob dieser in operationeller Hinsicht von Bedeutung ist.

522 Als Non-Compliance wird die Nichteinhaltung einer bindenden Verpflichtung definiert,[831] darunter fallen also sowohl Compliance-Anforderungen, als auch Compliance-Verpflichtungen. Mit anderen Worten: Eine Verletzung von Anforderungen, die zwar keine gesetzlichen Pflichten sind, die aber eine Organisation als bindende Verpflichtungen freiwillig angenommen hat, sollten gleichbehandelt werden, wie Verletzungen der bindenden (gesetzlichen) Verpflichtungen.[832] Hat eine Organisation beispielsweise einen bestimmten Wert in den Verhaltenskodes aufgenommen, der in keinem Gesetz geregelt ist und ist der Verhaltenskodex formal bindend umgesetzt worden, so greifen bei einem Verstoß gegen den Verhaltenskodex dieselben Folgen ein, als hätte die betroffene Person gegen ein Gesetz verstoßen.

In der Norm wird weiter ausgeführt, dass eine Non-Compliance ein einzelnes oder ein wiederkehrendes Ereignis darstellen kann.[833] Dies entspricht auch dem realen Leben, in dem es Einzel- oder Wiederholungstäter geben kann. Sie können ferner allein oder in Gruppen handeln, auch mit unterschiedlichem Tatbeitrag.

523 Als Nichtkonformität dagegen wird die Nichterfüllung einer Anforderung eines Managementsystems,[834] idS des CMS oder AMS, definiert. Zu dem Verhältnis zwischen Non-Compliance und Nichtkonformität sagt die Norm direkt nur so viel: Non-Compliance kann, muss aber nicht Ergebnis der Nichtkonformität sein.[835] Die Abgrenzung bereitet deswegen Schwierigkeiten, weil in beiden Fällen „Anforderungen" verletzt werden, diese sich aber aus verschiedenen Quellen ergeben. Für mehr Überblick sorgt die nachfolgende Abbildung:

---

[829] Dazu bei *Möller* COMPLY 4/2015, 26 ff.
[830] Ausführlich hierzu siehe Pkt. 1.1.
[831] Vgl. Ziff. 3.18 DIN ISO 19600.
[832] Zur Abgrenzung der Grundbegriffe siehe Pkt. 3.1.1 und 3.1.2.
[833] Vgl. Ziff. 3.18 Anm. 1 DIN ISO 19600.
[834] Vgl. Ziff. 3.33 DIN ISO 19600.
[835] Vgl. Ziff. 3.18 Anm. 1 DIN ISO 19600.

Abbildung 104: Abgrenzung zwischen Non-Compliance und Nichtkonformität

Auch wenn es wichtig ist, zwischen Non-Compliance und Nichtkonformität zu unter- **524** schieden, insbes. im Hinblick auf die diversen Funktionen und Bedeutung der Verfehlungen, so behandelt die Norm idR beide Verfehlungen gleich. Zu Zwecken einer einfachen Darstellung wird daher im Weiteren für beide Fälle der Begriff einer Compliance-Verfehlung verwendet.

17.2.1.2. Bedeutung, Ziele und Funktionen. Eine Compliance-Verfehlung kann für **525** eine Organisation verheerende Folgen haben. Sie lassen sich in zwei wesentliche Gruppen, nämlich quantitative und qualitative Folgen einstufen.[836] Zu der ersten Gruppe der quantitativ zu bewertenden Folgen gehören mit Sicherheit einerseits die Sanktionen, Strafen und Geldbußen, die gegenüber der Organisation und der Person verhängt werden, die eine Compliance-Verfehlung begangen hat. Zu den quantitativen Folgen gehören aber unter Umständen auch weitere Verluste, wie in etwa Umsatzeinbußen, bzw. Geschäftsrückgang. Diese Folgen können direkt mit den qualitativen Folgen einer Compliance-Verfehlung zusammenhängen: Organisationen mit Compliance-Schwierigkeiten erleiden oft schmerzliche Rufschädigungen, die sich an diversen Stellen negativ auswirken können. Im schlimmsten Falle können damit Umsatzeinbußen verursacht werden.

Es ist daher das Ziel und die Funktion eines CMS, als ein Teil hiervon ein funktionie- **526** rendes und gut durchdachtes Compliance-Krisenmanagement einzurichten.[837] Von einem solchen System hängt es ab, ob eine Organisation in der Lage ist, die Compliance-Krise korrekt zu managen, den Fall schnell aufzuklären und den Schaden möglichst gering zu halten. Um diese Ziele zu erreichen, muss ein solches System zwingend zwei methodische Elemente umfassen: Zum einen muss auf den konkreten Fall entsprechend reagiert werden, indem er und seine Folgen beseitigt werden. Zum anderen sollten aber weitreichende Maßnahmen ergriffen werden, um die Ursachen des Vorfalls zu analysieren und durch entsprechende Kommunikation für die Zukunft vorzusorgen, zugleich aber auch das System an sich zu verbessern.

Anzumerken ist schließlich, was die Norm bestens auf den Punkt bringt, dass ein Fall **527** der Compliance-Verfehlung nicht zwingend einen Beweis dafür zu liefern vermag, dass das CMS an sich nicht in der Lage ist, solche Fälle zu verhindern oder zu erkennen.[838]

---

[836] Grundlegend dazu *v. Marnitz,* Hamburg 2011.
[837] Zur Kommunikation in der Krise siehe *Richter* COMPLY 4/2015, 22 ff. und *Dietlmaier* COMPLY 4/2015, 18 ff.
[838] Vgl. Feststellung in Ziff. 10.1.1 Abs. 2 DIN ISO 19600.

17.2.2. Effektive Aufklärung (interne Ermittlungen)[839]

528 Die Norm geht von der Situation aus, in der ein Fall der Compliance-Verfehlung bereits aufgetreten ist und empfiehlt, dass in solchen Situationen reagiert werden sollte. Hieraus ergibt sich aber indirekt, dass ein Fall der Compliance-Verfehlung zunächst festgestellt werden muss. Eine Stufe davor ergeben sich zunächst sog. Verdachtsmomente. Es ist auch in der deutschen Rspr. anerkannt, dass solche Verdachtsmomente effektiv aufgeklärt werden sollten.[840] Zu diesen Zwecken werden, worauf in der DIN ISO 19600 nicht näher eingegangen wird, was jedoch die dort vorgesehene Feststellung einer Non-Compliance zwingendermaßen voraussetzt, sog. interne Ermittlungen[841] durchgeführt. Diese Methode dient der möglichst lückenlosen, effektiven und schnellen Aufklärung von compliance-relevanten Verdachtsfällen.[842] Selbstverständlich müssen die einzelnen Schritte entsprechend dokumentiert werden, um eine beweissichere Grundlage für die potenzielle Zusammenarbeit mit der Staatsanwaltschaft zu schaffen.[843]

529 **17.2.2.1. Charakter und Bedeutung der internen Ermittlungen.** Zunächst ist zu betonen, dass sich der Charakter von solchen Ermittlungen grundlegend von den konventionellen staatsanwaltlich geführten Ermittlungen unterscheidet. Im Falle der internen Ermittlungen liegen privatrechtliche Beziehungen vor, während der Staatsanwalt im Auftrag des Staates in alle Richtungen ermitteln sollte. Handelt der Staat gegenüber von Privatrechtssubjekten, so stehen den letzteren diverse verfassungsrechtlich verankerte Prozessrechte zu. Zu Recht wird daher in dem Zusammenhang auf „Privatisierung" der staatsanwaltlichen Ermittlungen hingewiesen.[844] So befinden sich etwa die verdächtigten Mitglieder einer Organisation, die als solche befragt werden, in einer Lage, die sich von der Lage unterscheidet, wenn ein Staatsanwalt die Ermittlung durchführen würde. In dem letzteren Fall können sich die Verhörten unter Umständen auf Schweigerechte berufen, die ihnen als verfassungsrechtlich anerkannte Prozessrechte gewährleistet werden. Diese könnten im Falle der privaten Ermittlungen ausgehebelt werden – verbunden zusätzlich mit einer Notlage, in der Befürchtung, aussagen zu müssen, andernfalls den Job zu verlieren. Eine besondere Vorsicht sei daher geboten und dem Mitarbeiter seien zumindest auf gleichem Niveau bestehende Schutz- und Gegenrechte zu gewährleisten, die er im Falle einer staatsanwaltlichen Ermittlung genießen würde.

530 Korrekt durchgeführte interne Ermittlungen können von erheblicher Bedeutung in der Compliance-Krise sein. Es wird damit im Innenverhältnis, und wenn gewünscht und entsprechend gesteuert – auch nach außen, eine Botschaft gesendet, dass Compliance-Verfehlung nicht geduldet wird. Ferner kann hierdurch das Compliance-Risiko im möglichst frühen Stadium gesteuert werden. Solche Maßnahmen können ferner auf den künftigen Kontakt mit den Ermittlungsbehörden vorbereiten und wirken sich schließlich auch als Sensibilisierungsmaßnahmen aus.

531 **17.2.2.2. Modelle.** In der Praxis werden diverse Modelle für interne Ermittlungen eingesetzt. In jedem Fall sollte die Wahl von passenden Modellen einerseits von Größe und Charakter der Organisation, andererseits aber von Ausmaß der Compliance-Verfehlung und schließlich von den Vor- und Nachteilen der einzelnen Modelle, die nun kurz erläutert werden, abhängig gemacht werden.

532 IdR werden interne Ermittlungen externen Anbietern in Auftrag gegeben (Ermittlungen durch Dritte). Die Organisation kann sich aber auch dafür entscheiden, solche Auf-

---

[839] Zu Methoden und Durchführung grundlegend bei *Makowicz* Compliance/*Glaser/Wisskirchen* 2–50.
[840] LG München I NZWiSt 2014, 183 (189).
[841] Andere gängige Bezeichnungen für „interne Ermittlungen" sind: private investigations, internal investigations, Innenaufklärung, interne Aufklärung, etc.
[842] Mehr zu dem Thema aus richterlicher Sicht bei *Sarhan* Compliance Praxis, 2014, 17.
[843] Mehr dazu aus staatsanwaltlicher Sicht bei *Loer* Compliance Praxis, 2014, 22.
[844] Vgl. *Schneider* NZG 2010, 1202.

klärungsmaßnahmen selbst, also durch eigens dafür berufene Personen oder durch die Compliance-Funktion durchzuführen (eigene Ermittlungen). Ferner ist es auch möglich, dass grds. eigene Ermittlungen geführt werden und nur Teile des Ermittlungsprozesses an Dritte ausgelagert werden (Teil-Outsourcing). Schließlich können Organisationen auch auf privat durchgeführte Ermittlungen gänzlich verzichten und direkt die Ermittlungsbehörden informieren, die ihrerseits ein Ermittlungsverfahren bei ausreichendem Verdacht aufnehmen werden (offizielle Ermittlungen).

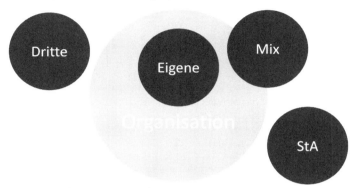

Abbildung 105: Formen der privaten Ermittlungen

Alle erwähnten Modelle haben ihre Vor- und Nachteile. In jedem Falle ist es empfeh- **533** lenswert, alle Verdachtsfälle zunächst intern aufzuklären. Es ist nicht nur eine Empfehlung, sondern wie bereits erwähnt, die Vorgabe der Rspr., den Verdachtsfällen in der Organisation nachzugehen. Zwar begrüßen Staatsanwälte nur bedingt solche Praktiken,[845] da bisher nicht eindeutig klargestellt werden konnte, ob Organisationen mit CMS deswegen eine geringe Anzahl an Compliance-Verfehlungen verzeichnen, weil die CMS gut funktionieren oder weil die Verfehlungen aufgeklärt und nicht zur Anzeige gebracht werden. Auch die Ermittlungsbehörden sehen aber generell die Vorteile darin, dass sie selbst entlastet und die Kooperation mit der Compliance-Funktion die Durchführung von staatsanwaltlich geführten Ermittlungen unterstützen kann.

Es ist lange kein Geheimnis mehr, dass insbes. in Wirtschaftsstrafsachen die lange Ver- **534** fahrensdauer Druck auf die Verdächtigen und die Organisationen selbst und damit auch ein Misstrauen gegenüber den Geschäftspartnern und Kunden erzeugen können – selbst wenn sich der Verdacht im Nachhinein nicht bestätigen sollte. Solche Ermittlungen gelangen auch eher in die Presse und können damit der Organisation bereits bei einem an sich harmlosen Anfangsverdacht erhebliche Reputationsschäden zufügen.

Entscheiden sich diese für die Durchführung von privaten Ermittlungen, so werden sie **535** die Vor- und Nachteile der einzelnen Ermittlungs-Modelle abwägen müssen. Der wesentliche Nachteil der durch Dritte geführten Ermittlungen liegt mit Sicherheit darin, dass Informationen nach außen gelangen. Die Führung der Organisation, bzw. die Compliance-Funktion ist nicht mehr die Herrin des Verfahrens. Andererseits handelt es sich oft bei den Dritten um ausgewiesene Fachleute, die nicht nur entsprechendes Ermittlungsknowhow, sondern auch breite Rechtskenntnisse besitzen, um solche Ermittlungen regelkonform durchzuführen. Handelt es sich bei der Ermittlungsperson um einen Rechtsanwalt, so können unter Umständen auch Schutzprivilegien in Betracht kommen, die es der Staatsanwaltschaft im späteren Verfahren unmöglich machen könnten, bestimmte Beweisstücke und Unterlagen zu beschlagnahmen.[846]

---

[845] Dazu ausf. in der Studie des Bundeskriminalamtes, *Medayati/Bruhn,* Wiesbaden 2015.
[846] Ausf. dazu bei *Kottek* CB 2016, 349 ff.

Auch psychologische Aspekte sind zu berücksichtigten. Die wesentliche Methode der Durchführung von Ermittlungen ist die Führung von sog. Interviews, also Befragung der Mitglieder der Organisation. In der Situation kann es für die Tätigung der Aussage von Bedeutung sein, ob die Fragen von einem Außenstehenden oder von der internen Compliance-Funktion gestellt werden. Nicht zuletzt hat aber auch eine durch einen Staatsanwalt geführte Ermittlung erhebliche Vorteile: So stehen einem Staatsanwalt im Gegensatz zu einer Privatperson stärkere Durchgriffsrechte zu, er kann zB eine Durchsuchung von Personen und Räumen anordnen, um an die Unterlagen zu gelangen, die die Führung der Organisation an eine Privatperson nicht herausgeben würde.

536 **17.2.2.3. Grundsätze der Durchführung.** Es gibt viele diverse Grundsätze, die bei der Durchführung von internen Ermittlungen von Bedeutung sind. Ebenso wichtig sind die rechtlichen Grenzen, etwa aus dem Arbeitsrecht, die es zu beachten gilt. Hinsichtlich der Details wird daher auf die einschlägige Fachliteratur verwiesen.[847] Zur Abrundung der Thematik seien an der Stelle daher nur einige wesentliche Grundsätze erwähnt.

537 Zum einen muss bei der strukturellen Konzipierung des CMS die Frage bewusst entschieden werden, welches Ermittlungs-Modell verfolgt wird. Ferner müssen konkrete Pläne hinsichtlich der Zusammenarbeit mit der Staatsanwaltschaft entwickelt werden. Wie auch immer entschieden, ist im Falle der Ermittlungen stets der Zeitfaktor von entscheidender Bedeutung: Die einzelnen Ermittlungsmaßnahmen sollten schnell, effektiv und möglichst schonend durchgeführt werden, da sie eine besondere Belastung insbes. für die am Verfahren beteiligten Personen darstellen, unter Umständen aber auch die Betriebsprozesse behindern und sich auf den Unternehmenserfolg negativ auswirken könnten. Ein Ermittlungsplan wird hierzu eine unerlässliche Hilfe darstellen. Von besonderer Bedeutung ist die Beachtung des Verhältnismäßigkeitsgrundsatzes, damit keine übertriebenen und zum Verdachtsfall außer Verhältnis stehenden Maßnahmen ergriffen werden.

538 Die anzuwendenden Methoden hängen im Wesentlichen von der Schwere der Verfehlung, von den möglichen Folgen, aber auch von der Größe, Art und Komplexität der Organisation sowie ihrer Vorgänge und der Anzahl der Mitglieder der Organisation ab. Es muss im konkreten Falle entschieden werden, welche Maßnahmen durchgeführt werden. IdR werden sog. Befragungen/Interviews der Mitglieder der Organisation durchgeführt. Auch hier muss ein entsprechender Plan vorliegen. Es muss festgestellt werden, in welcher Reihenfolge, welche Personen, wann, wie und von wem befragt werden. Von dem einschlägigen Knowhow und Erfahrung der Ermittlungspersonen werden oft die Ermittlungsergebnisse wesentlich abhängen. Sehr wichtig ist ferner die sorgfältige Dokumentation der Ermittlungen, die im späteren staatsanwaltlichen Ermittlungsverfahren oder einem Strafprozess eine Rolle spielen kann.

539 **17.2.2.4. Anforderungen nach ISO 37001.** Anders als DIN ISO 19600 enthält ISO 37001 einige Hinweise zur Durchführung von internen Ermittlungen. Allerdings sind diese nicht im Abschnitt über die Verbesserung, sondern – zutreffender – in dem über den Betrieb des Systems enthalten.[848]

540 Die Anforderungen des Standards halten sich jedoch in recht allgemeinen Grenzen und werden im Annex A weiter erläutert.[849] So wird jedenfalls betont, dass die Ermittlungen auch von internen Personen durchgeführt werden können, die aber nicht im Zusammenhang mit dem zu ermittelnden Sachverhalt stehen dürfen, ansonsten können aber auch externe Ermittler beauftragt werden.[850] Ferner verlangt die Norm, dass die Organisation Ermittlungen aufnehmen sollte, wenn Bestechungen oder Verstöße gegen das System an-

---

[847] Ausf. dazu bei *Rudkowski,* Aufklärung von Compliance-Verstößen, Wiesbaden 2015.
[848] Vgl. Ziff. 8.10 ISO 37001.
[849] Vgl. A.18 Annex A ISO 37001.
[850] Vgl. Ziff. 8.10 Abs. 2 ISO 37001.

gezeigt oder entdeckt wurden oder auch dann, wenn ein diesbezüglicher Verdacht besteht.[851] Damit die Ermittlungen ordnungsgemäß durchgeführt werden können, sollten die Ermittler mit entsprechenden Befugnissen ausgestattet und von den betroffenen Mitgliedern der Organisation sollte Mitwirkung verlangt werden.[852]

17.2.3. Reaktionen[853]

Ist eine Compliance-Verfehlung festgestellt worden, indem der Verdachtsfall im Zuge der privaten Ermittlungen bestätigt werden konnte, so kommt wieder die DIN ISO 19600 zur Anwendung, die für den Fall empfiehlt, dass entsprechend reagiert werden sollte.[854] Insbes. könnte die repressive Funktion des CMS nicht erfüllt werden, wenn in diesem Falle keine bestimmten Maßnahmen zur Aufarbeitung der konkreten Compliance-Verfehlung vorgesehen und im Ernstfall umgesetzt werden würden. Eine wichtige Rolle spielen im Compliance-Krisenmanagement die Grundsätze der Verhältnismäßigkeit und Flexibilität. Die zu ergreifenden Gegenmaßnahmen sollten stets an den Zielen und der Compliance-Verfehlung gemessen werden.[855] Schließlich ist entsprechende Reaktion im Hinblick auf Haftung[856] sowie weitere Sanktionen und Folgen[857] wichtig.
541

17.2.3.1. Krisenmanagement als PDCA-Zyklus. Zwar wird dies nicht direkt im Wortlaut der Normen erwähnt, doch ist den einzelnen Prozessschritten zu entnehmen, dass auch bzgl. der Reaktionen, die als Maßnahmen erfolgen, der PDCA-Zyklus zur Anwendung kommt. Natürlich sollten auch diese Maßnahmen in das CMS eingebettet sein, dh sie müssen sich in der Compliance-Politik, bzw. dem CMS-Plan wiederfinden, regelkonform durchgeführt und entsprechend dokumentiert werden.[858]
542

Zunächst ergeben sich aus der Norm die nachfolgenden Handlungsempfehlungen im Falle einer Non-Compliance:
543

---

[851] Vgl. Ziff. 8.10 Abs. 1 a ISO 37001.
[852] Vgl. Ziff. 8.10 Abs. 1 c und d ISO 37001.
[853] Grundlegend dazu bei *Makowicz* Compliance/*Abrar/Brauers/v. Buchwaldt/Grauke* 5–10.
[854] Vgl. Ziff. 10.1.1 Abs. 1 DIN ISO 19600.
[855] So auch die Empfehlung in Ziff. 10.1.1 Abs. 3 S. 1 DIN ISO 19600.
[856] Zur gesellschaftsrechtlichen Haftung bei *Makowicz* Compliance/*Bosse/Kindl/Taube* 5–20.
[857] Zu Sanktionen und Nebenfolgen *Makowicz* Compliance/*Schorn* 5–30.
[858] Die letzte Empfehlung findet sich ausdrücklich in Ziff. 10.1.1 Abs. 3 S. 2 DIN ISO 19600.

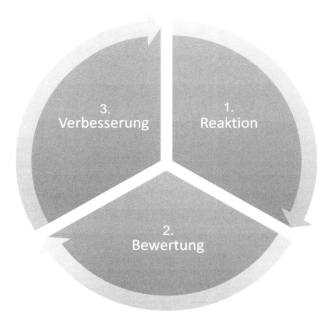

Abbildung 106: Handlungsempfehlungen bei Compliance-Verfehlung[859]

544   Werden die Empfehlungen systematisiert, so lassen sie sich in drei Gruppen einstufen:[860]

- **Reaktion:** Auf eine Compliance-Verfehlung sollte die Organisation reagieren, indem Maßnahmen zur Überwachung und zur Korrektur ergriffen werden und/oder mit den Folgen angemessen umgegangen wird. IdS sind alle erforderlichen Maßnahmen zu ergreifen. Dies deutet nicht nur darauf hin, dass die Fälle umfassend behandelt werden sollten, sondern – iSd Erforderlichkeitsgrundsatzes – mildere Alternativmaßnahmen zu ergreifen sind, falls diese die gleiche Zielsicherheit aufweisen.
- **Bewertung:** Die Compliance-Verfehlung sollte analysiert werden, damit sie nicht erneut oder an einer anderen Stelle auftritt. Hierzu sollten ihre Ursachen untersucht werden. Der Bewertung sollten aber ebenfalls die ergriffenen Korrekturmaßnahmen unterliegen, um das Krisenmanagementsystem für die Zukunft zu verbessern. An dieser Stelle kommt die Empfehlung indirekt zum Tragen, auch das Krisenmanagement als ein PDCA-Zyklus zu betrachten.
- **Verbesserung:** Die Verbesserung sollte schließlich nicht nur die ergriffenen Maßnahmen und damit das Krisenmanagementsystem an sich betreffen. Insbes. sollten die Ergebnisse des Krisenmanagements und die Analyse der Compliance-Verfehlung als Informationsquelle für mögliche Verbesserungen des CMS betrachtet werden.

545 **17.2.3.2. Reaktion im Einzelnen: Korrektur und Korrekturmaßnahmen.** Ähnlich wie die Systematik von Compliance-Verfehlung ein wenig schwer verständlich ist, wenn zwischen Non-Compliance und Nichtkonformität unterschieden wird, ist es im Falle der empfohlenen Korrekturmaßnahmen, wenn zwischen Korrektur und Korrekturmaßnahmen unterschieden wird.

---

[859] Die Abbildung basiert auf Ziff. 10.1.1 Abs. 1 DIN ISO 19600.
[860] Vgl. Ziff. 10.1.1 Abs. 1 a–e DIN ISO 19600.

Abbildung 107: Korrektur und Korrekturmaßnahmen im Compliance-Krisenmanagement

Zwar sind die Begriffe an sich etwas verwirrend, ihre Bedeutung entspricht aber exakt **546** der Vorgehensweise in der Praxis im Falle einer Compliance-Krise. So werden idR die Verfehlung und möglichst ihre Ursachen eliminiert (Korrektur). Anschließend – oder oft parallel zur Korrektur – wird die Verfehlung analysiert und eine weitere Aufarbeitung betrieben (Korrekturmaßnahmen). In ähnliche Richtung gehen die ISO-Definitionen: Als Korrektur wird eine Maßnahme zum Beseitigen einer erkannten Compliance-Verfehlung[861] definiert und als Korrekturmaßnahme eine solche, die auf das Beseitigen der Ursachen dieser Verfehlung und auf das Verhindern des erneuten Auftretens abzielt.[862]

17.2.3.3. Komplexe Aufarbeitung. Aus der Systematik wird ersichtlich, dass die Norm **547** einen umfassenden Ansatz zur Behandlung von Compliance-Verfehlungen verfolgt.

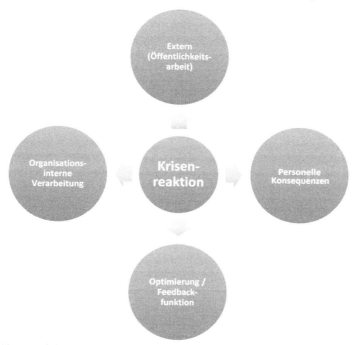

Abbildung 108: Mögliche Reaktionsmaßnahmen

---

[861] Vgl. Ziff. 3.34 DIN ISO 19600.
[862] Vgl. Ziff. 3.35 DIN ISO 19600.

548 Die Reaktionen gehen in vier potenzielle Korrekturrichtungen und können parallel, kumulativ oder konsekutiv vorgenommen werden. Es hängt von den Umständen des Einzelfalles ab, ob, welche davon und wie sie durchgeführt werden.

Zum einen sollte der Fall vollständig intern aufgearbeitet werden. Dies betrifft sowohl die möglichen Konsequenzen gegen die Person, die eine Compliance-Verfehlung begangen hat, als auch die allgemeine Aufarbeitung des Falles in der Organisation, etwa Berücksichtigung bei künftigen Schulungen und Verbesserung des Systems. Schließlich nicht weniger wichtig ist die Aufarbeitung nach Außen, die etwa in der Öffentlichkeitsarbeit bestehen kann. Ist zu befürchten, dass Medien von der Compliance-Verfehlung Kenntnis erlangen werden, so ist darüber nachzudenken, selbst Informationen an die Medien weiterzuleiten.

17.2.4. Kommunikation über Compliance-Verfehlungen

549 Ein weiteres von der Norm empfohlenes Element eines Compliance-Krisenmanagements ist die Kommunikation über Compliance-Verfehlungen. Indirekt geht die Norm von internen und externen Kommunikationsprozessen aus. Dieser Ansatz ist richtig. Entsprechende Kommunikation über Compliance-Verfehlungen kann von entscheidender Bedeutung für die Wahrnehmung des Vorfalls sein, und zwar nicht nur intern in der Organisation. Auch die durchdachte Kommunikation mit den Medien kann dazu führen, dass für eine Compliance-Verfehlung bei den Empfängern mehr Verständnis entwickelt wird, wodurch auch der Reputationsschaden in Grenzen gehalten werden kann.

550 Konkret empfiehlt die Norm für die Zwecke, dass Organisationen über entsprechende Kommunikationsprozesse verfügen, die sicherstellen, dass Management und Compliance-Funktion, aber auch die oberste Leitung und Ausschüsse entsprechend informiert werden. Hierzu soll ein Plan festgelegt werden, wer, wann und wie zu informieren ist.[863]

551 Die externe Kommunikations-Politik sollte sich nach den Empfehlungen der Norm primär an den rechtlichen Verpflichtungen der Organisation orientieren, es wird jedoch auch für den Fall, dass Organisation hierzu gesetzlich nicht verpflichtet sind, nahe gelegt, die Möglichkeit einer freiwilligen Selbstauskunft über Compliance-Verfehlungen gegenüber von Behörden in Betracht zu ziehen, um ihre Folgen abzuschwächen.[864]

17.2.5. Dokumentation und Bedeutung der Ergebnisse

552 Eine wichtige Rolle im Krisenmanagement spielt schließlich die korrekte Dokumentation, die sich primär an den rechtlichen Anforderungen orientieren sollte. Die Norm enthält hierzu einige allgemeine Empfehlungen. Danach sollte die Organisation Informationen dokumentieren und aufbewahren, als Nachweis der Art der Compliance-Verfehlung sowie jeder daraufhin getroffenen Maßnahme, als auch der Ergebnisse jeder Korrekturmaßnahme.[865] Es empfiehlt sich, diese Dokumentation in die Gesamtkonzeption der Compliance-Dokumentation[866] einzubetten, um sie systematisch und geplant zu betreiben.

553 Entsprechende Dokumentation im Krisenmanagement ist aber auch für die Erfüllung weiterer Funktionen dieses Systems von Bedeutung. Die Norm stellt klar, dass solche Informationen, die aus der Auswertung von Compliance-Verfehlungen resultieren, für eine ganze Reihe von weiteren Tätigkeiten verwendet werden können. Als Beispiele werden genannt:

- Beurteilung von Produkten und Dienstleistungen,
- Verbesserung von Verfahren und Praktiken in der Organisation,

---

[863] Vgl. Ziff. 10.1.2 Abs. 1 DIN ISO 19600.
[864] Vgl. Ziff. 10.1.2 Abs. 2 DIN ISO 19600.
[865] Vgl. Ziff. 10.1.1 Abs. 3 DIN ISO 19600.
[866] Siehe dazu Pkt. 15.8.

- Schulung der Organisationsmitglieder,
- Neugestaltung der Steuerungsmaßnahmen,
- Verbesserung von Mitteilung oder Eskalationsschritten, etc.[867]

Mit anderen Worten: Die Ergebnisse aus einer Krisensituation sollen in der Organisation **554** so aufgearbeitet werden, dass hieraus für die Zukunft entsprechend gelernt wird. Methodisch gesehen spielen solche Informationen daher eine wesentliche Rolle iRd DPCA-Zyklus der einzelnen Maßnahmen und tragen damit zur Verbesserung des CMS bei.

17.3. Ständige CMS-Verbesserung

Es ist eine klare und eindeutige Empfehlung der Norm, wonach Organisationen es an- **555** streben sollten, die Eignung, Angemessenheit und Wirksamkeit ihres CMS nicht nur fortlaufend zu prüfen,[868] sondern auch fortlaufend zu verbessern.[869] Als fortlaufende Verbesserung wird eine wiederkehrende Tätigkeit oder ein wiederkehrender Prozess zum Steigern der Leistung definiert.[870] Als dieser Prozess kommt in der DIN ISO 19600 an vielen Stellen der bereits oft erörterte PDCA-Zyklus zum Tragen. Bemerkenswert ist, dass sich auch dieser Hauptgrundsatz der Funktionsweise von CMS mit den Empfehlungen der deutschen Rspr. deckt, wonach die Compliance-Organisation bei Unregelmäßigkeiten verbessert werden sollte.[871]

17.3.1. Bedeutung

Bei einem CMS handelt es sich um fortlaufende Prozesse. Sowohl die bindenden Ver- **556** pflichtungen, als auch die daraus resultierenden Compliance-Risiken, die Mitglieder der Organisation, ihre Strukturen und Prozesse unterliegen einem ständigen Wandel. Organisationen entwickeln neue Produkte oder Dienstleistungen, erobern neue Märkte und wachsen. Das CMS muss an diese und andere Veränderungen angepasst werden, um effektiv zu bleiben.

Andererseits ergeben sich im Laufe der Zeit neue Methoden und Entwicklungstendenzen sowie neue Standards. Schließlich kann das CMS an bestimmten Stelle Schwächen und Optimierungsbedarf aufweisen. All das sind gewichtige Argumente dafür, dass ein CMS dem Prozess einer ständigen Verbesserung unterliegen sollte. Das System der ständigen Verbesserung ist kein stand-alone-System. Es sollte so begriffen werden, dass der PDCA-Zyklus bei allen relevanten Compliance-Prozessen und -Maßnahmen zur Anwendung kommen sollte. Es ist bereits an einigen Stellen darauf eingegangen worden, wie solche ständige Verbesserung betrieben werden kann. Nur zur Abrundung seien daher einige weitere Beispiele erwähnt.

17.3.2. Integrierte Dauerverbesserung

Der PDCA-Zyklus kommt in einem CMS in mindestens zweifacher Form zum Aus- **557** druck. Zum einen liefert es ein Modell für das gesamte System, was bereits erörtert worden ist.[872] Viel wichtiger ist es jedoch, das PDCA-Modell als ein Grundprinzip der Gestaltung von den einzelnen CMS-Maßnahmen zu begreifen. Unabhängig davon, ob Kommunikationsmaßnahmen, Schulungen oder Audits durchgeführt werden, all diese Prozesse und Maßnahmen sollten ständig verbessert werden, um sie einerseits stetig zu optimieren und andererseits an die sich ändernden Umstände anzupassen. Im Zuge der Darstellung der einzelnen Maßnahmen ist bereits mehrfach darauf eingegangen worden,

---

[867] Vgl. Ziff. 10.1.1 Abs. 4 DIN ISO 19600.
[868] Siehe dazu Pkt. 16.
[869] Vgl. Ziff. 10.2 Abs. 1 DIN ISO 19600.
[870] Vgl. Ziff. 3.27 DIN ISO 19600.
[871] LG München I NZWiSt 2014, 183 (190).
[872] Siehe Pkt. 8.1.3.

wie der PDCA-Zyklus im konkreten Falle umgesetzt werden kann. Ergänzend seien nun einige weitere Beispiele erwähnt, in denen der PDCA-Zyklus ebenfalls eine erhebliche Rolle spielt. Diese Darstellung orientiert sich bewusst an dem Grundschrittmodell, um damit zum Ausdruck zu bringen, dass sämtliche Maßnahmen und Prozesse eines CMS ständiger Verbesserung unterliegen sollten.

558

Grund-phase	Maßnahme	Plan	Do	Check	Act
Einrich-tung	Rolle der Füh-rung	Festlegungen hinsichtlich des Einsatzes der Führung, der Unterstützung und Förderung.	Umsetzung der geplanten Maßnahmen.	Prüfung und Evaluierung, Verbesserungs-potenzial.	Verbesserung und endgültige Einführung.
	Festlegung der Compliance-Politik	Planung der Compliance-Politik unter Be-achtung der Ziele, Interessen der Stakeholder, etc.	Umsetzung der Compliance-Politik.	Prüfung, ob alle Ziele erfasst worden sind, Anwendungs-bereich korrekt festgelegt wor-den ist, Auswir-kung eingetre-tener Änderun-gen, etc.	Aktualisierung der Compli-ance-Politik, Veränderung der Ziele, neue Interessen.
	Kontext der Organisation und CRM	Festlegung, welche Infor-mationen wie und wann er-fasst werden.	Sammlung der geplanten Infor-mationen in ge-planter Art und Weise.	Prüfung, ob das System zur In-formationsbe-schaffung voll-ständig ist, verlässliche In-formationen sammelt, etc.	Einführung von Verbesserungs-maßnahmen, Anwendung neuer Metho-den zur Infor-mationserfas-sung, etc.
Imple-men-tierung	Zuweisung von Compliance-Rollen	Erstellung eines Plans darüber, wem, wann und welche Rollen für Compliance zugewiesen werden.	Einführung des Plans durch ent-sprechende Er-weiterung/An-passung der Aufgabenbe-schreibung der Mitglieder der Organisation	Regelmäßige Prüfung, ob die Rollenverteilung die Compliance-Ziele fördert.	Eventuelle An-passung/Um-verteilung der Rollen, Erweite-rung oder Ver-engung der Aufgabenberei-che bei beste-hendem Opti-mierungsbedarf.
	Compliance-Schulungen als Beispiel für Kommunikati-on	Planung, wer, wie, wann und mit welchen In-halten geschult wird.	Durchführung der Schulungen gem. dem Plan.	Evaluierung der Schulungen, darunter Me-thoden, Häufig-keit, Effektivität der Wissensver-mittlung, etc.	Optimierung der Schulungs-konzepte und -methoden, An-passung der In-halte und Opti-mierung der Schulungsgrup-pen.
	Verhaltens-kodex	Konzipierung des Aufbaus, der Inhalte und Ziele des Kode-xes.	Implementie-rung über zB vertragliche Ver-ankerung oder die Betriebsver-einbarung, Ein-bindung des Betriebsrates, breite Kommu-nikation.	Prüfung der Vollständigkeit und Sinnhaftig-keit, Methoden und Inhalte.	Anpassung an neue Risiken, neue Metho-den, effektivere Kommunikati-on, Veranke-rung als Pflicht-verhalten, etc.

Grund-phase	Maßnahme	Plan	Do	Check	Act
	Dokumenta-tionssystem	Festlegung der Ziele, des Ge-genstandes und Umfangs der Dokumentation, etc.	Entsprechende Dokumentie-rung von rele-vanten Informa-tionen, Speiche-rung, Siche-rung, etc.	Prüfung der Si-cherheit, der Vollständigkeit der dokumen-tierten Informa-tionen, entspre-chende Zugän-ge, etc.	Ggf. Einführung von Optimie-rungsmaßnah-men, wie Erwei-terung/Verrin-gerung des Dokumentati-onsumfangs, Anwendung neuer Schutz-maßnahmen, etc.
Leistungs-prüfung	Auditkriterien	Festlegung von individuellen Kriterien orien-tiert an dem konkreten CMS	Durchführung des Audits nach den festgeleg-ten Kriterien.	Prüfung der Korrektheit, Vollständigkeit der Kriterien und ob damit die Auditziele erreicht worden sind.	Anpassung der Kriterien an-hand früherer Audits, Anpas-sung an die ge-änderten CMS-Elemente oder Compliance-Risiken.
	Prüfungs-methoden	Planung, wann, wie, warum und welche CMS-Prüfungen durchgeführt werden.	Umsetzung der Prüfungen.	Evaluation der Prüfungsmaß-nahmen, Verifi-zierung der Er-gebnisse.	Umsetzung der Optimierungs-maßnahmen.
Verbesse-rung	Interne Ermitt-lungen, Mitar-beiterinter-views	Festlegung, wer, wann und wie dazu befragt wird. Planung der Reihenfolge bei mehreren Inter-view-Personen.	Umsetzung der Befragung gem. dem festgeleg-ten Plan.	Evaluierung der Vollständigkeit, Richtigkeit und methodischen Korrektheit der Interviews.	Einführung von Verbesserungen in Methode, Umfang und Stil der Befra-gung.
	Reaktions-maßnahmen	Welche Maß-nahmen, bei wem, mit wel-chem Umfang und Zielen wer-den vorgenom-men?	Implementie-rung der Maß-nahmen gem. dem Plan.	Evaluierung und Verifizierung, ob die mit der Re-aktion verfolg-ten Zwecke er-reicht wurden.	Bei Bedarf Ein-führung von Verbesserun-gen, erneute und weitere Reaktionen, Abbau über-mäßiger Reak-tionen, etc.

Tabelle: Exemplarische Integration des PDCA-Zyklus in ausgewählte Compliance-Maßnahmen entlang der vier CMS-Grundphasen.

Zu beachten ist, dass die obige Tabelle nur zu Orientierungszwecken einige Beispiele **559** enthält. Je nach Art, Größe und Komplexität der Organisation und damit je nach konkre-ter Beschaffenheit eines zu optimierenden CMS können weitere Maßnahmen dem PDCA-Zyklus unterliegen. Aus der Tabelle wird schließlich deutlich, was die Anzahl der Beispiele offenbart, dass der Schwerpunkt des Einsatzes des PDCA-Zyklus im Bereich der CMS-Implementierung, also bei der sog. operationellen Compliance, liegen wird.

17.4. Mittelstand

560 Zu Recht wird in der Fachliteratur darauf hingewiesen, dass gerade im Mittelstand übersehen wird, dass ein CMS leben und sich entwickeln muss.[873] Mittelständler betrachten CMS oft als einmalige protektionistische Maßnahme, die fortwirken kann, ohne dass sie gepflegt wird. Es ist dabei die höchste Vorsicht geboten. Insbes. Personen, die Compliance-Funktion in kleinen und mittelgroßen Unternehmen innehaben, müssen CMS als einen Prozess betrachten, der ständig gepflegt und verbessert werden muss. Für den Mittelstand gelten somit die in diesem Abschnitt erläuterten Aspekte entsprechend.

17.5. Anforderungen nach ISO 37001

561 Ähnlich wie DIN ISO 19600 geht auch ISO 37001 bei dem AMS von einem Prozess aus, der einer fortlaufenden Verbesserung unterliegt, und regelt entsprechend in ihrem letzten Abschnitt einige Anforderungen, um dieses Ziel zu erreichen. Die Verfahren und Maßnahmen, die ISO 37001 fordert, ähneln stark denen aus DIN ISO 19600, die bereits erörtert wurden. Allerdings unterscheidet ISO 37001 nicht zwischen Non-Compliance und Nichtkonformität, sondern beschränkt sich auf den letzteren Fall, der beide umfasst.[874] Im Übrigen wird auf die obigen Ausführungen zum CMS verwiesen.

---

[873] *Remberg* BB 3/2012, I.
[874] Vgl. Ziff. 3.22, 3.21, 3.4 ISO 37001.

Zusammenfassung

Mit dem vorliegenden Praxishandbuch zur Gestaltung von Compliance-Management-Systemen in Organisationen erfolgte zunächst eine allgemeine Einführung und Erläuterung der Grundlagen der Compliance. Der Schwerpunkt der Abwandlung liegt jedoch in dem Prozess der CMS-Implementierung an sich und orientiert sich dabei an acht wesentlichen Schritten, die sich entlang eines Zyklus der ständigen Verbesserung des Systems bewegen. Die vielfältigen Hinweise zur Umsetzbarkeit in mittelständischen Unternehmen stellen unter Beweis, dass CMS nebst Korruptionsprävention in allen denkbaren Organisationsarten kostenbewusst eingeführt werden können, die sich des Compliance-Risikos bewusst sind und diesem mit höchsten Standards begegnen möchten. Die ISO-Standards haben sich als flexible Regelwerke und Leitfäden erwiesen, die an die Größe, Struktur und Natur der Organisationen angepasst werden können. Damit erfüllen nicht nur hiesige Organisationen die Anforderungen der Rspr. und setzen das hier bestehende Knowhow durch, was die vielen Verweise auf die Fachliteratur bewiesen haben. Sie implementieren zugleich ein System, das weltweit erkennbar ist und sich damit mit vielfältigen Vorteilen für die Organisation und ihre Mitglieder bezahlen wird: Allen voran mit der Schaffung und Erhaltung einer nachhaltigen Kultur der Compliance und Integrität.